# 戦国大名と方言ツーリズム　上

目次

序

## 第1章　大河ドラマでたどる室町・戦国の中央政治史

# 第2章　近畿

## 第3章　四国

# 第4章　中国

# 第5章　九州・沖縄

# 序

## 戦国大名と方言ツーリズム

戦国大名と方言。一見関係なさそうに見えるこの二つをなぜいっしょに扱うのか。出版社の中桐氏からも寄せられた疑問だ。その心は、

**(1) 方言によって隣り合う地域同士の共通点と違う点を示し、地理的特徴を浮かび上がらせる**
**(2) 戦国武将の進出経路を調べ、方言のつながりとオーバーラップできるか確かめる**

という2点である。

戦国武将は「武田信玄と甲斐の国」というように、郷土の英雄と扱われることが多い。一方で戦国武将と方言の関係については、戦国武将が地元の方言を話すフィクション作品がしばしば見られるから、方言も地域の個性を表す重要な要素だと言える。信長、秀吉、家康という天下統一の三英傑についても、彼らが全て愛知県出身なので、地元アピールのために彼らが名古屋弁など愛知県の方言で話すフィクション作品が存在する。一方で史実はどうなのかというと、彼らの家臣団が方言を話していたというような断片的な史料の記述がある。信長らの上洛によって京都の方言が尾張弁の影響を受けたとか、秀吉が妻と尾張弁で語り合って周囲の人々は理解できなかった、あるいは徳川家康が江戸幕府を開いた当初に武士たちが三河弁を共通語として習っていたということである。

本書ではこのように地元アピールと日本語の言語生活の立体的な有様を描こうと思う。その際に「中央の格下である地方」という見方ではなく、横並びの関係にある生活圏＝「地域」を扱うことをあらかじめ承知していただきたい。

## 地域をつなげる現代的意味

方言も戦国武将も地域アピールの素材とするものは従来からあった。しかし本書のように、地域同士をつないで説明する試みはあまり見られない。この本の目的として「近隣とのつながり、ネットワークから地域の個性を見つける」ということを挙げるが、それは交通路によるつながりの中で他の地域の人にも個性の意味が見えてくるからである。今まで地域を扱う場合には県別にバラバラに見ることが多く、他県とのつながりまで目配りすることは少なかった。さらに市町村など自治体ごとの紹介もあるが、細かすぎて外部者には分かりにくい。結局のところ、細切れにした地域像しか紹介されないので広い視点から見た地域のイメージが描けず、興味も引き出せない。

そこで本書では生活者に身近な「生活圏」に注目して、近隣とのつながりから地域の個性を見つけ出そうと思う。地域を住民目線という「虫の眼」で見るとともに、広い視点である「鳥の眼」でも見ていこうということだ。こうして地理的な視点をベースとした地域の探求を「全てを分けて全てをつなげ」というキャッチフレーズの下で行っていく。各地域個別の個性ではなく、つながり=連続性に注目したのである。

「地域活性化」が唱えられて久しいが、一方で市町村をいくつかにまとめて地域振興を図る「広域連携」の動きがあり、観光でも海外旅行客によるインバウンド観光など広域連携を基にした動きが出ている。さらにモノよりも、観光体験など「コト消費」に注目する動きがあり、そこで地域資源の「ストーリー性」を作るのが重要になってきている。

今までの「地域振興」では、地域の個性が特産物など個別地域のステレオタイプなイメージで現れている感がある。ステレオタイプは話のきっかけにはなるが、そこでとどまっていては広がりがない。そもそも外部の人がその地域がどこにあるか、地理的な立ち位置を知らない、知ろうとしない。地域が発展するための方策として地域の個性を売り出すのはいいが、その背景を探ることで話が大きく広がるのではないか。

隣り合う地域は共通点もあるが、違いもある。その違いを作り出すのは地形の壁（山や川）や、歴史的な展開の違いである。そしてそういう地域同士をつなぐのは「道」である。

この道がどうつながっているかを本書では「方言」と「戦国武将の進出経路」で示している。そうしたことで「点」としての地域イメージから、点と点を線で結び「面」としての地域イメージを浮かび上がらせていくのある。こうして各地域の地理や歴史などから立体的なイメージを作ってもらいたい。

方言は純粋に言葉の観点からではなく、地域の姿を示すことはある程度は知られている。経済学の論文で、ドイツの方言の共通点から経済交流が行われているというものがある（※1）。その研究では、方言から文化的なつながりが見出せ、そのつながりから経済交流が盛んになるということが主張されている．方言は各地域の特性を表わすものであるが、地域間交流によって共通の特徴を得ることも多い。そのような共通性によって、より広い地域を範囲とした方言の活用が可能になる。

こうしてある地域を知ることで隣り合う地域にも興味が湧いてくるという形で関心が広がると思われる。こうして決まりきったステレオタイプを突き抜けた地域イメージが広がってくるのではないか。そして方言と戦国武将の展開から「地域固有のストーリー」にも理解が広がってくる。

そしてこれらのことで地域デザインという、将来の構想にも話が展開してこよう。

※1　Falck, O.,Heblich S., Lameli A. and Südekum J., (2012)Dialects, cultural identity and economic exchange , *Journal of Urban Economics*, 72, pp.225-239.

## ある個人的体験から

前節で書いたような考えに至ったのは、私の個人的体験が大きい。

私は三重県北部に生まれ育ったが、愛知県の2つの大学に入った。電車にして1時間足らずなのにこの2つの地域は言葉についてははっきりと違う。関西弁によく似た三重県の言葉と東京の言葉のようなイントネーションの愛知県の方言。このように分かれているのは、木曽三川という幅の広い川で文化圏が分断されているからだ。そのことは中学生の時から知識としては知っていたし、名古屋出身の作家・清水義範の作品で名古屋の言葉を知ってもいた。しかし実際その地で暮らすとなると、皮膚感覚として違いの大きさに驚きもした。

そればかりでなく、最初の大学が愛知県でも中東部の三河地方にあったので、尾張地方の名古屋と異なる「三河弁」という方言がかなり知ることができた。さらに名古屋と同類と思われつつも、関西弁が混じったような岐阜県の方言も級友から聞くことができたので、東海地方という狭い範囲だけで複数の文化圏を感じることができた。クラブでも東北から九州・鹿児島に至るまで出身者がいたので、このような日本の中でのバリエーションの豊富さを感じられたのは大学生活での収穫だったと思う。

私が方言の移り変わりの規則性について考えを深められたのは、グロットグラム、そして司馬遼太郎の『街道をゆく』である。グロットグラムというのは、ここ30年の間に方言研究で使われるようになった表だが、鉄道沿線の各駅と10歳おきの年齢階層を軸として方言の形式を記述させ、地域間での方言の分布を表すとともに、年齢による方言の変化を示すものである。一方、司馬遼太郎の『街道をゆく』の記述形式は、「街道」に沿った各地域を個別に記述しながら、交通路という線で結ぶことでより広い地域の全体像を浮かび上がらせていた。

この二つのものに触れたことで、方言など地域の個性が連続的に移り変わっていくイメージが出来上がり、それまで大雑把に東海や関東といった大きな地方ごとや、各県ごとにバラバラ理解する従来の地域像を見直すきっかけになった。交通路というネットワークに注目し、地域のつながり（連続性）の中で個性を見出すということである。

それから数年後に名古屋で大学院に入って、指導教官の教授主催の研究会に参加した。近くの別の大学から参加した先生がこんな感じのことを言った。

「名古屋の近くに岐阜がある。**織田信長**が進出した経路ですね」

ここから方言の分布と、戦国大名の行動範囲が頭の地図の中でオーバーラップした。

少しさかのぼって最初の大学があった三河地方は、**徳川家康**の出身地だった。さらに家康は静岡県方面に進出したが、たまたま父の蔵書に「三遠南信地域の研究」があり、経済交流が密接なら方言も近いのではと思った。

方言と戦国大名というのは非常に突飛な発想とも思うが、二つの共通点は「地域間交流」である。私は勤務

表：グロットグラムの一例
静岡県から愛知県東部にかけて（井上史雄（1995）より抜粋）

| | | | | | | | |
|---|---|---|---|---|---|---|---|
| — | ▲ | — | ▶ | — | P | P— | シミズ |
| — | ・ | — | — | — | — | — | SHIZUOKA |
| — | ▶ | ▲ | | P | — | P— | アベカワ |
| — | ▲— | ▶ | ▲ | — | $ | $ | モチムネ |
| ▲ | — | ▶ | ▶— | ▶ | ▲ | P | フジエダ |
| ▲ | — | — | ▶ | ＝ | P | P | シマダ |
| — | ▶ | ▶ | ▶ | P | P | P | カナヤ |
| ▶ | ／ | ▶ | ▲ | — | — | P— | キクガワ |
| ▲ | ▶ | P ▶ | — | — | P | — | カケガワ |
| — | — | ▲ | P | P | F | P | フクロイ |
| | | ▶ | ▲ | ▲— | P | P | イワタ |
| ▶ | ▲ | ▶ | ▲▶ | ▶ | ▶ | P—○ | テンリュウガワ |
| — | ¥— | ▲ | ▶ | P— | — | P— | HAMAMATSU |
| ▶ | ▶— | — | — | — | P | — | マイサカ |
| ▶ | ▶ | ▲ | — | ▲ | P ▲ | — | ベンテンジマ |
| ▶ | ▶ | ▶ | — | ▲ | P ▶ | — | アライマチ |
| — | ▲ | — | ▲ | P ▶ | P ▶ | P | ワシヅ |
| ▲— | — | ▲▶ | ▶— | ▲ | P ▲ | — | シンジョハラ |
| — | ▲ | ▲ | ▲ | ▲ | — | ▲ | フタカワ |
| ▲ | ▶ | ▲ | ▲ | ZF | | ▲ | TOYOHASHI |
| 10 | 20 | 30 | 40 | 50 | 60 | 70 | GENERATION |

— DAROO
▶ DARA
▲ DARAA
P ZURA
ツ RA
＝ DAEE
Z DANBEE
F JANAI、JANAAI、JANAIKA
$ JAN
○ JAROO
／ YAROO
¥ DESHOO
・ CHIGAUKA

校で「地域経営」についての授業を持っているが、各地域のことを説明する中で方言の位置づけによって説明すると学生が少し興味がわいたような反応を示す。

冒頭で書いたように、この本では「地域は周りとのつながりの中で個性を作り出す」ということがテーマである。各地域の地理的な位置づけから、地域の個性がどのように作り出されたかという歴史的展開にも目を向けてほしいということが背景にある。

## 方言がカタツムリのように現れる？

方言を調べていくと地域の個性を表わすことが分かるが、その一方で日本国内で離れた地方と共通する特徴も見られる。近隣の地域同士の共通点なら交通路のつながりから理解できるが、前述の現象はなぜ生じたのか。これについて興味深い指針を与えたのが、以下のものである。

朝日放送『探偵！ナイトスクープ』のプロデューサー松本修が書いた『**全国アホ・バカ分布考**』は、方言周圏論を論証したものである。そもそも番組への依頼で「関東のバカと関西のアホの境界線を探る」のが出発点だったが、そのうちに西日本にも「バカ」がある事実が浮上。関西の「アホ」を中心に、関東と中国以西の西日本で「バカ」が分布し、それ以外にも「タワケ」、「本地なし」系（東北で「ホンズナス」など、南九州で「ホがなか、ホがねー」、「本地」＝しっかりした意識、仏教語の「本地垂迹」に由来）など、京都を中心として東西に同系統の方言単語が同心円状に存在するということをアンケート調査の結果から証明した。

さらに文献調査からこれらが古い時代に京都で使われていた言葉であり、古い単語ほど京都から遠くの地方で、新しいほど近くで残存しているという、柳田国男が唱えた「方言周圏論」を論証した。つまり平安から室町時代の京都人は「バカ」を使っていたが、戦国時代の頃に「アホ」に切り替えた、バカは京都から遠い関東や中国、九州地方で残ったということである。「バカ」は平安期から文献にあり、現代の関西人も「バカモン」「バカタレ」「人をバカにするな」という形で使っていることから、もともとは京都など関西で「バカ」が使われたと推定される(江戸期の作品で「人を阿呆にするな」という表現は見られるが定着しなかったようで、「バカにするな」が主流のまま残った)。また「アホ」の元の形は「アハウ」であり、近畿の周辺部では「アホー」、さらにより周辺で「アハア」という表現があることから、古形を保った表現は周辺部ほど残るという「方言周圏論」が裏書きされている。また「アホ」系語の分布が伝統的には近畿周辺に限られることから、戦国期以降にこの言葉が誕生したと推測される。(※2)

このことは平安以降、江戸初期に至る数百年間、日本の文化状況が京都を中心としていたことを表している。アホバカ分布から、かつては京都の言葉が「標準語」で全国に時間をかけて広まったこと、ただし京都の口語(京ことば、ないし京都弁)は絶えず変化したので、いつの時代の京言葉を取り入れたかによって各地の方言が異なってくること、などが言える。

この辺りを証明する材料は、いくつかある。関西弁は都である京都を含むので、少なくとも室町から江戸末期まで資料調査から変化をたどることができる。戦国期については、キリスト教の宣教師が書いた『日葡辞書』が方言も含めた口語日本語(主として京都の上品な言葉)をよく伝えている。関西弁の特徴である断定の「〜や」も江戸末期までは「〜じゃ」であり、西日本の大部分でこの文末詞が使われている。さらにさかのぼって室町時代には「〜であ」であったのが文献に見え、これが東日本で「だ」と変化したようだ(一部で「でゃ」)。

方言周圏論の代表例

柳田国男『蝸牛考』の単純化模型図　アホバカ分布の単純化模型図

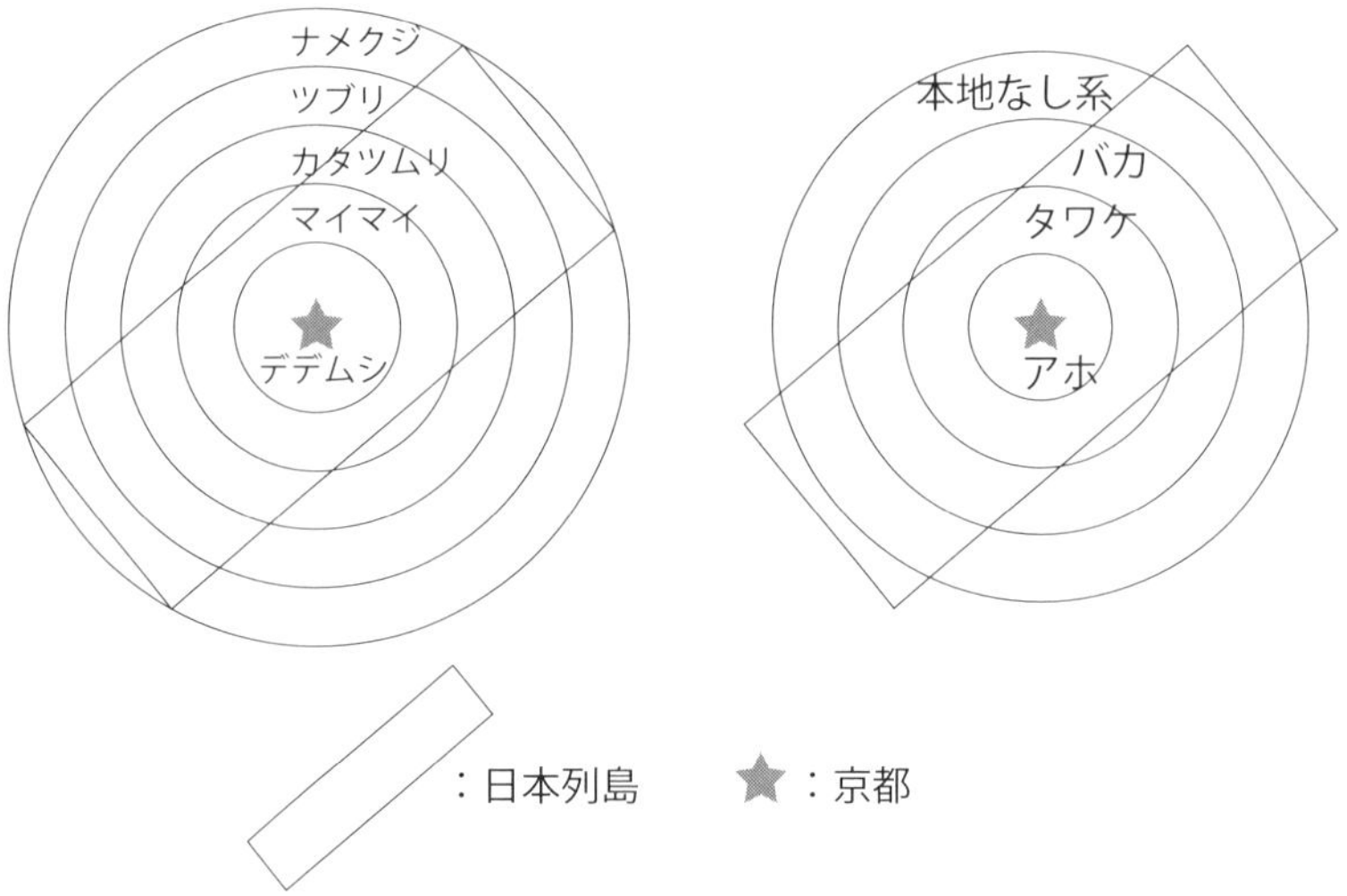


これらの語源は、現在は文章語の断定辞となっている「～である」だと考えられ、古典文語の「～なり」に代わって室町時代から中央語として使われるようになったようだ。

「～である」から派生した断定の文末詞は東日本で「だ」で、西日本は「や」、あるいは「じゃ」と東西対立の分布に見えるが、西日本をよく見ると、山陰地方や熊本で「だ」があるので、ある程度は周圏分布になる。発音でも「ない」→「ねー」となる連母音融合という現象は、東日本で多いが、西日本の岡山や大分、宮崎でもある。

もっとも方言は周圏分布ばかりでなく、東西対立を示す例も多い。存在を表す動詞は東で「いる」、西で「おる」と大きく分けられ、その派生で動詞の進行形で東「～(し)ている→(し)てる」／西「～(し)ておる→(し)とる、(し)ちょる」と分けられる。動詞の否定形も東「～(し)ない」／西「(せ)ん」と分かれる。史実でも全国を「東国」「西国」に区分することは一般的だったようで、もとは京都のことばが全国に発信されても、東日本ではその影響が及びにくく独自の展開をたどるような社会状況が生じた可能性は高い。

　ほかに飛び地のように分布する表現もある。私の地元である三重県で「〜なんさー（なんだよ）」という表現があるが、まったく同じ表現が新潟県や群馬県にもあって驚いたことがある。単語でも「調子に乗る、ふざける」の意味で「おだつ」というのがあるが、東北の宮城や福島でも同じものがある。だから必ずしも京都から同心円状の周圏分布が描けるわけではない。しかし元は京都から広まった言葉が多いということは文献調査から裏書きされ、そこから方言の個性は発祥そのものが地域固有だからではなく、組み合わせにおいて個性的であるということが言えるだろう。「アホバカ方言の分布」はそのような視点を提供するのに大きな役割を果たしている。

※2　松本修は「バカ」の語源は、平安期に宮廷人たちの間で人気のあった白楽天の詩にある「馬家の者」（馬という姓の富裕な一族のように、おごり高ぶって浪費することで家を滅ぼすような愚か者）であると主張した。馬氏は唐代後期に権勢を誇った一族で、文人の韓愈（古文復興運動のリーダー）とも親交があったが、代を重ねると衰退し屋敷が荒廃した様を白楽天がいくつか詩に詠っている。
　また「アホ」の語源は中国の江南地方の方言「阿呆（アータイ、おバカさんというニュアンスの柔らかい表現）」であり、これが庶民向けの白話（口語態）小説・戯曲に収録され、日明貿易で文字として京都に伝わり五山僧を通じて広まったと推測している。アホバカの語源探索から、日本語の文学史が背景にあることが分かる。ただしこれらは物証の乏しさから定説となるには至っていないようだ。

## 宣教師はなぜ「日本語は一つ」と思ったか

アホバカ分布から見えてくるのは、少なくとも書き言葉（古典文語）は日本全国で共通で、京都が文化の発信地だったということである。このことをはっきり述べた戦国時代の史料がある。

戦国期に来日したヨーロッパ人の宣教師は「日本語は全国で一つだけあり、どこでも通じる」と書いている。ただ一方で来航が多かった九州、その他の地域の方言を数多く記録に残してもいる。各地の方言は日本側ではほとんど記録していないので、その分貴重である。この辺りを総合的にどう解釈するかだが、京都語が規範的ことば、つまり「標準語」と見なされていて、特に京都の上流階級の口語が理想モデルであり、どこでも通じるような社会環境にあったということである。当時の口語日本語をローマ字で表記した『伊曽保物語』（イソップ物語の日本語版）の言語も、そうした言葉の一例である。

室町幕府は「小笠原流」「伊勢流」という礼法を確立したが、言葉使いもその一環という想定は可能だろう。また江戸幕府の公式語の資料が断片的に残っているが、かなり京都語的色彩が濃い。室町幕府において京都の上級武士の言葉から「殿中ことば」が形成され、秀吉の時代、さらに江戸幕府にも受け継がれた可能性は高いだろう。

しかし放送設備の無い時代に、全国で一律に共通語を普及させるのは難しいことが想像される。各地の方言分立状況の中で、出身地が違う人同士（特に武士）がどうコミュニケーションを取ったかだが、諸星美智直は『近世武家言葉の研究』で江戸期の数少ない口語会話資料を分析して、その辺りの状況を表わしている。他藩の武士との会話場面の資料で言語スタイルを分析すると、敬語で話すということになる。時代劇に出てくる「〜でござる」といった武家言葉も、そうした場面で使われた共通語らしい。より身分が上のものと話す際には「～でござりもうす」などという形式になり、敬語という形式の上に古典文語や漢語を交えて話すと方言色が薄まる傾向が指摘できる（戊辰戦争の際に津軽藩士と公家の口語形式による会話史料があり、話が通じている）。少なくともある程度の身分の武士は教育を受けることで書物を基に書き言葉を修得し、さらに礼法の一環で京都語的な話し方を身に付ける機会はあったと推定される。だからいくつかの特徴（発音、アクセント、一部の文法）である程度方言の特徴を交えつつも、文全体としては他地方の人にも通じるようなスピーチスタイルを身に付けることは可能だったと思われる。敬語も各地の伝統方言で色々な形式はあるが、対等形式の会話文よりも全国的に似たような感じを受ける。現代でも私の職場では出身地が多様だが、敬語で話すことでコミュニケーションにあまり支障を感じない。

また古典文語そのもので話す機会もあったと思われる。大河『葵徳川三代』で関ケ原の合戦前に福島正則が「徳川殿のご存念、いかなるものにて御座候《ござそうろう》や？」と問うたのに対し、徳川家康が「家康が存念、かくのごときものと承知されたし」と返す場面があった。半ば伝説だが、江戸期の東北と九州の武士同士は方言では通じ合わなかったが、謡曲の節回しを使って話を通じたという。この「謡曲の節回し」とは古典文語と推定され、教育を受けた身分の人々にとって古典文語さらに漢語というのは大きな共通ツールだったと考えられる。戦国期でもかなり人の移動があったが、共通語のようなものがあったからコミュニケーションができたことは容易に想像できる。

前述の研究は方言と共通語という二項対立ばかりでなく、両者の機能の違いからどう使い分けられたかという視点を提供するものである。また共通語も前述のように、固まった一律のスタイルではなく、少し方言なども混じりつつ他地域の人に通用することばという想定をする必要がある。

かつての標準語だった古典文語が方言に与えた影響も大きい。方言の特徴とされている言い回しでも、例えば関東・東北の「べい」は古典語の「べし」が語源とされ、また中部地方の動詞の推量・同意確認の「～ら」（行くら＝行くよね、行くでしょう）が同じく「らむ」から来ていることが定説となっている（新潟や高知の推量形「～ろう」（行くろう＝行くでしょう）も「らむ」から来たと推定される）。だから方言の独自性は認めつつも、起源については京都から来た書き言葉という例が多い。

『神曲』で有名なダンテは、古典文語であるラテン語（ローマ帝国の公用語）と土着言語が混交してイタリア各地域の方言が生じたと考え、方言の地域差は土着言語がラテン語にそれぞれ別様に影響をもたらしたためとしている。それは日本語の各方言についても当てはまるだろう。また方言の中に古語が多く残っているのは本居宣長以来言われてきたが、方言を調べることで日本語の歴史に想いを馳せることができる（※3）。同時に方言と標準語がどのように社会的な機能を分担してきたか、スピーチスタイルにあり方も考えることができる。

歴史の実態を見た場合、書き言葉や規範的な話し言葉は日本全国で一つの規範がありながら、生活現場では地域や身分で多様なスタイル（方言）が共存していたのである。生活現場での話し言葉で多様性がありつつも、理想モデルとしての文語や標準口語は一つという状況は「一制多式」という中国の成語で表現できよう。

※3　フランス語やスペイン語もラテン語から分かれた言葉だが（ともにローマ帝国の領内だった）、現在の両国内における方言や地方語の復興の動きの中で地方語を学ぶことでイタリア語など他のラテン系言語とのつながりが分かり、さらに古典語であるラテン語も学ぶことができるというメリットが主張されている。

## 方言周圏論はなぜ成り立つか

前項のように考えると、結局、地方は自ら独自の文化を発信することはなかったと言わざるを得ない。在地では独自の民俗文化があるにはあったが、文化的に京都に対抗しようという意識は希薄であった。全国で「小京都」を名乗る街が多くあるのは、そのことを示している(関東には「小江戸」がいくつかあるが)。鎌倉幕府は関東に本拠を置いたが、文化的には京都が中心の時代が続いたのである。それは京都に聚楽第を築いた秀吉の時代、さらに江戸前期まで及ぶという。日本史で出てきた「元禄文化」は京都・大坂など上方で生まれたという話を思い出そう。少なくともこの時代まで、京都が全国唯一の文化発信地だったのである。

ここで京都が文化発信地だった経済的要因を考える。平安期以降「荘園制」が成立し、京都の公家や寺社の私有地が全国の広い範囲で展開していた。荘園制で京都に財が集中し、その財力を背景に京都で高度な文化が発展した。

ちなみに日本国内では貨幣を鋳造しなかったが、中国から輸入した銭が幅広く使われるような社会状況が室町時代にできており、遠隔地から京都に年貢を送るために早くから年貢の銭納化が浸透していたらしい。そのこともあって多くの戦国大名は、「貫高制」という田畑の収穫高を金銭評価して年貢高を算定する制度を採用していた(「どこそこの土地の知行(年貢高)は○○貫文」という具合)。関東の北条氏が最もよく資料が残っていて全体像が描けるが、東北の伊達氏から九州に至る広い範囲で貫高制が採用されていた。

しかし戦国時代後期になると、貿易の縮小で中国からの輸入銭の流れは途絶し、既存の銭を長い間使い回していくうちに劣化がひどくなった。このことで貨幣価値の低下と物価上昇、すなわちインフレが引き起こされ、多くの大名領国でも深刻な問題となった。関東の北条氏や、上洛した織田信長も「襟銭令」という貨幣の公定レートを指定して価値の維持に努めたが、市場には効果がなかった。そこで市場に参加する商人たちの自発的な動きとして、コメが貨幣の代用として使われるのが、信長時代の畿内地方から始まったという。それがコメの収穫高を領主の経済力として表す「石高制」という江戸期の制度につながる。

織田信長の時代はちょうどその移行期ということとで、信長領国の年貢は、彼の本国である尾張・美濃、およびこれに準じる伊勢では「貫高」で、征服地である畿内近国では「石高」と二本立ての単位で徴収していた。豊臣秀吉が「太閤検地」という田畑の生産力調査を行ったのは、コメが貨幣代わりに使われるようになった畿内の経済事情が背景にあり、それは「石高制」によって全国を統一した経済基準で把握すること（※4）、さらに全国経済の統合を進めることを意味していたのである。

※4　畑作物の生産高も、コメの何割というように生産量を割り引く形で「石高」に換算していた。コメの生産が多くない薩摩や琉球などは、このような基準換算で石高を把握していたのである。

## ドラえもんに出てきた室町時代の殿様は何者か

ドラえもんが室町時代にタイムマシンで行って文福茶釜のようなことをした話があったが（2018年4月放送）、そこで室町時代の殿様に芸を見せる場面がある。この殿様は史実ではどんな身分かというと、館の造りから判断して「国衆《くにしゅう》」という在地領主と思われる（※5）。

室町時代の大名は「守護大名」というのは教科書に出てくるが、それよりは身分が低い。ここでは室町時代の地方統治について話をしよう。

江戸期の殿様＝大名は、幕府に認められた領国全体を一円支配するのが基本だった。本来、領国は大名の「私有地」だが、裁判権を含めて住民を全て支配していたのである。しかし室町期の守護大名は管轄国内全部を支配していなかった。

守護は鎌倉幕府によって設置されたが、その職務は「大犯三箇条」と呼ばれる警察権に限られていた（通説では、京都や鎌倉の大番役（輪番制の治安維持）、謀反人の検断、殺害人の検断の３つ）。室町幕府が任命した守護も基本的にこれと同じである。

ところが南北朝の動乱の中で守護の権限を強める必要が出てきた。まず付与されたのが、「使節遵行権」という裁判結果を執行する権限である。動乱の中で判決を執行するには武力が必要で、守護がそれを行うことが在地の係争に介入するきっかけになり、徐々に管轄地域での支配権を握っていく。次に経済的要因として「半済」がある。これは、守護の軍費を調達する必要から荘園の年貢の半分を守護に差し出すことである。しかし強化された守護は徐々に荘園全体を自家の所領としていった。また公家や寺社が荘園の年貢を取り立てる際にも、「守護請」と言って守護に代行を委任することも多くなる。このようなことで元々警察官に過ぎなかった守護は、徐々に一国の支配者のように変貌していく。室町期の守護を「守護大名」という俗称で呼ぶのはそのためである。また幕府が軍役や、「段銭」（幕府が一国全体に科した費用賦課）の納入を守護に請け負わせたが、彼らは逆にそれを利用して在地の支配を進めていった。これらの職務によって守護が中央と在地のパイプ役として不可欠な存在となったからである。

守護については、鎌倉期から中央から派遣された行政官であるとする「守護吏務観」と、守護の管轄国は世襲の私有財産であるとする「守護所領観」とが対立していた。室町幕府も初代将軍・尊氏の定めた『建武の式目』で、「守護は上古の吏務（国司）なり」と謳っているように世襲を制限する意向で、実際に交代させたケースも初期には多かった。しかし三代将軍・義満の時代から戦乱が収まっていくと、守護職の交代は少なくなっていく。幕府高官たちも守護職を一族の世襲財産のように扱うようになり、「守護所領観」が一般化していった。細川、斯波、畠山といった三管領家や、四職家（侍所の長官を務めた家）の山名、赤松、京極、一色といった幕閣のメンバーがそうした守護大名の筆頭である。彼らは将軍が守護職の没収を命令すると、家産を侵害されたと受け取って謀反することも多かった。

さて守護は将軍の直属家臣として京都に常駐していたので、管轄国の実際の統治は守護の家臣が「守護代」となって行うことが多かった。ただし越前守護・斯波家の守護代・甲斐氏のように、有力な守護代は宿老の立場から京都で将軍家とも折衝することが多かったので、その場合にはそのまた家臣である又（小）守護代が統治した。各国の統治系統を公式化すると以下のようになる。

守護—守護代（—又（小）守護代）

原則は以上のようだが、守護は「半国守護」として複数置かれることや（安芸の山名氏と武田氏など）、「分郡守護」と言って国内のうち数郡のみを支配した例（伊予守護は河野氏だが、細川氏が東三郡の分郡守護となる）もある。これらは室町幕府におけるその時々の政治情勢の産物という傾向はあるが、在地の政治状況に大きな影響を与えた。

一方で在地には、鎌倉期の地頭（徴税官）の系譜をひく「国衆」という武士がいた。守護達はそれらを「被官」と呼ばれる、ゆるい従属関係の家臣とすることで管轄国の支配を進めていった。彼らに年貢の納入を請け負わせたり、軍事指揮下に置くといったことである。当初は幕府が国衆に直接軍役を科すこともあったが、徐々に守護が代行し、それが国衆の守護被官化を進める要因になる。前述の『ドラえもん』で出てきた殿様は、そのような国衆と考えられる。

余談ながら私は、守護代が領内を巡検しに来て、国衆が「守護代様に世にも珍しき青狸（ドラえもん）の芸をお見せいたしまする」という展開にした方が室町時代の地方統治の様相を表わして良いのではと妄想したが、マニアック過ぎて採用されることはないだろう（笑）。

ところでこの国衆、守護を必ずしも主君としていなかった。徳川氏の先祖である松平氏は幕府の政所執事（将軍側近）である伊勢氏の被官であり、その縁で京都や近江などでも活動することがあった。さらに守護の被官となっても、「保険」として別の主君を持つこともありふれたことであった。中世日本では、「二君にまみえず」などという江戸期の忠義道徳がまるでなかったことを表している（だから藤堂高虎のように何度主人を変えても問題はなかった）。

それ以外にも足利将軍の直属家臣で「奉公衆」という武士が各国にいた。そもそも将軍も財源として各地に所領を持っており、それを現地で管理するのが奉公衆の役割であった。京都から派遣された者もいるが、在地の国衆が将軍に従属を申し出た場合も多い。

こうしたことで、各国には「守護不入の地」という、守護に統制されない土地が多くあった。守護大名が管轄国内の土地と住民の全てを支配するのは不可能だったのである。

このように地方統治で複数の中小権力がモザイクのように混在していると、相互に争いが起きがちである。京都にあった室町幕府はその争いの「調停者」としてふるまうことで権威を示したのである。八幡和郎氏はこのことを、かつての自民党中央が地方支部での争いを調停することで権力を示したのになぞらえている。

※5　専門家による「国衆」の厳密な定義は、「戦国期に中小の領域を支配した在地領主」ということで、戦国大名の小型版というニュアンスである。これが室町期については「国人」「国人領主」と呼称する

のが学会の通説のようだが、煩雑になるので本書では室町期にもさかのぼって在地の中小領主を「国衆」と呼称する。また国衆についての専門家の研究では関東や中部が主で、西日本の領主はあまり「国衆」と呼ばれていない傾向があるが、『全国国衆ガイド』に従って、全国的に「国衆」という呼称を使っていく。ただし各地方の記述では、参考文献に従って一部に「国人」と表記している場合もある。

## 室町大名と戦国大名の境目とは?

室町幕府は全国を一律の統治システムの下に置いていなかった。大雑把に言えば、支配力の強い中心部と、弱くなる周辺部で同心円の構造がつくられていた。室町幕府の威令が及んだ地域は「室町殿御分国」と言って、近畿地方から中部、中国、四国といったところがそれに当たる。それ以外は「遠国」と呼ばれ、基本的に在地の自立性を尊重し、幕府の介入は最小限だった。鎌倉公方がいた関東、「探題」が置かれた九州と陸奥・出羽の両国(東北)がそれに当たる。この違いが、戦国大名の出自に影響する。

「室町殿御分国」の守護は在京の義務があったので、管轄国での地盤が弱かった。このため応仁の乱後に幕府の権威が失墜すると、在国していた守護代に取って代わられることが多くなる。越後上杉や尾張の織田氏がこれに当たる。

一方、遠国の大名は在国していたので、伊達や島津のように戦国大名化して江戸期にまで続く者も少なかった。また「室町殿御分国」でも、境目の国の守護は例外的に在国を認められていた。中国西部の大内は九州探題を補佐する立場であり、駿河の今川も関東への抑えということで在国していたので、この両者はスムーズに戦国大名に移行できた。また甲斐は鎌倉府の管轄で、守護の武田氏は当初鎌倉に在勤していたが、なりゆきで帰国して以降、領国で支配を確立して戦国期を迎えた。

戦国大名の領国では、室町期にあった「守護不入の地」のような自立的な存在を許さず、領国内の土地を全て大名の統治下に置いた。今川義元が分国法『今川仮名目録（追加）』で、まさにそのことを宣言している。室町期のように守護の統制下に入らない、もしくは複数の主君を持つ国衆は許されないということである。このことで戦国大名の行政組織の構造もよりピラミッド型で排他的なものとなり、「家中」というものを形成する。この家中は江戸期の大名にも受け継がれる。またかつて幕府に納入していた「段銭」も「国主」である大名への納入を義務付けられ、戦国大名の財政基盤となっていく。

そして戦国大名の領国は「国家」と呼ばれるようになる。領内全てで裁判権を握り、税金など役賦課を独占し（※6）、行政組織も整えているということで、やや小ぶりながら「国家」というべき存在になるからである。専門家の言う「地域国家」の形成である。このことについて、ヨーロッパ人の宣教師たちは戦国大名を「国王」と呼び、その領国を「王国」と表現したが、前述の戦国大名の家中と領国の構造を踏まえてのことである（日本でも戦国大名を「国主」と表現することがあった）。ちなみに彼らは将軍を「皇帝」と呼んだが、大名を統べる将軍は諸侯を率いるヨーロッパの「神聖ローマ皇帝」と共通点があることに注目したからである（彼らは天皇を「宗教的皇帝」と呼び、ローマ教皇になぞらえている）。この地域国家を、信長、秀吉、そして家康が天下統一で従属させ、江戸期の日本国家はより統合度を増したものになるのである。

一方、「国衆」はかつては戦国大名に従属するだけのマイナーな存在と見なされていたが、独自の家中組織を持ち、性質上は戦国大名と同じだったことが分かっている。支配領域が一郡から数郡程度と小さいので、規模で勝る戦国大名に従属する者は多かったが、境目の地にある国衆はしばしば服属する大名を変え、そのことで逆に自立性を示す者もいた。武田氏滅亡後の真田氏はまさにそうした存在である。中には毛利氏のように国衆から大大名に成長する者もあり、徳川氏に至っては天下人になった。国衆は近年の大河ドラマ『真田丸』と『おんな城主直虎』で「主役」となったので、戦国期のキーワードとしてだいぶ一般化してきた。『全国国衆ガイド』の出版は、彼らの注目が高まった証拠である。

戦国大名やそれ以外の国衆の成立条件を知るために、室町期の動向を知るのは必要である。

※6　ただし戦国大名は領国内の全ての年貢を一括徴収していたのではない。大名の直轄領では代官によって大名への年貢が徴収されていたが、家臣たちは「給人」といって、大名から領地を支給されて、そこからの年貢で生計を立てていた。このような給付のあり方を「地方知行制《じかたちぎょうせい》」といって、戦国期には全国的に行われていた。さらにこの時代の年貢高は前述のように「〇〇貫文」という貫高で表示されていたが、収穫高と年貢高の比率は土地ごとに慣習に従ってバラバラだった。大名が領国の全てを統治していたというのは、領内各地の年貢高を台帳で指し出させることで把握していたという意味である。

また関東の北条氏の場合は給人たちの貫高と軍役（動員する兵数や武器の装備）を比例させる制度を導入していたが、多くの大名では家臣との個別の交渉で兵数・装備を決めていたということで、必ずしも大名が絶対権力を握っていたわけではない。秀吉の天下統一後に「太閤検地」が行われると、このような分権的な領国支配の構造から各大名による集権的統治へと変化していく。さらに江戸期に入ると「俸禄制」といって、多くの大名が年貢を一括徴収した上で家臣たちに俸禄（サラリー）としての年貢（蔵米）を給付する方式に移行していた。この背景には、大名の家臣たちが領地である農村に居住するのではなく、城下町に集住するようになったことがある。もっとも仙台伊達氏や薩摩島津氏では幕末まで「地方知行制」が保たれ、特に薩摩藩では武士たちが各地の農村を支配する構造が温存されたのである。

## 戦国時代、横のつながりが重要な時代

日本史で気づくのは、前近代の時代名がほぼ首都（政治中心地）の名を冠していることである。首都の名を唯一冠していない時代、それが戦国時代である。このことは戦国時代は京都の中央権力が失墜し、各地では近隣との横のつながりが大きな意味を持ったことを示している。その状況で特に、国衆が重要な担い手になった。国衆の支配領域は基本単位であり、これをいくつかまとめたものが戦国大名の領国ということになる。ここから国衆の領域が現代の「生活圏」と重なることが想定される。

戦国期において在地での横のつながりが重要ならば、戦国初期に上洛して幕府の実権を握った大内氏が政権を維持できなかったのも納得できる。すでに地方では中央の威令が有名無実となり、大内氏の領国でも尼子氏の侵入にさらされていたのである。次に天下を握った三好氏は、もともと細川氏の家臣（分家の家老ということ）で、畿内から四国東部にまたがって領国を形成していた細川氏の地盤を引き継いだことで、わりとスムーズに領国維持と中央政権の両立が可能だった。織田信長も本拠の尾張・美濃が比較的京都に近いことから、三好氏と同様の条件と言えるだろう。このように地理的な横のつながりは、戦国史の場合、他の時代以上に大きな意味を持っていることは明らかである。それゆえ本書では「中央と地方」の関係ではなく、地域同士の横並び関係に焦点を当てている。

広域地域圏のモデル（筆者作成）

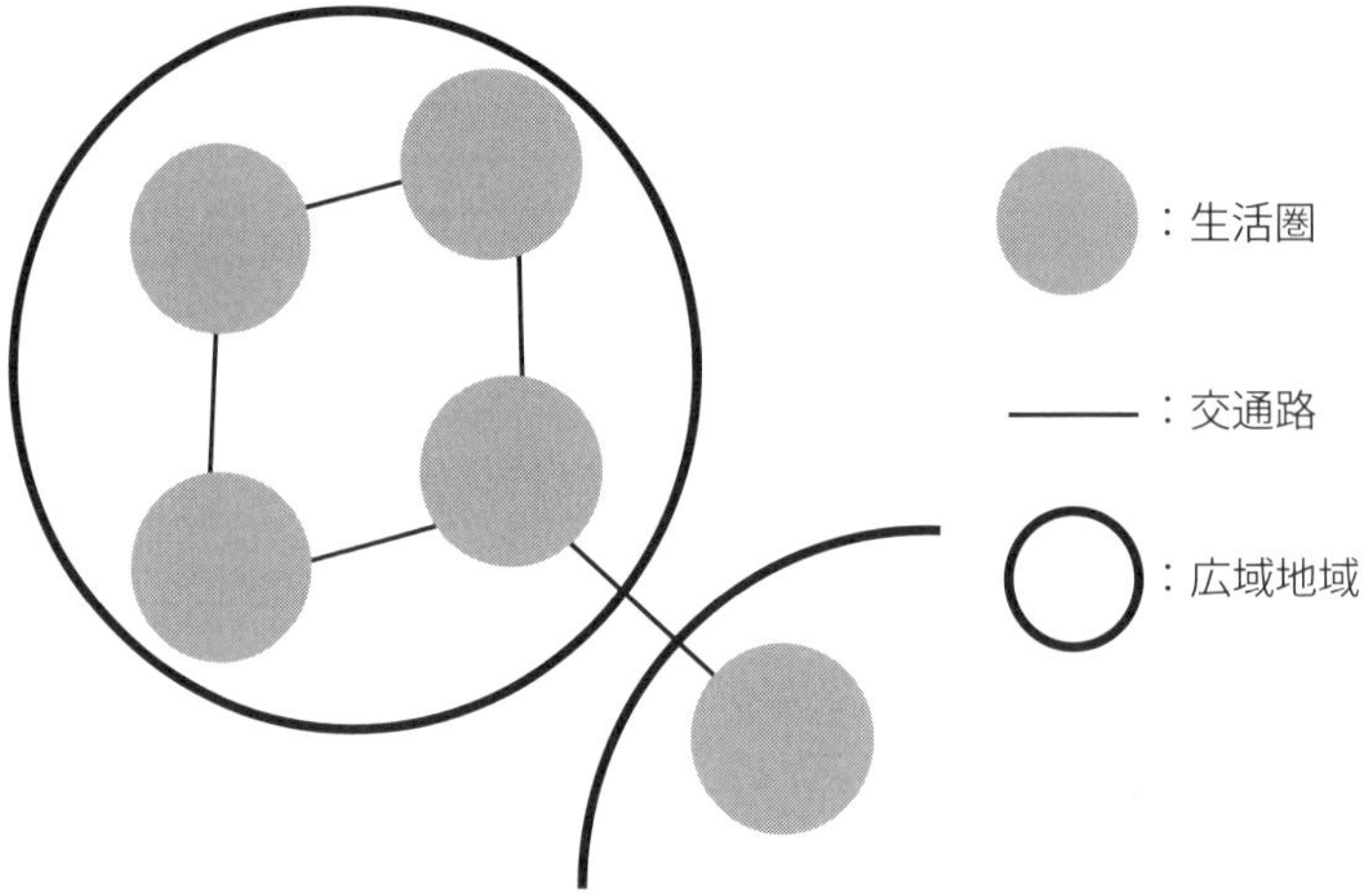


以上の観点から住民目線に近い「生活圏」を基本単位と考えて、生活圏同士のネットワークで地域が形成されるモデルを基に話を展開していく。私は理論経済学に基づいた地域経済学が研究分野なので、理解しやすいように次頁のようなモデルを考えてみた。

各市町村をいくつかまとめた地域がこの生活圏に当たり、生活圏の集合体が各県内のより大きな地域圏である。それぞれの生活圏をつなぐのは交通路であり、これによって地域間のネットワークが見えてくる。交通路による近隣とのつながりは、グロットグラム調査のような方言地理学の研究によって、目で見える図式でも捉えることができる。このような地理的つながり、言い換えれば地域間のネットワークについては河川や山岳、さらに海など地理的条件が重要な要素になり、また経済的つながりを理解することも助ける。生活圏が県内の他地域とはもちろん、近隣の他県ともつながりを持つことは容易に想像できよう。司馬遼太郎『街道をゆく』はこのようなネットワークに着目した先駆的な紀行と考えられ、本書の記述もかなり影響を受けている。

この生活圏を戦国時代の「国衆」の勢力圏とオーバーラップ

させ、彼らの上に戦国大名の領国が覆いかぶさるという形で理解していただきたい。

従来は「天下統一史観」というべき、各地の大名たちが天下取りを目指して争ったかのような戦国時代像があったが、近年の研究の進展で各大名たちは本国を基礎にした勢力拡大を主に考えていたことが明らかになっている。織田信長が上洛したことで新たな天下秩序の形成が進んだのは確かだが、本書はそのような天下統一の視点よりは、各地の「生活圏」に基盤を置いた大名や国衆の動きに注目したい。信長、秀吉、家康についても、彼らのローカルな行動をより重視して描いていく。

国衆や大名たちの動きは、天下統一を目指すようなスケールの大きなものではないが、住民の目線に近く、彼らの生活の成り立ちに気を配っていた。視野が狭くなる傾向もないわけではないが、自分たちの生き残りのために周辺情勢や大勢力の動向にもアンテナを張り巡らせ、主体的に行動していたのである。本書も十分に描けるわけではないが、彼らの生き方のあらましを見ることは現代の我々にも参考になると思う。

本書の構成は、八幡和郎『47都道府県の戦国大名』を参考にした。この書籍は、各地方別の地図によって旧国ごとに大名の変遷を示し、さらに有力な国衆の分布も示している。このことは、近隣諸国とのつながりの上で勢力変動を示すものであり、同時に国衆の分布は旧国内での生活圏の存在を暗示しているとも考えられる。また県の叙述の順番が歴史のつながりを基にしており、近隣県同士のつながりを頭に入れることができる。このような記述方針は、県にとらわれず、生活圏同士の近隣とのつながりを基に叙述するということであり、本書の方言の近隣とのネットワークを重視する姿勢と重なってくる。このような構成は他に例を見ないもので、本書は八幡氏の記述方針を拡張して、戦国大名の勢力変遷と方言のつながりで立体的な地域像を描くつもりである。

まず旧国など各県の大きな区分の地域ごとに方言を紹介し、その上で該当地域の戦国時代史を時代順に説明する。方言によって各地域の住民の個性を見出し、近隣とのつながりから地理的特性を見た上で、戦国武将の動きでも同じ傾向があるか見て行こう。さらに戦国時代の理解のために、前代の室町時代の概略も説明する。また戦国大名の経済基盤や、組織論の観点による戦国大名の統治体制も記述していく。さらに本書は「土地」が主な対象なので、各地にゆかりのある人物、戦国期関係の観光名所や史跡も折に触れて紹介する。

各県の各地域の方言の特徴はなるべく隣接地方との共通点と相違点を対照できるように選んだ。方言のつながりについては、パズルのように隣接地域と比較する必要がある。多少面倒だが、各県地図に隣県の名称も記載したので、それを参考につながりの道をイメージしていただきたい。アホバカ方言の分布も地域特性に関係するという考えで、各県の方言の記述で要素としている。戦国大名の勢力図でも各大名の動きを示したことで、かなりな程度方言とオーバーラップするイメージが描けるはずだ。また方言が使用されているフィクション作品（小説、ドラマ）も参考のために挙げている。戦国期の作品が原則だが、それがなければ江戸時代を舞台としたものも含んでいる。

各県の項ではやや変則的だが、八幡氏の著作に従って、旧国の領域を基にするために県の領域をはみだして記述したところもある。例えば三重県の南部に当たる地域は「紀伊国」だったので和歌山県の項で、北九州市の小倉や門司は大分県北部と同じ「豊前国」なので大分県の項でそれぞれ取り上げ、神奈川県の横浜、川崎も東京と同じ「武蔵国」なので東京都の項で記述するということである。さらに旧国がまるごと県の境をこえて記述されていることもある。例えば兵庫県の淡路を阿波国（徳島県）と続けて、同じく兵庫県北部の但馬を因幡国（鳥取県）と、静岡県東部の伊豆を神奈川県（相模国）とまとめて記述するといった具合だが、地理的連続性と歴史の流れに沿った記述を心がけたためである。

終章では、織田信長が尾張から西へ京都まで進んで天下統一の先鞭をつけ、徳川家康が三河から東に進み関東を本拠地としたことで、現代の日本の国土構造に影響をもたらしたという戦国史の帰結を扱う。このことで八幡氏の言う「(江戸期の)殿様の三分の二が愛知県人」という状況が生まれたが、最終章で尾張・三河という愛知県出身の武将たちが現代日本語にもたらした影響も考える。

本書を読まれることで、方言と戦国武将という要素で各地域の地理的特徴がどのように現れるのかということ、そして方言に残る古典文語を知ることで日本語のたどってきた道筋が見えてくるので、多面的な地域理解が進むことを願ってやまない。

## この本のメリット

(1) 戦国時代にうちの地元はどうだったか分かる
(2) 全国あちこちの地元の話し方のポイントが分かる
(3) 全都道府県のつながりがパズルみたいに分かる
(4) 鉄道や自動車道のルートが分かる
(5) 戦国時代のお城を観光できる
(6) 戦国大名の中身が分かる
(7) 古文と話し言葉のつながりが分かる
(8) 地域づくりのヒントになる?!

第一章

# 大河ドラマでたどる室町・戦国の中央政治史

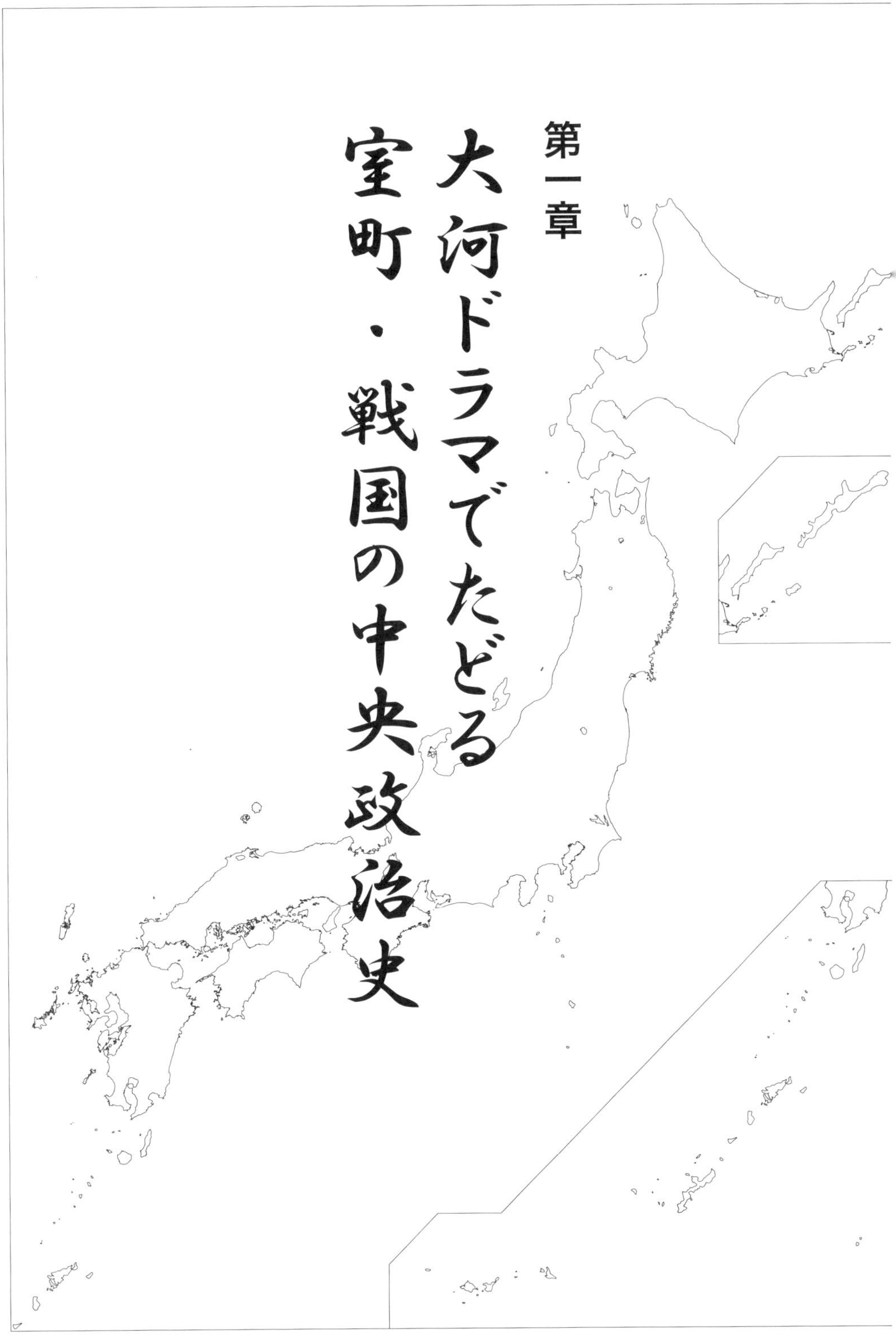

ここでは室町・戦国期の中央政治の流れを見ていくが、次章以降の各県の歴史を見る際に背景として参考にしてほしい。各県の戦国史が中国正史で言う「列伝」に当たるのに対し、本章では「本紀」に当たる内容を説明しているということである。

## 初代・尊氏（在職1338〜1358年）、2代・義詮（1358〜1367年）

この時代は大河ドラマ『太平記』で舞台となった。吉川英治『私本太平記』を原作に、初めて南北朝時代を取り上げた意欲作として、制作発表から大きな話題になった。配役は真田広之が**足利尊氏**で、武田鉄矢が**楠木正成**と豪華かつ意外なものであり、女優も尊氏の正室・赤橋登子が沢口靖子で、側室で庶子・直冬の母・藤夜叉（古典『太平記』では越前局）が宮沢りえとこちらも知名度、実力ともに高度で話題になった。どうでもいいようなことだが、このドラマの放送前に渋谷のギャルに真田広之の役名を見せると、「そくりそん氏」という謎の敬称付き中国人と誤解しているという場面があった（笑）。南北朝時代のマイナーさとともに、若い世代が日本史をきちんと学んでいない証左である。

さて南北朝の遠因は、もともと鎌倉期に持明院統（後に北朝）と大覚寺統（後の南朝）で皇統が二つに分かれて、執権北条氏の調停で両統が交互に皇位に就いたことである（必ずしも順番通りではなかったが）。しかし大覚寺統の**後醍醐天皇**は自らの血統で皇位継承する願望があり、さらに天皇親政の志から倒幕運動を呼びかけた。楠木正成は河内の土豪だったが、早期に討幕の挙兵を行い、少ない兵力からゲリラ戦で幕府を翻弄した。正成以外にも、畿内近国の「悪党」と呼ばれる新興の武士たちが倒幕運動を行い、勢力変動を感じさせた。

足利将軍家系図

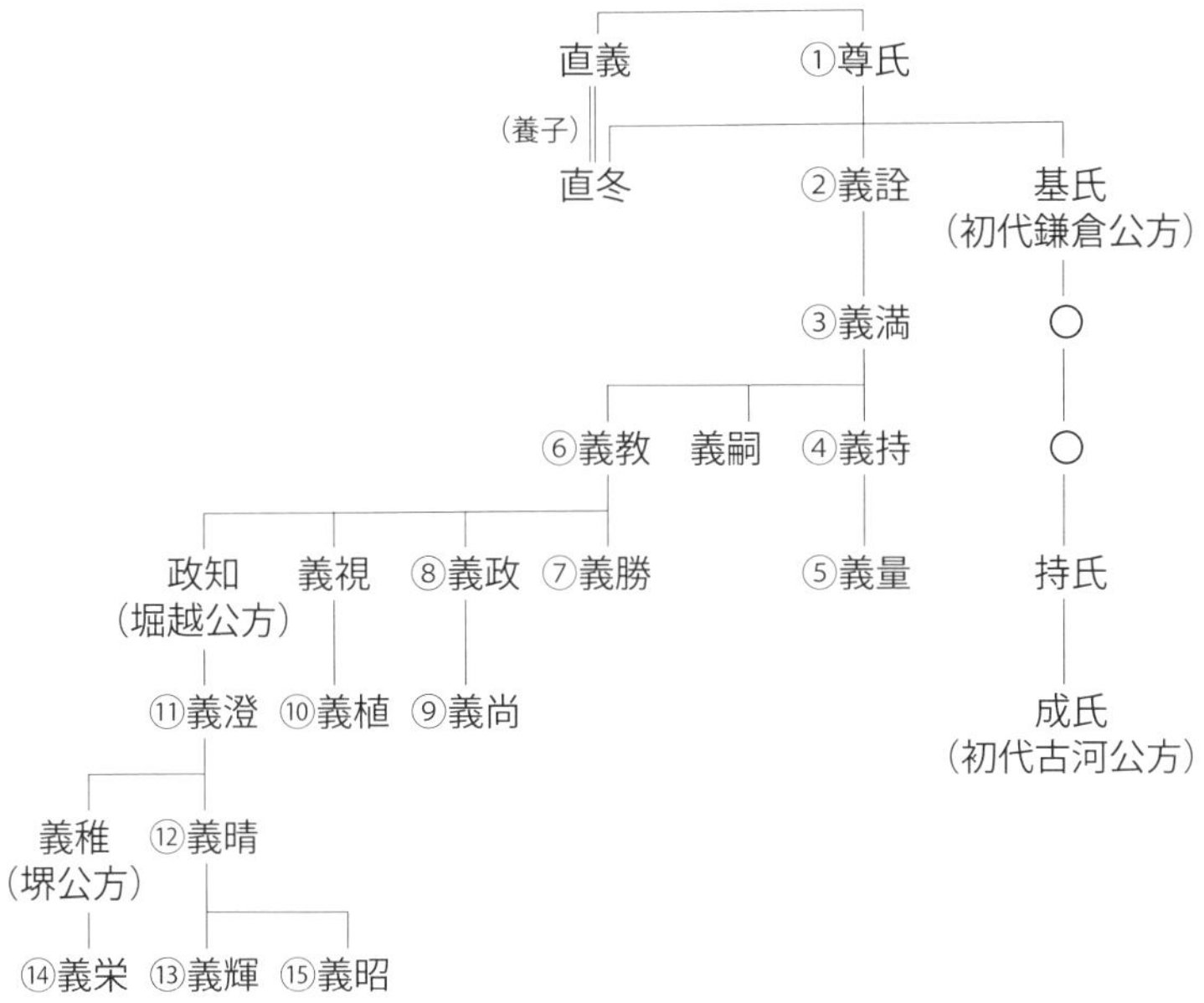


※　○内の数字は室町幕府の将軍の代数

一方、足利家は源氏嫡流という伝統的武家の名門であり、鎌倉幕府でも重職についていた。代々の当主は執権北条氏から正室を迎えていたので、尊氏自身も赤橋登子（最後の執権・赤橋守時の妹）を正室とした（尊氏の母は父の側室で、上杉家の出身）。尊氏は畿内の討幕軍の鎮圧のために出兵したが、天皇の呼びかけに応じて翻意し京都の幕府機関である六波羅探題を滅ぼし、関東では**新田義貞**が鎌倉幕府を倒した（１３３３年）。

この鎌倉討幕までは、主役たちが一つの目標に向かって邁進するのが基調なので爽快感はある（北条氏滅亡の悲哀は感じるが）。しかしその後は勝者が次々に分裂・抗争するという展開となり、現実の難しさを感じさせる。

後醍醐天皇によって**建武の親政**が行われたが、理想ばかりが高い眼高手低の政治は多くの不満をもたらし、これを見た北条時行（高時の子）が関東で挙兵した。尊氏はこれを鎮圧したが、この機に関東で勢力を広げたので天皇側は警戒を強め、ついに尊氏を逆賊として追討、**北畠顕家**らの活躍で尊氏はいったん九州へ追いやられた。

しかし尊氏は九州の武士たちの支持を獲得して勢力を回復、さらに持明院統の光厳上皇を擁して進軍し、迎え撃った楠木正成は**湊川の戦い**（神戸市）で討ち死にした。そして尊氏は京都も陥落させ、後醍醐天皇から位を奪い、持明院統の光明天皇を即位させた。こうして建武の新政は2年で崩壊した。

しかし後醍醐天皇は吉野に逃れて南朝を建て、史上唯一の天皇並立という**南北朝時代**が到来した。後醍醐帝は九州に懐良親王を派遣するなど地方で勢力を扶植して壮大な包囲作戦を企図した。しかし南朝側の有力武将は新田義貞や北畠顕家らが2年ほどで討ち死にし、後醍醐天皇も吉野で失意のうちに病没（1339年）。**北畠親房**（史書『**神皇正統記**』の著者で、天皇中心の日本史を構築した）が指導者となって関東や奥羽で攻勢をかけたが、南朝側の退勢は明らかだった。ただし南朝が周縁的な地域で勢力を持ったことは、地方へ京都中央の文化を普及・浸透させるのに大きな意味があったと言われる。また地方側に視点を移すと、在地の武士たちは必ずしも一方の朝廷の理念に賛同していたわけではなく、近隣のライバルに対抗する、あるいは恩賞という実利を求めてどちらかに付いたという傾向が強い。この在地での正当性確保のために広域の「権威」を利用するというのは、中世のドイツやイタリアで諸侯たちが「皇帝派」と「教皇派」に分かれて争ったことを想起させる。

一方1338年に尊氏は北朝から征夷大将軍に任命され、京都に幕府を開いた。弟・**足利直義**《ただよし》が政務の実権を握る「二頭体制」だったが、ほぼ行政面は直義が握っていた。一方で執事の**高師直**《こうのもろなお》（歌舞伎の「仮名手本忠臣蔵」で吉良上野介のモデルとして強欲な悪役という役柄、兼好法師にラブレターを代筆させたエピソードもある)が北畠顕家や楠木正行《まさつら》(正成の息子)を討ち、一時南朝を吉野から追うなど武功を挙げ、さらに畿内の新興武士たちを配下にして強力な武力を持った。やがて師直と直義の二派の分裂抗争「**観応の擾乱**《かんのうのじょうらん》」が始まる(1351年)。師直は近江の佐々木道誉、光厳上皇に矢を射かけた土岐頼遠とともに、既存の権威を否定する「**バサラ大名**」の代表として知られる。私は、直義が「秩序派」、師直らは武力偏重の「実力派」という性格分けで見ていたが、師直も執事として高度な実務能力を持っており、単純な分け方はできないらしい。その辺りの事情を近年刊行された亀田俊和『観応の擾乱』(中公新書)が最新の研究動向を踏まえて詳しく展開を描いている。

擾乱の展開は、初めに師直が軍勢を率いて尊氏の屋敷を包囲する「御所巻き」で直義の解任を強要した(「下克上」の先駆とされる)。ついで直義の養子となった**足利直冬**(尊氏庶長子)が九州で直義派として勢力を築き、そして直義が南朝と手を組むという予想外の策を取って尊氏を破り、師直が誅殺される。この後今度は尊氏が南朝に一時的に降伏して直義を破り(北朝も一時廃された、**正平の一統**)、直義は鎌倉で急死した(1352年)。これについてはドラマでも採用されたように、尊氏による毒殺という説が強かったが、現在では病死が有力である。ドラマの最終回で直義(高嶋政伸)が言った「幕府を作ったのは、このわしじゃ!兄上は優柔不断で、わしがいなければ何もできなかったではないか!」というセリフが二人の関係を表している。この乱では全国各地で北朝方が尊氏派と直義派に分裂して抗争し、足利家の家臣たちでも没落する家系が出るなど深刻な影響を与えた。

大河ドラマ『太平記』は、尊氏と庶長子の直冬(筒井道隆)との対決がクライマックスだった。1354年に直冬も南朝を奉じて上洛進軍したものの、京都を尊氏軍に包囲されて支えきれずに撤退した。古典『太平記』では「父に刃を向ける子の奉納を受けない」という石清水八幡宮の神託を聞いたため、大河ドラマでは尊氏側近で直冬とも親しかった一色右馬之助（大地康夫演、架空の人物）の決死の説得で翻意したということになっていた。

尊氏は晩年病に苦しみながら、これらの戦いに勝利し、また次男・基氏を初代「**鎌倉公方**」、上杉氏（尊氏の母方の一族）を補佐役の関東管領として、自律的な関東統治機関である**鎌倉府**を築き、京都と関東との東西分治体制を築いて亡くなった。

なお観応の擾乱において南北両朝の間で数度和睦への模索が行われたが、条件がおり合わずに反故にされた。南朝は軍事的に弱体だったが、北朝の分裂に乗じて合計4度も京都を奪還している。ただし「攻めるに易く、守るに難い」と言われた京都の地勢から支えきれずにすぐ撤退というパターンが繰り返された。このことは幕府の政争敗北者が「駆け込み寺」的に南朝を利用したことが大きいが、南朝の一時的軍事占領は秩序を破壊する結果にしかならず、南北双方から厭戦気分が高まってくる。南朝方の公家も山間地で耐乏生活を強いられる中で京都への憧憬をつのらせ、この面からも南北朝合一の欲求が高まってきた。

尊氏の跡を継いだ2代将軍義詮は、若年時に関東を10年にわたって統治し、京都に戻ってからも父の在世中から軍事指揮官と政務担当の経験を積んでいた。義詮の時代は幕府の職制などシステムが完成に向かう時期として位置付けられ、守護大名の連合としての足利幕府が形を表してきた。一族である斯波、細川、畠山の三氏が諸国の守護となる一方で、「管領」という最高職で将軍の補佐役となった。即物的な話だが、観応の擾乱が激しく変動したのは武士たちが恩賞目当てで所属先を激しく変えたことが大きな要因だった。これを踏まえて、地方勢力を幕府に帰服させるために、土地が恩賞として積極的に活用された。代表的なのが大内氏や**山名氏**など西日本の守護大名が南朝に付いて領国を広げたが、領国安堵を条件に「降伏」させたということである。

義詮は、まだ幕府が不安定で南朝勢力も残る中で10年にわたって支えたが、若くして病没することになった。後継者の義満がまだ10歳だったので、臨終近くに四国平定に活躍した**細川頼之**を管領に任じた。これは極めて賢明な措置で、足利政権に大きな遺産となった。ちなみに古典『太平記』は、この頼之の管領就任が乱世の終わりを予告するものとして「めだたいこと」という言葉で終わっている。

## 3代・義満（1369〜1395年）

1980年代に子供時代を過ごした私にとって、**足利義満**とはアニメ『**一休さん**』（テレビ朝日系）に出てきた「将軍様」である。この作品で「将軍様」が**金閣寺**に住んでおり、中国の明とお付き合いをしていることを知った。しばらく後に、金閣に住んだ頃の義満は将軍を息子（義持）に譲って出家していたなどアニメが大分史実とは異なることを知ったが、時代背景などはある程度史実を踏まえている（義満は1395年に38歳で将軍を退いてから亡くなる1408年まで最高権力者として政治の実権を握っており、その時の居所が鹿苑寺（金閣）である）。一休さんの友達のさよちゃんという女の子は祖父と暮らしており、「両親が戦で死んだ」というが、時代的に明徳の乱（1391年）など南北朝末期の動乱に巻き込まれたと思われる。なお、アニメで一休さんの相棒役である蜷川新右衛門という武士は史実では6代将軍義教（義満の子）の時代に政所公事役だった人で、連歌の名手でもあり、その縁で成人した一休と親交があった（子孫がK1ファイターの武蔵）。アニメで新右衛門さんが就いていた「寺社奉行」という役職は当時存在しない。なお、一休さんが後小松天皇の落胤であり、母の伊予の局が南朝方だったということはアニメ第1話のナレーションで言及されている（中盤以降、全くと言っていいほど触れられなくなるが）。新右衛門さんも当初は南朝の流れを汲む一休さんを監視する役割だったが、徐々に相棒となったのはご承知の通り。

さて義満が築いた金閣寺は世界遺産となり、海外からの観光客が訪問を希望する名所のトップ5に入る。さらに**世阿弥**を庇護して**能楽**という新しい芸能を作り上げるなど、文化的な貢献はすこぶる大きい。

義満の生涯は、フランスのルイ14世（ヴェルサイユ宮殿を築いた）と似ている。いや、時代的に義満が先なので、ルイ14世が義満に似ているというべきか。ともかく、幼くして父の死を受けて跡を継ぎ、成人するまで有能な政治家が補佐、地方勢力を抑えて国内を統一し、文化という「ソフトパワー」の活用で乱世を鎮静化させたことなど共通点は多い。

幼い義満に代わって政治を行ったのは、管領の**細川頼之**である。有能な上に私欲に走らず、将軍の権威確立に努めたのは「理想の補佐役」というべきである。そして義満が成人した頃に反対派からの批判を一身に受ける形で潔く引退した（1379年）。

その後の義満は、南朝勢力や有力守護大名への示威行動として奈良の東大寺や興福寺、厳島（広島県）、富士山、天橋立（京都府の日本海側にある宮津市）、高野山、気比神宮（福井県）を巡行した。彼の巡行範囲はほぼ幕府の勢力圏「室町殿御分国」に当たる。この後、巧みに有力守護の内紛を誘い、美濃土岐氏（土岐康行の乱、1389～90年）、「六分の一殿」と呼ばれた山陰の**山名氏**（明徳の乱、1391年）、中国西部から九州へも勢力を広げた**大内氏**らの反乱を鎮圧して（応永の乱、1399年）、絶対権力を確立した。このように領土内を旅行し、その成果を統治にフィードバックするのはローマ皇帝ハドリアヌスを彷彿とさせる。

この勢いに乗って、1392年に**南北朝の合一**を実現した。しかし南朝と北朝で交互に皇位を継承するなどの合意条件はほとんど守られず、また旧南朝の皇族や公家も冷遇されたので、不満分子となった彼らは「後南朝」勢力として暗躍することになる。

一方、義満は朝廷とも関係を深め、居所の**花の御所**への天皇行幸を実現、朝廷での官位も太政大臣まで昇進した。義満の下で武家と公家が統合され、幕府の権威は高まったのである。アニメ『一休さん』でも公家が何度か登場し、義満に対して臣下のようにふるまっているが、朝廷でも高位に就いた義満ならではのことであろう。もっとも通称「やんちゃ姫」と呼ばれる、五条家のつゆ姫(「〜して欲しいぞよ」が口癖)のわがままには義満も振り回されていたが(笑)。なお花の御所の所在地が京都・室町なので、以後足利将軍は「室町殿」と呼ばれ、「室町幕府」という名の由来となる。この時期、京都の警察権も朝廷の検非違使から幕府の侍所へと移り、国政はほぼ武家政権である幕府が掌握することになった。

そして中国の明と貿易を行うために倭寇を討伐し、義満はその功で明から「日本国王」に任じられた(1404年)。中国皇帝の臣下としての国王であることから、当時より国内で批判があった。ただ当時の中国王朝は外国の国王を臣下とし、皇帝から臣下への恩恵措置として貿易させるという「朝貢貿易」しか認めていなかったので、やむを得ない面があった。ちなみに義満死後に幕府のブレーンとなった僧満済は「明が任命した〝国王〟は日本国内ではニセの国王であり、したがって将軍が明皇帝に臣下の礼を取るのは問題ない」といった見解を述べている。明との貿易は国内秩序的に問題を抱えていたが、経済面で大きかったのは確かである。

なお、明から「日本国王」に任命された上、義満が妻を天皇の母代わりとさせ、さらに溺愛した息子の義嗣(義持の弟)に親王の待遇を受けさせたことなどで、今谷明氏などが「義満の皇位簒奪計画」説を主張することとなる。彼の死後だが、朝廷が「太上法皇」の尊号を送ろうとしたことがその証拠ともされる。ただし学会ではこの説はあまり支持されていない。義満自身の意図は不明だが、北朝および南朝にも皇位継承権のある皇子が複数いた中で、リスクを承知で「皇位簒奪」実現に走るのは考えにくい。「太上法皇」の尊号は後継者・義持と幕府が拒否しているし、彼を名実ともに「国王」として認めるような雰囲気は日本社会には（幕府にも）なかった。

しかし義満が室町幕府の全盛期を築いたがゆえに、義満の行動が「模範とすべき先例」とされ、以後の将軍たちが多かれ少なかれそれを受容するか反発するかという形で呪縛のような影響を残した。

## 4代・義持（1395～1423年）、5代・義量（1423～1425年）

4代から6代将軍の時代は大河ドラマではもちろん、小説の舞台にもなっていないので、一般的にはイメージしにくい。一番手っ取り早く流れを理解するなら、子供向けながらマンガ日本の歴史を読むのが良いかもしれない。

4代将軍・義持は幼少時に父・義満から将軍職を譲られたが（1395年）、義満存命中は政治から排除され、さらに庶弟の義嗣が優遇された反比例として義持は冷遇された。こうした体験からくる個人的感情はもとより、幕閣たちも義満に不満を持つ者が多かったようで、1408年の義満の死去から義持政権は「脱義満路線」を基調とした。その端的現れが、義満が築き幕府の名の由来となった「花の御所（別名・室町邸）」を取り壊して、将軍の居所を京都高倉に移したことである。ただし室町から移転しても、足利将軍は「室町殿」と通称される。

これ以外でも義満の建造物はほぼ取り壊され、残ったのは金閣のみである。さらに義持は、朝廷に深入りして公家として昇進した義満とは反対に官職に興味を持たず、朝貢関係にあることを嫌って明との貿易からも手を引いた。

畿内周辺では伊勢で北畠氏が後南朝勢力と結んで反乱したが、早期に収束した。しかし関東で公方・**足利持氏**に解任された前関東管領の上杉禅秀が乱を起こし（**上杉禅秀の乱**、1415〜17年）、公方に圧迫されていた関東の諸勢力も巻き込み、義満以降では初めての関東争乱となった。幕府は当初、持氏を警戒していたこともあって傍観したが、やがて軍を派遣して持氏を支援した。乱の掃討の一方で、義持は不仲だった弟義嗣が禅秀に加担したと断じて誅殺した。なお、この時期対馬では倭寇討伐の名目で李氏朝鮮軍の出兵があった（応永の外寇、1419年）。

義満時代に将軍の権威は確立していたので、守護大名の反乱はなくなり、幕閣として合議で政務を行う体制が確立した。その中で各大名が地方の大名に対する取次を務めることで派閥を形成し、それが後に幕閣内での政争を引き起こした。

関東で乱が収束してしばらく後、義持は元服したばかりの息子・義量に将軍職を譲った。しかし実権は義持が握っていたことから義量は酒色におぼれ、これを諫止しなかった側近たちを義持が叱責する事件が起こっている。結局義量の行状は改まらず、在任2年ほどで20歳にならない若さで病没した。

その後3年間（1425〜28年）は将軍不在のまま義持が代理として政務を見たが、幕閣の発言力が強まり、自身もやがて病に伏した。すでに後継者たる嫡子は皆無だったので、側近の僧・満済の発案で僧となっていた義持の弟四人が候補となり、くじ引きの結果、青蓮院門跡の義円が将軍・義教となった。現代の観点ではありえないが、中世人は自らの意見が「死票」となるのを不名誉で避けたいと考えていたから、議論で決しない場合はくじで「神慮」に委ねるというのも説得性はあった。

## 6代・義教（1429～1441年）、7代・義勝（1442～1443年）

義教政権の施政方針としては「義満回帰路線」が採られ、明との貿易も復活した。

彼の就任早々、京都で**正長の土一揆**が起こった。「土民の蜂起は日本開闢以来初めて」と当時の記録に記される事態で、農村やその他の民衆間の横のつながりで大きな勢力が形成されたことを示す画期的事件である。しかしこの行動は「革命運動」ではなく、武家領主との条件闘争の意味合いが強いと思われる。なお、この時期（1432年）、津軽では安東氏が南部氏に敗れて蝦夷地（北海道）に逃れる事件があり、幕府も勧告したが、なすすべもなかった。

一方、義持の後継者を自任していた鎌倉公方・持氏は対抗心をあらわにした。義教は「くじ引き将軍」と言われて正当性が問題視されたこともあって、訴訟で公平な判決を下すことによって威光を高めようとした。しかし現実に様々な壁に当たると、苛烈な処断に向かってしまう。大和での争乱（大和永享の乱）に対して幕府軍を派兵させたところ泥沼化し、また一色氏や土岐氏など有力守護を誅殺、比叡山の僧兵たちも弾圧して根本中堂での自焼を強いた。

鎌倉公方との対立はそれぞれの補佐役が抑えていたが、幕府の老臣たちが亡くなり、関東管領・上杉憲実も領国に下ると、義教は鎌倉追討を命じて**永享の乱**が起こった（1438～39年）。持氏は抵抗したが、幕府の大軍にはかなわず自害、彼の嫡子たちも処刑させて鎌倉公方を一旦滅亡させる。その残党が蜂起した**結**

**城合戦**も鎮圧し（１４４０年）、関東を幕府の統治下に置いた。

しかし義教の「万人恐怖の世」と呼ばれる施策は様々な疑心暗鬼を生み、守護職と所領のはく奪を恐れた赤松満佑が彼を自邸の宴に招いて暗殺した（**嘉吉の変**）。私が読んだ集英社版の学習漫画「日本の歴史」でもこの件は迫真の描写がされていた。午前より始まった宴が夕刻まで続いて酔いが回ったところで、赤松氏が打ち合わせに従って突如馬を暴走させる、義教ら列席者たちがそれに見とれて呆然とする中で暗殺者たちが現れて、という具合である。漫画では義教は多少太刀回りを演じて抵抗したが、史実では即座に斬り殺されている。幕閣や公家でも死傷者が多く出た。ちなみに義教は8代将軍・義政の父なので、大河ドラマ『花の乱』の序盤にわずかだが、嘉吉の変が扱われた（イメージ映像程度だが）。

義教の事績を振り返ると、もともと僧籍にあって股肱の家臣を持たず、幕府内でも基盤がなかったため、自らの権威を高めようと無理に専制に突っ走ってしまった感はある。そして自らの予期せぬ暗殺で、幕府に真空状態をもたらしてしまった。

独裁者義教の死で幕府は思考停止状態となっており、また赤松氏の背後に大物の守護大名が黒幕にいるのではと疑心暗鬼となって対応が遅延したことで、赤松氏は領国播磨で抵抗姿勢を見せた。ようやく1年後に**山名持豊（宗全）**が総大将となって果敢な攻撃で赤松氏を滅ぼした。これによって幕府内で山名氏の発言力が強まり、応仁の乱の遠因となる。この混乱した中で内裏から三種の神器が後南朝勢力に強奪される**禁闕の変**が起こった。後に赤松氏旧臣がこれを奪還してお家再興を果たす。

義教の長男・義勝は１０歳という幼さで跡を継いだが、就任わずか一年で病没し、幕府は不安定化した。

## 8代・義政（1449～1474年）、9代義尚（1474～1489年）

8代将軍・**足利義政**は**銀閣**を建てたことで知られるが、**応仁の乱**の時の将軍としても有名である。彼の治世は、大河ドラマ『**花の乱**』で舞台となった。このドラマの主役は**日野富子**で、彼の正室である。大河ドラマでは主人公の若年期を松たか子が演じ、成人以後は三田佳子が演じた。視聴率は低かったが、ドラマの質は良く、この時代の雰囲気を感じられる。ただし色々な設定でフィクションが混じっている。なお、この時代に禅僧・**一休宗純**や画僧の**雪舟**が活躍した。一休は大河では奥田瑛士が演じ、ドラマの重要な登場人物となっていた。

義政は兄の急死により8歳で足利家当主となったが、将軍職就任は14歳の元服まで据え置かれた（1443～49年）。この間は管領の細川氏が政務に当たったが、この「管領政治期」に信濃小笠原氏から、畠山氏、斯波氏などで家督争いが起き、応仁の乱の遠因となる。

一方、関東は上杉氏が幕府の意を受けて統治していたが、混乱が続いた。このため幕府も鎌倉公方の復活を容認し、持氏の遺児・**成氏**《しげうじ》が就任した。しかし成氏が上杉氏を誅殺したことから公方派と管領派で関東は二分され、1455年に**享徳の乱**が起った。この時期から成氏は下総の古河（茨城県）に移り、以後関東の公方は「**古河公方**」と呼ばれることになる。この乱に際して幕府は義政の庶兄の政知《まさとも》を関東に送ったが、伊豆の堀越《ほりごえ》に留まったので「**堀越公方**」と呼ばれた。幕府は上杉氏を支援するために軍を派遣したが、古河公方との合戦は20年に及ぶ消耗戦となった。こうして関東では戦国状況が畿内に先んじて生じた。この対応をめぐって幕閣内で対立が生じ、家永遵嗣氏はこれを応仁の乱の遠因と主張した。

京都では義政が成人して政務を行うようになった。かつては文化活動に逃避したように言われたが、将軍の権威を回復するためにかなり積極的に政治を行っていたことが主張されている。しかしその施策が諸大名の争いに介入するという方向となって混乱を助長し、側近の伊勢貞親の専横が諸大名の不満を招いた。

前述の畠山、斯波の家督争いはこの時期に激化し、さらに義政の後継者も義視（義政の弟）と義尚（義政と富子の子）で二分され、これに細川勝元と山名宗全という幕府の最有力者がそれぞれに加担したことで応仁の乱が起こった（１４６７年）。呉座勇一氏は『応仁の乱』で、京都での幕閣の派閥抗争を乱の原因として重視している。

乱の経過は複雑だが、細川が東軍、山名が西軍となり、大名たちも東西それぞれに分かれた。京都には両軍合わせて１０万以上の兵が集結し、市街で戦闘が行われた。当初は、細川が将軍と後継候補二人を掌中におさめたことで東軍有利だった。しかし東軍は西軍に決定的打撃を与えられず、そのうちに細川氏と長らく対立してきた周防大内氏が上洛して西軍となったことで長期戦となった。大河ドラマで細川勝元（野村萬斎）がこの状況を「けじめのつかぬ戦」と表現している。やがて東軍内の権力闘争で不利な立場になった義視が西軍に身を投じたことで「西幕府」が成立、幕府そのものが東西二分されることで収拾困難になった。

乱の開始から5年後に細川・山名の両大将は和睦に傾いたが、大名たちは各自の権益獲得のために反対して戦闘を継続した。結局１４７３年に山名宗全と細川勝元の両大将が共に病死した後も4年にわたって続き、１４７７年に西軍の主力だった大内氏が幕府に恭順を申し入れて帰国したことで十一年にわたる応仁の乱はようやく終結した（乱後に西軍の陣所で発祥したのが「**西陣織**」である）。なお、この乱の途中で将軍職は義政から実子の義尚に譲られている。

戦の舞台は当初は京都市街で、1年の間に多くの寺社や公家の邸宅が兵火で焼失した。京都で「〝戦争〟とは第二次大戦ではなく、応仁の乱のこと」と言われる由来である（誇張も入っているが）。この要因は、両軍

細川氏家系図

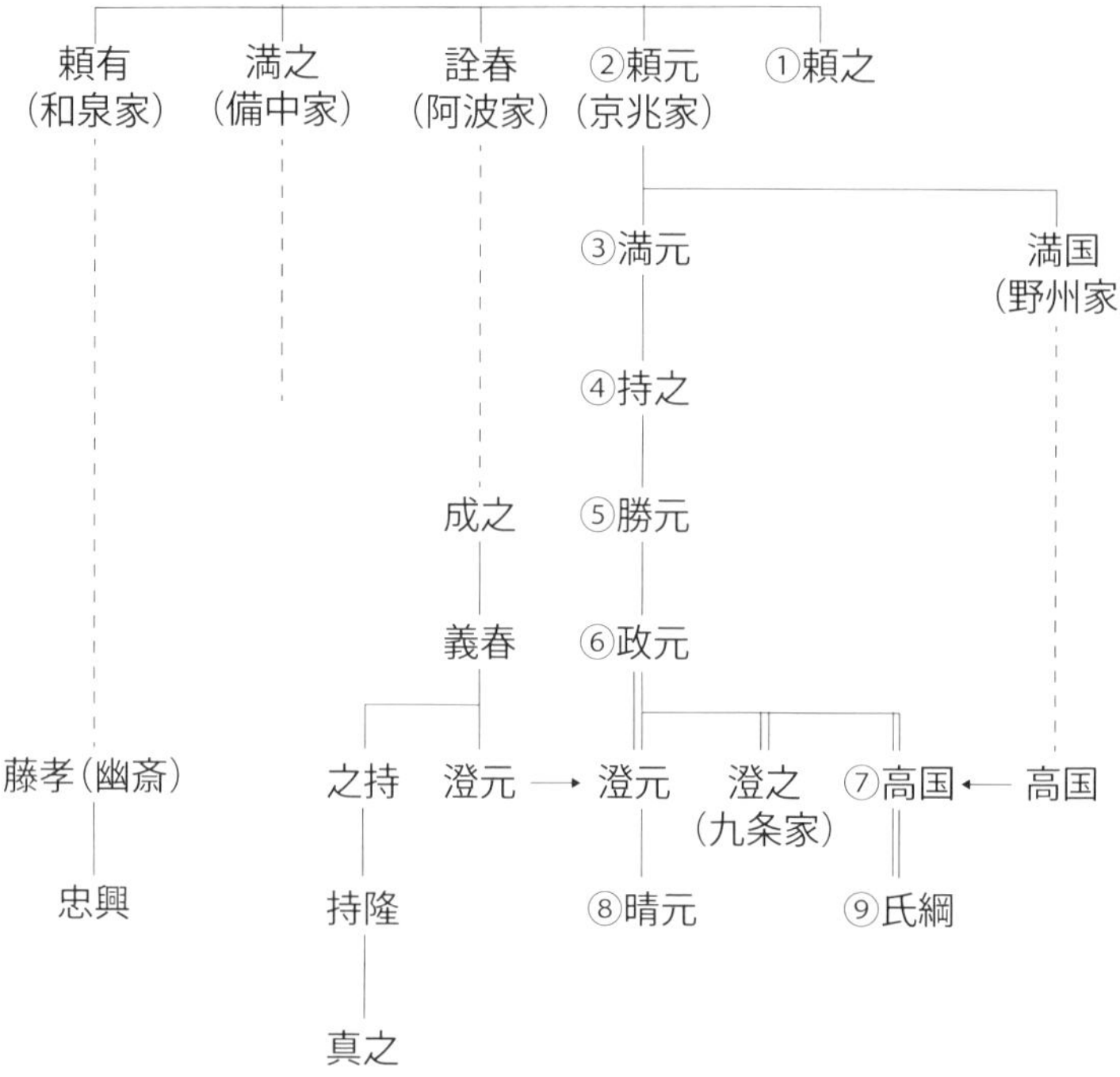
頼有（和泉家）
満之（備中家）
詮春（阿波家）
②頼元（京兆家）
①頼之
③満元
満国（野州家）
④持之
成之
⑤勝元
義春
⑥政元
藤孝（幽斎）
之持
澄元
澄元
澄之（九条家）
⑦高国
高国
忠興
持隆
⑧晴元
⑨氏綱
真之

※　○内の数字は管領の就任順

とも**足軽**という歩兵たちを活用し、彼らが戦略と略奪目的で放火を多く行ったことである。やがて両軍とも敵の兵站を遮断するために京都周辺へと戦場を移し、さらに地方へも戦乱が広がった。乱に参加した大名たちの領国でも、在地での派閥抗争が「東軍」「西軍」という名目で行われたからである。この乱で幕府の威令が地方でとどかなくなり、「戦国時代」に移行していく。

　日野富子の子である義尚は将軍の権威回復を目指したが、慈照寺（銀閣）に隠居した義政も様々に干渉したので父子は対立した。義尚は威光を高めるために公家や寺社の荘園を回復すること標榜し、これらを横領していた近江の六角氏討伐に着手したが、戦果は挙げられず、心労もあって陣中で病死した。後を継いだのは、美濃に逃れていた義視の子・義稙（義尚のいとこ、母は日野富子の妹）である。ちなみに『花の乱』では、義尚を松岡昌宏、義稙を大沢たかおと、デビューしたばかりの若手俳優が演じている。

この時期に幕府のひざ元・山城国（京都府南部、京都市周辺）でも農村の自治意識が高まり、山城国一揆が結成され、十年にわたって幕府の干渉を排除していた。

## 10代義稙（1489～1493年、再任1508～1522年）、11代義澄（1493～1508年）

応仁の乱以後の室町幕府中枢の状況はあまり知られていないが、実権を握った細川氏の状況を見ることで、整理しやすくなる。

・細川政元政権（1492～1507年）
・細川高国政権（1507～1525年）
・細川晴元政権（1525～1550年）
・三好長慶政権（1550～1567年）

専門家の間で応仁の乱以上に戦国時代到来のポイントとして挙げられているのは、**明応の政変**（1492年）である。管領・**細川政元**（勝元の子）が将軍**義稙**を廃位したクーデターで、これ以後、戦国前期の室町幕府が細川政権となるきっかけとなった。この事件は『花の乱』の終盤で描かれたが、ドラマであったように日野富子がこれに反対したわけではなく、むしろ義稙と不和になったことで政元と組んだというのが史実である。

細川政元が将軍に付けた義澄は伊豆にあった堀越公方・政知（義政の庶兄）の子で、政元自身も堀越公方の正室の甥・澄之（公家の九条氏出身）を養子に迎えて後継候補とした。京都中央、関東をにらむ伊豆、そして自らの家中である細川氏で堀越公方出身者がそろって当主となることで、安定した新しい政権構想を抱いたということらしい。

しかし義稙は畠山氏領国の越中、後に周防の**大内氏**の元に逃れて復権を図った。大河『毛利元就』の序盤でもその事情が描かれていた。このクーデターの政治的意味は、幕府中枢で「二人の将軍」が並立してしまったこと、そして京都中央の状況を地方の大名が承認せず戦国状況を加速してしまったことである。京都では細川氏が推した義澄が将軍として君臨していたが、地方ではこれ以後、義澄派と義稙派という名目で抗争が激化してしまった。伊豆では堀越公方家が内紛で混乱する中、**北条早雲**が勢力を拡大することになる。

すでに応仁の乱以降、細川以外の幕閣の大名は領国に下っていたので、この政変から中央の室町幕府はほぼ細川政権となった。少なくとも戦国中期まで、細川政権の動向が畿内の戦国状況を反映している。

細川政元は**竜安寺石庭**を構想したという説があるなど文化人として優れ、また新政権の承認を求めて越後上杉氏の元を訪れるなど視野の広さと行動力を持っていた。反面、天狗になるための修行を行ったりしたことで「奇人」と言われた。政元は15年にわたって独裁政治を行ったが、信仰上の理由から妻帯せず、政治的思惑から先述の澄之以外に分家から二人の養子（高国と澄元）を迎えたことがお家騒動を招いた。

1507年に政元は澄之とこれを補佐する香西元長に暗殺され、澄之も討たれた後に錯綜する状況の中で、

**野州系**（細川本家に近い分家で「下野守」を称す、京都在住）の**高国**と**阿波系**（分家の阿波守護家の系統で、四国の阿波（徳島県）に地盤を置く）の澄元という形で細川家は分裂する。阿波系は将軍・義澄を担いだが、野州家の高国は周防の**大内義興**と組んで亡命していた義稙を擁立した。**毛利元就**の兄が大内氏に従って上洛したのはこの時である。この戦いに勝利したのは高国と大内氏で、以後両者は十年にわたって幕政を主導する。大内氏は中国地方西部を領国とし、京都とはかなり離れているが、それでも当主が十年にわたって在京したのは国元の家臣団の統治がしっかりしていた証である。

この頃に関東では北条早雲が亡くなったが、小田原北条氏は関東の有力勢力として台頭する。

## 12代義晴（1522～1547年）

高国政権は大内氏の軍事力に依存していたので、出雲尼子氏に領国を脅かされることを危惧した大内氏が本国・周防に帰国すると、政権は弱体化した。やがて高国は将軍義稙と不和となり、前将軍義澄の遺児である義晴を将軍に就けた（1522年）。義稙は没落して死去したが、1526年に阿波から足利義維《よしつな》（義晴の庶兄で、義稙の養子）と阿波系の**細川晴元**が挙兵し堺に上陸。高国は阿波軍に敗れて処刑され、義晴は近江の朽木に逃れた。

阿波細川氏とその重臣である三好元長は京都を制圧したが、情勢不安定を危惧して堺に留まった。こうして阿波系の細川晴元と三好氏により、義維を次期将軍として頂点に戴く「**堺幕府**」が樹立された（1527年）。これは1980年代の今谷明氏の研究により、幕府の官僚達もこれに出仕して畿内各地の在地で支配も行っていたことから、「幕府」というべき組織を構築していたことが明らかになった。

しかし義維が将軍に任官する前に細川と三好が対立、やがて細川は**一向一揆**と結んで三好を自害させ、義維は阿波に逃亡。細川晴元は近江にいた将軍義晴と和解して管領となり、わずか五年で「堺幕府」は崩壊した。

この後細川晴元は一向一揆と対立して苦境に立たされるが、阿波から**三好長慶**(元長の遺児)がやってきて両者の和睦を仲介し(1535年)、以後三好氏は細川家の重鎮として復帰する。畿内南部で高国の流れを組む細川氏綱(高国の従弟の子で、養子)が反乱を起こすことはあったが、三好の軍事力を背景に細川晴元政権は十年にわたって続いた。

この時期は、大河ドラマでは『毛利元就』の中盤で、『風林火山』前半に当たる。しかしすでに地方の大名たちは領国拡大のための勢力争いに専念しており、畿内政権にはほとんど関わりを持たなかった。前述の高国が出雲まで訪れて尼子氏に援軍を要請したが、拒否されたのが何よりの例である。この時期に有名なところでは甲斐で**武田信虎**、尾張で**織田信秀**が活躍し、久留島典子が「(有名な戦国大名の)父たちの時代」と称している。他に松平清康(徳川家康の祖父)、伊達稙宗(政宗の曽祖父)がいて、**毛利元就**も徐々に勢力を伸ばす。

なお、1542年に**種子島**に**鉄砲**が伝来、49年に鹿児島で**ザビエル**が来航して**キリスト教**を伝えたことが特筆される。

## 13代義輝（1547〜1565年）、14代義栄（1565〜1568年）

1550年から三好長慶は細川晴元に反旗を翻し、氏綱と結んで畿内を制圧した。将軍義晴は近江に逃れて病死し、息子・**足利義輝**が後を継いだものの しばらく京都に入れなかった。細川氏綱が管領になったが、実権は三好氏が掌握し、以後5年にわたって独自の政権を運営する。今谷明氏などの研究で、三好政権が土地係争の調停などを行って畿内にかなり実質的な支配を行使したことが明らかになっている。この幕府から独立した中央政権の形は織田信長が参考にした、と近年の研究で言われている。三好政権は四国東部が本拠だが、これと海路でつながる近畿地方西部を抑え、かなり強力な政権として続いた。しかし近江で将軍義輝が再び挙兵し、消耗戦を強いられたことで結局両者は和睦、三好氏は幕府の組織機構の枠内に収まることになる。しかし将軍との暗闘が続き、これが後に政権の瓦解につながる。

将軍義輝は三好やそのまた家臣である松永久秀の傀儡のようなイメージで、大河ドラマでも出てくることはほとんどない。数少ない例外は『信長』で、**宣教師フロイス**に京都でのキリスト教伝道を許可する役柄で登場していた（2020年の『麒麟がくる』では向井理が演じ、かなり重要な役柄となる模様だ）。しかし義輝の政策で独自のものもあり、注目されることとして遠国の大名たちに公職を付与したことがある。**上杉謙信**を関東管領に任じたことは有名だが、他に九州探題に**大友宗麟**（義鎮）、奥州探題に伊達晴宗（政宗の祖父）、**武田信玄**を信濃守護といったところが挙げられる。また中国地方で争う毛利氏と尼子氏、さらに九州で大友氏と毛利氏の和睦を仲介するなどしている。これらは地方で広域的に勢力を確立した大名たちを幕府の公的秩序に位置付けることで、全国政権としての室町幕府を再構築しようとした試みと評価されている。ただし**川中島の戦い**が行われ（1561年）、関東での上杉氏と北条氏の抗争は激化し、九州でも大友氏と毛利氏の抗争が再燃したので、現実的な効果は薄かった。なお尾張を統一したばかりの**織田信長**が短期間ながら上洛して、義輝に謁見している（1559年、桶狭間の前年）。

義輝との対立を抱えながら続いてきた三好政権だが、三好長慶の嫡子や弟達、さらに長慶自身が早世した。そして**三好三人衆**と**松永久秀**の連合で運営することになったものの、首脳陣を相次いで失った三好家中は動揺した。1565年に自立を狙ってうごめく将軍義輝と三好三人衆の対立が激化し、三人衆は義輝を襲撃することになった。義輝は剣豪・塚原卜伝に師事した剣術の使い手だったが、多勢に無勢で討ち取られた。代わって阿波にいた義栄（「堺公方」義維の子で、義輝のいとこ）を将軍に就けたが、三好三人衆と松永久秀の二派が分裂抗争を行い、義栄は上洛しないまま摂津に留まって後に病死した。この畿内情勢が美濃を制圧した織田信長に天下への道を開くことになる。

## 15代義昭（1568～1573年）

1568年に**足利義昭**（義輝の弟）を将軍とするための信長上洛で、戦国時代は天下統一に向けてのステージに入った。義昭は信長の傀儡となったわけではなく、それなりに自らの意思で運営していた。ただし畿内での土地係争での判決執行は、幕府の官僚が事務を行ったものの、信長の添え書きが必ず添えられた。畿内での実務に精通した幕府官僚と、実行のための武力を持つ信長は「相互補完関係」にあったということである。しかし畿内近国では越前朝倉氏や近江浅井氏など信長に従わない土着勢力も多く、義昭もこれを利用することで信長対反信長勢力の抗争は激化した。義昭は京都を追放された後も毛利領で健在であり、その後も石山本願寺や毛利氏も巻き込んで反信長包囲網を構築した。なお義昭は在所である備後国(広島県)で「鞆幕府」を形成していたと藤田達生氏は主張している。こうして信長は上洛後も10年以上にわたって畿内近国で苦闘し、東方では武田氏や越後上杉氏の脅威に悩まされたが、畿内を制圧したことで天下統一の道が開けた。

## 室町幕府消滅後の中央情勢 ―信長・秀吉・家康―(1573~1616年)

信長は義昭追放後に朝廷との結びつきを強め、官位も「右大臣」まで昇進している。しかし1578年にはすべての官職を辞し、息子や家臣たちの任官を斡旋するようになった。朝廷の枠外で政権を運営したのを不気味に思う人も多かったが、朝廷にとって代わろうと考えたという可能性は低いと思う。

1582年には天皇列席の下で**京都馬揃え**という大掛かりなパレードを二度にわたって行い、自らの勢威誇示と天下統一を印象付けた。また甲斐の武田氏を滅亡させ、朝廷から「東方静謐の功」を評価されている。これらの恩賞ということで「将軍」「関白」「太政大臣」のいずれかの就任を提示されたが、返答前に**本能寺の変**が起こり、信長の意図は不明なままとなった。多くの論者は将軍職に就き「幕府」を開く考えだったと推測しているが、八幡和郎氏は状況に応じて最善の選択を行おうとしたと推測している。あるいは『三国志』の曹操のように、自らは官職に付かず、息子・信忠が新たな政権の初代となるように構想したかもしれない(征夷大将軍か、その他の官職かは不明だが)。

なお、信長は「革命児」として1980年代以降に評価されてきたが、史実から見れば幕府や朝廷など既存の権威をそれなりに尊重し活用していたのは明らかだ。戦前は信長が「尊王家」として朝廷に忠節を励んでいたと言われたが、戦後は逆にこれを「うわべだけのこと」と過小評価する傾向がある。しかし斎藤道三との会見時の逸話から分かるように、信長は必要とあらば、目も覚めるような正装で儀礼をこなすし、かなり中国古典から学んで自らの行動を敷衍していたというから、既存の権威や礼法の社会的役割を現実的に評価していたと思われる。

また「既存の経済統制を破壊した」と言われた「楽市楽座」も信長の独創ではないし（近江六角氏が1540年代に行ったのが初出）、制圧したばかりの岐阜や、城を築いた安土など新たな拠点を経済的に振興するための限定的な市場活性化策として行われた。また領国内では場合によって座の存続を認めるなどかなり柔軟に複数の経済政策を併用している。しかし信長の軍事的拡大が流通拠点を抑えることだったことから、これらの政策は「面」として大きな効果を持つことになった。

信長の実像は「革命児」のイメージのように既存秩序を遮二無二に破壊するのではなく、現実的に最良な手段を着実に実行したのであり、その結果として新しい秩序を構築していったことが手腕の高さとして評価できるだろう。なお近世城郭のシンボルである天守閣は畿内ではいくつかの前例があったが（松永久秀が奈良に築いた多門山城など）、信長が築いた安土城天守閣は全国の城のモデルとなった。中国皇帝の宮殿に着想を得て、宣教師から聞いたヨーロッパの建築も参考にしながら、石垣建設で近江の石工集団である穴（あ）太（のう）衆の技術を活用するという、信長のプランの一大結晶だった。

しかし1582年の本能寺の変での信長と嫡子・信忠の死で織田政権は壊滅ということになり、家臣である**羽柴（豊臣）秀吉**の手で新たな政権構想が形成される。柴田勝家と織田政権崩壊後の政権構想で争って勝利し（**賤が岳の戦い**、1583年）、織田信雄（信長の次男）と**徳川家康**を封じ込めた後（**小牧・長久手の戦い**、1584年）、秀吉は朝廷との関係強化で新しい政権を構築した。1586年の「**関白**」任官がそれである。

征夷大将軍よりも上位の官職で、公家の最高職、そして天皇の補佐役という形で秀吉は天下人として臨むことになった。

徳川や毛利、上杉らは平和的に服属させ、さらに九州、関東、東北には「惣無事令」を発令して天皇の代行者たる秀吉が「公儀」として大名の争いを裁くことを宣言した。以後の天下統一戦は全て秀吉の停戦令に背いた「討伐」という名目で行われることになる。英雄の条件としては行動範囲の広さが挙げられると思うが、秀吉は十分にその資格を満たしている。天下統一戦に際して自ら出馬し、西は九州鹿児島、東は関東の小田原、さらに北は会津まで進んでいる。

大河ドラマ『功名が辻』で描かれたように秀吉は1588年に天皇を聚楽第に迎え（**聚楽第行幸**）、その際に大名たちも朝廷の官職を任官し、それによって政権内の秩序が構築されることになった。よく知られているのは弟・豊臣秀長を大納言としたことだが、徳川家康も当初は大納言、後に内大臣（内府）になっている。大河ドラマ『天地人』でも、直江兼続の主君・上杉景勝が参議に任官し、「越後宰相」（「宰相」は参議の唐名）と呼ばれていた。朝廷との関係を基調とした豊臣政権の構造は、毛利輝元の上洛記録を基にした二木謙一著『秀吉の接待』でよく描かれている。ちなみにこの本では京都までの瀬戸内海航路を利用した旅日記や京都での大名間や公家との社交の様相も活写されており、興味深く楽しい史料である。秀吉の死後だが、大坂の陣の際に徳川氏に対して朝廷が「豊臣家は朝廷の股肱の臣なのでつぶしてくれるな」と嘆願したのは、秀吉がいかに朝廷人士の心をつかんでいたかということを表している。

また秀吉は**千利休**を重用して**茶の湯**という新しい文化の地位向上にも貢献、建築でも「桃山様式」という華麗さと力強さを合わせた様式を確立して後にも大きな遺産を残した。ちなみに西本願寺の「飛雲閣」は聚楽第から移築されたものという伝承があり、往時をしのぶことができる。なお、書院の「対面の間」が秀吉時の伏見城から移築されたという俗説があったが、実際には江戸期に本願寺によって建てられたものである。ちなみにその俗説を採用した大河ドラマ『秀吉』ではタイトルバックとなっている。

秀吉は1590年に天下統一を果たしたが、朝鮮出兵の失敗、そして秀吉の後継者問題で豊臣政権は動揺する。一時は秀吉の後継として関白となった秀次（秀吉の甥、姉の息子）は派閥を形成して秀吉側近達と対立したこともあって自害。そして秀吉が死を目前とし、実子秀頼が幼い中で、政権運営は徳川家康、前田利家ら五人の有力大名（五大老）と、石田三成ら五人の側近官僚（五奉行）の合議で行われることになった。この不安定さが秀吉の死後に家康の独走を招き、**関ケ原の合戦**につながる。

1600年の関ケ原の合戦は名目上は豊臣政権の主導権争いとして行われたが、ここで家康は石田三成ら反対勢力を壊滅させた。合戦では全国から大名たちの大軍が集まりながら長期戦とならず、わずか一日で終わらせたことは、その後の展開を速やかに行う上で大きかった。戦後の論功行賞で西軍勢力の所領没収あるいは大幅削減（全国800万石の半分に当たる400万石がこの対象）、豊臣恩顧の大名を西日本に配置転換、徳川譜代の家臣を東海地方までの東日本一帯に配置といった措置で、徳川主導の新しい天下秩序の基礎を築いた。この措置で豊臣家の所領も現在の大阪府一帯に限られ、さらに関白職も公家に継承させることで公職の面でも豊臣家から「天下人」の地位をはく奪していった。

そして1603年に徳川家康は征夷大将軍となり、鎌倉、室町に次ぐ3番目の「幕府」による全国政権構築の道を歩んだ。加藤清正ら豊臣恩顧の大名も一応家康に服属しながら、秀頼成人までの「暫定政権」と見ていたようだが、2年後に家康が子息の秀忠に将軍職を譲ったことで彼らの甘い期待を打ち消した。豊臣恩顧の大名が城を増強して家康死後の動乱に備える中で、家康は縁組などで彼らの離間を図り、「天下普請」の名目で江戸城や名古屋城などの大規模建築も請け負わせることで徐々に抵抗力を失わせた。そして1615年の

**大坂の陣**で豊臣家を滅ぼし、日本全国が徳川幕府の下で統合されることになった。

さて江戸開幕から大坂の陣に至るまで豊臣恩顧の大名と徳川幕府との対抗関係から築城ブームが生じたわけだが、これによって現在まで受け継がれる伝統日本の城下町が形成された。さらに秀吉大坂城から始まる黒い天守の豊臣系城郭（熊本城など）から、家康期の江戸城に始まる白漆喰の天守閣という徳川系城郭（名古屋城や姫路城など）へと移り変わる「城郭オセロゲーム」が行われたのは面白い展開である。

# 第2章
# 近畿

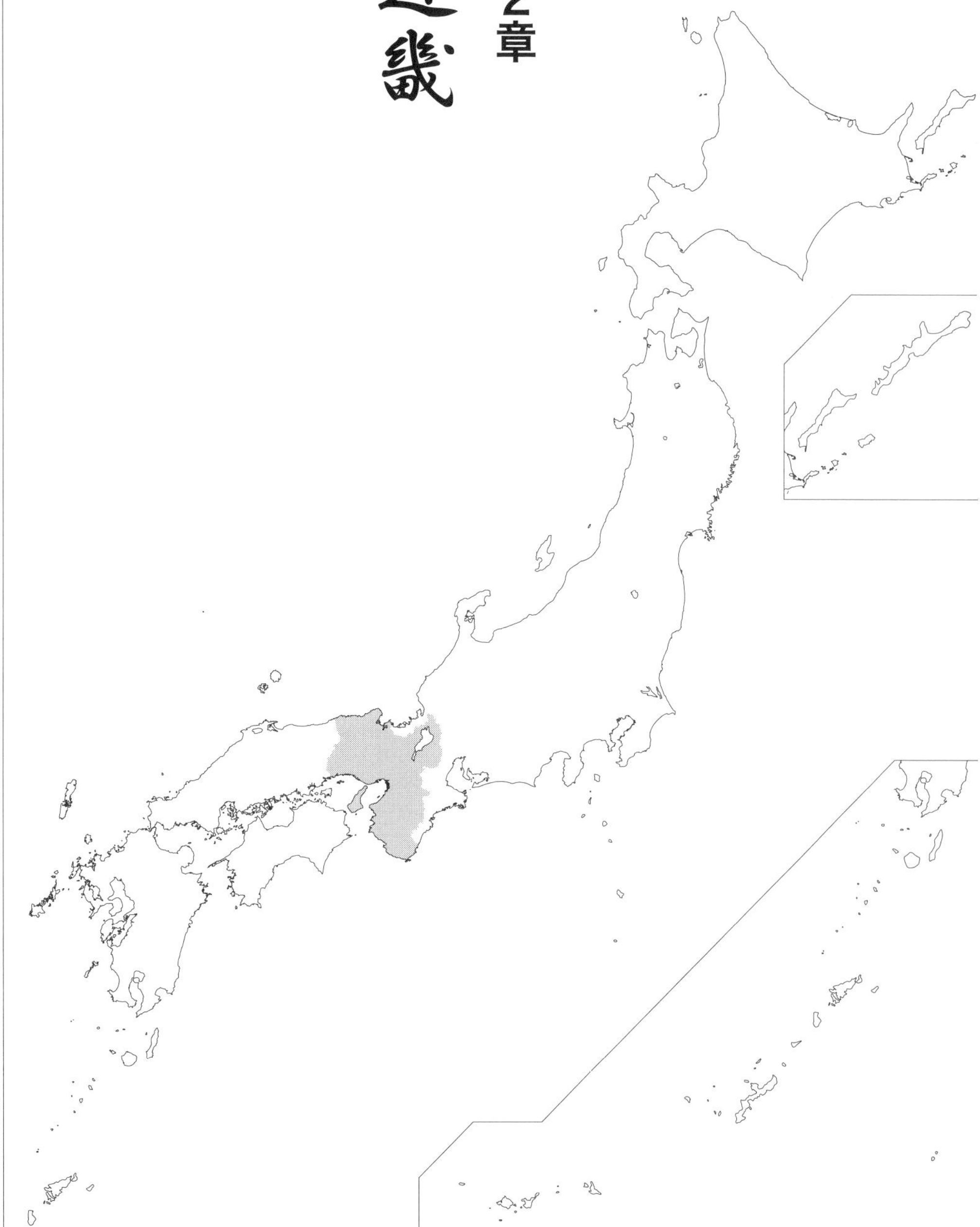

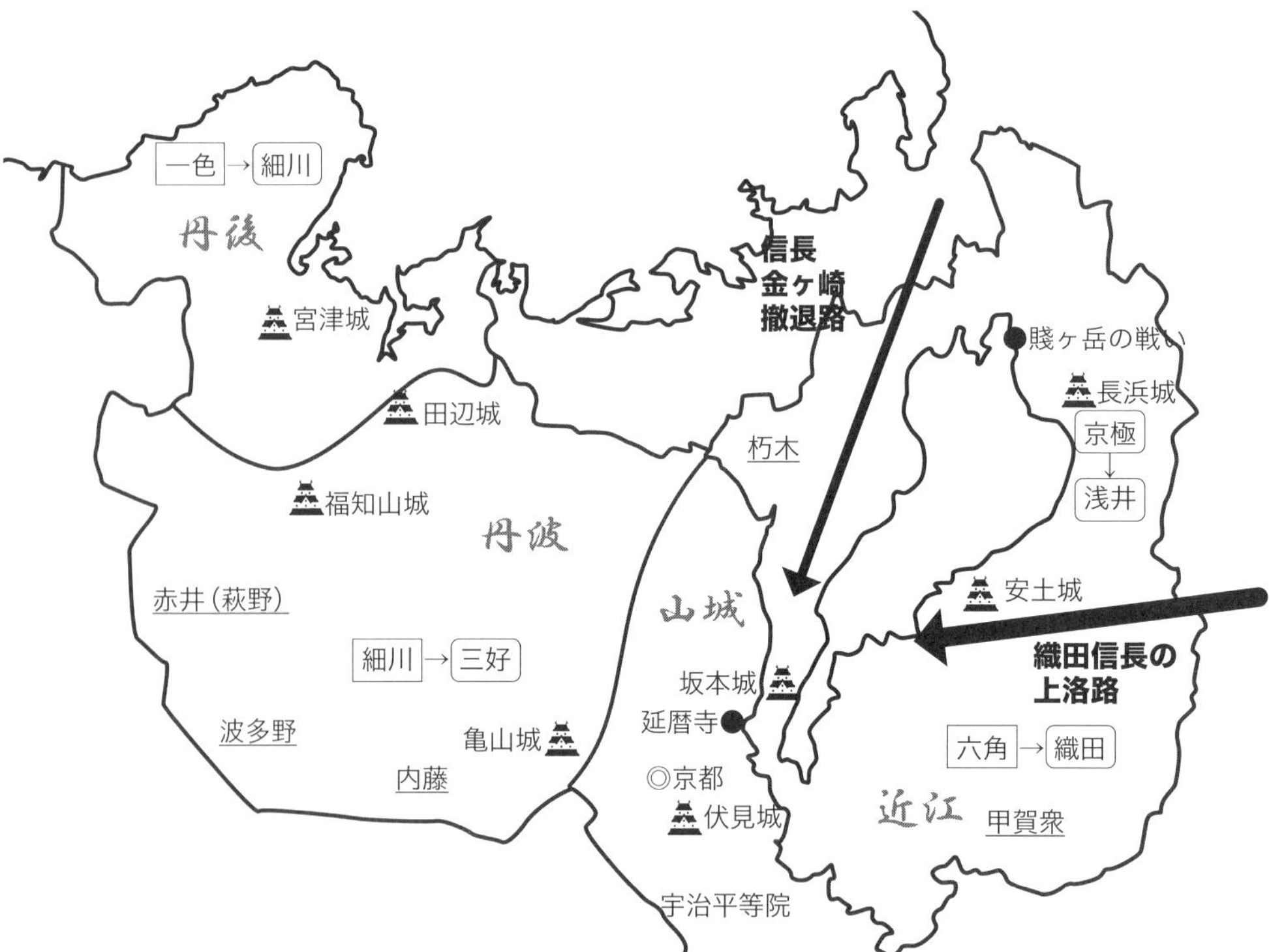
一色→細川
丹後
宮津城
田辺城
福知山城
丹波
赤井（萩野）
細川→三好
波多野
亀山城
内藤
信長
金ヶ崎
撤退路
朽木
山城
坂本城
延暦寺
◎京都
伏見城
宇治平等院
賤ヶ岳の戦い
長浜城
京極
浅井
安土城
織田信長の
上洛路
六角→織田
近江
甲賀衆

# 京都府

## 山城国（南部、京都市など）

東京から新幹線のぞみで2時間10分の所にある京都は言うまでもなく、かつての日本の首都で、古代の五畿七道は全て京都に向かって整備された。古代ローマになぞらえて八幡和郎氏が言ったように「すべての道は京に通じる」である。戦国期までのこの京都の地理条件により方言の周圏分布が形成され、さらに織田信長など天下統一を目指す戦国武将が京都を目指す要因となった。序章で述べたように、江戸前期に至るまで京都は国内唯一の文化発信地で、ことばも含めて京都の風俗が「規範」とされていた。

しかしドラマなどでは戦国時代の京都の上流階級、つまり公家や室町幕府の高官の言葉は標準語というか、普通の武家言葉である。そうではあっても、彼らの舞台が京都とすれば、やはり現代の関西弁みたいな言葉を話していたのか。そうではないことは序章で書いたが、フィクション作品でこの時代の京都人が方言を話しているかどうか探ってみよう。

室町時代の人だが、日本画家の第一人者である雪舟という僧侶は著名である。私は小学生の頃にこの人の歴史漫画を読んだが、京都五山の一つ相国寺に入門したばかりの彼の師匠として春林禅師が出てきて、この人が関西弁を話していたのだ（小学館・人物日本の歴史『雪舟』）。上流階級の知的立場の人のセリフが関西弁という、あまりに意外な取り合わせで印象に残っているのだが、大体こんな感じ。

「ええか。お前にとっての煩悩は、詩と文や。そういうもんに心乱されてはあかんのや」

「何や、その様は！そないなことで一人前の沙弥（しゃみ＝禅僧）になれると思（おも）てんのか！」

お公家さんのことば（御所ことば）はその独特の単語が特徴的だが、セリフ（文体）を見ると、関西弁の一種と考えてよいだろう。大河ドラマの御所ことばは関西弁の一種と言えるものだが、その傍証として明治天皇の皇后の談話がある。この談話の話し方が関西弁というか京都弁ということが、女官だった人の回想録から確認できる。

この場合、関西弁の特徴として、東京語（いわゆる標準語とほぼ同じ）と異なるアクセント（京阪式アクセント）が重要である。ただし序章で述べたように、現在の関西弁は幕末期にほぼ固まったもので、戦国期はかなり文体が違っていたことは間違いない。

その事実は留意しつつも、ドラマなどでは味付けとして室町幕府を含めた京都の武士に武家風の京都弁を話させても良いと思うがいかがだろうか。もっともどのバージョンを使うべきか迷うところだ。かつては独自のハイセンスな特徴があった「京ことば」だが、現在市内で広く話されているのは、標準語や大阪弁の影響を受けた「関西弁」である。

京都駅は市街の南側に位置するが、ここを起点に室町・戦国期の名所旧跡をたどりながらこの時期の歴史を物語ろう。よく知られているように、中国の長安を参考にした碁盤の目状で市街が造られているので分かりやすい。**京都御所**は、京都駅から地下鉄烏丸線に乗って5つ目の今出川駅から徒歩5分の場所にある。御所から道を挟んで北西方向に室町将軍の邸宅「**花の御所**」があった（同志社大学の向かい側）。応仁の乱で焼失し、「足利将軍室町第跡」という表示があるのみだが、この付近が「室町」と呼ばれて、足利幕府の呼称となったのは既述の通りである。京都市街で室町幕府の遺産もいくつかあるが、まず中心部には、同志社大学の北側に足利義満の建てた**相国寺**が改修されて残っている。**金閣**は「北山」、**銀閣**は「東山」と呼ばれるように、それぞれ別称の通りの方角で京都郊外に建てられた足利将軍の隠居所である。五山の格上寺院であり庭園で有名な**南禅寺**は東山付近、石庭で有名な**竜安寺**は北山にある(立命館大学の南)。また京都の西側にある**嵐山**の渡月橋付近で**天龍寺**があるが、後醍醐天皇の菩提を弔うために足利尊氏が建てたものなのは記憶してよい(アクセスは京都駅より嵯峨野線(山陰本線)に乗って嵯峨嵐山駅で下車)。なお、室町幕府が定めた臨済宗の中心寺院群「京都五山」は南禅寺を格上筆頭とし、天龍寺、相国寺、建仁寺、東福寺、万寿寺の5カ寺である。この五山寺院は当時の教育の中心地で、中国の学術・文物を取り入れる知的センターの役割を果たしていた。この五山での講義録が口語の形で残っており、「室町口語」と呼ばれた当時の京都中央の言語と現在の京都方言の変遷をたどるための重要な材料を提供している。序章で取り上げた「アホ」の出典は、五山僧による『詩学大成抄』の講義録が初出で、明代中国から輸入された戯曲の白話(口語)体のセリフから取り入れたと推定されている。

足利幕府の遺産は応仁の乱でかなり焼失したのは間違いない。応仁の乱で西軍の陣所となった**西陣**は、室町第跡より西方の上京区から北区の一帯で乱の当時は京の中心部から少し離れていたが、乱後から開発が進み、織物の産地として名声を博すようになった。京都の七月を彩る**祇園祭**は鎌倉ごろから記録にあるが、寺社や公権力の関与が強かったのが応仁の乱前、乱後の1533年に復活してから町衆が主体と変わったようだ。戦国期に入ってから京都で町衆が力を伸ばしたことが分かる。現在見られる山鉾巡行も、戦国期から現在のように高々としたものになったらしい。

戦国期の京都については、**細川氏**の一人勝ちから始まったことがポイントである。細川氏は室町幕府の三管領の一角だが、同じ立場だった畠山氏と斯波氏、そして応仁の乱でのライバルだった山名氏は、いずれも応仁の乱前後の内紛などで衰退して勢力を失い、戦国期に入る頃には京都はほぼ細川氏支配と言っていい。細川氏は乱後に幕府を事実上支配し、将軍の首をすげかえるなど権勢を振るった。細川氏の支配は、幕府の事実上の支配者として行動した「京兆専制」（京兆家＝細川氏本家、当主の官名である右京太夫の唐名「京兆尹」による）か、基本性質は近畿地方の戦国大名であり領国が京都周辺ゆえ、なりゆき的に京都を支配したとする「畿内政権」なのかで議論はあるが、京都政局の中心であったことは間違いない。しかしやがて内紛で混乱する中で家臣の三好氏に取って代わられる。こうした政争の際には京都市街もしばしば戦乱の被害を受けた。

三好氏も内紛で衰退する中で**織田信長**が上洛することになる。信長によって戦乱で荒廃した京都の改造が着手されたが、この時期の京都の様子は、信長から上杉謙信に贈られた「**洛中洛外図**」でうかがえる。信長は上洛後に足利義昭の居城として二条城を築城したが、これは本能寺の変の際に明智軍に襲われ、息子・信忠が城を枕に討ち死にして焼失してしまった。この場所には「**旧二条城**」という石碑と石垣の残骸が残されるが、地名で言えば「京都市上京区烏丸下立売」、現在の二条城より北東約1kmの場所で、京都御所の西隣に接する形で立地していた（現在の御所の敷地の一部が城の敷地に含まれていた）。さらに信長最後の場所となった**本能寺**は日蓮宗の寺で、信長の京都における宿所だった。当時の本能寺は烏丸駅と大宮駅の間の北側にあり、現在では石碑のみ残る。ここから北東に現在の本能寺があり、京都市役所の南にある。

信長の天下統一を受け継いだ**豊臣秀吉**は現在につながる町割りを行い、政庁として**聚楽第**を造営、諸大名も京都に参集した。平安以来の政治と文化の中心性はこの時代まで健在だった。今の京都でも秀吉ゆかりの建築物はかなりある。天下統一の少し前に大茶会を開いた**北野天満宮**、千利休の木像を置きその切腹の原因となった**大徳寺**はともに市街北部の上京区、秀吉が大仏を建てて後に「国家安康」という鐘銘が大阪の陣のきっかけとなった**方広寺**は京都駅の北東（京都国立博物館の北）にある。方広寺の隣に秀吉を祀った**豊国神社**があり、さらに東の阿弥陀ケ峰に秀吉の墓である**豊国廟**がある。秀吉の正室・北政所（おね）の隠居寺となった**高台院**は上京区にあり、京都駅からバスで20分、北野天満宮の南東方向で、京都御所の西方にあり、少し南に徳川幕府によって建てられた**二条城**がある（幕末に「大政奉還」の舞台となる）。なお、秀吉が関白の政庁として建造し、天皇行幸も迎えた**聚楽第**は高台院の北西方向にあったが、関白を継いだ秀次の切腹事件の後に、他ならぬ秀吉の命で破却された。前章でも取り上げたが、西本願寺の飛雲閣が聚楽第から移築されたものだという伝承がある。聚楽第跡のアクセスは、京都駅からバスに乗って堀川中立売で下車となる。

秀吉は京都（いわゆる純粋な「京都」は京都駅より北側の碁盤割の地域）の南方に淀川流域の港町として**伏見**を開発した。元々ここの南方に淀川水系の宇治川と京都市街の西を流れる桂川が合流した「巨椋池」という湖沼があった、流通の拠点ということで秀吉が注目し、巨椋池を干拓して現在の伏見の街を建設した。さらに伏見市街の東方にある桃山には桓武天皇陵があったが、秀吉は関白を辞任して「太閤」となった際にこの近くで隠居城として**伏見（桃山）城**を築き生涯を終えた。アクセスは、近鉄の丹波橋駅か、桃山御陵前駅から東へ徒歩15分である。信長と秀吉の時代を合わせて「安土桃山時代」と呼ぶのは、晩年の秀吉の居城にちなんでいる。この付近には後に明治天皇陵がつくられた。

関ケ原の合戦の際に、石田三成たち西軍が最初に攻めた徳川方の城は伏見城で、家康家臣の鳥井元忠が討ち死にした。伏見城は秀吉晩年の慶長地震、そして関ケ原序盤の石田三成らによる城攻めで2度にわたって焼失。そして関ケ原後に徳川家康が再建し、ここで征夷大将軍の就任式を行ったが、2代将軍秀忠の時代に廃城となった。現在は1958年に建てられた復興天守の先駆けが建っている。江戸期の伏見は河川港と商業の街、また古くからある伏見稲荷の街として栄えた。

ちなみに伏見は京都市内の一区だが、京都駅からは近鉄電車で所要約10分、駅では3つ先と少し距離がある。現地に行くと、碁盤目状でお公家さんや寺の街だった京都中心部と、淀川流域の船宿街で酒蔵も多い伏見は雰囲気が違う。「京都と伏見は別」という意識は現在でも地元で根強く、京都人は「伏見は京都とちゃうわなあ」とせせら笑い、伏見人は「伏見は京都やあらへんわい」と強がるという。両者の気質の違いがよく分かる話だ。

京都を含む山城国は朝廷と幕府のお膝元ゆえ、守護は「京都周辺の治安維持部隊」ということで侍所の長官が兼ねることが多く、また交代も頻繁だった。公家や寺社の荘園が混在していたことから、現地でそれを管理する国人(地侍)が隠然たる勢力を持っており、特に応仁の乱後に京都南方の**宇治平等院**で結成された「**南山城の国一揆**」が名高い。南山城は現在でも近鉄京都線で奈良と結ばれているが、当時から京都と奈良を結ぶ流通の拠点だった。さらに宇治市と伏見の境を流れる宇治川が「瀬田川」と名を変えて近江に続いていることから、近江以東とも流通でつながっていた。応仁の乱の少し前から幕府高官の畠山氏が分裂して領国の河内(大阪府東部)から大和(奈良県)にかけて長期にわたって抗争を続けたが、奈良や近江方面との流通の結節点である南山城が争奪の対象として戦場となった。乱後も抗争が続く中で当地が占領され、これに対抗するために国人衆が「惣国」と呼ばれる連合自治組織を形成したのである。**日野富子**を主人公とした大河ドラマ『花の乱』では、役所広司が主人公の幼なじみの役であり、この国一揆のリーダーともなっていた。荘園領主である公家への年貢納入で苦労していた様子も描写されていた。山城国一揆は約10年にわたって続いたが、細川氏など幕府軍に鎮圧された。なお、宇治平等院のアクセスは、京都駅からJR奈良線の宇治駅で下車、徒歩で10分である。

山城国一揆の一員で戦国期も生き残ったのが、宇治よりさらに南方の木津町にあった狛氏である。彼等のような国人衆は大勢力に翻弄されながらも、その帰趨を左右する重要な存在となって、信長、秀吉の時代も生き続け、江戸期には土着して百姓として転生した。

また京都西方は淀川の流域で、南西の大坂方面と流通でつながっていた。ここには**石清水八幡宮**があり、皇室の祖先を祀り、源氏の氏神でもあったことで崇敬を集めた。神宮に仕える土豪が京都を商圏とする油問屋のギルドを配下とし、さらに淀川や桂川の河川交易の利益を吸い上げる形で勢力を持っていたが、秀吉が伏見を建設して河川の流路を変更すると土豪たちも勢力を失った。ちなみに石清水八幡宮はその名の通り「八幡市」にあり、アクセスは京都駅から近鉄の丹波橋駅あるいはＪＲの東福寺駅で乗り換え、京阪電車の八幡市駅からケーブルに乗るという行程で行く（京都―八幡市駅は所要約３０分）。

八幡宮の淀川をはさんだ北側には大山崎があり、秀吉が明智光秀を討った**山崎の合戦**が行われた。この辺りに秀吉が布陣して、スポーツの勝敗の分かれ目の例えで使われる「天王山」がある。さらにその北隣に長岡京市があり、明智光秀と関係の深い**勝竜寺城**がある。この付近の土豪は「西岡衆」と呼ばれ、革島氏が代表である。室町幕府にも兵力を提供することもあり、応仁の乱後には国一揆を形成して幕府に圧力を加えた。この「西岡衆」の史料はかなり多く残っており、室町幕府から織田、豊臣に至る中央政権と在地勢力の関係を知る上で重要な材料を提供している。信長が畿内を制圧すると**細川藤孝（幽斎）**が城主となって西岡衆も配下とした。１５７８年に光秀の娘ガラシャ（玉）が藤孝の息子・忠興と勝竜寺城で婚儀を挙げた。光秀は山崎の合戦で敗れた後、いったんこの城に退いたが、秀吉軍を防ぎきれず、近江の坂本城へ逃れる途中で落ち武者狩りに討たれたのである。現在の勝竜寺城は「勝竜寺城公園」となっており、水堀や城門、本丸形式の資料館があり、本丸近くにガラシャと細川忠興の銅像もある。アクセスは、京都駅からＪＲ京都線で１０分の長岡京駅から徒歩１０分。少し離れた場所に山崎の合戦時の光秀陣所跡や光秀が討たれた「明智藪」がある。

東京式アクセント
おめゃあ、赤（あけゃ）あ
何だいね？
そうだいね、そうだあな
好きだっちゃ、あかんだっちゃ
何しとるだ〜？
何もねゃあで（無いよ）
言うとろうが（言ってるじゃないか）
〜だで、だささゃー（理由）
どうするでゃあ？
ぐゃぁ（具合）はどうでゃあ？
早よ起きんきゃあ
早よ寝にゃあよ（寝なさい）
〜しなる（尊敬）
野村さんが来（き）なったで
がりゃあ（とても）うめゃあど
えりゃあで（疲れたよ）
だんにゃあわ（大丈夫）

＜中国方言＞
＜近畿方言＞
丹後方言
京丹後
宮津
舞鶴
福知山
中丹（丹波）方言
丹波市
篠山
亀岡
京都
滋賀県
京ことば
兵庫県
大阪府
奈良県


〜やろ、やわ
雨じょ、いかんじょ、好きやじょ
あかんでよ（ダメだよ）
分かっとうわいや
お願いでけへんこ（できないか）？
これでええけ？
仲良うしないな（命令）
〜しちゃった（尊敬）
先生はさっき行っちゃったで
（さっき行かれたよ）
元気しとってこ？
（元気にされてたの？）
精出いとってやの
（精を出されているね）
雨がぴりぴり降っとるで
えらいわ（疲れた）
だんないで（大丈夫だ）

京阪式アクセント
〜やろ
〜やわ
言いひん、来（き）いひん
そこにあるえ（あるよ）
〜（や）よって（だから）
〜しはる（尊敬）
〜どす（です）

## 丹波国（中部、兵庫県中東部も含む）

ここから京都の北西方向の山陰本線のルートを進む。京都市は京都府全体の中では南にあり、その北側には丹波と丹後が広がっている。知名度はもとより、人口面から見てもこの両者は影が薄くなってしまうが、方言的にはどうか。

丹波は京都市に近い方ほど京都弁と同じようになるが、北に行くほど関西弁の系統ではあるが独自の特徴も出てくる。敬語の「〜しちゃった」（〜しなさった、京都市では「〜しはった」）、文末の「〜じょ」（「いかんじょ、雨じょ」のように）、柔らかい命令の「〜しないな」（〜しなさいよ）といったところだ。

旧丹波国では、南の中心が亀岡市（旧名は亀山）、北では明智光秀の城があった福知山、西部は兵庫県中東部の篠山が中心である。先の丹波方言の特徴は、北部と西部で顕著である。丹波は京都の後背地だが独自性も持つというのが、方言の状況から見える。その大きな理由は地勢にあり、大部分が丹波高地という山間地であり、数少ない盆地で都市が営まれる。最近の観光案内では「山と森の京都」という別称でPRしているように、京都府内だから「京都」というブランドを使えるというメリットはある。しかし子細に見ると、京都に隣接するゆえ影響は大きく受けるが、山岳によってかなりな程度の個性も作られたのである。丹波高地の南北では気候も違っており、南は瀬戸内型、北は山陰型となって雨が多くなる。交通面では山陰本線の沿線で、京都市から南丹波の園部にかけては通勤圏ということから列車の本数も多いが、園部から福知山方面は本数が少なくなり、行き来は減少する。道路でも京都市から国道9号線（かつての山陰道をほぼ継承）は走っているが、高速道は京都市と直結する道はない。舞鶴若狭自動車道は文字通り、福井県の若狭から京都府北部の舞鶴を経由して、福知山を通り、そこから兵庫県の丹波市につながっている。

丹波国は京都の北西に接し、山陰道ののど元に当たるという地理的条件から中央政権によって重要視され、それゆえ京都の政局に巻き込まれやすかった。しかし山岳が多い地勢から国人領主も多く、簡単には京都政権に従わなかった。先の交通の説明で見たように、南丹波は京都政局の影響を強く受けたが、北部と西部は山岳で隔てられているために、独自の領域支配を行う国人領主が生き残ったのである。

室町時代は、おおむね**細川京兆家**が守護を務めた。守護代は主に**内藤氏**が歴任し、**赤井氏**や**波多野氏**などの有力国人を従えた。内藤氏は細川内衆（譜代家臣）と考えられ、京都に近い南丹波を支配し、八木城（南丹市、旧園部町）に根拠を構えた（内藤氏の庶流から**小西行長**が出た）。園部は京都から山陰本線（嵯峨野線）に乗って35分というところにある。八木城は園部から7分の八木駅から徒歩50分ほどの距離で、標高340mの山頂にある。園部などは南丹波でまだ京都弁と同じような感じだが、ここを治めた内藤氏も京都政局の影響を強く受けた。波多野氏はその前歴不明とされるが、応仁の乱で細川勝元方に属した功により丹波中西部の多紀郡を与えられ、**八上城**（兵庫県篠山市）を本拠とした。篠山へのアクセスは、京都から新大阪を経由し、JR福知山線の特急こうのとりに乗り換えて1時間23分で篠山口駅に着く。そこからバスと徒歩で1時間かけて行く山城が八上城である。丹波富士とも呼ばれる高城山に築かれた山城で、標高460mである。赤井氏（後に荻野氏）は黒井城（兵庫県丹波市）を本拠に丹波北西部の氷上郡を支配した。丹波市の駅は柏原で、京都から新大阪を経由し、JR福知山線の特急こうのとりに乗り換えて所要1時間40分である。黒井城はさらに、柏原から福知山線で7分の黒井駅から徒歩で350mの山頂まで登ることになる。このように丹波の北部と西部は京都との距離があり、山間という地形も相まって独自性がもたらされた。丹波北中部は「中丹方言」の領域で、方言と国人勢力の分布がオーバーラップするようで興味深い。これ以外にも土着の小領主は多く、細川氏への反乱を起こすこともしばしばだった。

1520年代に細川氏が高国派と晴元派に分裂して「両細川家の乱」が起きると、内藤氏など丹波の諸勢力も二派に分裂する。こうした中で波多野氏が勢力を増大させ、赤井氏もこれに加担し、細川高国を没落させた。この時、高国派だった内藤氏の勢力は後退を余儀なくされる。この後しばらくは波多野が丹波の最大勢力となり、細川晴元の重臣・三好長慶は最初の正室を波多野氏から迎えた（後に離縁）。

しかし1550年になって三好氏が細川晴元に反旗を翻して政権を掌握。波多野氏と赤井氏は晴元を支援したが、**松永長頼**（松永久秀の弟）が軍事制圧した。長頼は軍指揮官として頭角を現し、低い身分出身ながら三好政権の重鎮として丹波方面の司令官となった。後に内藤氏の婿となって南丹波を拠点に丹波守護代となる（その息子がキリシタン大名の**内藤如安**）。しかし氷上郡では細川晴元方の赤井一族が反三好の姿勢を保ち、東隣の天田郡（福知山付近）にも勢力を広げた。この時期、当主の叔父として補佐役だった赤井直正は猛将と知られ、同族・荻野氏の養子に入って荻野直正とも呼ばれる。1565年松永長頼は三好政権が分裂する中、現在の福知山線のルートを北西に進んで赤井（荻野）直正の黒井城を攻めたが戦死した。この中で波多野氏も再び自立して戦国大名の道を歩み始める。

織田信長が上洛して政権を握ると、波多野氏ら丹波国人はいったん信長に服属した。しかし足利義昭が反信長包囲網を形成すると、丹波の内藤氏や赤井氏もこの一翼を担った。これに対し信長は**明智光秀**に丹波攻略を命じたが、当初は光秀軍に参加していた波多野氏が赤井側に付いたこともあって、光秀らは何度か撃退されることになる。現在なら山陰本線や福知山線で2時間足らずの距離だが、当時は山陰道の山間の道を行軍するのに時間がかかり、さらに標高数百m山頂の山城を攻略するのが困難だったことが分かる。しかし

1578年に赤井直正が病死すると、光秀は攻勢に出て、1579年に波多野氏を降伏させた。その直後に当主・波多野秀治は信長により処刑されたが、この際に波多野氏の人質となっていた光秀の母親が城方に処刑され本能寺の遠因となったという逸話があるが、事実ではないらしい。同じころ南丹波の内藤如安も降伏したが、所領を没収された。

この後明智光秀が丹波を領国化し、南部に亀山城(亀岡市)、北部に**福知山城**(赤井氏の傘下だった国人・塩見氏の居城を改築)を近世城郭として建設して支配の拠点とした。光秀の進軍路を見ると、西丹波の波多野氏領から北丹波の福知山方面に向かっている。これは前述の舞鶴若狭自動車道に通じる。丹波は京都府と兵庫県にまたがっているだけにどちらの府県なのか外部者はこんがらがってしまうが、内陸部のローカルな道が通じていることを念頭に置いてつながりを確かめるのも一興だろう。なお、福知山城には光秀の娘婿である明智秀満(左馬之助)が入った。秀満は光秀が討たれた後に琵琶湖を騎馬で渡ったという「湖水渡り」の逸話を持つ。福知山へのアクセスは京都から山陰本線の特急で1時間20分、城は駅から徒歩15分の所にある(福知山線は新大阪を経由して少し迂回ルートになる)。近世的な平山城で、1986年に三層の天守閣が再建された。2020年に光秀を主役とする大河ドラマ『麒麟がくる』の放映で、注目が高まることが期待される。

秀吉の天下となってから、丹波は亀山城に羽柴秀勝(信長の五男で秀吉の養子)など豊臣一族や譜代の家臣が入った。亀山城は光秀によって三層の天守閣が築かれたが、江戸期に大幅に改修され、明治の古写真を見ると五層の天守閣が造られたようだ。城跡には石垣が残っているが、宗教法人大本の敷地であるため、見学には受付で許可が必要である。城門は付近の小学校に移築されている。城跡のアクセスは、JR嵯峨野線の亀岡駅から南へ徒歩10分。また、城門の移築先の千代川小学校へは同千代川駅下車して西へ徒歩5分。

なお、亀山の旧領主である内藤如安は小西行長に仕えたが、キリスト教禁教令が発布されるとマニラに追放され、1626年に同地で死去した。

## 丹後国(北部)

丹後は京都府で唯一の海である日本海に面し、「海の京都」をアピールしている。その最大都市は南部の舞鶴だが、この辺りまでは関西弁の系統で、前述の丹波北中部と同じ「中丹方言」とされる(敬語で「～しちゃった(しなさったの意)」など丹波方言と同様の特徴もある)。舞鶴は京都から山陰本線の特急で1時間半弱の場所だが、近隣の丹波とは関係が深い。地形的に北丹波の福知山とつながっており、由良川で水上交通があった。鉄道の路線も丹波の綾部から舞鶴線で通じ、高速道でも舞鶴若狭自動車道のルートで若狭(福井県南部)へと続いている。鉄道では舞鶴から若狭の小浜市までJR小浜線で45分というところである。方言でも丹後南部と若狭はともに関西弁の系統で、共通点も少なからずみられる。この丹後南部と若狭のつながりは後述するように室町・戦国史でも見て取れる。

ところが舞鶴から少し北西に進み、日本三景の天橋立がある宮津市から丹後半島(京丹後市など)は、名古屋弁のような「みゃあみゃあ音」の発音(お前→おめゃあ、赤い→あけゃあ)、文末が「だっちゃ」、接続詞「～だで(だから)」、さらにアクセントも「東京式」で、明らかに関西弁とは別の方言が話されている。テレビではNHK朝ドラ『ええにょぼ』で使われ、当時高校生だった私は京都府なのにいわゆる関西弁とは違った響きで奇異に思った記憶がある。その理由として、地形的には宮津の南西方面に丹後山地があって、南の丹波方面の影響が及びにくかったことが大きいと思う。現代でも舞鶴から北近畿タンゴ鉄道で独自路線となっていることがその名残と言えるだろう。ちなみに京都から宮津へのアクセスは、福知山まで山陰本線の特急で行き、そこから丹後鉄道に乗り換えて2時間20分かかる。地図で見れば舞鶴と宮津は近そうに見えるが、京都とダイレクトに鉄道がつながる舞鶴に対して宮津は乗り換えの上に時間もかかる。このような交通網の在り方からも、宮津以北の丹後の方言が関西弁と別系統なのも納得できる。

なお、名古屋弁との不思議な共通点に注目して名古屋の河村市長が交流を呼びかけた。その際に戦国史から両方言が共通する理由を探るという研究企画もあったが、室町期の大名の一色氏は三河出身で、戦国期の細川氏も京都出身なので、戦国史からは理由は見いだせなかった。この共通点の理由は、京都から方言周圏論的に広まった単語や発音が東西の等距離で同じような変化をしたことと考えられるが、丹後弁は方言区画的には中国地方の山陰につながる方言である。宮津から山陰近畿自動車道という、京都方面と山陰の高速道を仲介する地域高規格道路が建設中だが、これがこの地域と山陰とのつながりを示すものである。私が大学のゼミ旅行で行った天橋立の売店のおばさんが「漁師町だからことばが荒い」と言っていたが、地理的な要因で方言区画が京都とは違っていったということだろう。

丹後の位置づけは、甘鯛(ぐじ)や丹後ちりめんといった資源を京都に供給するなど関係は深いが、距離の遠さと地形の関係から独自性も強いということである。

丹後の現代の有名人は先ごろ亡くなった野村克也(京丹後市網野町出身)だが、2019年末にプレジデント社から『野村克也、明智光秀を語る:早まるな、光秀よ!』という本を出している。そこで丹波での光秀の活動が多く語られているが、地元の丹後についての言及は最小限である。しかし明智光秀の娘で、丹後を治めた細川忠興の妻となった**細川ガラシャ夫人**が丹後の有名人で、光秀は間接的な縁はあるわけだ。ガラシャは父が起こした本能寺の変後に夫の命で領内の**味度野**（京丹後市）に幽閉された。野村克也の地元は海沿いだが、ガラシャの幽閉地は同じ京丹後市でも南部の内陸にあり、京都から2時間２０分弱の丹後鉄道宮津線・峰山駅からタクシーで３５分の場所である。「丹後天橋立大江山国定公園」に含まれているが、山中に石碑が建っている。

室町期の丹後の守護は、初期には山名氏だったが、将軍義満への反乱（明徳の乱）で没収され、当時は若狭（福井県）の守護だった足利一族の一色氏に代わった。一色氏は山名氏と並ぶ「四職家」（侍所の長官を務める名門）で、在京して将軍側近として活動した。ただし六代将軍・義教と対立した一色義範は討伐され、遺児は丹後守護を保ったが、若狭守護は武田氏に奪われた。応仁の乱の時は武田氏が東軍に付いたのに対抗して、一色氏は西軍方として京都で戦った。西軍の総大将である山名氏が山陰一帯を勢力圏としており、地理的位置づけもあって一色氏は西軍となった。

なお、応仁の乱後のある時期に**雪舟**が当地を訪れて『**天橋立図**』を描いている。雪舟は、一色氏と同じ西軍だった周防（山口県）の大内氏をパトロンとしており、友好関係にあった一色氏への使者となったと考えられている。なお京都から天橋立のアクセスは、山陰本線と丹後鉄道を乗り継いで2時間２０分超の天橋立駅まで行き、そこから徒歩で行くか、京都駅から高速バスが出ており、こちらは2時間超と電車よりやや所要時間が短い。

戦国期に入ると一色氏は丹後に土着し、本拠地を当初は今熊野城（宮津市付近）、後に建部山城（舞鶴市）に移した。一色氏は戦国初期に京都を支配する細川氏に反乱し、今熊野城を攻められたが撃退に成功。その後は基本的に中央の戦乱から距離を置いて領国経営に専念する。しかし若狭武田氏の侵入は小浜線のルートで何度かあり、与謝郡（舞鶴市など）を奪われた。一色氏の家中でも守護代・延永氏が台頭して、一色氏当主と対立するなど下克上の風潮が起こった。戦国中期に一色氏の嫡流は断絶し、庶流の一色義幸が継ぐと勢力を回復、武田氏から与謝郡を奪還した。このように、特に南丹後が若狭とつながっていることから、室町戦国史でも両地域の勢力が争ったことがよく分かる。

なお、宮津市の今熊野城は、天橋立の展望台がある傘松公園の西の山（標高200m）に築かれている。もともと「丹後府中」と呼ばれ、付近には国府や国分寺などがあり、城下町を形成していた。海岸に突き出した山に立地しており、山頂の主郭には北から東側にかけて土塁が残り、南西の尾根先に向かって曲輪が連なる連郭式山城だった。『天橋立図』にも城下町が描かれている。周辺には阿弥陀ヶ峰城など多くの支城や城砦が造られた。城跡のアクセスは、天橋立駅から3．5km。舞鶴市の建部山城は市街の西方に位置し、標高315mの山城である。戦時の際の詰め城で、一色氏の居館兼守護所は建部山の麓である八田にあった。城跡は明治後に舞鶴軍港を防御するための砲台（舞鶴要塞）が建設された際に破壊され、遺構は残っていない。城のあった建部山は「丹後富士」と呼ばれる優美な形をした山であり、加えて山頂から眺める舞鶴湾などの景色が絶景であるため、地元民のハイキングスポットとなっている。アクセスは、舞鶴市中心部の西舞鶴駅から丹後鉄道宮舞線・豊岡行で5分の四所駅から徒歩25分。

戦国後期になると、明智光秀ら織田軍が山陰道を進攻し、一色氏はこれと一旦戦ったが敗れ、その後は信長に服属して武田攻めなどにも参戦した。この時明智光秀の与力として**細川幽斎（藤孝）**が南丹後（舞鶴市など）に封じられ、一色氏が北丹後（宮津市を本拠に、京丹後市など丹後半島が領域）を支配という形で分担統治した。

幽斎は細川氏の分家出身で足利義昭の側近だったが、信長に接近し、明智光秀の娘・たま（ガラシャ夫人）を息子・忠興の妻に迎えた。本能寺の変では光秀に同調せず、やがて一色氏も滅ぼして丹後を一円支配し、山崎の戦い後に秀吉に服従した。居城は一色氏の守護所を改築した**田辺城**（舞鶴市）である。一色氏から細川氏の本拠地の変遷を見ると、丹後で独自の領域支配を行う場合は北丹後をにらむ宮津が本拠となり、京都など中央とのつながりを重視すると舞鶴に本拠が置かれたという傾向が見て取れる。なお、本能寺の変後に幽斎は隠居して宮津城に移り、息子・忠興が田辺城主となった。

細川忠興は幽斎の嫡男だが、「利休七哲」の一人になるなど茶道で文化人として名を連ねている。しかし秀吉死後に伏見で石田三成を襲撃しようとした「七将」（加藤清正が中心）の一人で名を連ねるなど武断派の急先鋒だった。関ヶ原では徳川家康に付いて会津に遠征し、伏見で三成から西軍につくようにと人質を迫られたガラシャ夫人はそれを拒否して命を絶った。西軍は山陰本線のルートで丹後にも進軍したが、ガラシャの舅の幽斎は田辺城で籠城して西軍を撃退した。西軍の強い近畿地方で数少ない東軍方として功績は大きく、戦後に大幅に加増され九州に転封となり、後に熊本藩主となった。なお田辺城のアクセスは、JR舞鶴線の西舞鶴駅から徒歩5分、城門と隅櫓が再建され、内部に資料館もある。もう一つの拠点である宮津城は、江戸期にも近世城郭として使われたが、明治に破却され、敷地内に遺構は全くない。城門が宮津小学校に、殿舎が愛宕神社に移築されている。アクセスは、宮津駅から徒歩10分。この一駅先に天橋立がある。

丹後の戦国史を通覧すると、一色氏が独自行動を取ったことや、細川ガラシャが丹後半島の南に位置する山地で幽閉されたことは、南に山があって京都方面との連絡が取り辛いという共通点が思い浮かぶ。それは丹後の方言の独自性とも通じ合っていると思われるが、いかがだろうか。

# 滋賀県（近江国）

ここから京都の北東方向でJR琵琶湖線のルートを進む。大津市は京都の東隣にあり、JR琵琶湖線の快速でわずか10分という近さである。市内に**比叡山延暦寺**があり、紫式部が源氏物語を着想した石山寺もあるように、京都とのつながりは深い。延暦寺の敷地は京都府までまたがっており、アクセスは、京都から地下鉄と京阪電車を乗り継ぎ出町柳から叡山電鉄に乗って終点の八瀬比叡山口駅で下車（ここまで所要50分弱）、そこから叡山ケーブルで高低差561mを登って10分の「比叡」駅で下車する。大津市南部にある**瀬田の唐橋**は「近江八景」の一つと知られるが、東から来た旅人にとって京都への入り口として重要視され、武田信玄が上洛の際に武田の旗を立てるのを念願したと言われる。『一休さん』でも、一休さんが大津の寺に手紙を届けるついでに、重い年貢に苦しむ地元の農民を助けるために領主の佐々木氏（六角氏がモデルか）を頓智で懲らしめるという話があり、話のラストで瀬田の唐橋から夕景を見て京都へ帰ることになっていた。なお、現在の瀬田の唐橋は織田信長によって架橋され、場所は東海道新幹線の路線の少し北に位置している。

現代でも京都との関係の深さからか「滋賀県の方言なんて、無いなあ」という意識が特に南部で強い。聞こえ上は普通の関西弁という感じで「京都人はゆっくり話すが、滋賀県人は早口」というスピードの違いしかないのかとも思うが、古い世代の人が地元の言葉を「江州弁《ごうしゅう》」と呼んだように、言い回しや単語でまったく独自性がないわけではない。

大津など南部は動詞の否定形を京都と同じく「〜ひん」（言いひん、来（き）いひん等）と言う。京都の隣なので、この同質性も納得だ。しかし大津から琵琶湖線の快速で1時間の場所にある長浜など北部では「〜へん」

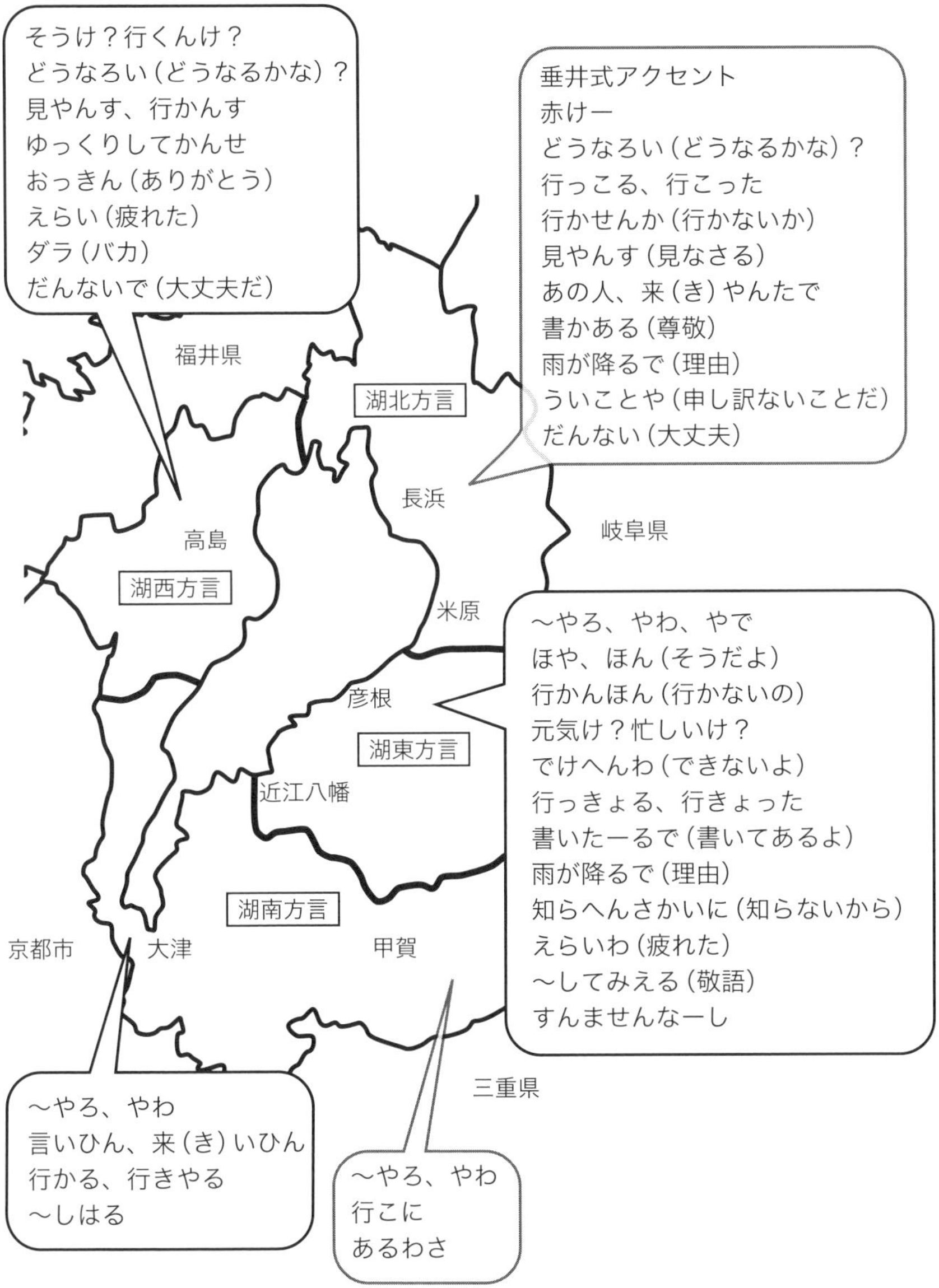
そうけ？行くんけ？
どうなろい（どうなるかな）？
見やんす、行かんす
ゆっくりしてかんせ
おっきん（ありがとう）
えらい（疲れた）
ダラ（バカ）
だんないで（大丈夫だ）
垂井式アクセント
赤けー
どうなろい（どうなるかな）？
行っこる、行こった
行かせんか（行かないか）
見やんす（見なさる）
あの人、来（き）やんたで
書かある（尊敬）
雨が降るで（理由）
ういことや（申し訳ないことだ）
だんない（大丈夫）
福井県
湖北方言
長浜
岐阜県
高島
湖西方言
米原
～やろ、やわ、やで
ほや、ほん（そうだよ）
行かんほん（行かないの）
元気け？忙しいけ？
でけへんわ（できないよ）
行っきょる、行きょった
書いたーるで（書いてあるよ）
雨が降るで（理由）
知らへんさかいに（知らないから）
えらいわ（疲れた）
～してみえる（敬語）
すんませんなーし
彦根
湖東方言
近江八幡
湖南方言
京都市
大津
甲賀
三重県
～やろ、やわ
言いひん、来（き）いひん
行かる、行きやる
～しはる
～やろ、やわ
行こに
あるわさ

と言うなど地域差がある。親愛表現の「〜(や)んす」(書かんす、見やんす)は北部から西部(高島町など)にかけて分布し、尊敬表現を北部で「〜(や)ある」(書かある、見やある)、東部(近江八幡市など)で「書かる、見やる」といった具合だ。北部は単語について北陸との共通点があったり、東部の米原で敬語「〜してみえる」や理由の接続詞「〜で(雨が降ってるで等)」と言うなど東海とのつながりも見える。また大津から琵琶湖線とJR草津線を乗り継いで1時間の場所に甲賀がある。この甲賀など南東部は一応大津と同じく「湖南方言」に含まれるが、研究者によっては「甲賀方言」として別扱いすることもある。その特徴として、隣接する三重県と共通する文末詞「〜に(行こに=行こうよ)」「〜(わ)さ(あるわさ=あるよ)」等が見られる。三重県とのつながりは、江戸期の東海道、このルートを受け継いだJR関西線と国道1号線、さらに新名神高速が甲賀に向けてつながっていることで示される。もちろん甲賀の東方に鈴鹿山脈があり、伊賀方面にも山が多くあるが、交通のつながりは厳然としてあり、方言のつながりも不思議ではない。

近江国は、昔から京都との強い共通性はあるものの、戦国期の動向のように、交通面で北陸や東海とのつながりは無視できない。東方面については美濃(岐阜県)から中山道が通って、これが織田信長の上洛経路になった。東海地方とのつながりは東海道新幹線の沿線が米原から湖東に向けて通っているという形で継承されている。次いで湖北から越前(福井県)には北国街道が通り、越前朝倉氏が浅井氏を救援するルート、そして後に賤ヶ岳の戦いで羽柴秀吉が越前を領する柴田勝家を攻めるルートとなった。現在でも北陸道とJRの北陸本線が米原から北に延びている。なお、湖北と湖東の方言境界については、米原がその境目となっている。ちょうどここは東海道線と北陸本線が分岐するところであり、古くは北国街道と中山道の分岐点でもあった。米原から少し南の彦根にかけて山が迫っており、また彦根周辺を流れる芹川などの河川は南西方面に流れて琵琶湖にそそぐという地形条件である。こういうことで湖北と湖東の行き来が制限され、特に湖北は垂井式アクセントや言い回しで独自性を強めたと思われる。気候的にも湖北は日本海性気候の様相を強め、豪雪地帯として知られる。ちなみに室町戦国史の展開では、米原から彦根付近が近江の南北両勢力の「境目の地」であり、このことは後述する。

さて湖西の道は北陸から京都への最短ルートということで、織田信長が浅井氏の裏切りによって朝倉攻めを中止した際に撤退した経路となっている。ここには現在でも福井県の若狭から京都にかけてJR湖西線が通っている。南北に広がる平野があって京都との行き来がしやすいためか、アクセントを含めて京都との共通点は多い。現在も湖西の中心である近江高島から京都までJR湖西線の快速で40分弱と近い。一方で福井県との交通も便利で、ダラ（バカ）など北陸方言とのつながりも多く見られる。なお、湖西方言と湖南方言の境目は琵琶湖西岸の中央部にある比良山（蓬莱山、標高1174m）である。

以上のように近江の各地域について、近隣との交通のつながりから地域性を導き、それを戦国期の動向でオーバーラップさせて解説していこう。

戦国期に室町将軍が義稙（10代）、義晴（12代）、義輝（13代）と三人も近江に亡命したが、それを受け入れた近江の領主は**六角氏**で、本姓は佐々木氏と言う。大河ドラマ『太平記』で陣内孝則が演じた「バサラ大名」**佐々木（京極）道誉**は足利尊氏の盟友とされていたが、鎌倉討幕に活躍、室町幕府初期の有力武将として幕政にも関わった。彼は源平以来の近江源氏の名門佐々木氏の一門で、京極高氏とも呼ばれる。

佐々木氏は鎌倉期に南近江の六角氏、北近江の京極氏と別れた。方言区画で言えば、「湖南方言」と「湖東方言」の領域が六角氏領で、「湖北方言」の領域が京極氏領である。かつては室町期に両者が近江を南北二分してそれぞれ守護となったと言われたが、現在では六角氏が近江全体の守護だったことが明らかになっている。しかし京極氏支配下の北近江は「守護不入の地」ということで六角氏の介入を排除していた。京極氏は道誉以来、四職家の一角を占めるなど幕政では優位に立ち、出雲や飛騨の守護も兼ねた。近江での居城は米原市の上平寺城で、伊吹山系の西にあって防御に優れ、美濃や越前に街道が通じていた。アクセスは、鉄道なら京都からJR琵琶湖線に乗り、米原から東海道本線に乗り換えて近江長岡駅が最寄だが（所要1時間10分）、車なら名神高速道路・関ヶ原ICから20分の場所である。ここは六角氏領との境目に近く、京極氏が六角氏ににらみを利かせる位置にあった。京極氏の当主は室町期には幕府重鎮として京都で活動していたが、戦国期にここに移った。

南近江の六角氏の本拠は、近江八幡市安土町の観音寺城である。近江八幡駅は京都から琵琶湖線の快速で40分の距離だが、城跡は近江八幡から北隣の安土駅から徒歩40分で城のふもとにある桑実寺に付き、山頂の本丸までさらに徒歩30分である。名神高速道路の八日市ICも近い。標高430mの山城だが、中世城郭ながら総石垣というのが特徴で、穴太衆など近江の優れた石材職人を活用したと思われる。

六角氏の領国支配を見ると、全体として比叡山など寺社や幕府奉公衆の所領が多く、守護支配を貫徹しにくかったのが特徴だ。六角氏配下の国人も寺社や公家の荘園を横領するなどしたため、九代将軍・義尚と十代・義稙の追討を受けたが、撃退している。この後六角氏は戦国大名化し、将軍の亡命を受け入れたり細川氏や三好と戦うなど京都の政局に介入することはあったが、ほぼ領国を保った。また北伊勢内陸部の「十箇所人数」（三重県いなべ市）にも介入して勢力を広げた。近江八幡市から南東方向に「八風街道」が見県北部のいなべ市から桑名市方面に延びており、これが六角氏の北伊勢進出のルートになったと考えられる。この街道は現在の国道421号線で、永源寺など景勝地を通過して、鈴鹿山脈を越えていく。

六角氏については分国法として有名な『**六角氏式目**』を制定したことが知られているが、これは「日本版マグナカルタ」と言われている。すなわち六角氏家中では宿老の伊庭氏がしばしば反抗するなど家臣たちの力が強く、六角義賢(承禎)が専制権力化を図ったことがアダとなって1560年代に「観音寺騒動」を引き起こした。勝利した国人達は当主である六角氏の独断専行を排し、家臣達との合議で決するという約定を認めさせ、そのための規範として制定されたのが六角氏式目だという。制定事情が英国議会政治の元になった『マグナカルタ』と同様であることから、前述の異名で呼ばれる。六角氏領国は国人の自立性が高く、また15世紀の蓮如の布教により本願寺門徒となった農村住民も自治意識が旺盛だった。それでも六角氏家中で下剋上が起きなかったのは、国人と農村の緊張関係があり、武士たちも土地係争で悩まされたことから調停者として六角氏を必要としたということである。

なお、近江南東部の甲賀郡は伊賀忍者と並び称される**甲賀忍者**の里だが、実態は諜報・攪乱活動にたけた国人勢力の地である。六角氏の傘下に入っていたが、在地の国人領主たちは「惣」という自治組織を運営し、自立性が強かった。一説では滝川一益も甲賀出身と言われる。ただし足利将軍が近江に出兵した際には、甲賀衆は六角氏をかくまっているし、六角義賢が信長に敗れた際もこれをかくまうなど共同歩調を取っている。また伊勢と伊賀に接するゆえに(江戸期の東海道が伊勢から甲賀を結んでおり、水口と土山に宿場があった)、甲賀衆は六角氏の伊勢進出で戦力となった。付言すると、甲賀衆は後に秀吉の配下となり、徳川家康に付いた伊賀忍者と対抗することになった。このことは三重県の項で詳述する。なお、実在の甲賀忍者についての展示があるのが「甲賀忍術博物館」で、1400点余りの資料を展示している。テーマパークである甲賀の里忍術村の一施設であり、忍術体験も楽しめる。アクセスは、甲賀駅からバスで5分(無料送迎バスもある、要予約)。

一方、北近江の京極氏は応仁の乱に際して相続問題による内紛で衰えて、出雲と飛騨も支配から離れ、後に近江でも家臣の**浅井氏**が実権を握った。浅井氏は16世紀半ばに六角氏に一時従属したが（**浅井長政**は最初に六角義賢から名をもらって「賢政」と名乗ったが、後に改名）、やがて対決姿勢を示して北近江の大名となる。この際に越前の朝倉氏と同盟したことが大きく、後々までその関係は続いた。浅井氏の本拠地は小谷城（長浜市）で、京極氏の上平寺城よりは北にあり、北陸や湖西へのルートを視野に入れた立地である。小谷城のアクセスは、米原からJR琵琶湖線の新快速・近江塩津行で15分の河毛駅で下車（長浜で北陸線に乗り換えると30分かかる）、バスで小谷城址口まで行き、そこから山頂まで徒歩30分ということになる。山城の雰囲気がよく残るが、石垣も残っている。近くに鉄砲の生産地で有名な国友村（長浜市の東部）、琵琶湖の沖合に浅井氏も信仰した竹生島もある。

浅井氏と六角氏の境界線は当初は米原付近にあり、彦根市の佐和山城は六角氏のものだった。しかし浅井氏が力を強めると、佐和山城も浅井氏が手にし、重臣の磯野氏が入った。米原から彦根にかけてが、近江の南北両勢力の「境目の地」で、方言区画ともオーバーラップするようで興味深い。

以上は琵琶湖の東岸の話で、西岸（湖西）に目を向けると朽木氏が支配していた。朽木氏も六角・京極とともに佐々木氏一族で、将軍側近ということで「奉公衆」になっていた。室町期は幕府軍の一翼を担って各地に出兵し、所領も近江以外の各国に散在していた。しかし応仁の乱後は多くを失い、西近江の地域権力となる。本拠を置いた高島郡には国人領主が多く「高島七頭」と呼ばれたが、朽木氏はその旗頭となった。湖西の中部までは「湖南方言」の領域であるように、六角氏がこの付近にまで進出。朽木氏も六角氏と協調することが多く、湖北の浅井氏攻めの際には先導を務めている。ただし基本的に将軍側近として自立的に活動しており、将軍が近江に亡命した際にはこれをかくまっている。朽木氏の行動は「湖西方言」の領域が独自であることを想起させる。なお朽木氏の本拠は高島市の朽木氏岩神館で、標高215mの山城である。現在は興聖寺の境内となっているが、石垣が良好な保存状態で残っており、穴太衆など近江の石材職人によって発展した石垣建造の技術がしのばれる。境内には朽木氏が将軍を供応するために建造した旧秀隣寺庭園（足利庭園）がある。室町期の庭園形式を良好に保存しており、国の名勝に指定されている。京都から湖西線新快速・敦賀行で40分の安曇川駅からバスで30分の「岩瀬」で下車し徒歩3分。

また比叡山延暦寺は、京都東隣の位置にあることで東方の流通経路の要に当たっていた。当時から中山道その他の主要交通路が大津と京都を結び、現在でもJR東海道本線や国道1号線、名神高速道など主要交通路がすべてこの両地域を結んでいることから、交通量は非常に多く、大津の方言が京ことばとほぼ似ているのも当然だろう。しかしその隣接している両地域は、地形的に比叡山、さらに和歌の題材で知られた逢坂山などの山々が京都の東にそびえたち、山で隔てられていることで一体の地域となるに至っていない。だからこそ比叡山延暦寺はは京都周辺の馬借という運送業者を傘下とし、京都の東の物流をコントロールすることで室町幕府にも大きな影響力を持っていた。寺内には周辺の武家出身者が多く属して僧兵の供給源となり、近江をはじめ各地で所領を持っていたことから戦国期も依然としてあなどれない勢力を持っていた。武田信玄が次男を延暦寺で出家させていた関係で「天台座主」の称号を授与されるなど、各地との大名とも友好関係にあった。権力ばかりでなく、学問の中心地としても健在で宣教師たちが「日本の大学」と記している。宗教的、社会的権威を持つ上に強大な武力を持っていたが、浅井・朝倉に与して**織田信長**と戦ったことで、1570年の「**比叡山焼き討ち**」となった。なお、比叡山のアクセスは本項冒頭で書いたが、京都から所要1時間の圏内である。

近江の大名たちに話を戻すと、織田信長が足利義昭を擁して上洛すると、まず浅井長政が信長の妹・**お市**と婚姻して同盟し湖西にも勢力を拡大、六角氏は抵抗するも敗れて甲賀に逃亡する。やがて浅井氏が越前（福井県）の朝倉氏と組んで信長包囲網を形成した。信長が朝倉氏の越前を攻めている際に浅井氏の裏切りを知り、撤退戦での秀吉の奮闘が知られている。しかし信長が無事京へ戻ったのは、湖西を支配していた朽木氏の協力による。この少し前に湖西にも浅井氏の影響が及んで朽木氏もいったんは従ったが、松永久秀の工作で信長に付いた。こうして朽木氏を味方につけたおかげで、信長は北陸から京へ撤退する際には湖西の比良山地上の朽木道を通った。この後本願寺が信長に敵対したことで、近江各地の本願寺門徒も浅井氏に付いたので信長は苦戦を強いられる。

しかし1571年の**姉川の戦い**（長浜市）で信長は勝利し、浅井氏を小谷城に追い込んだ。これは湖北をにらむのみならず、近江全体の進出路、さらに信長の本国・美濃と京都交通路の確保という意味があった。この少し後に湖東の佐和山城も下し、丹羽長秀がここに入った。これで優勢を確保した信長は東方で武田氏との対応に追われたことと、小谷城が堅固で落とすのが困難なため4年かかったが、浅井氏の家臣を調略で味方につけるなど硬軟織り交ぜる戦法で1574年に浅井氏を滅ぼした。

信長は1578年に湖南と湖東の境目に当たる地に**安土城**（近江八幡市）を築いて、自らの本拠とした。安土城は標高200mの平山城だが、近世的な天守閣を創始したとして名高い。城跡は本能寺の変後に焼失したが、発掘調査が進み、その成果を展示する安土城考古博物館で往時をしのぶことができる。アクセスは、京都から琵琶湖線で45分の安土駅から徒歩25分で行く。信長はさらに、湖北の長浜に**羽柴秀吉**、湖南の坂本（大津市）に**明智光秀**、湖西の大溝（高島）城に甥の津田信澄（弟信行の子）を配して近江各地の支配拠点を抑えた。

秀吉は当初小谷城に入ろうとしたが、平地の流通拠点を抑えるために琵琶湖に近い長浜に新しい城と城下町を作った。江戸期に廃城となったが、1983年に「長浜城歴史博物館」として復元された。アクセスはJ

R琵琶湖線の長浜駅から徒歩5分。長浜の中心街には古い町並みを再建した「黒壁ストリート」がある。また長浜市東部にある鉄砲産地の国友村は秀吉領となったので、国友衆が秀吉軍の鉄砲製造を請け負うことになった。この国友衆の鉄砲づくりを展示する「国友村鉄砲ミュージアム（国友鉄砲の里資料館）」のアクセスは、長浜駅から湖国バス養護学校線で１５分の「資料館前」で下車して徒歩3分。

光秀の居城・坂本城は大津市の北部にあり、現在ここから比叡山へのケーブルカーが発着しているように、延暦寺を抑えるという位置づけがあった。また琵琶湖各地に水上ネットワークを持つ「堅田衆」という水運集団（湖賊）が坂本の少し北にあったので、湖上の水上ネットワークを掌握する意図もあったと考えられる。なお、坂本城のアクセスはＪＲ西日本の湖西線で比叡山坂本駅を下車し、徒歩１０分というところである。また湖西の高島にあった大溝城主の津田信澄は光秀の娘婿でもあったので、明智氏が築城の際に協力した。大溝城は琵琶湖の西岸近くにあり、対岸に安土城を望む位置付けだ。城址は高島総合病院の裏あたりに位置し、遺構としては天守台の野面積みの石垣が残っている。アクセスは、近江高島駅から徒歩１０分。

信長はもともと上洛のための道として近江を重視し、琵琶湖の水運があり、北陸・東海にも通じるこの地の経営に大きな力を注いだ。近江一国を支配して物流を掌握することで経済的に大きく力を伸ばし、全国統一が視野に入ったのである。彼の近江支配は、近世的な土地支配を打ち立てる実験的な事例とされる。この信長の近江支配で特に琵琶湖の水上交通に着目した著作が中井均など著『**覇王信長の海　琵琶湖**』（洋泉社）である。現在ではかつてほどではないが、大津、彦根、長浜、湖西の今津町などから琵琶湖内のフェリーが運航しており、かつての琵琶湖ネットワークの名残りを感じさせる。

しかし信長の死後に安土城は焼失し、付近に近江八幡城が築かれたために安土の城下町もそこに移った。したがって近江八幡が安土の後身ということになる。ちなみに津田信澄は本能寺の変の際は信長三男の信孝とともに大坂にあったが、光秀への加担嫌疑で誅殺され、後に大溝城も廃城となった。

信長死後の天下人決定戦と言える**賤が岳の戦い**は、北陸を領する柴田勝家と畿内を抑える羽柴秀吉の戦いだが、長浜市北部で行われ、京都と北陸に接する近江の地政学を表している。ここで勝利したことで秀吉は北陸本線のルートを一気に北上して、柴田の領国・越前（福井県）に進攻した。

秀吉の時代には南東部の**近江八幡**に豊臣秀次、そして湖東の**佐和山**（彦根市）に**石田三成**が配された。近江八幡城は、近江八幡駅より北西2．5kmの通称八幡山（標高283m））の南半分山上に築城された、急峻な山城である。琵琶湖から水を引いて堀としていた。城下町も琵琶湖から運河を引き、現在でも「堀の街」として水郷巡りが楽しめる。近江八幡は「秀次の造った町」ということで現在市内に彼の銅像が建っているが、1590年に尾張清洲に移ったのでここにいたのは5年ほどである。その後は京極高次が入ったが、1595年の秀次事件の際に近江八幡城も廃城となった。近江八幡は大津から琵琶湖線で30分、城址へは駅からバスで12分で、下車後ロープウェイで行くことになる。

佐和山城は京都からJR琵琶湖線の快速で50分の彦根駅から東へ徒歩15分で登山口に、標高230mの山頂まで20分かかる平山城である。JR線の線路沿いにあって大きな看板があるので分かりやすい。佐和山のある彦根市と関ヶ原はJR東海道線と琵琶湖線を乗り継いで30分弱と近いので、三成も関ヶ原前にしばしば居城と前線を行き来していた。しかし関ヶ原直後に小早川秀秋ら東軍への「寝返り組」によって佐和山は落城して、三成の一族も討ち死に。城は戦後に廃城となった。三成ほか近江出身者が秀吉の家臣団で有力な地位を占め、加藤清正など尾張出身者との派閥抗争が関ヶ原の遠因となったと言われている。三成は反対派から「君側の奸」で地位を利用して私腹を肥やしたと思われていたが、関ヶ原後に佐和山城を点検すると財産らしきものはほとんどなく、三成の清廉ぶりが明らかになったという。

江戸開幕後に佐和山の西方で琵琶湖に面する場所に**彦根城**が建設され、徳川四天王の**井伊直正**が入って幕末まで続いた。彦根城は平山城で、何層もの石垣が重なっている珍しい構造をしている（朝鮮出兵の際に日本軍が築いた「倭城《ウェソン》」に類似）。アクセスは、駅から徒歩１５分だが、城門から天守までは少し山登りする用意が必要だ。敷地内の博物館には能楽堂があり、多くの国宝級の展示物がある。

さて浅井氏は滅んだものの、長政の娘は**淀君**（秀吉の側室で秀頼の母）、**お江**（三代将軍・徳川家光の母）など天下人に連なった。大河ドラマ「江」でも描かれたが、近江も初期にドラマの主要な舞台となっている。

一方、浅井氏の主君だが傀儡とされた京極氏は信長に接近し、京極高次は美貌の妹・たつ子を秀吉の側室に、自身は淀君の妹・お初と結婚した。高次は「妻と妹の七光り」と揶揄されながら近江八幡城主、後に大津城主となり、関ヶ原では東軍について大津城で立花宗茂ら西軍と激戦を繰り広げた。大津城址は京阪電鉄の浜大津駅からすぐの場所にある。琵琶湖に面した水城で防御力は弱く、西軍にかなり破壊されたが、関ヶ原本戦での東軍の勝利まで持ちこたえた（大津城は戦後に解体され、市内南東部の膳所城に建物が移築された）。京極氏は戦後にこの戦功で若狭に移り、後に信濃や讃岐など数か国で大名となる。戦国期に衰えた室町大名が江戸期に復活するという稀な例で生き残りぶりが興味深い。

また湖西の朽木氏は関ヶ原の際に西軍に付いていたが、小早川秀秋とともに東軍に寝返った。後に朽木氏は江戸幕府の若年寄りまで出世。当初の本拠は高島市の朽木陣屋に置いていたが、１６６９年から京都府の福知山城主となって幕末まで続いた。

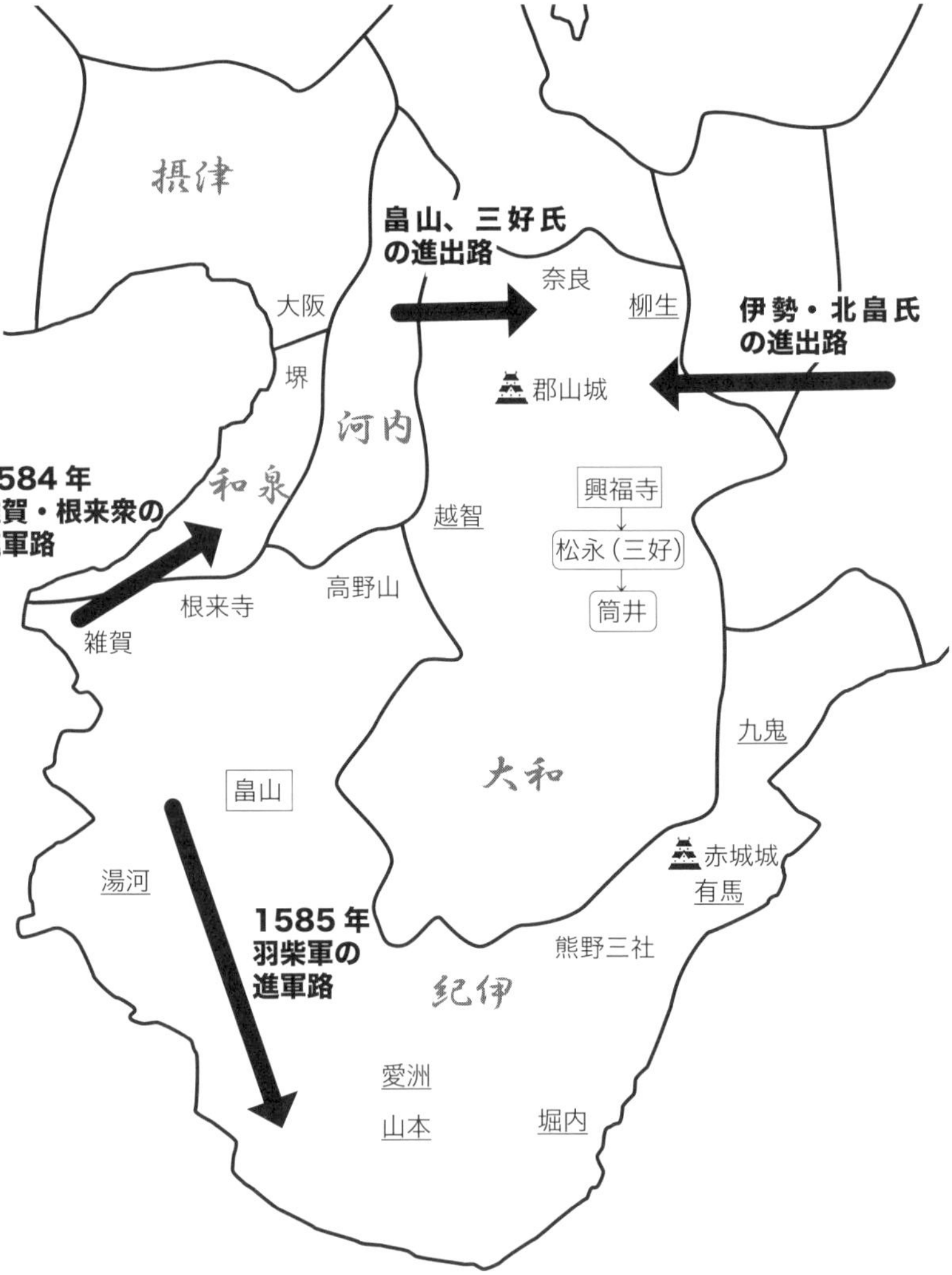
摂津
畠山、三好氏
の進出路
奈良
柳生
大阪
伊勢・北畠氏
の進出路
堺
郡山城
河内
1584年
雑賀・根来衆の
進軍路
和泉
興福寺
越智
松永（三好）
高野山
根来寺
筒井
雑賀
九鬼
畠山
大和
赤城城
湯河
有馬
1585年
羽柴軍の
進軍路
熊野三社
紀伊
愛洲
山本
堀内

※摂津、河内、和泉は大阪府の項で掲載

# 奈良県（大和国）

京都より南方に進むと、奈良県である。京都から奈良はＪＲの快速で５０分ほど、近鉄奈良線の特急を使っても同じくらいの所要時間である。この奈良県の方言と言っても普通の関西弁としか思えない。奈良市など県中心部は京都や大阪との交通が便利で、ＪＲの関西線と近鉄電車で京都、大阪とも結ばれている。奈良市は大阪とはＪＲ大和路の快速や近鉄電車で５０分と近いので、大阪に通勤する「奈良府民」も多い。交通面での関係の深さゆえに奈良の伝統方言も専門家から「京ことばに大阪弁を上塗りしたもの」と表現されている。奈良市など奈良盆地は古代から交通の便が便利なことから栄えた。京都や大阪に向かっては河川の交通があった。ただし京都との間には京阪奈丘陵、大阪との間に生駒と金剛の両山地が境をなしており、交通路はつながっていてもある程度距離を置くことは可能である。そういう地形的に理由からか、方言についても独自性は少ないながらもあり、間投詞「～みー（あのみー＝あのねえ）」、使役助動詞「～やす」（食べやす＝食べさせる）などがある。動詞の否定は「～へん、ひん」が普通だが、「見やん」など一部で「～やん」を使うこともあるという。

以上は奈良市など県北部の「国中地域」の方言であり、県南部は「奥吉野方言」という関西弁とは系統の違う方言が話される。鉄道では近鉄は吉野までで、ＪＲは中部の五条までとなって、それ以南はない。高速道も現在のところは開通しておらず、車道は国道のみである。地形的に紀伊山地で周囲から隔絶されてきたことが、方言の独自性の理由と考えられている。最大の特徴は近畿地方ながら「東京式アクセント」ということで聞こえ上から関西弁とは違う。言い回しでも、断定助詞「～じゃ」、間投詞「～のら」（雨じゃのら＝雨だねえ等）、理由の接続詞「～よって」（国中は関西弁の一種として「～さかい」を使う）、過去推量の助動詞「～つ

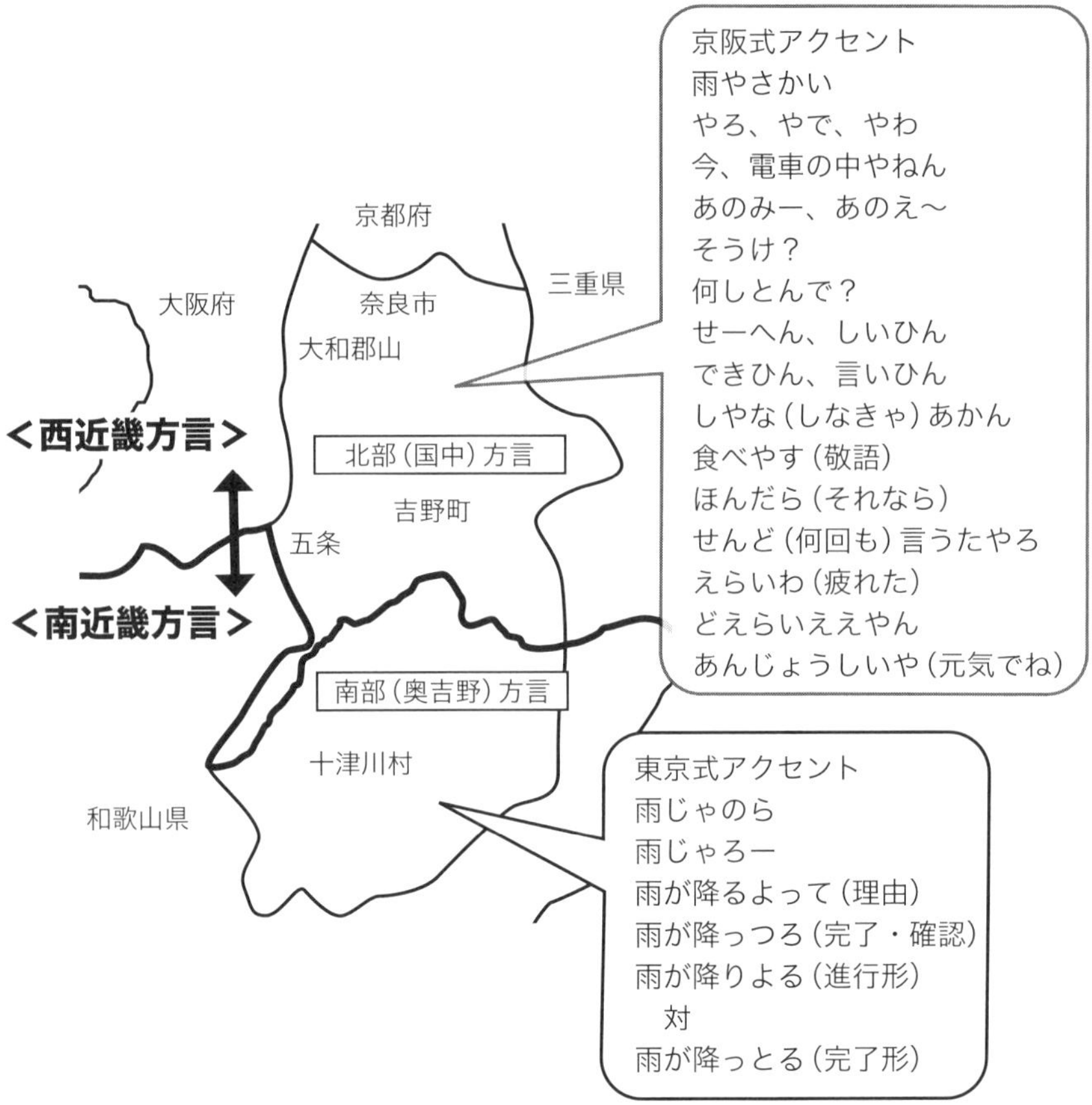
京阪式アクセント
雨やさかい
やろ、やで、やわ
今、電車の中やねん
あのみー、あのえ〜
そうけ？
何しとんで？
せーへん、しいひん
できひん、言いひん
しやな（しなきゃ）あかん
食べやす（敬語）
ほんだら（それなら）
せんど（何回も）言うたやろ
えらいわ（疲れた）
どえらいええやん
あんじょうしいや（元気でね）
京都府
三重県
大阪府
奈良市
大和郡山
<西近畿方言>
北部（国中）方言
吉野町
五条
<南近畿方言>
南部（奥吉野）方言
十津川村
和歌山県
東京式アクセント
雨じゃのら
雨じゃろー
雨が降るよって（理由）
雨が降っつろ（完了・確認）
雨が降りよる（進行形）
対
雨が降っとる（完了形）

ろ（雨が降っつろ＝雨が降っただろう）」といった特徴がある。また動詞で、進行形「〜（し）よる」（〜しつつある）と完了形「〜（し）とる」（既に〜している）が厳格に区別されているのも大きな特徴である。また誘いの際に「行こら」などと言うのは、紀州弁（和歌山県方言）と共通する。和歌山県とのつながりについては、古くから熊野参詣路が南に向かって伸びていたことから想起され、現在でも国道168号線が大阪から和歌山県の新宮にかけてつながっている。ただし共通点はこれ以外はあまりなく、グロットグラム調査を奥吉野から和歌山県の新宮市にかけて行うと、両者の違いが多くなってくる。

奥吉野で最南端の十津川村へは、奈良に近い八木駅から高速バスに乗って4時間近く、あるいは和歌山県の白浜空港か新宮駅からともに2時間20分で行くことになる。熊野参詣のついでに十津川温泉に向かうという観光コースがある。人力ロープウェイ「野猿」が古くから使われ、日本で最後に狼が捕まるほど山深く独自性の強い地域だった。人口が少なく経済的に厳しいことから明治以前は「免租の地」とされたが、皇室尊崇の風潮が古くからあり、鎌倉討幕戦で一度は敗れた**護良親王**が熊野から十津川を通って、吉野で再挙した。この際に熊野から十津川奥にかけての豪族であった「竹原八朗」「戸野兵衛」ほか十津川の武士が親王の軍に多く加わったとされる。それを受けて南北朝期には南朝方として在地武士が参加、さらに幕末に尊皇攘夷の十津川郷士を輩出したことでも知られる（坂本龍馬暗殺犯が「十津川郷士」を騙った）。司馬遼太郎は「街道をゆく」の一巻をこの十津川に当てている。なお、室町戦国史では十津川はあまり出てこないが、山間で人口が少ないことから大きな領主権力が発生しなかったということと思われる。

吉野には**南朝**の皇居として「吉野朝皇居跡」がある。**後醍醐天皇**は吉野に移ると実城寺を皇居とし、ここで生涯を閉じた。現在は南朝妙法殿が建ち、皇居跡公園として整備されて、後醍醐天皇ら南朝の四天皇の歌碑も建っている。アクセスは、奈良駅からＪＲ桜井線と近鉄吉野線で1時間４０分の吉野駅で下車し、ロープウェイに乗り換えて吉野山駅で下車して徒歩１０分。護良親王が挙兵した吉野城もこの近くで、一帯は「吉野熊野国立公園」となっている。また足利幕府に攻められて一時退避した「賀名生皇居跡」は吉野からさらに西の五條市にあり、アクセスは五条駅からバスで２０分である。

室町時代を描いた書籍として一般向けでは異例のヒット作となったのが、呉座勇一『応仁の乱』である。奈良にある**興福寺**の僧の視点から、当事者とはやや距離を置きながらポイントを押さえて応仁の乱を説明しているのが分かりやすく一般受けしたようだ。応仁の乱の結果「日本国中でことごとく将軍の命令が及ばなくなった」という慨嘆を記したのが興福寺の別当（当主）尋尊だが、これが戦国時代到来を告げた言葉とされている。尋尊の記録は、リアルタイムでの応仁の乱のルポルタージュとして貴重である。

平城京があった奈良は京都遷都後も寺社勢力が存続し、「南都」と呼ばれた。現在では奈良の寺と言えば大仏がある**東大寺**だが、室町時代の支配者は呉座氏の書籍で語り手とされた興福寺である。興福寺は「神仏習合」で近隣の**春日大社**も勢力下に置いた。興福寺の目に見えるモノと言えば、**奈良の五重塔**と**阿修羅像**（ともに国宝）であり、遺構が**奈良公園**と奈良ホテルである。興福寺の敷地が公園とホテルになったきっかけは明治の廃仏毀釈であり、それによって大幅に衰微した（一時断絶して数年後に再興）。現在、興福寺の隣に奈良県庁があることが、往時の大和国におけるこの寺の位置づけの名残りと言えよう。興福寺は近鉄奈良駅から徒歩で10分ほどの場所にあり、少し東に東大寺があって、鹿が放し飼いになっているのはよく知られている。鹿は角を持つことから「神獣」とされ、春日社の使いということで奈良の街に放されているが、ここでも興福寺の影響がある。なお、現在の奈良の中心街である近鉄奈良駅から東大寺に至るエリアは奈良時代の平城京の北東に偏っており、復元された平城京の門は市街の西にある。

鎌倉から戦国期に至るまで大和国には守護が置かれず、興福寺に支配が任されていた。その理由は源平の戦いでいち早く源氏についたこと、そして興福寺が藤原摂関家の氏寺でその領分とされたことと考えられている。興福寺の配下に筒井、越智、古市、箸尾など「国民」と呼ばれる武士がおり、他国で言う国衆並みの勢力を持っていた。前二者が有力で筒井氏の本拠は大和郡山市の筒井城、越智氏は中部の高取城（高市郡）が本拠である。

筒井城は近鉄筒井駅より東北一帯にあり、おおよそ南北400m、東西500mと、平地に築かれた中世城郭としては比較的規模が大きい。現在城跡は宅地や畑地となっているが、堀跡が点在している。アクセスは、奈良市の西大寺駅から近鉄橿原線で10分の筒井駅から徒歩5分。越智氏の高取城へは、奈良から郡山までJRで行き、その後に近鉄の橿原線と吉野線を乗り継ぎ1時間10分で壺阪山駅に、そこから奈良交通バスに乗って最寄りのバス停から徒歩約50分で標高580mの城跡に着く。南北朝では興福寺や筒井氏は北朝方だったが、越智氏は本拠が吉野と近いことから南朝方だった。ちなみに壺阪山駅から吉野まで近鉄吉野線で50分弱である。

大和は室町幕府の直接支配が及ばないことから、畿内でありながら「遠国」として自立性が強かった。前述のように、奈良盆地が山によって周辺とある程度隔てられているという地形的理由から大和で独自の動きが行いやすかったことが指摘できる。この傾向は大和南部の吉野にかつての南朝が本拠を置いており、吉野以南で山岳地帯が続くという地形的な理由から残党もかなり残っていたことによって助長された。方言区画で言えば吉野までは「北部方言」だが、南の背後に十津川など「奥吉野方言」の領域を抱えていることから越智氏の領域は独自性が強く、幕府に反抗的だった。さらに大和東部の宇陀郡は伊勢と街道が通じていることから(現在でも国道165号線が三重県津市との間を走る)、沢氏、秋山氏など隣接する伊勢の北畠氏の配下の武士がおり、南北朝合一後も不安定だった。

大和に室町幕府が全く手を出さなかったわけではなく、隣国の河内(大阪府)・紀伊(和歌山県など)を守護管国とし管領家でもある**畠山氏**が影響力を行使した。6代将軍義教の時代には興福寺内の争いが国人同士の勢力争いに波及して「大和永享の乱」が起こったが、畠山氏ら幕府軍が大和に出兵する中で興福寺は主導権を取れず、大和は幕府政局の影響を受けるようになる。その後も畠山氏の家督争いで大和へも戦火が及んだ。

河内との間には生駒と金剛の両山地があるが、大和川でつながっており、竜田道という街道も通じていた。現在でも近畿自動車道がこの地域をつないでいるが、畠山氏は京都との物流を掌握するため大和に支配を及ぼそうとした。

応仁の乱では、興福寺の下で国人たちが他国に出兵することはあっても大和への干渉を排したことで奈良は戦火から逃れ、京都から公家が大勢避難して文化事業を行った。しかし戦国初期になると、筒井と越智など国人が一揆連合を形成した一方で、河内の畠山氏とその配下を通じて中央政局の影響を受けることになる。1550年代後半になると細川氏を破って中央政権を握った三好長慶の重臣**松永久秀（弾正）**が反三好勢力と結びつく筒井氏などを破り、大和一国の支配を任された。三好氏の領国となった河内との連絡路を確保するため、久秀は奈良の街を見下ろす場所に多門山城、河内に接する西北部に信貴山城（生駒郡平群町）を築いて拠点とした。信貴山城へのアクセスは大阪からが便利で、近鉄大阪線と信貴線を乗り継ぎ40分、信貴山口駅より西信貴ケーブルで行く。この付近はかつての竜田道に近く、河内への街道沿いだった。現在でもJR大和路線が通じており、河内の羽曳野市や八尾市も近い。多門山城は近鉄奈良駅から北東方面にバスで行き、鴻池が最寄で、東大寺の北方に位置する。初の天守閣が建てられたと言われるほど豪壮な城で、ここで公家や商人、学者を招いて連歌や茶会、儒学の講義など文化事業が行われた。久秀は三好長慶の側近文官として頭角を現し、前述の弟長頼が軍指揮官として先に活躍したが、この時期ようやく武将として台頭することになる。

松永久秀は出自が不明確で、悪漢小説の主人公のように野心多い人物と描かれがちだが、文化人の側面もあり、在地の武士を配下とすることで大和支配を盤石とする施策を行った。彼の配下となった地侍に、大和北東部を拠点とし剣豪として有名な**柳生石舟斎（宗厳）**がいる。後に徳川3代将軍家光の剣術師範となった**柳**

**柳生宗矩**の父である。この柳生親子を主役とした大河ドラマが1971年の『春の坂道』だ。この父子は宮本武蔵を主人公とした2003年の大河『武蔵　MUSASHI』でも登場し、地元で剣の道に精進しながら民の暮らしを守ろうとする父・石舟斎と幕府で出世して柳生の名を高めようとする子の宗矩の対比が描かれていた。なお、柳生氏の本拠は「柳生の里」として整備され、奈良の街から東に向かって車で40分。近隣は柳生街道というハイキングコースとなっている。

さて三好長慶が早逝すると三好三人衆と久秀が対立し、1564年に**東大寺大仏殿**を焼く戦が奈良で展開された（大仏殿の焼失は久秀の責任というわけではない）。この時期に前将軍・義輝の弟で、興福寺の分院である大乗院の門跡（当主）だったのが後の**足利義昭**である。義昭は戦乱が続く奈良から脱出し、還俗して越前朝倉氏の下で将軍継承のために運動することになる。織田信長が義昭を奉じて上洛すると、松永久秀は信長に従い、10年にわたって大和を支配した。しかし1577年に上杉謙信に呼応して謀反したことから、信貴山城で自害した。なお、この際に名物茶器「平蜘蛛」を抱いて爆発したというのは俗説である。

こうして信長は大和を支配下に置いて奈良にも軍を入れ、**正倉院**所蔵の香木「蘭奢待」の切り取りを行った。興福寺の僧などは反発したが、足利義政（8代将軍）の先例があり、天皇の許可を得てのものだった。この行為で信長が足利将軍に代わる新たな天下人であることを示したのは間違いない。

信長は大和の統治を**筒井順慶**に任せた。この時筒井氏と興福寺の関係は断ち切られ、興福寺の所領にも信長の介入が及んでくる。筒井順慶は幼くして家督を継いだが、「元の木阿弥」の語源は彼が幼少で跡を継いだ際に「木阿弥」という父の影武者を立てたが数年後に用済みで放逐したことによる。順慶は成人後に松永久秀に圧迫されながら抵抗していたが、信長に従うことで久秀に代わって大和一国の大名となり、明智光秀の与力とされた。しかし山崎の戦いの際には「洞ケ峠」（京都府八幡市南方の峠）で日和見した末に秀吉に味方し、大和を安堵された。余談だが、作家の筒井康隆氏が筒井順慶の子孫と聞いたことから、奇想天外なSF時代小説『筒井順慶』を書いている。

筒井氏は順慶の死後、後継者の定次が伊賀へ転封となった。この時に筒井氏の宿老で名将と知られる**島左近（清興）**が浪人した。後に石田三成が2万石で召し抱え宿老となる。島左近も前述の柳生一族も今で言えば「奈良県民」ということになるが、彼らが小説やドラマで登場しても方言を使う作品は未だない。地域性を考えると、今後彼らが奈良の方言を使う作品が出ても良いようにも思うがいかがだろう。

さて筒井氏の後を受けて、秀吉の弟で大和大納言の**豊臣秀長**が大和、紀伊、和泉といった南近畿一帯の大名として派遣された。石高は110万石である。堺屋太一氏が「理想のナンバー2」と評した人物であり、豊臣政権の重鎮として活躍した。信長までの中央政権は大和が地形的に山岳が多く統治困難なことから地元の勢力に統治を任す傾向があったが（信長も「大和は〝神国〟」と言って特殊性を認識していた）、秀吉はより強力に大和での支配を展開するために弟を派遣した。領国統治では、寺社の荘園が入り乱れていた大和の土地係争を示談金などで納め、検地・刀狩によって整った近世型の支配を打ち立てた。本拠である大和郡山の城と城下町も彼によって整備された。大和郡山は大阪からJR大和路の快速で1時間超、城には隅櫓などが残り近鉄線の車窓から見える。城跡は近鉄の郡山駅から徒歩10分。諸大名が奈良の寺社に参拝する際は秀長の命で街の整備がなされ、実務能力の高さと配慮のきめ細かさが忍ばれる。また藤堂高虎など優秀な人材を登用したのも功績である。秀長の代に奈良と大坂の関係はより深まり、現在の大阪通勤圏の奈良という状況がもたらされたというのは言い過ぎだろうか。

しかし秀長は天下統一直後の1591年に亡くなり、後を継いだ秀保（姉の息子、秀次の弟）も早逝し（十津川の瀞峡で事故死か家臣に道連れで殺されたという、不可解な伝承がある）、大和大納言家の遺領は増田長盛などによって細分され関ヶ原を迎えた。

さて興福寺は大和の支配者の地位を失ったが、秀吉さらに徳川氏の庇護を受け、知行も2万石で確定して安定した。当時の興福寺の有力者である多門院英俊は、日記で秀吉在世時の詳細な記録を残したことで知られる。私が小学生の時に読んだ秀吉の漫画（小学館の人物日本の歴史）では、民衆に秀吉の刀狩令の狙いを「秀吉殿もやりおるわ（笑）。このお触れの本当の狙いはな（建前は京都方広寺の大仏の材料を集めると言っていた）、お前さんたちから武器を取り上げて反抗を防ぐということじゃ」と言って解説する役柄で登場していた。

## 和歌山県（紀伊国、三重県南部の一部を含む）

歴史小説の大家**津本陽**は和歌山出身で、雑賀衆や徳川吉宗など地元の英傑を主人公とした小説で、文末表現「〜やのし＝だねえ」といった紀州の方言をセリフに使っている。

和歌山市は大阪から紀伊国（紀州）の方言は「南近畿方言」ということで、アクセントも含めて大きく見れば関西弁の仲間だが独自性が強い。和歌山市と大阪はＪＲで1時間、大阪の難波から南海電車の特急で和歌山までなら1時間弱で着ける。しかし地形的に大阪府との境に和泉山脈、奈良県とは紀和山脈という１０００m級の山岳で隔てられており、近隣ゆえに両者の影響は受けるが、独自性が発達しやすかった。

方言の特徴では動詞の否定形「〜やん」（見やん、出やん等）や、動詞の進行形と完了形の区別があることが目に付く。また人の存在をモノと同じく「ある」と表現することから、進行形「〜やる」と完了形「〜ちゃあ

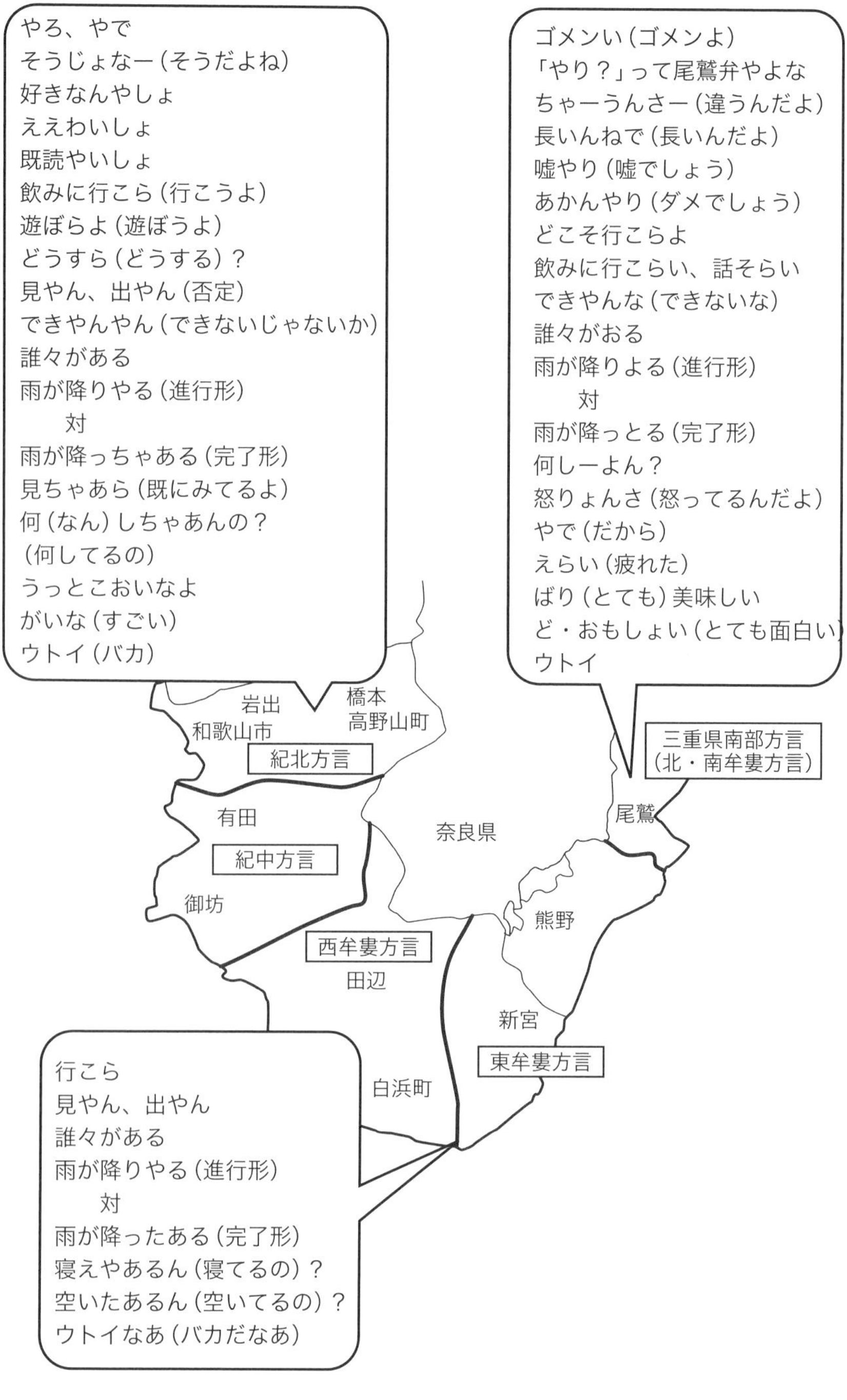

やろ、やで
そうじょなー（そうだよね）
好きなんやしょ
ええわいしょ
既読やいしょ
飲みに行こら（行こうよ）
遊ぼらよ（遊ぼうよ）
どうすら（どうする）？
見やん、出やん（否定）
できやんやん（できないじゃないか）
誰々がある
雨が降りやる（進行形）
対
雨が降っちゃある（完了形）
見ちゃあら（既にみてるよ）
何（なん）しちゃあんの？
（何してるの）
うっとこおいなよ
がいな（すごい）
ウトイ（バカ）
ゴメンい（ゴメンよ）
「やり？」って尾鷲弁やよな
ちゃーうんさー（違うんだよ）
長いんねで（長いんだよ）
嘘やり（嘘でしょう）
あかんやり（ダメでしょう）
どこそ行こらよ
飲みに行こらい、話そらい
できやんな（できないな）
誰々がおる
雨が降りよる（進行形）
対
雨が降っとる（完了形）
何しーよん？
怒りょんさ（怒ってるんだよ）
やで（だから）
えらい（疲れた）
ばり（とても）美味しい
ど・おもしょい（とても面白い）
ウトイ
岩出
橋本
高野山町
和歌山市
紀北方言
三重県南部方言
（北・南牟婁方言）
尾鷲
有田
奈良県
紀中方言
御坊
熊野
西牟婁方言
田辺
新宮
東牟婁方言
白浜町
行こら
見やん、出やん
誰々がある
雨が降りやる（進行形）
対
雨が降ったある（完了形）
寝えやあるん（寝てるの）？
空いたあるん（空いてるの）？
ウトイなあ（バカだなあ）

る」(田辺市など南部では「～たある」)を区別して表現する(「雨が降りやる／雨が降っちゃある・降ったある」等)。文末詞の「～ら」も目立った特徴である(行こら＝行こうよ等)。発音では「うどん→ウロン」「蓮根→デンコン」「雑巾→ドーキン」と、d音とr音、z音を混同する傾向がある。単語でもアホバカ方言の一種で「ウトイ、ウト」というのが使われ(「物事に疎い」ではなく、「愚か者」の意味)、独自性を示している。

和歌山県内では、和歌山市から南部の拠点・紀伊田辺まで特急くろしおで1時間10分、さらに北東の新宮までは3時間超かかる。このように距離があるので、地域差では南北の違いが目立つ。気候的にも、北部は瀬戸内気候だが、南部は太平洋側気候である。古くは「木の国」と呼ばれたように内陸は山岳が多いことから、熊野三社の参詣路である「紀伊路」が大阪府域から海沿いで設けられた。南部の田辺で内陸方面と沿岸方面に向かう道が分岐し、前者を「中辺路」、後者を「大辺路」と呼ぶ。中辺路は峠道が多いが、熊野本宮への最短ルートであり、天皇や公家の熊野参詣のメインルートだった。大辺路は距離的に長いが、道が平坦で海沿いの絶景を見ることができる。これらの街道を継承するように、現在でもJRの紀勢本線は海沿いを走り、高速の阪和自動車道は若干内陸に入るが、ほぼ海岸線に沿った形で設置されている。このような街道の在り方から、方言も北から南へ徐々に変わる形で発展したと言えよう。なお、和歌山県南部は陸路では時間がかかることから、東京方面の観光客は空路で南紀白浜空港まで行き、そこから高速バスで熊野古道などに行くことが多い。

なお三重県南部の尾鷲、熊野付近は明治以前に和歌山県と同じ紀伊国に属し、方言も共通点が多い。ただし動詞の進行形と完了形はそれぞれ「～よる／とる」と言うなど違いもある(雨が降りよる／降っとる)。和歌山県南部の新宮市から三重県側には熊野川が流れ、伝統的に経済圏としてつながっていた。現在のアクセスなら、新宮から熊野市は紀勢本線で20分と近い。また尾鷲は50分というところである。伊勢から熊野三社への参詣路である「伊勢路」もあり、国道42号線がこれを継承するが、山が多く険しい地形ゆえに高速道はない（新宮から三重県紀宝町にかけて自動車専用道はある）。和歌山県と三重県南部の違いは、JR紀勢本線の管轄が和歌山側ではJR西日本、三重側ではJR東海と分かれていることでも現れている。

また尾鷲など北牟婁地方は戦国以前には志摩国に属したことから、志摩や伊勢の方言と一部共通する。現在でも松阪から尾鷲まで1時間20分の距離である。ただ伊勢から尾鷲まで長らく高速道路がなかったように（2006年に紀勢自動車道が尾鷲まで開通したが、和歌山県との連結は未定である）、伊勢とはかなり方言が違っている。尾鷲付近が紀伊国に属することになったのは、戦国期の1582年に紀伊南部の新宮を本拠とする**堀内氏**が伊勢の北畠氏と尾鷲付近で勢力圏を画定し、その際に尾鷲付近も紀伊に編入したことによる。新宮—尾鷲間が電車で50分と近いことが背景にあった。

明治になってから尾鷲・熊野など東紀州は三重県に編入されたが、現在の鉄道アクセスでは津市とは1時間40分～2時間で、和歌山市とは3時間～4時間かかるので、不自然とは言えないだろう。ローカルでは近隣の地域同士でも、県庁所在地との連絡が重視されるようになったからである。

さて紀伊の戦国史は、京都周辺でその影響は受けるが、独自の勢力が活躍したというのが特徴と言える。紀伊の中心地は京都に近い北部で戦国史の叙述もそこが中心となるが、中南部の独自勢力も視野に入れて記述していく。紀伊北部には東西に広がる和歌山平野があり、そこに紀ノ川が流れて、奈良県の吉野につながっている。現在でもこの地域の和歌山市から橋本市（高野山より少し北）にかけてJR和歌山線が走っている。また和歌山県は北部で大阪からの鉄道（JRと南海電車）が通じているが、紀州北部も伝統的に大阪府の河内、和泉と関係が深かった。ただし前述のように大阪との間にも山があるので、かなりな程度在地の独自性も強かった。

紀伊の守護は河内（大阪府）の守護でもあり、幕府の管領も務めた**畠山氏**である。河内と紀州の交通路は古くから紀州北東部に**高野山**があることから、その参詣路が整備されていた。現在の南海電車の高野線は大阪市から伸びているのでズレはあるが、河内南部で旧来の参詣路と重なっている。現在の大阪から高野山へのアクセスは、新今宮までJR大和路線で行き、そこから南海特急と南海の高野山ケーブルで2時間弱ということである。

畠山氏は田辺（南西部）の愛洲氏や山本氏など紀伊国人を配下にし、京都中央の合戦に参加した。この際の進軍路は主として高野山の参詣路を逆にたどる道と考えられる。しかし日高郡（中部、御坊市など）の**湯河氏**など、幕府直属の奉公衆として畠山氏から独立していた者もいた。また信長と親しかった宣教師フロイスが「宗教共和国」と呼んだ真言宗の本山**高野山**（北東部の高野町に所在）、さらにその別派の**根来寺**（北西部で和歌山市東隣の岩出市）といった寺社勢力も強かった。

紀伊中部を領する湯河氏の本拠は御坊市の亀山城で、JR御坊駅の北西300mほどのところにある比高110mの山稜に築かれていた。現在は土塁などが残り、石碑が建てられて公園として整備されている。アクセスは、和歌山駅から紀勢本線で1時間ほどの御坊駅から登城口まで徒歩10分。また愛洲氏の本拠は田辺市の衣笠城で、三栖小学校の北西に位置する。城は山城で、遺構として石垣がわずかに残されている。アクセスは、紀伊田辺駅からバスで15分。

紀伊の勢力でユニークなのが**熊野三山**の別当（当主）だった**堀内氏**で、源平の戦いで源氏方として活躍した熊野水軍の流れを汲み、南東部の新宮を本拠としていた。新宮から熊野本宮までバスで1時間半の所である。

居城の堀内新宮城は、新宮市千穂にあった平城で、熊野三山の一つ熊野速玉大社の南側にある全龍寺にあったとされる。現在遺構はほとんどないが、境内に石碑と案内板があり、寺の西側に水堀が残っている。紀勢本線の新宮駅からバスで7分の裁判所前で下車し徒歩3分。

堀内氏は方言区画では紀南の「東牟婁方言」の領域を領国とし、戦国期に入ると地理的に接して方言も近似性がある紀伊東部（三重県南部、「南北牟婁方言」の領域）に進出した。南牟婁の熊野市付近には有馬氏と鵜殿氏がいて、ともに熊野三社の別当の系統で、水軍を率いていた。鵜殿氏は紀宝町が本拠で、有馬氏は熊野市有田町の有田本城を本拠として、尾鷲から御浜町まで支配し、この付近の最大勢力だった。有田本城の跡地は産田神社の近くで、農地や宅地となって遺構はほとんどない。アクセスは、熊野市駅から車で10分。また戦国期の当主が築いた隠居城が「鬼ケ城本城」で、沿岸部に近い標高150mの山城である。アクセスは、熊野市駅からバスで5分。有馬氏の城はともに熊野古道のルートにつながっており、特に後者では熊野灘の絶景が見えるポイントとして人気がある。

一方、熊野から北上して北牟婁の尾鷲付近には三鬼氏や九鬼氏がいた。九鬼氏は志摩の水軍領主だが、もともとは尾鷲付近を発祥の地とする。前述のように、当時は志摩国の領域が尾鷲付近まで及んでいた。また「志摩・南伊勢方言」の領域は、尾鷲など「北牟婁方言」の領域と接している。九鬼氏は志摩半島から尾鷲付近までの水軍のネットワークを築き、尾鷲市の九鬼城を本拠としていた。九鬼城は九鬼中学校の東で、海に向かって張り出した丘陵に築かれていたという。現在では宅地が建ち並び遺構は残っていない。アクセスは、尾鷲駅から車で20分弱（尾鷲から12分の九鬼駅が最寄）。

堀内氏はまず南牟婁地方に進出し、有馬氏などに養子を送り込むことで1550年ごろに傘下に置いた。ついで1570年代に北牟婁地方に進出したが、三鬼氏に九鬼義隆（織田信長配下の水軍大将）が助力し、いったんは撃退される。しかし九鬼義隆と縁組して三鬼氏を孤立化させ、ついに尾鷲付近まで領土化した。その後堀内氏は織田信長に服属を申し出ている。新宮付近は東日本に向けての太平洋海上ルートがあり、堀内氏の紀伊東部進出もこの海上ルートを掌握する意図が感じられる。ちなみに新宮港は少し前まで太平洋航路の発着港だったが、現在でも輸入木材などを扱う国際貿易港であり、大型クルーズ客船も寄港している。

室町期に話を戻すと、紀伊守護の畠山氏は管領として京都にあったので、土地支配では以上の土着勢力の協力なしでは成り立たなかった。畠山氏の守護所や根来寺、高野山は紀北だが、湯河氏は「紀中方言」の領域、愛洲と山本の両氏は紀南の「西牟婁方言」、堀内氏が「東牟婁方言」と国衆の分布が方言区画とオーバーラップしており、広大な紀州はまとめにくかったということが言えるだろう。前段で見たように、南紀の堀内氏に至ってはほとんど独自行動を取っていた。

応仁の乱のきっかけは畠山氏が分裂したことだが、乱後も抗争は続き、畠山政長（東軍）の系統が紀伊に逃れ、後に河内南部も加えて支配した。畠山氏は紀伊の有田郡を本拠とし、戦国期になると相対的に南近畿の地域権力の色彩を強めるものの、その後も京都を支配する細川氏、ついで三好氏と戦うために河内から京都周辺へ出兵することもあった。その代表なのが１５６１年の教興寺合戦で、将軍義輝の呼びかけで近江六角氏と南北挟み撃ちの形で三好氏と戦っている。この時河内で三好長慶の弟・実休を敗死させ、三好の本拠を包囲するなど優勢だったが、結局畠山軍は敗れた。これらの合戦で畠山氏は南部も含めた紀伊の国人、さらに根来寺の衆徒（僧兵）も動員している。

根来寺は紀伊北部の地侍たちが子弟を出家させて実権を握っており、周辺の和泉・河内（大阪府）などへも影響力を持っていた。現在でも和歌山から大阪府南部海沿いの泉州（旧和泉国）はＪＲ阪和線と南海電車の路線だが、古くから熊野参詣の海沿いの道があったことから両地域のつながりは深かった。そうした紀州の地侍の代表が**津田監物**で、種子島に鉄砲が伝来するとこれをいち早く導入して量産化に成功、根来寺は衆徒による強力な鉄砲集団として畿内の多くの合戦に参加した。なお根来寺は現在でも新義真言宗の総本山として健在で、多くの伽藍がある。戦国当時は400平方mと広大だったことが1976年からの発掘調査で分かっており、その出土品や遺品が敷地内に建てられた「岩出市立民俗資料館」で保管・展示されている。アクセスは、大阪から特急くろしおで行って日根野駅で乗り換え、JR阪和線の和泉砂川駅まで1時間超、または1時間20分で紀伊駅まで行き、いずれもタクシーで15~20分の所である。近畿大学行のバスに乗って、バス停から徒歩で行く手段もある。

織田信長が上洛して後、石山本願寺との合戦で活躍した地侍集団が**雑賀衆**である。現在でも和歌山駅から南方へ和歌川河口の妙見山に雑賀城跡があるが、これは雑賀衆が拠点とした城砦である。現在は城の遺構はほとんどなく、城跡は紀州藩徳川家の建てた養珠寺や「城跡山公園」になっている。城跡から西国三十三か所札所の紀三井寺が遠望できる。アクセスは、JR和歌山駅から7分の紀三井寺駅から徒歩30分。

雑賀衆は和歌山市周辺の村落を基盤とする地侍の連合で、先のフロイスも「共和国」のひとつとしている。畿内とは山で隔てられていたため、従来は畿内の争乱と距離を置いて自治が発達していたが、近隣の大坂で合戦が始まると本願寺の門徒が多かったことからこれに味方し、強力な鉄砲隊を組織して信長を苦しめた。この雑賀衆の代表的リーダーというのが**雑賀孫市**と呼ばれる人物で、近年の戦国ゲームでも豪快なキャラクターとして登場する。その元は司馬遼太郎の小説『尻啖え孫市』であるが、その人物像はかなりフィクションである。なお本名は「鈴木重秀」らしく、史料上では**鈴木孫一**と書かれることが多い。強力な戦闘能力で雑賀衆のキーマンとなった。なお、紀伊で本願寺門徒が増えたのは15世紀末に蓮如が海南市(和歌山市の南方)

に布教してからで、現在でも本願寺門徒が多い。私の実家の寺に説教に来た布教師に雑賀先生という人がいたが、その辺りの出身だったかもしれない。

さて本願寺に付いた雑賀衆は毛利水軍と共に大坂周辺の合戦で活躍したが、信長はその本拠をターゲットにし、根来寺の協力も得て1576年に雑賀攻めを実行した。この際に内通もあって鈴木孫一の本拠も攻められ、織田の大軍を前に雑賀は降伏することとなった。そして1580年に本願寺は勅命を受けて信長と和睦、大坂の石山を退去した後に雑賀へ移転して「雑賀御坊」と称した。現在、和歌山市にある鷺ノ森別院がその場所で、南海の和歌山市駅から東へ徒歩で行ける範囲、南へ徒歩10分超で和歌山城に行ける。

雑賀では信長への降伏を主導した鈴木孫一と抗戦を主張した土橋氏が対立したが、信長の後押しを受けた孫一が勝利。そして1582年に雑賀衆は織田軍の四国攻めに協力して水軍が参加した。当時は紀伊から淡路島の南回りで阿波に行く航路があり、それに熟達した紀伊の水軍衆を織田軍は活用しようとした(現在でも和歌山港から徳島への直接航路がある)。しかし本能寺の変で状況は一変し、織田方だった鈴木孫一は立場が悪化して消息不明となり、土橋氏が復権した。

秀吉が台頭した後の小牧長久手の戦いでは、土橋氏ら雑賀衆は徳川家康や長曾我部元親と組んだ。これに根来寺や日高郡の湯河氏も加わって反秀吉包囲網を形成し、和泉(大阪府)へも進出、一時は大坂城も脅かした。この進軍路は、ほぼ現在の阪和線や南海電車の路線を想起させる。しかし秀吉は家康と講和して、1585年に紀州攻めを実行、ここで主要な標的となったのが紀伊守護の畠山氏の本拠の太田城(和歌山市)である。畠山氏は根来・雑賀衆に名目上の盟主として担がれたが、秀長率いる羽柴の大軍に水攻めで包囲されて降伏した(その後は豊臣氏に祐筆として仕えた)。太田城はJR阪和線の和歌山駅から徒歩7分の所にあり、現在では周辺は宅地化されているが、備中高松、武蔵の忍(埼玉県行田市)とともに「豊臣軍三大水攻め」

の舞台として知られる。その後秀吉軍はほぼ現在のＪＲ紀勢本線に沿った道で進軍し、中南部の山岳地帯では湯河氏や熊野地方の国人一揆が激しく抵抗したものの衆寡敵せず羽柴軍が制圧した。この際に新宮の堀内氏はいち早く降伏したことで本領を安堵され、他の小領主も組下にすることで豊臣体制の領主として存続することになる。紀北では根来寺は焼き討ちされ、高野山も攻撃間近だったが**木食上人**が降伏したことで攻撃を免れた。

紀伊平定後、秀吉は弟の**豊臣秀長**を大和と合わせて封じた。秀長は紀伊の統治拠点として**和歌山城**を**藤堂高虎**に築城させ、城代に桑山重晴を任じた。和歌山城は後に徳川御三家・紀州藩の居城となって大幅に改築されることになる。和歌山城のアクセスは、ＪＲ和歌山駅から西へバスで行くことになるが、南海の和歌山市駅からは徒歩で行ける。また和歌山市から大和郡山へは特急くろしおで天王寺まで行き、その後はＪＲ大和路線で1時間２０分ということである。高虎は三重県熊野市には**赤木城**を築城した。本来は国人一揆の鎮圧や材木の確保を目的としたが、尾根を利用した配置は中世山城（標高２３０ｍ）の形態を持つものの、高い石垣など近世城郭の要素も見られ、過渡期の築城様式として貴重である。２００４年から維持整備事業が行われ、秋から冬にかけて雲海が見られることから「天空の城」ブームによりここも注目されるようになった。アクセスは、熊野市駅から車で３５分。日本一の棚田景観といわれる「丸山千枚田」は、赤木城跡から車で15分ほどの所にある。なお、高虎の最初の居城は紀ノ川市（根来寺のある岩出市の東隣）にあった**粉河城**（猿岡山城）で、天台宗寺院で付近に勢力のあった粉河寺に隣接した山城である。高虎が伊予に移ると廃城となり、現在は秋葉公園となって、公園内に城跡を示す石碑と説明文がある。アクセスは、ＪＲ和歌山駅から東に向かって和歌山線で３０分超の粉河駅から徒歩で約２０分。

豊臣政権の平定後も検地と刀狩に対し在地の一揆が激しく抵抗したが、豊臣側は凄惨な討伐戦で抑え込んだ。雑賀衆など在地勢力の強かった紀州の中世はここに終焉を迎えたのである。和歌山城下から高野山への参詣路もこの時代以降に整備された。

さて秀吉の時代に高野山は木食上人に秀吉が帰依したこともあって、豊臣家の菩提寺となった。上人はたびたび秀吉の使者となって和睦工作に尽力するなど活躍した。高野山は上杉謙信が一時出家したり、真田幸村がふもとの九度山に隠棲してしばしば訪れるなど戦国武将と縁が深い。織田信長、武田信玄、伊達政宗など名だたる大名の墓が置かれ、さらに明智光秀や石田三成の墓もあり、最近戦国ファンの間で高野山での戦国武将墓参りツアーが人気になりつつある。これは高野聖が全国を回ったことと関係しているようだが、熊野三社も御師を全国に派遣して、各地に熊野信仰を広めた。

紀州人の行動範囲の広さは、江戸期の紀伊国屋文左衛門など紀州商人の活躍に受け継がれた。

# 大阪府

大阪府は、河内(東部)、摂津(北部)、和泉(南部)と3か国に分かれる。面積は狭いが、広い平野を抱え交通も便利なことで古代から人口が多かった証拠である。大阪府域の三国は律令制ではすべて「畿内」となっており、当時の「首都圏」として天下の中心近くにあった。

方言では河内弁が強烈な言い回しで知られているが、専門家によれば河内と摂津、そして和泉の北部(堺市など)は共通点が多く、和泉南部(泉南地方)の方言が独自性の強さで際立っているという。デザイナーのコシノジュンコの母が主人公であるＮＨＫ朝ドラ『**カーネーション**』(尾野真千子主演、２０１１年)で使われた

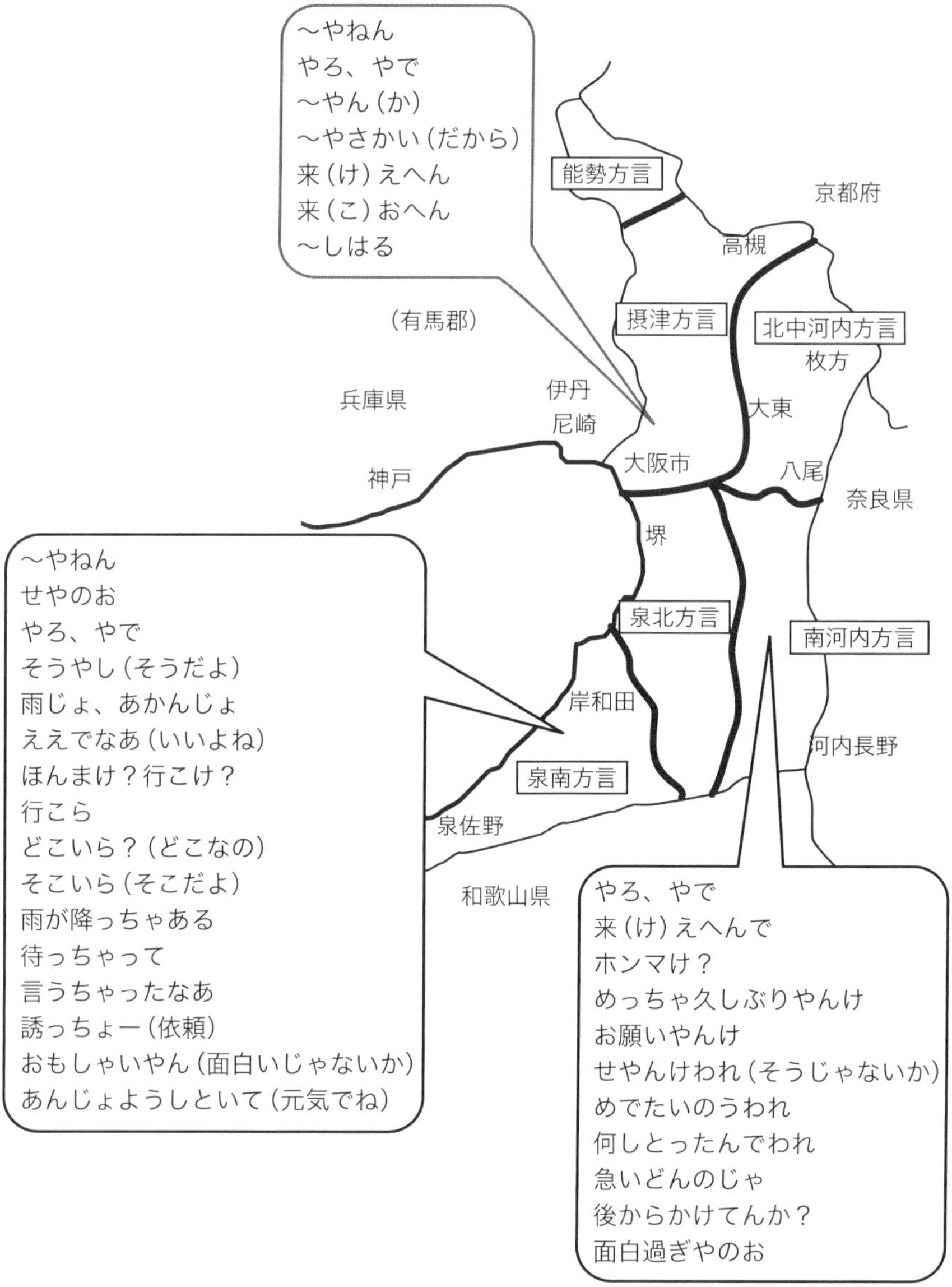
~やねん
やろ、やで
~やん(か)
~やさかい(だから)
来(け)えへん
来(こ)おへん
~しはる
能勢方言
京都府
高槻
摂津方言
北中河内方言
(有馬郡)
枚方
兵庫県
伊丹
尼崎
大東
大阪市
神戸
八尾
奈良県
堺
泉北方言
南河内方言
岸和田
河内長野
泉南方言
泉佐野
和歌山県
~やねん
せやのお
やろ、やで
そうやし(そうだよ)
雨じょ、あかんじょ
ええでなあ(いいよね)
ほんまけ?行こけ?
行こら
どこいら?(どこなの)
そこいら(そこだよ)
雨が降っちゃある
待っちゃって
言うちゃったなあ
誘っちょー(依頼)
おもしゃいやん(面白いじゃないか)
あんじょようしといて(元気でね)
やろ、やで
来(け)えへんで
ホンマけ?
めっちゃ久しぶりやんけ
お願いやんけ
せやんけわれ(そうじゃないか)
めでたいのうわれ
何しとったんでわれ
急いどんのじゃ
後からかけてんか?
面白過ぎやのお

「岸和田弁」は、「（大阪など通常の）関西弁となにか違う」という評判だったが、それは泉南方言の一種である。その特徴で、動詞の完了形「～ちゃある」、南端部で文末詞「～ら（行こら等）」などは和歌山県の紀州弁とつながっていることが分かる。また文末詞「～じょ」（あかんじょ等）、依頼表現「～っちょー（誘っちょー＝誘ってよ）」など独自の特徴もある（「～じょ」は和歌山県の紀北にはあり）。

現代でも河内は近鉄沿線で奈良方面と、摂津は阪急と阪神の沿線で京都および神戸と、和泉は南海電車で和歌山とつながるといった具合に、方言の特徴も周辺との交通のつながりを見ると理解しやすい。

大阪は京都からＪＲ京都線で３０分弱と近く、鉄道もＪＲ以外に阪急京都線、京阪電車と路線が多く行き来が盛んなことから、互い影響を与えているということがある。かつては丁寧語の語尾で、京都「～どす」／大阪「～だす」と区別があったが、今では標準語の「～です」がほとんどになっている。一方、動詞の否定形で京都「～ひん（来いひん等）」／大阪「～へん（来（け）えへん等）」といった区別もあったが、現代では「来（こ）おへん」と統合され、もともと大阪弁の文末詞「～ねん（～なのだ）」が京都にも浸透するなど、「関西共通語化」つまり同じような関西弁として統合されたとも言われる。

近代以前も淀川の水運でこの両都市は深く結びつき、戦国史を見ても地理的条件から大阪府域のそれはかなり京都中央政局と関わっている。以下ではその点を留意しつつ３国それぞれの戦国史について叙述し、大阪市にあった石山本願寺と堺についても別に記述する。

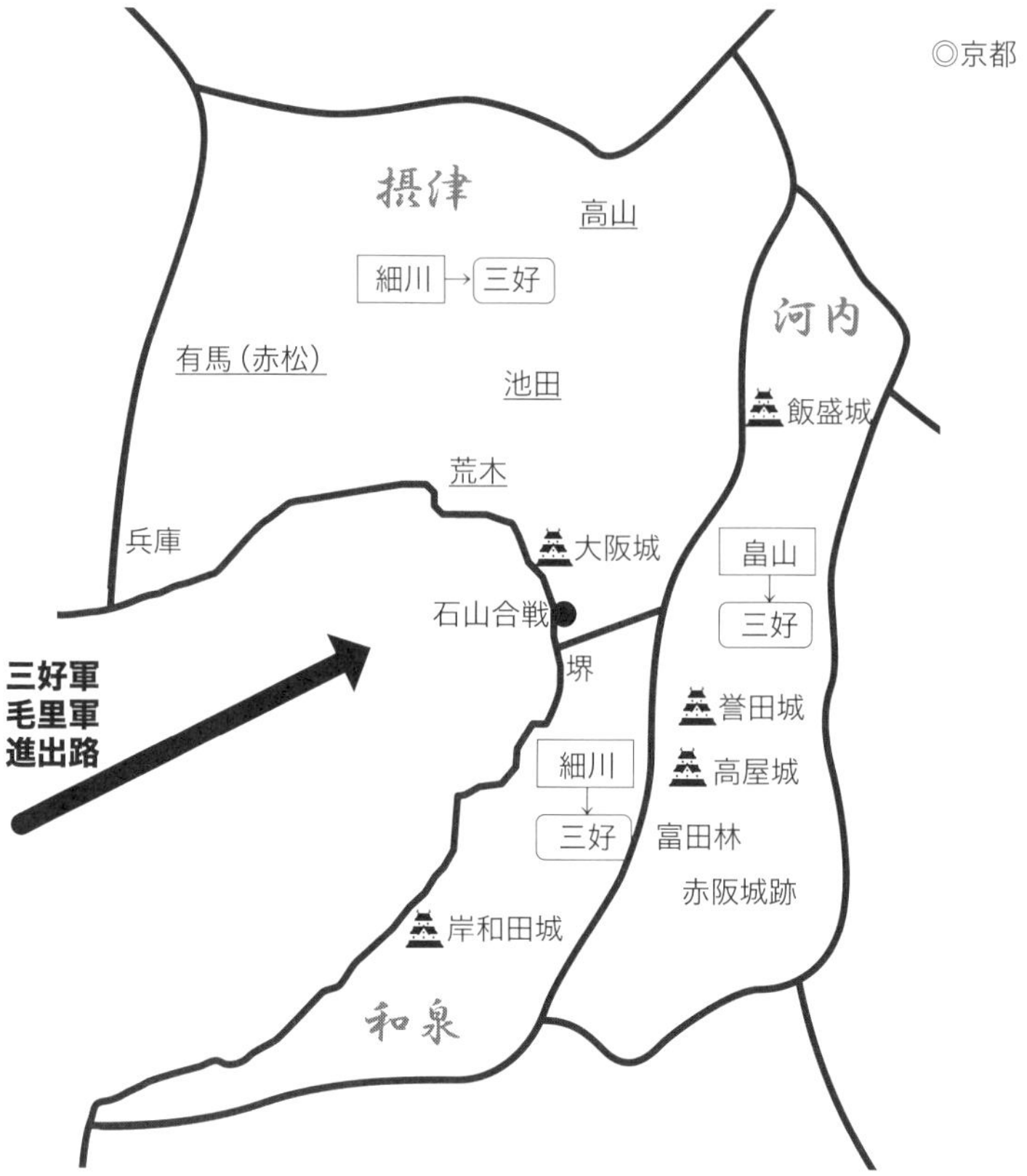
◎京都
摂津
高山
細川→三好
有馬（赤松）
池田
河内
飯盛城
荒木
兵庫
大阪城
畠山
三好
石山合戦
三好軍
毛里軍
進出路
堺
誉田城
細川
高屋城
三好
富田林
赤阪城跡
岸和田城
和泉

## 河内国（東部）

河内は東に生駒・金剛の両山地があり、大和（奈良県）に接している。河川では大和川が大阪湾から河内の中央部に流れて大和へ続く。この川に並行して竜田道という街道が河内と大和を結ぶ交通路だった。現在でも西名阪自動車道がこれに沿う形で敷設され、それから少し南から近鉄大阪線があって奈良県民の大阪への通勤に使われている。交通面で河内と奈良県のつながりは疑いないが、方言で見た場合、河内と奈良ではやはり違いの方が目立つ（河内弁の語調の強さなど）。地形的に山地で隔てられていることが大きいと思われる。また北東部で接する京都とは淀川の水運で結びついていた。現在でも京阪本線で京都市と、片町線で京都府南部と通じている。前頁の方言区画では割愛したが、河内方言は南北の差があり、特に北部は否定形が「〜ひん」(出やひん等)となることがあり、これは京都や奈良と共通している。

一方、南の和歌山とは和泉山脈で隔てられ、やはり方言では違いが大きい。京都から河内を経由して和歌山に向かう南北の道は、高野山への参詣路だったが、地形的理由で生活圏としては別々ということになったようだ。ただ南河内は発音で、「うどん→ウロン」「蓮根→デンコン」「雑巾→ドーキン」と、d音とr音、z音を混同する傾向があり、紀州弁や和泉南部の方言と通じる。以上の近隣とのつながりを念頭に室町戦国史を見てみよう。

河内で有名なのは、南北朝時代の後醍醐天皇の忠臣として知られる**楠木正成**だ。私は大河ドラマ『太平記』の放送時に刊行された学研漫画の人物日本史で正成の巻を読んだが、大阪の河内出身ということを強調するためか、正成が関西弁で話していたことが印象的だった。正成の出身地は現在の地名では南河内郡千早赤坂村で、近鉄長野線の富田林駅より金剛バスで行くことになる。ここには正成を記念して秀吉の命で神社が建てられた。近くに千早城、赤坂城という正成が活躍した城砦の跡がある。

正成ら楠木一族は本拠地河内の地形を利用し、山岳でのゲリラ戦で鎌倉幕府の追討軍を翻弄、倒幕に貢献した。正成は建武の新政の下で河内、摂津、和泉の三か国の国司となったが、足利尊氏に敗れて兵庫の湊川で討死。その死後も楠木一族は南朝方として戦い、南朝の本拠である吉野に隣接することからこれを側面から支える役割を果たした。ちなみに河内から吉野へのアクセスは、羽曳野より近鉄南大阪線に乗って、橿原神宮で近鉄吉野線に乗り換えるというルートである。しかし足利幕府の力が強まると、正成の長男・**楠木正行**は高師直率いる足利軍に北河内の**四条畷**で敗れて戦死(四条畷は現在の大東市にあり、JR片町線(学研都市線）で京都府南部の京田辺市と通じる）。足利軍は河内にも攻め込んだ。

正成の三男・正儀は足利義満に一時従ったものの幕府内の権力闘争に翻弄された末に消息不明となり、その後の河内は足利一族であり管領家の一つでもある畠山氏が守護となった。室町前期において畠山氏は足利将軍直属の戦闘部隊という性格が強く、領国の河内からも兵が多く動員された。さらに奈良県の項で述べたように、河内は幕府が大和へ出兵する際の基地となった。また京都の南西方面にあることで京都への重要な食糧補給基地として機能していた。現在でも北河内の枚方市は京阪電車で京都と通じている。

しかし応仁の乱前の１４６０年前後に畠山氏は義就《よしなり》と政長に分裂し、両者の抗争が河内や大和で展開されて京都への交通が途絶したことで「寛正の大飢饉」をもたらした。応仁の乱では政長は細川氏と東軍に、義就は山名氏など西軍に加わり、両畠山氏の戦いが乱のきっかけとなった。応仁の乱の開始から5年ほどで細川・山名の両大将が和解に傾くが、両畠山氏は頑強に反対し、１１年続いた乱が終わった後も義就が河内へ下ったことで抗争が続いた。その後河内は、両畠山氏が中部の羽曳野市内で以下のように南北二分して対立した。

## 北河内・誉田（こんだ）城－義就系（西軍）、南河内・高屋城－政長系（東軍）

河内の方言区画では中部の八尾市の南が境界線だったが、両畠山氏の境界線はそれより南の羽曳野市である。もとより軍事情勢のなせるものである。なお、羽曳野市へは京都から関西空港行のＪＲ特急で天王寺まで行き、そこから徒歩で大阪阿部野橋まで行って、近鉄南大阪線の古市駅へというルートで、所要1時間15分というところである。

北河内の畠山氏は、１５３０年代になると重臣の木沢長政が台頭。畠山氏の重臣でありながら細川氏に近づき、大和と南山城にまで勢力を拡大した。現在のアクセスで言うと、北河内から南山城へは前述のＪＲ片町線、大和（奈良県）へは東大阪から近鉄奈良線、八尾から近鉄大阪線が通じている。木沢の進出ルートがこれらの路線の前身と考えられる。しかし木沢は増長が目立ったので、細川家臣の三**好長慶**が木沢を討って河内の北中部に勢力を築いた。木沢の配下には北河内の畠山氏家臣の主要部分が付いていたので、木沢の滅亡とともに北河内・畠山氏も勢力を失った。

紀伊も支配する南河内・畠山氏が生き残ったが、重臣の遊佐氏の勢力が拡大し、三好氏もこれと結んで１５６０年に河内全体が三好氏の版図となる。京都の脇腹と言える河内を制圧したことで三好政権は勢力を盤石にし、さらに東隣の大和に進出する足掛かりを得た。長慶は北河内の**飯盛城**（大東市）に本拠を置いたが、これは河内全体に加えて京都と奈良を視野に収めた立地と言える。１５６１年の教興寺合戦では紀伊に逃れた畠山氏と根来寺から成る紀州勢にこの城を攻められたが、撃退した。長慶はこの合戦の際に連歌の会を飯盛城で開いていたが、紀州勢が城に迫ると招待客に「少し用事ができたので失礼する」と言い残し、戦勝後に何事も無かったかのように会を再開したという逸話を残している。その後１５６４年に長慶はここで生涯を終えた。なお、飯盛城跡はＪＲ片町線の四条畷駅よりハイキングコースを徒歩で１時間４０分の飯森山の山頂にある。

信長の上洛後には、長慶の後継者・三好義継（長慶の甥、長弟・実休の子）が北河内、畠山氏が南河内の支配を認められたが、畠山氏は守護代・安見氏によって紀伊に追放、義継は信長に追放された将軍義昭を若江城でかくまったことで滅ぼされ、河内も織田の支配下となった。

さて河内の南部にある**富田林**は古い街並みが残ることで知られているが、本願寺の門徒による自治都市「寺内町」が基である。１５６０年に本願寺門主の一族寺院・興正寺がこの地に建てられ、以後自治都市を形成した。信長と本願寺との間で石山合戦が起こった際、興正寺門徒は本願寺に加担しなかったことから信長から安堵の書状を得て兵火から逃れた。信長としては石山（大坂）の本願寺を東側から攻める際に味方がいたことの意味は大きかったと考えられる。後に秀吉そして徳川幕府の直轄領となり、江戸期を通して商業が栄えた。現在では大阪府内では唯一の「重要伝統的建造物群保存地区」に指定され、土居で周囲を囲んで四方の出入口に門を構え、街区を碁盤の目状とするという寺内町の構造を残す貴重な街である。アクセスは、新大阪から地下鉄と近鉄南大阪線を乗り継いで1時間（天王寺から30分）ほどの富田林駅で下車して徒歩10分。ちなみに寺内町の中心である興正寺は現在では「興正寺派」として東西の本願寺からは独立している。

## 摂津国（北部、兵庫県南東部も含む）

京都から大阪に向かう東海道新幹線のルートは、ほぼ淀川に沿っている。淀川流域の道は古くから京都と大阪（明治以前は「大坂」）を結ぶルートだった。現在でもこの両都市は鉄道で多く結ばれており、摂津は阪急電車と阪神電車の沿線と言ってよい。傾向としては阪急が高槻から豊中、伊丹といった内陸を走り、阪神が尼崎など沿岸部を走っている。また高槻など摂津の北部は京都とつながるが、西部の尼崎と伊丹の以西は現在では兵庫県に入り、「阪神間」ということで神戸に通じている。そのような地理条件を念頭に置こう。

摂津は幕府管領を務める**細川氏本家（京兆家）**が守護だった。細川氏は丹波、摂津という近畿西部を守護管国としたことで、応仁の乱後に京都政局を握ることになった。摂津は瀬戸内海に面し、細川氏の元々の地盤である四国と海路でつながる地の利があった。私は旅行で四国の徳島へ行った帰りに淡路島を経由して大阪までバスに乗ったが、これで四国と大阪との近さを感じた。現在でも大阪港は瀬戸内海の西へ向かう航路があり、また九州の宮崎から太平洋航路のフェリーが行き来しており、国際貿易港もあるなど海運の要としては健在である。

さて摂津は細川氏の有力な兵力供給源となったとともに多くの合戦の舞台ともなった。国内には北部に高山氏、西部に池田氏や伊丹氏といった国人がいたが、「内衆」と呼ばれる細川氏直属家臣（主として四国出身者）が守護代となって在地の国人衆を支配する体制を採っていた。１５３４年に阿波から来た**三好長慶**が摂津守護代となり、摂津南西部の越水城（兵庫県西宮市）に居城を構えた。城のアクセスは大阪梅田駅から阪急神戸本線で２０分の西宮北口駅から徒歩３０分で、現在は住宅地に石碑が建っているのみだ。

１５４９年に長慶は主君細川晴元に反旗を翻し、晴元の軍を摂津江口（大阪市東淀川区）で破ると翌年までに畿内の主要部を制圧、１０年以上続く三好政権を樹立した。江口の合戦場は大阪市街よりは北で、新幹線の新大阪駅が近く、阪急京都線の沿線にある。合戦は淀川沿いで行われており、三好軍が淀川をさかのぼって京都へ攻め入る意図だったことを示している。この後長慶は北摂津の芥川城（高槻市）を本拠とし、後に河内の飯盛城に移転したが、芥川城には長慶の嫡子・義興が入って、摂津は三好政権の中心としての地位を保った。ここに拠点を置いたのは、もちろん京都との連絡を重視したことによる。また淀川にも近く、瀬戸内海との連絡も便利だった。芥川城は現在の呼称では「芥川山城」で、ＪＲ東海道本線の高槻駅からバスで行くことになる。標高１８０ｍの山城で、城跡までハイキングコースが整備されている。位置的に大阪から京都への中間の拠点である。

信長の上洛後は**三好三人衆**（三好長逸、三好宗渭、岩成友通）と呼ばれる重臣たちが摂津を拠点に信長に抵抗した。さらに１５７０年から石山本願寺との合戦も始まる。

こうした中で池田氏の家臣から**荒木村重**が台頭し、信長に取り立てられた。村重は伊丹市と尼崎を中心として摂津一帯を管轄するが、1578年になって毛利氏の誘いを受けて反旗を翻した。この際に大河ドラマ『**軍師官兵衛**』であったように、秀吉の使者として翻意を促した黒田官兵衛を居城の有岡城（兵庫県伊丹市）で2年近くも幽閉した。荒木氏の本拠地・有岡城は大阪からJR宝塚線に乗って15分の伊丹駅のすぐ近く、マクロな地理では摂津の西部であり、市街の南に山陽新幹線が走っている。山陽方面へののど元という位置づけだったので、村重の離反によって播磨（兵庫県南部）に出兵していた秀吉軍は退路を断たれて窮地に陥った。しかしやがて織田軍が制圧した後に村重は逃亡、城に残った妻女達は凄惨なやり方で処刑された。村重自身は後に秀吉のおとぎ衆となっている。この村重は摂津出身ということで漫画『へうげもの』では関西弁（摂津方言？）を話していた。

またキリシタン大名で有名な**高山右近**は信長に従って北摂津で高槻城主（高槻市）となり、領内でもキリシタンを保護した結果、領民の6割が信徒となるに至った。しかし秀吉の禁教令に従わず改易。前田氏に身を寄せて金沢の街づくりに尽力したが、徳川の天下となった後にマニラへ追放されてそこで生涯を閉じた。現在も高槻城址に彼の銅像が建っている。城の建造物は明治の東海道線の建設で多くが部材として使われたが、堀の跡は残り、城址公園内に模擬天守台が建てられ面影を残している。アクセスは、大阪駅から京都線快速で20分の高槻駅から徒歩10分。

大坂（大阪市）は摂津の南東部にあるが、古代には仁徳天皇の「難波京」があり、聖徳太子が四天王寺（大阪城の南方）を建立、難波の津は和歌の舞台にもなった。中世にはさびれていたが、ここが注目されるようになったのは今の**大阪城**の地に浄土真宗の本山**石山本願寺**が置かれてからである。大阪市内の「御堂筋」と呼ばれる目抜き通りは、この石山本願寺に通じる道ということである。もともとは本願寺第8代門主で「中興の祖」と呼ばれる**蓮如**が戦国初期にこの地に隠居寺を置いたことが始まりである。当初は京都東郊の山科に本願寺が置かれていたが、１５３０年代に対立する細川氏に従った法華宗徒により焼き討ちされ、以後石山（大坂）の上町台地に本願寺が移った。これは寺院とは言え、堀と土居に囲まれた「城砦」というべき構造を持ち、広大な寺内町を形成していた。地理的に上町台地の立地で周囲への見通しがよく、流通面では北の淀川で京都と通じ、西には瀬戸内海があって海路での補給が可能だった。なお、当時の地図を見ると、本願寺の付近はいくつかの小島が橋で連結されるような形になっていた。現在の市街南西の浪速区も「浪（波）が速い」という名の通り西側が瀬戸内海に面しており、市街北西にあって「堂島ロール」で知られる堂島もその名の通り島だった。

１５７０年から信長との間で１０年にわたる**石山合戦**が行われる。本願寺が友好関係にあった三好氏に味方したことで始まり、後期には毛利氏の元へ亡命した足利義昭の教唆があったようだ。合戦の後半では本願寺で籠城戦が展開され、全国各地から本願寺門徒が参加した。信長は本願寺を取り囲む形で布陣したが、本願寺を囲む大小の島で砦が築かれてネットワークを形成したことから、織田軍が攻め入るのは難しい地勢だった。また大阪湾では味方に付いた毛利水軍が制海権を握り、ここからの補給で長期間籠城できたのだ。しかし１５７９年の**木津川河口の戦い**で信長は鉄張りの巨船と大砲を投入してこれを破り、翌年に勅命講和で本願寺は大坂から去った。木津川河口の古戦場は、現在の大阪市街南西部の大正区に位置する木津川運河界隈である。

信長が本願寺との戦を重要視したのは、瀬戸内海航路に接する大坂の「地の利」にあったのは明らかで、それは秀吉にも受け継がれている。当時の本願寺門主**顕如**は漫画『センゴク』ではかなり強烈な野心のキャラクターとして描かれていたが、肖像画を見るに少し繊細なのが実像だろう。漫画では顕如も大阪弁を話している。

その後本願寺は、紀伊鷺ノ森→大坂天満→京都の現在地と移転し、徳川幕府によって東西に分裂させられる。ただ本願寺のネットワークは秀吉も重視したらしく、大坂城下の住民を募る際に大坂天満に本願寺を置いて、本願寺が呼びかけることで門徒が多数移住したという。現在大阪市中央区に本願寺の別院（津村別院、JR大阪駅から地下鉄御堂筋線の梅田駅を降りて徒歩4分）があるが、そこの北御堂ミュージアムで大坂の歴史と共に本願寺の立場から見た石山合戦の展示が行われている。

信長の死後、**豊臣秀吉**は石山本願寺の跡地に**大坂城**を築いて、武家政権としての本拠を置いた。関白として京都の聚楽第にいることも多く、晩年は伏見城で過ごしたが、秀吉によって現在の大阪の街が築かれたのは間違いない。本願寺の頃には小島がいくつもあったが、秀吉の大坂城建設で大幅に埋め立てられて、現在の街区が形成された。朝鮮出兵の講和交渉の際、明国からの使者を大坂城で迎えたが、瀬戸内海航路の拠点である大坂の位置づけによるものだろう。２０１９年に大阪城で行われたＡＰＥＣサミットはさしづめ、瀬戸内海沿いの国際都市というＤＮＡを表出したと言えようか。

秀吉の死後に秀頼はここに移り、徳川家康による**大坂の陣**を迎えた。秀吉の大坂城は黒田家所蔵の『大坂夏の陣図屛風』にあるように黒壁で金箔が映えるような外観だったが、この戦役で炎上したのはよく知られている。その後に徳川幕府の手で石垣も大幅に作り替えられ、その上に現在の名古屋城のような白壁の天守閣が建てられたが、これも江戸中期の落雷で焼失。現在の天守は昭和6年（１９３１年）に建てられたもので、秀吉期のデザインながら配色は白壁と緑の屋根という徳川期の様式で「折衷様式」となっている。アクセスは、大阪駅からＪＲ環状線で１０分（新大阪からは２５分）の「大阪城公園駅」か「森ノ宮駅」から徒歩１８分。

付け加えると、大阪の繁華街で有名な**道頓堀**は、秀吉時代に大坂の有力町人・安井道頓によって構想され、大坂の陣後に彼の養子によって完成されたものである。道頓については、司馬遼太郎が短編小説で主人公としており、1999年に『けろりの道頓　秀吉と女を争った男』という題で2時間ドラマとなって、西田敏行が道頓を演じた。ドラマ版では道頓など大坂の町人は大阪弁を話している。

さて、摂津で西部内陸の有馬郡（兵庫県神戸市の内陸）だけは赤松氏の庶流が分郡守護で、この系統が「有馬氏」を名乗った。有馬氏は後に秀吉に従い、江戸期に徳川秀忠と懇意だったことから九州で久留米藩20万石を得た（競馬の「有馬記念」はこの家の当主が昭和初期に創出）。室町期守護の庶流の家が天下人との縁を活かして江戸期に大藩の藩主になったのは運命の不思議さを感じさせる。

また兵庫津（神戸市）は摂津の南西端だが、説明の都合上兵庫県の項で扱う。

## 和泉国（南部）

和泉の北部に**堺**がある。大阪から関西空港行のJRに乗り、今宮から南海特急に乗って、所要30分の距離である。大阪市との境界線は、奈良にそそぐ大和川であるが、地形的には平野が続いており、距離も近いことからか堺など和泉北部の伝統方言もあまり摂津の大阪弁と違いはないらしい。現在では和泉地方の全体的に南海電車で大阪への通勤が行われ、和歌山県ともつながっている。ここは泉佐野市に関西国際空港が開設された後に開発が進んだ。私も大阪に先輩を訪ねた際、南海特急ラピードに乗って関西空港を見学し、その後岸和田城へ行ったことがある。

和泉と和歌山県との境は和泉山脈で、やや両者は隔てられている。地形的理由で和泉南部の方言は必ずしも和歌山県のそれと同じではないが、和泉には熊野参詣路である紀州街道が通じており、これによって両地域の交流が行われ、方言も影響を与え合ったと考えられる。

堺には仁徳天皇陵と推定される大山古墳（最大の前方後円墳）があり、難波（大阪市）より南方の拠点であったことが分かる。ここは2019年6月に世界遺産に登録され、注目が高まっている。全くの余談だが、私が子供の頃に読んだ漫画『キン肉マン』では前方後円墳がカギ穴の形をしているのは地球のエネルギーをコントロールする鍵穴型スイッチだからで、ここに腕を差し込めば悪の超人の磁力パワーを封印できるということになっていた（笑）。

堺には室町期に入ってから和泉の守護所が置かれたが、畿内にあり瀬戸内海に面する貿易港ということでこの頃から徐々に繁栄し始めた。余談だが、アニメ『一休さん』では一休さんのニセモノが堺で出現したが、京都の近くにある富裕な港町ということが描写されていた。

堺では室町中期から町の周囲を環濠という防塁で囲み、有力町衆（会合衆）による自治が行われ、あたかも独立国のようだったことが宣教師により「東洋のベニス（ヴェネツィア）」と評された。

堺は全くの中立都市であったわけではなく、細川氏と友好関係を結んで対明貿易の利権を握っていた。この関係で1527年に、将軍義晴を近江に追放した細川晴元と配下の三好元長（長慶の父）により「**堺幕府**」が建てられた。5年後に晴元が将軍と和解し、三好を一向一揆の手で自害に追い込んだことにより、堺幕府は崩壊した。その後の堺は鉄砲が伝来すると一大生産地となり、幕府の実権を握った三好政権とも結んで勢威を誇る。三好氏の本拠である四国東部と海路で結ばれるという地の利もあった。なお、現在の堺市の港は「堺泉北港」とされているが、主として堺泉北臨海工業地帯の貨物を取扱う港となっている。客船の航路については、堺の南隣の泉大津から阪九フェリーが瀬戸内海航路を航行している。

信長が上洛すると、堺は摂津で三好三人衆に味方して敗れ、信長の代官・松井有閑の監督下に入った。後に秀吉が大坂城を築くと、多くの堺商人がそこに移住して繁栄を吸い取られることになった。今に至る大阪市の近郊都市としての堺の位置づけがここから始まる。

堺は江戸期も紀州街道の宿場として栄え、近代になってからも工業都市、政令都市となったので、戦国期の自治都市時代の遺構は市街の地下に没している。その時代の堺の遺構が「堺環濠都市遺跡」で、近年の大規模な発掘調査の結果、当時の街区の様子が具体的に分かるようになった。堺区少林寺東3丁目に案内板があり、近年開設された博物館の「さかい利晶の杜」でも発掘品の展示と解説がある。この博物館は、堺の商人出身で秀吉に仕えた茶人・**千利休**と明治の歌人・与謝野晶子を記念したもので、館内は利休関係の展示が中心である。利晶の杜のアクセスは、南海本線の堺駅より徒歩10分（バスなら3分）。なお、茶道の家元である「表千家」「裏千家」はともに利休の子孫が継承し、現在も京都市上京区で利休流の茶道を伝えている。

千利休については大河『秀吉』では仲代達也が演じ、関西弁を話していた。

和泉は室町初期には山名氏が守護だったが、明徳の乱で将軍義満に討たれ、以後は細川氏の二つの分家が両守護体制を採った（同一地域を二人で管轄）。こうなったのは重要都市・堺を抱えていることが理由として考えられている。

戦国期になると細川本家が分裂したことで和泉も戦乱に巻き込まれた。1550年になると、守護代松浦氏が三好政権に付いたことで和泉細川氏の支配は終わり、和泉は十河一存《そごうかずまさ》（三好長慶の三弟）が**岸和田城**を本拠にして支配した。岸和田城はもともと楠木正成の部下の岸和田氏が城砦を築いていたようだが、室町期に細川氏が守護となると本格的に城を築いて和泉南部の拠点とした。岸和田城は平城だが、三好氏によって大幅な改修と規模の拡張が行われ、三好氏の本拠である四国と畿内を結ぶ拠点、また畠山氏や根来寺など紀州の勢力をにらむ位置として重視された。なお大阪から岸和田へは、ＪＲ大和路快速で今宮まで行き、そこから関西空港行の南海急行に乗り換えて所要５０分である。岸和田城は駅から西側へ徒歩で１５分ほどの所にある。

京都府の項で取り上げた**細川幽斎（藤孝）**は和泉守護家の出身だが、将軍側近として主に京都で活動した。信長が上洛すると、松浦氏など和泉国衆はこれに従うことになる。秀吉が台頭した頃には雑賀や根来衆など紀州の勢力が浸透して反秀吉包囲網に加わり、岸和田城を攻めた。紀州方言と和泉南部の方言の共通点は何度か触れたが、紀州街道により和泉が紀州の勢力に脅かされる地理的条件にあったことが分かる。現在のアクセスでは、和歌山市から岸和田まで南海電車の特急で４０分弱である。これを退けた秀吉は紀州征伐にふみきった。

その後の和泉は大和大納言・秀長の領地となり、岸和田城には小出秀政（秀吉の母方のおば婿）が配置されて、石垣や五層の天守を備える近世城郭として建造された。ただし江戸期になって岡部氏により大幅改修されたので、小出氏時代の天守は詳細不明である。城跡は大阪府の史跡に指定され、現在は１９５４年に再建された江戸期の様式の天守がある。城への途上で「だんじり記念館」がある。

# 第3章 四国

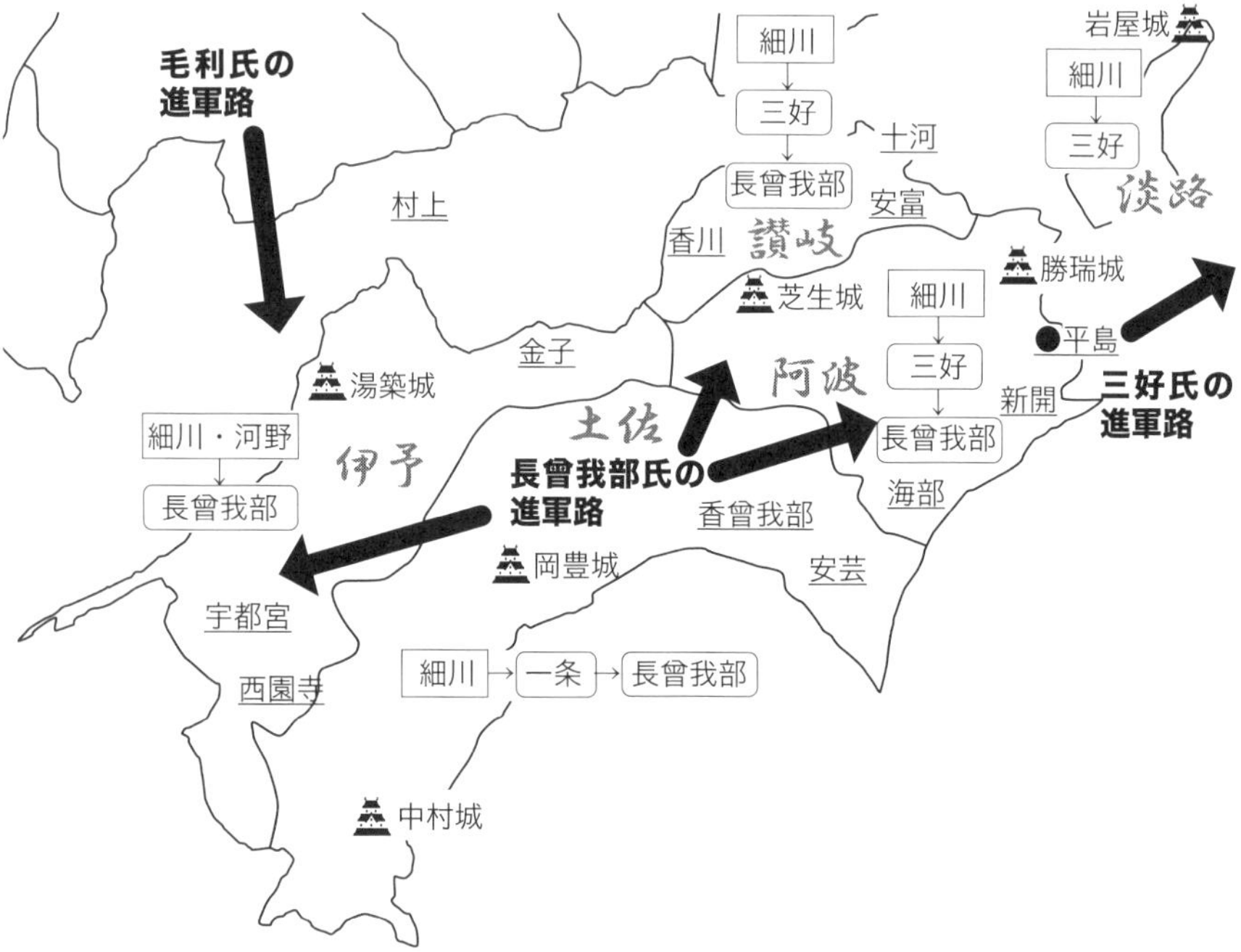
毛利氏の
進軍路
村上
細川
三好
長曾我部
十河
安富
香川
讃岐
芝生城
岩屋城
細川
三好
淡路
勝瑞城
細川
三好
長曾我部
平島
新開
三好氏の
進軍路
阿波
金子
湯築城
細川・河野
長曾我部
伊予
土佐
長曾我部氏の
進軍路
海部
香曾我部
岡豊城
安芸
宇都宮
西園寺
細川
一条
長曾我部
中村城

# 四国

四国を語る時に必須なのが「八十八か所参り」だろう。弘法大師空海が讃岐出身であり、四国各地に多くの足跡が残っていることで、真言宗関係の霊場が多い。八十八か所参りの原型は、旅の僧たちの巡礼修行だと言われ、室町後期から庶民の間にも巡礼が広がり始めた。現在のように「八十八か所」の札所が定められ、地元の応接体制が整ったのは江戸期に入ってからである。しかし四国の地形を見ると、一体感よりは山で各地で隔てられていることによる多極性が目に付く。

四国方言のアクセントは大半の地域で関西弁と同じ系統で、聞こえ上も関西弁と似ていることが多い。しかしよく聞けば、単語や文法で独自性も多い。この関西とのつながりの深さと独自性は戦国史の展開でも見える。

四国方言は、南部の高知（土佐国）とそれ以外の瀬戸内海に面する三県の違いが明瞭である。とりわけ準体助詞で土佐は「～が」を使い（「あるがか」等）、それ以外は共通語と同じ「の／ん」となって、広島弁と共通する「～なんよ」の使用も土佐以外の三県にある。一方、理由の接続詞は土佐の主要部で「きー」、それ以外はほぼ「～けん」となってこの面でも対照的である。この理由として、やはり峻険な四国山地が高知と他三県を隔てているということが考えられる。

室町戦国の政治史に話を移すと、四国はほぼ**細川氏**が制圧していた。しかし近畿に面する東部二国（阿波と讃岐）は細川氏の支配が強かったが、土佐は自立性が目立っている。後に阿波で**三好氏**が台頭すると、細川氏の基盤を継承して畿内へも進出した。西部の伊予は**河野氏**の管轄だが、細川氏も一部で影響力を持っていた。しかし戦国期に入る頃、中国地方から**大内氏**が進出、後に**毛利氏**もこれを継承した。このような事実は、瀬戸内側の三国は海で隔てられた他地方との海上交通によるつながりが深かったことを示していると考えられる。

やがて戦国後期になると、土佐の**長曾我部氏**が台頭して四国全土を席巻した。しかし**羽柴秀吉**が大軍を四国に送り込んでこれを破り、長曾我部は本国土佐のみ領有、他の三国は秀吉子飼いの大名が送り込まれることになった。なお、秀吉軍の進軍路は、

羽柴秀長ら主力軍が淡路〜鳴門、
黒田官兵衛、宇喜多秀家らが備前（岡山県）〜讃岐屋島、
小早川隆景ら毛利軍が安芸（広島県）〜伊予今治

と現在の本州四国連絡橋の三ルートとほぼ重なっており、歴史地理的な連続性が感じられる。

## 淡路国（兵庫県南部島嶼）

淡路の地名は「阿波へのみち」ということである。かつては淡路の北にある明石海峡は潮流が速く船の難破も起きやすい難所だったが、今では明石海峡大橋で兵庫県から四国の徳島へと陸路でつながった。このため、大阪の梅田駅から淡路北部の淡路ＩＣ（淡路市岩屋）まで2時間以内で行けるようになった。島の南北に神戸

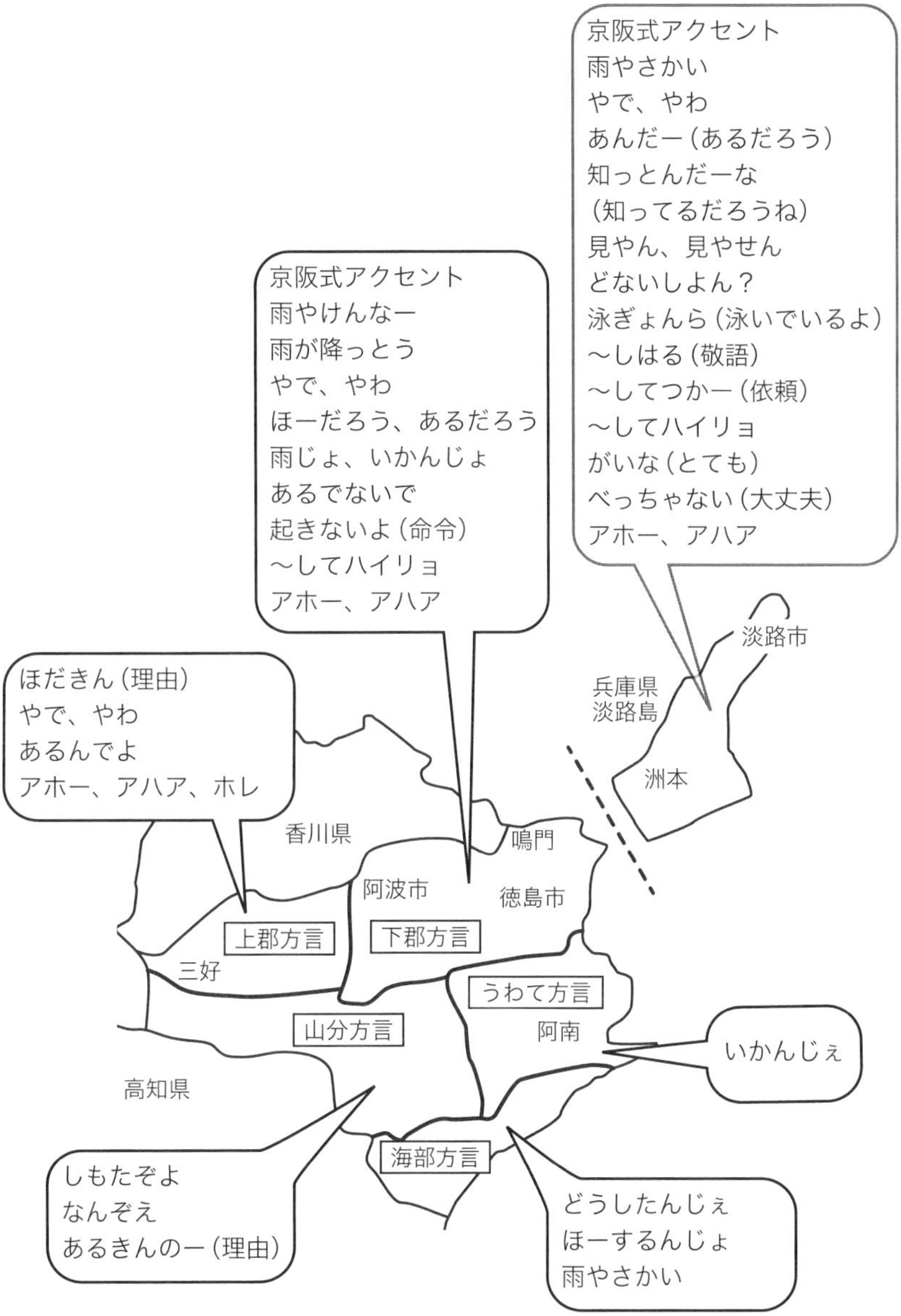
京阪式アクセント
雨やさかい
やで、やわ
あんだー（あるだろう）
知っとんだーな
（知ってるだろうね）
見やん、見やせん
どないしよん？
泳ぎょんら（泳いでいるよ）
〜しはる（敬語）
〜してつかー（依頼）
〜してハイリョ
がいな（とても）
べっちゃない（大丈夫）
アホー、アハア
京阪式アクセント
雨やけんなー
雨が降っとう
やで、やわ
ほーだろう、あるだろう
雨じょ、いかんじょ
あるでないで
起きないよ（命令）
〜してハイリョ
アホー、アハア
淡路市
兵庫県
淡路島
洲本
ほだきん（理由）
やで、やわ
あるんでよ
アホー、アハア、ホレ
香川県
鳴門
阿波市
徳島市
上郡方言
下郡方言
三好
うわて方言
山分方言
阿南
いかんじぇ
高知県
海部方言
しもたぞよ
なんぞえ
あるきんのー（理由）
どうしたんじぇ
ほーするんじょ
雨やさかい

淡路鳴門自動車道が縦断する形で敷設され、高速バスによって関西との結びつきを深めた。淡路南東部にある中心都市の洲本も、大阪の梅田駅から2時間超、神戸の三宮からなら1時間半の所要時間だ。また徳島市から洲本も1時間20分である。現在では明石―淡路の岩屋港の高速船「淡路ジェノバライン」しか航路はないが、古くは海路で関西や四国とつながっていたことは明らかだ。

淡路は北から南の広い範囲で山地が広がることから、海上交易に頼る面はあった。また神戸や関西中枢部だけではなく、南東部で和歌山県との間の紀淡海峡はわずか11kmしか離れていないために、紀州とも交易が盛んだった(現在では和歌山との間で航路はなく、大阪府南部の関西国際空港と洲本との航路が2017年から18年の1年間だけ就航していた)。かつての航路も大阪府の堺から淡路の北回りで瀬戸内海の西へ行くルートと、和歌山から淡路の洲本を経由して徳島へ向かう南回りの2つの航路があった。方言でもこれらの地域との結びつきを示す傾向はある。

淡路の方言は関西弁の系統で理由の接続詞「〜さかい」など共通点も多いが、単語について独自性もある。アホバカ方言は「アホー」が多いが、洲本など南東部で「アハア」と古態を保った表現をする(「阿呆」はもと「アハウ」と発音)。文法でも言い切りの形容動詞で「〜な(古語の「〜なり」が元か、気儘な＝気儘だ)」、動詞の推量で「〜だー(あんだー＝あるだろう等)」、尊敬語「〜なはる」、依頼表現「〜(し)てつかー(古語の「つかわされよ」が元)」などがある。断定詞では「〜や」が多いが「〜じゃ」も併用したり、文末詞「〜じょ」の使用は徳島と通じる。動詞の否定形は、紀州と同じ「〜やん(見やん等)」を言う所もあれば(前述のように紀州と近い南東部での特徴)、阿波と同じく「〜やせん(見やせん等)」を使う所があるなど地域差がある。文末詞「〜ら」(泳ぎよんら等)を使うのは、紀州弁との共通点である。

室町時代の淡路は細川氏分家が守護だった。地理的理由で水軍を持つ国人衆が多く、大阪湾で制海権を握って細川氏の瀬戸内海東部沿岸の支配を支えていた。淡路水軍は細川氏に従って畿内へ海路出兵することも多かった。その際の航路は、淡路の南東部から堺に向かう南回りルートであった。このため、古くから大阪湾に面する東部が畿内への航路基地として栄え、特に南東部の洲本が中心となった。

戦国期に入って三好氏が台頭すると、三好之長《ゆきなが》（長慶の曽祖父）が淡路細川氏の当主を謀殺し、洲本の**安宅《あたぎ》氏**など水軍も懐柔して淡路の支配権を握った。三好氏は阿波が本拠なので、前述の南回り航路が使われたと考えられる。現在は徳島市から洲本まで陸路を1時間２０分だが、当時も近隣ゆえ阿波との関係が強化されたということである。なお、安宅氏はもともと紀伊出身と言われており、紀伊からの海上ルートに乗って鎌倉期に移住してきたという。安宅氏の城は島内の各地にあったが、洲本市の由良城（由良古城）が本拠だった。丘陵地帯に築かれ、現在も曲輪は残るが、遺構の大半は神社の敷地となっている。城址から紀伊水道を遠望できる。アクセスは洲本市街からバスで5分。他にも洲本川河口の山に築かれた炬口《たけのくち》城、北部の岩屋城（淡路市、淡路ＩＣの近く）がある。岩屋城は海に近い山城なので、城址からは播磨灘や大阪湾まで遠望できる。

後に三好長慶の次弟が養子に入り、**安宅冬康**という名で三好政権の重鎮として活躍した。長慶の他の弟は武張った性格だが、冬康は仁慈に篤い温厚な武将と知られていた。しかし長慶の晩年、家中の派閥形成を危惧されたのか、河内の飯盛城で自害させられた。

その子の安宅信康は信長に仕えたが早世した。その後毛利氏が本願寺に味方して大阪湾に進出したため、淡路水軍でも毛利方につく者が多くなった。淡路と瀬戸内海西部との間では前述の明石海峡が難所だったが、それでも瀬戸内海沿岸の海上交通は行われていた。

秀吉が中国攻めの際には毛利氏を牽制するために淡路にも出兵して勢力圏とし、仙石秀久らを置いた。この際の進攻ルートは、ほぼ現在の明石海峡大橋の経路を航路で行ったものと考えられる。秀吉が天下人となってからも、**脇坂安治**（賤ヶ岳七本槍の一人）など秀吉配下の武将が淡路の大名となり、洲本城が淡路の中心となった。もともと安宅氏の支城があったが、脇坂氏によって近世城郭として大幅に改造された。石垣はほぼ完全に残っており、天守台に大正時代に建てられた最古の模擬天守が建っている。洲本城は標高１３０mの平山城で、城址から洲本市街と海を遠望できる。アクセスは、洲本バスセンターから淡路交通・由良線「由良福祉センター」行き路線バスで「公園前」下車し徒歩４０分。洲本温泉街も近い。

江戸期に淡路は徳島藩・蜂須賀家の支配下に入るが、近畿と四国の中間的な地理を活かして海上交易で栄えた。

## 徳 島 県（阿波国）

明石海峡大橋の開通で、大阪から徳島市まで高速バスで2時間半となった。このため関西からの観光客増加が期待されたが、日帰り観光圏となってしまい、阿波踊りのかきいれ時も宿泊客が大幅に減るという副作用があった。

淡路の項でも述べたが、関西方面から徳島への航路は和歌山から淡路の南回りで徳島に向かうというルートだった。アニメ『一休さん』でも一休さんが四国に渡る際にこのルートを使っている。当初は堺から瀬戸内海の西側へ向かう予定だったが、勝手に同行してきたやんちゃ姫が「鳴門の渦潮を見たいぞよ」と駄々をこねたのでこのルートとなった（笑）。途中で海賊に捕まったので、幕府の軍がいる堺まで戻るというおまけつき・・。

この徳島県は関西と海路で結ばれていたが、地形を見ると北部の徳島平野を除いては全体的に山地の多いというのが特徴だ。特に徳島平野以南の四国山地は西日本でも有数の険しい山岳地帯となっており、この山々は現在に至るまで四国内および県内の物流や交流の大きな障害となっている。特に南西部には四国最高峰の剣山があり、そこから北西方向の山里祖谷《いやま》山地域は平家の落人伝説があるほど山深い所である。ちなみに徳島市からのアクセスは、徳島自動車道を西へ向かい、井川池田ICから国道32号線を南へ向かい2時間～2時間半の所要時間である。高松や岡山も同じくらいの所要時間で、キャンプ地や温泉地として知られている。

徳島県内の山間からは吉野川、勝浦川、那賀川など、水量の豊富な河川が多数流れ出しており、豊かな水資源をもたらしてくれている（洪水にも悩まされる）。こうした地形が上の図にある徳島県内の方言区分の理由である。

北部は吉野川流域、南部は那賀川の流域で生活圏が分かれる。なお徳島市から南東部の阿南市とはJR牟岐線で40分超だが、さらに南の海部までは2時間かかる。北部でも近畿と関係の深い北東部（下郡）と、香川や愛媛など近隣とつながる北西部（上郡）で分かれる。徳島市から三好市の阿波池田駅までJR土讃線で1時間超である。北西部の上郡方言は後述するように、香川県西部の方言と共通点がある。南部は地理的に高知県と近いが、海岸近くにまで山地が迫るように、陸路での高知との連絡は難しい。現在でも南部を通るJR牟岐線は高知県とはつながっておらず、高速道もない。両者の連絡はかつてもっぱら海路で行われたが（主として畿内に向かう際の中間的交易）、あまり生活圏として結びつかなかったようで、高知県の土佐弁と阿波南部のうわて・海部方言はほとんど共通点らしきものは見られない。現在は高知県東部の室戸から海部にかけては国道55号線で結ばれ、一帯は「室戸阿南海岸国定公園」として整備され、サーフィンのメッカとなっている。

さて徳島と海を隔てた畿内との交通は、すでに述べたように、現在では明石海峡大橋を含む神戸淡路鳴門自動車道で陸路がつながっているが、古くから海上交通が盛んだった。現在でも徳島港から和歌山港の間に南海フェリーが行き来しているが、それでも距離の関係で畿内とは一体化するほど密接ではなかったのが方言からうかがえる。阿波弁（徳島の方言）は、「関西弁とよく似ている。でも何か違う」と言われる。四国方言の一種で、理由の接続詞「～けん」を使うが、地域によって「～きん、きに」、あるいは関西と同じ「～さかい」を使う所もある。阿波弁と言えば「雨じょ、いかんじょ」のように文末詞「～じょ」が知られているが（漫画『おそ松くん』のハタ坊のように「ハタ坊だじょ～」とはならず、「ハタ坊じょ」だろうか）、これは徳島市近辺の女性語で、男性は「～ぞい、ぞえ、じぇ」のように言う。西部内陸（三好市や池田町付近）や南部では「～でよ」となることが多い。また断定の文末詞が複雑で、基本は「～やけん、やった」のように関西弁の影響を受けて「～や」だが（古くは「～じゃ」）、動詞の推量形は「～だろー」となっている。「～じょ」については近畿地方の方言でもいくつか見られ、近いところでは大阪府南部の泉南方言にある。ただ阿波弁との共通点の理由は交流の密接さによるものか判断が難しい。

また「～してハイリョ＝して下さい（拝領が元）」、「げしなる（御寝成る）」など古風な表現は、細川氏や足利将軍の一族が京都からもたらしたと考える人もいるという。阿波は細川氏の地盤で、阿波国人も京都など畿内の合戦に参加することが多かったので、司馬遼太郎は北条早雲を主人公とした小説『箱根の坂』で応仁の乱の際に阿波弁を話しているのは細川兵だと描写している。同じく『街道をゆく　阿波紀行』では、今の関西弁に細川氏らによる阿波人の影響があるのではと推測している。傾向としてみれば、方言周圏論の適用で、古い時代（室町時代）の京都語が残存したことは言えると思う。

三好氏家系図

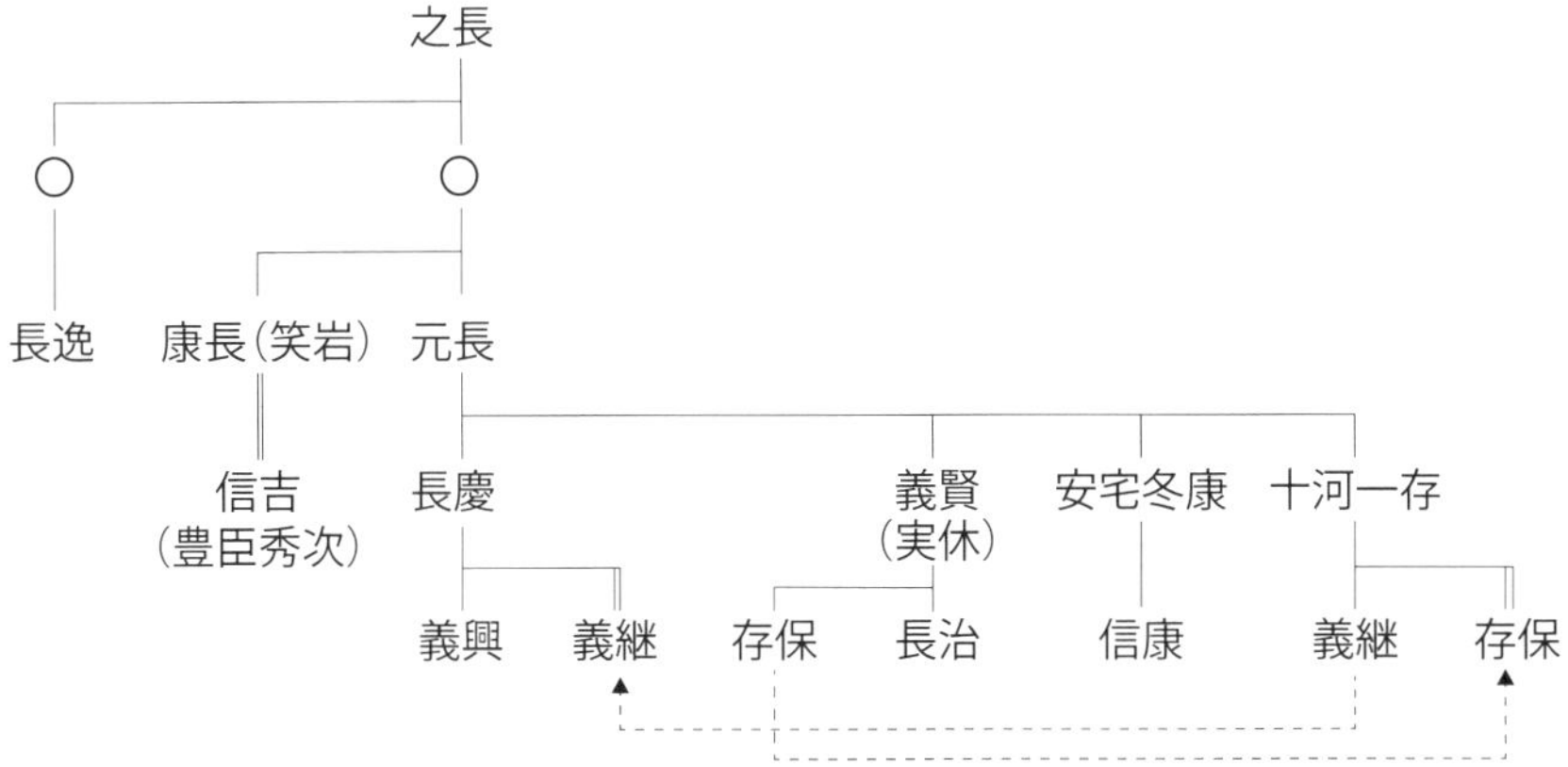


付け加えれば、アホバカ方言でも関西と同様の「アホ」が多いが、古風な「アハア」、さらに「ホレ」という表現もあり（古語の「惚れ者」＝ぼんやり者というのが語源）、多くの単語が複雑に入り混じっていることが分かる

阿波の戦国史は、少なくとも中期まで細川氏が近畿西部から四国東部をまとめて統治していたので、近畿との連動が特徴だ。そして阿波から畿内に進出した細川氏や三好氏の動きと、阿波在地の動きという両面を見る必要がある。

阿波の守護は細川氏の最有力分家が務め、「下屋敷家」と称した。室町期は京都にあって本家を補佐し、三河など他国の守護を兼務することもあったが、戦国期に入ってから阿波に在国した。守護所は沿岸部にあり、吉野川の南に接した勝瑞（藍住町）である。この立地は畿内に近いという理由で、東部沿岸部に政治的中心が置かれたと言えるだろう。これは現在の徳島市の位置づけでもいえる。なお、細川氏の守護所はまだ場所が確定されていないが、後述する三好氏の勝瑞城の西にあったと推定されている。藍住町の勝瑞は徳島市からＪＲ高徳線で１０分超の所である。

細川氏は強固な同族連合で幕府の実権を握っていたが、戦国初期の本家の当主・細川政元が時々の政治情勢から三人の養子を迎えた上、１５０７年に暗殺されてから分裂抗争が展開された。政元の養子のうち阿波細川氏から迎えた澄元と野州家の高国が争ったが、この時は高国が勝利し、澄元は阿波に退いた。この頃から三好之長（長慶の曽祖父）が台頭して阿波細川軍の中核となっていたが、若年の頃京都で徳政一揆の首謀者となるなど粗暴さで知られていた。その後１５２０年に京都で高国軍に敗れて斬首される。

　１５２６年に澄元の子・細川晴元と三好元長（長慶の父）が阿波から上陸して高国軍を破り、将軍義晴も近江に追った。翌１５２７年に将軍の庶兄・足利義稚《よしつな》を擁立して「堺幕府」を樹立。しかし晴元と不和になった三好は自害させられ、晴元は将軍と和解して京都で政権を握った。元長の子・**三好長慶**は阿波に逃れていたが、やがて畿内に移ってしばらくは晴元配下の武将として活動する。やがて１５４９年になると細川家に反旗を翻して、翌年には三好政権を樹立した。長慶は阿波から出て天下人になったのである。長慶は主家の細川氏に「下克上」し、家臣の松永久秀と同一視されることもあって、イメージは良くない。しかしその人柄は文武両道に優れ、敵対者を殺さないなど乱世に珍しい温厚な側面があった。地元・徳島でも最近はこの三好氏の再評価が進んでいるという。なお、一連の阿波から畿内への交通路は、東部沿岸部から船で淡路の南回りに堺へというルートであり、交通ルートの関係で細川、三好ともに堺の町衆と深い関係を結んだ。

　長慶の死後、実権を握った三好三人衆は将軍義輝を討ち（１５６５年）、阿波の平島（吉野川市）に逃れて「平島公方」と呼ばれていた義稚《よしつな》の子の**足利義栄《よしひで》**を摂津に迎えて１４代将軍とした。しかし直後に信長が義昭を擁立して上洛すると、義栄は阿波へ逃亡してまもなく病死。その後義栄の弟の系統が平島公方として幕末まで続いた。なお平島公方の居館は建物の多くが市内や小松島市の寺院へ移築されたが、敷地内に土塁と民俗資料館がある。アクセスは、徳島市からＪＲ牟岐線の阿南行で４０分の西原駅から徒歩約１３分で行くことになる。また徳島の大学にいた友人から聞いた話では、徳島県でこの義栄が「悲劇の将軍」と同情されているという。

ここで阿波在地の話に移る。阿波守護の細川氏は室町期には在京していたので、阿波には複数の守護代が配置されていた。その理由は山岳部にかつて南朝に属した地侍が多く、それらを強大な武力で抑えるためだった。守護代で有力だったのが、東部の国人領主で阿波細川氏の宿老でもあった東条氏と一宮氏だった。一方で三好氏は西部一帯（三好市、美馬市、池田町など）の守護代として15世紀後半から登場する。この時期に三好氏の本拠だったのは、三好市の芝生城（徳島駅からJR徳島線・阿波池田行で1時間半の江口駅から徒歩25分）、美馬市の岩倉城（徳島から徳島線で1時間20分の小島駅から徒歩1時間）、同じく脇城（徳島から徳島線で1時間10分の穴吹駅から徒歩1時間）である。いずれも標高100mの山城である。芝生城は三好長慶の生誕地で、毎年11月に生誕祭が行われている。また脇城のある脇町は江戸期の街並みが残り、「うだつ（商家の高い壁）の上がる町並み」として知られる。アクセスは穴吹駅からタクシーで10分。

東部守護代の東条氏らが細川氏からやや自律的な存在だったのに対し、三好氏は細川氏に取り立てられた。そして本家にも直結し、畿内の合戦で戦功を立てることで戦国初期にはほぼ阿波全体に勢力を広げた。この時期に本拠も守護所に近い東部に移したようである。三好氏の発祥の地が方言区画で言う「上郡方言」の領域だったのに対し、守護所は「下郡方言」の領域だった。三好氏は北部平野部を東西に流れる吉野川に沿って、内陸から沿岸部へと東進する形で勢力を伸ばしたのである。この進出路は現在のJR徳島線と高速の徳島自動車道のルートにほぼ相当する。三好氏が東部に拠点を移すと、西部の元からの領域は一族や重臣が担当した。なお、三好氏は居館として勝瑞館と詰めの城として勝瑞城を建設し、一帯は現在「勝瑞城館遺跡」として国指定の史跡として整備されている。勝瑞館は旧吉野川の南岸の自然堤防上にあり、東側には今切川、南側は湿地帯となっている場所に建設された。発掘調査で建物の礎石や枯山水庭園の跡が見つかっており、京都の東山文化の影響を受けた居館があったと考えられている。阿波守護代の居館・政庁として城の構えは広大であり、地方都市にしてはかなり大きな規模で城下町が繁栄したようだ。勝瑞城のアクセスは、徳島市からJR高徳線で10分超、駅から徒歩10分の所である。

三好長慶の時代には、長弟・三好実休（義賢）が阿波、次弟・安宅冬康が淡路、三弟・十河一存が讃岐と、本国を固めて後方支援していた。この時期の三好氏の阿波支配は、守護細川氏を補佐する守護代として阿波国内の武士を軍事動員するという体制である。

方言の区画で見たように、山地で隔てられていることから阿波内部でもいくつかの圏域に分かれ、それが各地の国人領主割拠をもたらしていた。特に南部で自立性が顕著で、「うわて方言」の領域で細川直臣の新開氏、「海部方言」の領域で海部氏がいた。新開氏の居城は阿南市の牛岐城で、現在の阿南市役所の南西に築かれ、石垣など遺構がある。城址公園として整備され、「恋人の聖地」に指定されていることから夜はLEDのイルミネーションで飾られる。アクセスは、徳島駅からJR牟岐線で50分弱の阿南駅から徒歩8分。海部氏の海部城は、海部川河口の南部、海部小学校の東背後にある標高50mの山頂に築かれた。現在は曲輪や石垣は残るが、遺構はあまり整備されていない。アクセスは、徳島駅からJR牟岐線で2時間超の海部駅から徒歩15分。これら国人領主を統合するために守護としての細川氏の権威が必要で、それゆえ三好氏は末期近くまで細川氏を擁立していた。少なくとも戦国後期に至るまで、阿波国内は大きな争乱もなく安定していた。

やがて実休と一存がそれぞれ河内と和泉へ配置換えされると、四国側は宿老の**篠原長房**が管轄した。長房は『**新加制式**』という分国法を制定して、10年にわたって阿波を統治した。長房の本拠は、沿岸より少し西へ入った吉野川市の上桜城である。長房は阿波に加えて讃岐も管轄していたので、そことの交通の便を考慮した立地であろう。標高140mの山城で、東西に独立した二つの城から成っていた。遺構は土塁や堀切などで、石碑が往時をしのばせる。アクセスは、徳島駅から徳島線・池田行で40分超の阿波川島駅から徒歩40分。長房は三好三人衆と組んで畿内の織田信長を攻めることもしたが、1572年に三好長治（実休の子）から謀反の疑いをかけられ居城の上桜城で討伐された。長治は主導権争いから守護の細川真之も殺害して独裁体制を築いたが、これが国人領主の離反を招き、細川派と三好派で阿波は分裂状態となる。

こうした中で1575年に土佐を統一した長宗我部元親が阿波に進出。土佐東部の室戸から阿波南部へ向かう国道55号線のルートで進軍し、海部氏や新開氏は抵抗するも多勢に無勢で降伏。元親は弟の香宗我部親泰を海部城、後に牛岐城に入れた。さらに西部を支配し、三好氏と姻戚でもあった国人の大西氏と同盟を結んで白地城（三好市池田町）を拠点にしながら東進して阿波を制圧していく。この長曾我部氏の阿波制圧ルートは、主にJR土讃線のように阿波の西部から行われた。これは阿波西部と土佐中央部との間に街道があったことが大きく、さらに白地城の付近がJR土讃線と徳島線の交差点近くで、さらに高速の徳島自動車道が西の愛媛県に向けてもつながっているように、四国の十字路ということから四国全域の制圧をにらんだ行動と言える。なお、白地城は1980年頃まで曲輪、堀などの遺構が多く残っていたが、かんぽの宿（現、ホテルあわの抄）の建設に当たってほとんどの遺構が破壊された。現在は周辺にわずかに土塁や切岸が残る。現在、あわの抄の敷地の南側に隣接する白地児童公園の一角に、城址の石碑がある。徳島駅からJR土讃線の特急剣山で1時間15分の阿波池田駅からタクシーで10分。大歩危祖谷温泉が近い。

長曾我部の進出の中で三好氏は織田信長に従属することで生き残りを図り、畿内にいた三好康長（笑岩）は羽柴秀吉の甥の秀次を養子に迎えた。しかし康長を先鋒とする織田軍が四国渡海の直前に本能寺の変が起きた。直後に徳島市付近の**中富川の戦い**で、三好本家を継いだ**十河存保**《そごうまさやす》（長治の実弟）は長宗我部軍に壊滅的敗北を喫した。そして阿波の大部分は長曾我部氏が抑えたが、まもなく秀吉の弟・羽柴秀長による四国攻めとなる。

長曾我部の降伏後に阿波一国は蜂須賀正勝（小六）の子・**蜂須賀家政**に与えられ、土着の武士たちの反乱も抑えて、江戸期の徳島藩につながっていく。蜂須賀氏の居城・徳島城は近世城郭として徳島市の平野部に建てられた。城の建物は明治後に破却されたが、石垣はかなり残っており、城門が復元されている。敷地内に御殿形式の資料館があり、江戸期の藩政について資料を展示している。アクセスは、徳島駅から徒歩１０分。

阿波の室町・戦国史をまとめると、前半は畿内との関係が深かったが、後半から四国の近隣との関係が密接になっていく。地理的関係から阿波の歴史を見直すと理解が深まろう。

## 香川県（讃岐国）

讃岐は**弘法大師・空海**の出身地だが、瀬戸内海を通した海上交通が盛んであった。主要な航路は大阪府の堺から淡路北部を回って西の讃岐方面へ向かうルートである。平安時代には、源平合戦で那須与一のエピソードで知られる「屋島の戦い」が讃岐の北東で行われた。屋島は高松市の東に位置し、古戦場はＪＲ高松駅から車で２０分の場所にある。『一休さん』でも瀬戸内海を船で西へ向かう一休さんが嵐で讃岐の沖合の島に漂着し、源平合戦以来２００年にわたって源氏方と平家方に分かれて争う島内二つの村に「ロミオとジュリエット」のような恋人がいて、一休さんの知恵で解決するという話がある。

雨やきんのー
〜やきんど（だけれど）
やで、やわ
じゃな
言うたが、知っとるが
〜してごー、してつかー
おいでまい
そなな、どなな
アホー、ホッコ
雨やさかい
やろ、やで
〜やのー
たいぎい（辛い）
小豆島
坂出
高松
丸亀
善通寺
東讃方言
西讃方言
観音寺
徳島県
讃岐式アクセント
雨やけんのー
やで、やわ
あるやろう
〜したんよ、あるんよ
言うたが、知っとるが
雨が降りょる（進行形）
対
雨が降っとる（完了形）
何しょんな？
行きょるで
行ってくらあ
〜してしまい
誘っていたあ（依頼）
がいに（すごく）あるな
アホー
へらこい（ずるい）

現在は対岸の本州とは瀬戸大橋（瀬戸中央自動車道）で結ばれているが、香川県は瀬戸内海に特に多くの離島を抱えていたり、四国自体が本州に対しての島であることから海上交通は現在でも重要な交通手段の一つである。現在でも高松以外に、丸亀など多くの港があり、海上フェリーも10社以上が運航している。こうした地理条件から関西方面ほか各地からの影響を常に受けてきた。

讃岐の方言は四国方言に分類されるが、徳島の阿波弁と同様、関西弁に近い部分がある。アクセントが関西弁と同じ「京阪式アクセント」の古い形で、文末詞で「〜やで＝だよ」であったりするので、遠隔地の人々が讃岐弁を聞いて「関西弁」と勘違いする場合も多い。他方で、讃岐弁は他の四国方言と同様に岡山や広島など中国地方の方言と共通する表現も存在する。例えば、理由の接続詞「〜やけん＝だから」の使用や、言切りの文末詞「〜(な)んよ」といったところだ。一方で、動詞の進行形と完了形を「〜(し)よる／(し)とる」のように区別し、強調の終助詞「が、がな」(そんなん知っとるが等)など独自性もある。「が」については岡山県方言にもあり、海で隔てられながらもその距離はさほどではないので、盛んに海上交流が行われた証拠と考えられる。ちなみに現在の交通アクセスでは、岡山市から高松までＪＲ快速マリンライナーで1時間以内に行ける。

讃岐弁の断定詞は「や」の他に「だ」「じゃ」を併用している稀な例である(例、ほだきん、あれが屋島やって言いよるじゃろ)。アホバカ方言でも「アホ―」が多い一方で、「ホッコ(奈良時代の古語「ヲコ」が語源、標準語にも「おこがましい」に名残り)という独自の表現がある。なお、県域の南側に讃岐山脈がそびえるので、徳島県との連絡はさほど盛んではないようだ。そのために方言も違いの方が多い(共通点はあると言えばあるが)。鉄道の路線はあり、高松から徳島市までＪＲ高徳線の特急うずしおで1時間１０分というところである。

香川県は西部に「こんぴらさん」こと**金比羅山**があることで東西にその参詣路が伸びていた。金比羅山のある琴平までは、岡山から瀬戸大橋を渡り、坂出からＪＲ予讃線と土讃線を経由して1時間以内というところである。

県の東西を貫く形で高松自動車道が通っているし、東部の高松から西部の丸亀までＪＲ特急いしづちで早くて２０分超だが、地域差は東西の違いが有名である。高松市と坂出市の間にある五色台という卓上台地が境界線とされ、鉄道路線でも、予讃線と高徳線は高松駅から、土讃線は西部の多度津駅から四国各県へ鉄道路線を延ばしている。高松から丸亀へのアクセスも坂出で予讃線に乗り換えて行くことが多く、方言も坂出付近を境とした東西差が大きい(以下の例文では「東／西」と表示)。理由の接続詞「〜けん／きん」、依頼表現（～して下さいの意）「～（し）ていたー／てつかー（さい）」といったところだ。
なお、**小豆島**は理由の接続詞は関西弁と同じ「～さかい」で、室町期にも細川氏が直轄地とするなど、畿内とのつながりが深かった。ちなみに現在の小豆島も神戸港からフェリーがあり、所要3時間で結ばれている（高松とは快速船で50分）。

方言から見て香川県＝讃岐国の特徴は、関西や中国地方など瀬戸内海交流で影響を受ける、県内の東西の違いといったところが挙げられる。一方で現在、高松市が四国の中央出先機関が集中することから、都市部で共通語化や関西弁＝関西共通語化が見られるが、古くから他地域との交流で影響を受けやすいということが理由かもしれない。室町・戦国史でもその傾向はあるので、それを意識して以下を見てほしい。

讃岐は細川本家（京兆家）が守護だった。もともと室町初期の**細川頼之**がこの地で南朝とこれに付いた同族との戦いで戦功を上げたことから守護となった。上洛した後に幼少で家督をついた将軍義満を管領として補佐したが、10年後に政争で敗れて本国に引退。その後、各地を巡行した義満を讃岐の宇多津で迎えたことから復権して、弟が幕閣となった。こうしたことで中部の宇多津が讃岐の守護所となった。現在の円通寺（讃岐33観音霊場の第30番札所）が細川頼之の居館跡と言われている。宇多津は現在の瀬戸大橋の玄関口である坂出に近く、古くは宇高連絡船の発着港もこの付近であり、本州から見て直接のアクセスが最もしやすいことから、讃岐を四国における中央政権の出先拠点と位置づける意図が感じられる。ちなみに岡山からはJR特急しおかぜで35分である。

細川氏はこうして讃岐のほかに摂津、丹波と畿内近国と土佐の守護職を獲得し、分家も瀬戸内海沿岸諸国の守護となって、幕府内で最有力の一族となった。讃岐では沿岸部や塩飽など島嶼部の水軍を傘下に置くことで、瀬戸内海東部の海域を支配していた。この中で小豆島は最も東に位置する島であり、畿内とのアクセスが良かったので、細川氏が直轄地を置き、畿内との行き来も頻繁だった。

細川氏の当主は幕閣として京都で常駐していたので、讃岐は東西二分してそれぞれ内衆（直属家臣）を守護代にして統治させていた。讃岐の面積は狭いが十三郡あり、人口の多さからこのような体制になったと考えられる。東西の区分は高松市から坂出の間にあり、かなり前述の方言区分とオーバーラップしている。東部六郡（「東讃方言」の領域）は安富氏、西部七郡（「西讃方言」の領域）は香川氏が守護代だったが、これらも細川氏の有力家臣として京都にいることが多く、家臣を代理人（又守護代）として派遣していた。このような体制のため、讃岐の統治は現地の裁量に任されることも多かったようである。安富氏の居城はさぬき市の雨滝城で、高松からＪＲ高徳線で1時間の讃岐津田駅からタクシーで２０分の所。香川氏の居城は善通寺市の天霧城で、高松からＪＲ予讃線で1時間の善通寺駅からバスで行くことになる。ここから金刀比羅宮も近い。

讃岐の国人は細川京兆家の家臣となって現地の所領管理を行うほか、畿内で活動する者も多くなった。こうした国人の中で香西氏が有力であり、特に戦国初期の香西元長は京都周辺の山城守護代に登用され、当主側近として勢力を伸ばした。

しかし１５０７年に管領・細川政元が暗殺されるとお家騒動が勃発し、九条家からの養子・澄之を担いだ香西氏や両守護代は敗れて勢力を失うことになる。そして細川分家が治める阿波の守護代・**三好氏**の勢力が強まった。

細川家の分裂は讃岐にも動揺をきたし、特に東部は国人達の勢力が強かったので、三好氏は守護代安富氏と国人達と仲介をすることで勢力を扶植した。三好長慶の時代には三弟が高松市付近の十河《そごう》氏の養子に入って**十河一存**《かずまさ》となり、彼が讃岐国人を率いることで畿内での三好政権に貢献した。十河氏の本拠は東讃と西讃の境界線近くにあり、三好氏の進出は東西の両勢力が力を失った間隙を突いたと言える。十河氏の城跡は高松市内にある称念寺で、高松築港から３７分の高松琴平電鉄・農学部前駅から徒歩約４５分というところにある。

一方、阿波から讃岐へのアクセスは古くは「金毘羅参道」と呼ばれた道（現在の国道３１９号線のルートに相当）で行われたと考えられるが、地形的に讃岐山脈で隔てられていて、必ずしも連絡が良くなかった（現在なら三好の本拠があった三好市池田町から善通寺まで土讃線の特急で３０分弱）。こうしたことで西部の「西讃方言」の領域では守護代・香川氏が三好氏への服属を拒否して独立的な行動を取っていたので、１５５８年に三好氏は十河一存が大将となってこれを攻め、ついに讃岐全体の支配を実現した。

十河一存は「鬼十河」と呼ばれるほど勇猛な武将だったが、１５６１年に急死。その後は阿波と共に宿老の**篠原長房**が管轄し、安富氏など讃岐国人と縁組して関係を強化、讃岐の水軍を率いて畿内の織田信長や備前（岡山県）および讃岐に進出した毛利氏と戦っている。讃岐水軍の行動は主に岡山県との間の海域で行われ、現在のフェリーの航路と重なり合っている。

しかし篠原長房も謀反の疑いで討たれ、三好氏の支配が動揺する中で、土佐の長宗我部元親が侵攻した。長曾我部氏は１５７５年以降阿波西部から讃岐西部に進出し、もともと三好支配に不満だった香川氏など国人は戦わずして降伏した。後に長宗我部元親の息子が香川氏の養子となる。高知から香川にかけては鉄道ではＪＲ土讃線のルートがあるが、これに重なるルートも古くから金毘羅参詣の道であったので、長曾我部氏の進軍路となった。なお現在の高松から高知のアクセスは、丸亀を経由して特急で2時間１５分ほどである。長曾我部氏の讃岐進出に当たっては、香川氏などと同盟していた毛利との関係が複雑なことになったが、侵攻は続いた。三好氏の当主は**十河《そごう》存保《まさやす》**（一存の甥、三好実休の子）が継いで讃岐でも戦ったが、これも敗れて畿内に逃亡、長曾我部氏が讃岐の大部分を制圧した。

１５８５年に秀吉軍は四国攻めを行い、現在の瀬戸大橋のルートから讃岐に進軍し、長曾我部氏を下した。戦後の讃岐は山田郡を十河存保に与えたほかは、大部分が美濃出身の**仙石秀久**に与えられた。漫画『センゴク』の主人公である。しかし１５８６年に薩摩島津氏に攻められた大友氏を救援するため、仙石、十河、長曾我部らの四国勢が九州に派遣された。豊後（大分県）で戸次川の戦いが行われたが、仇敵同士の十河と長曾我部がそろって反対するのを押し切って力攻めを行った仙石秀久の戦略ミスにより、島津氏に大敗。その際に十河存保、さらに長曾我部信親（元親の嫡男）が討ち死にし、讃岐の国人で討死した者も多い。これは秀吉の九州攻めの前哨戦だったが、八幡和郎氏の言うように四国の歴史に深刻な影響を与えた。仙石秀久は改易されたが、後に小田原攻めで鈴を付けた派手な軍装の騎馬武者として活躍したことが評価され、信濃で大名として復権した。一方、十河存保の遺児は**生駒親正**に預けられていたが、幼くして急死した。生駒氏による毒殺が疑われている。

仙石らの後に讃岐一国の大名となったのは生駒親正（織田信長の嫡子・信忠を生んだ吉乃の親族）で、秀吉が信長に仕えていた時から親しく、後に豊臣政権の中老となった。この生駒氏により、東讃に**高松城**、西讃に**丸亀城**が近世城郭として築かれ現在に至っている。高松城は高松駅から徒歩で１０分ほどの市街地の中にあるが、かつては今より海が近い「水城」だった。江戸期に親藩松平氏（水戸徳川家の分家）が城主となったが、これは秀吉の統一後に中央政権の四国出先機関が置かれた讃岐の状況が現れている。

# 高知県（土佐国）

高知県は南側に太平洋があり、海のイメージが強い。『土佐日記』の紀貫之が土佐の東回りの海路で京都へ帰ったように、かつては黒潮に乗って近畿方面との海上交流が多く行われたが、大阪高知フェリーが廃止されたことで現在航路は無い。地形面では高知市から少し東に広がる香長平野と南西部の四万十市周辺がやや広い平野となっているほかは、そのほとんどが海の近くまで山が迫る典型的な山国である。県全体の山地率は89％にも及び、その険しさがよく分かる。また県の北側は峻険な四国山地で、他の三県とは隔てられている。本章冒頭で述べたような方言の独自性も、この地勢から説明できる。もちろん、近代に入ってから鉄道が整備され、ここ30年の間に高速道の開通で瀬戸内海方面との交通も便利になった。高知市から高松までJR土讃線の特急を使えば、2時間15分というところである。

さて**坂本龍馬**に関する小説やドラマによって、高知県の方言、土佐弁はよく知られている。この土佐弁は高知県の東部・中部で話されているが、アクセントが京阪（関西）式アクセントの系統なので、関西弁にはなじみやすい。他地域との交流で主として近畿方面との海上交流が多かったことをうかがわせ、独自性は強いと言っても関西弁との共通点はいくつかある。アホバカ方言では東部に「アホ―」が多く、西部に「バカ」が多い傾向があるが、「トロイ」や一部に「タワケ」もあり、「人をワヤにするな（人を馬鹿にするな）」という独特な表現もある。発音ではかつて本居宣長が指摘した「四つ仮名（ジ・ヂ・ズ・ヅ）」を全て区別するという特徴があり（ヂ＝dʒi、ヅ＝dzu）、他の地方では失われた古態を保っていたようだ（若年層では共通語化）。

すでに何度か述べたように文体は他の四国三県と比較して独自性が強いが、四国山地で他県と隔てられていることが関係している。まず準体助詞「が」（安いがを買う、そうながか？＝そうなのか？等）、理由の接

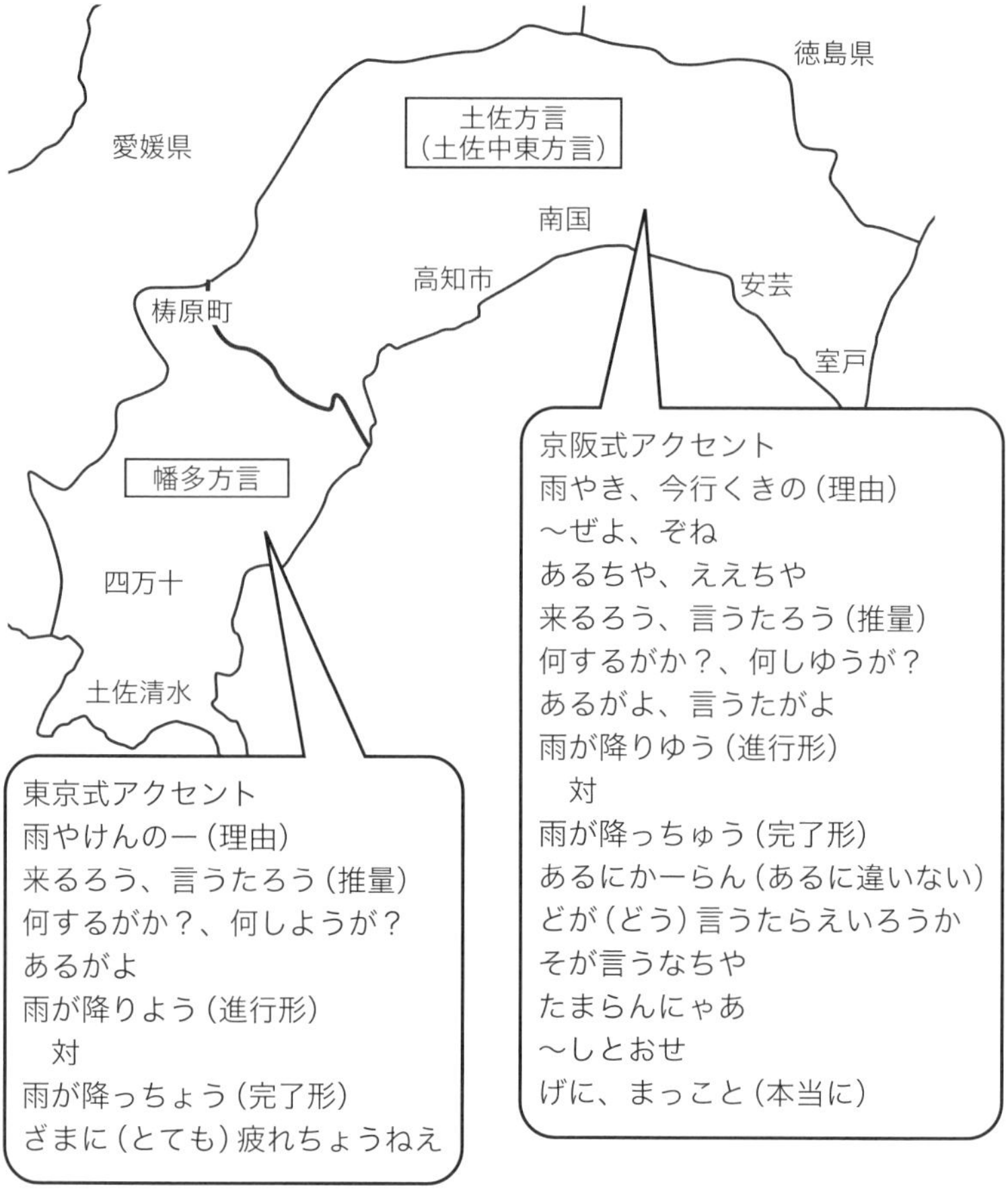

徳島県
愛媛県
土佐方言
（土佐中東方言）
南国
高知市
安芸
檮原町
室戸
幡多方言
四万十
土佐清水
京阪式アクセント
雨やき、今行くきの（理由）
〜ぜよ、ぞね
あるちや、ええちや
来るろう、言うたろう（推量）
何するがか？、何しゆうが？
あるがよ、言うたがよ
雨が降りゆう（進行形）
対
雨が降っちゅう（完了形）
あるにかーらん（あるに違いない）
どが（どう）言うたらえいろうか
そが言うなちや
たまらんにゃあ
〜しとおせ
げに、まっこと（本当に）
東京式アクセント
雨やけんのー（理由）
来るろう、言うたろう（推量）
何するがか？、何しようが？
あるがよ
雨が降りよう（進行形）
対
雨が降っちょう（完了形）
ざまに（とても）疲れちょうねえ


続詞「きー（かつては「きに」）、推量助動詞で古語の「らむ」が変化した「〜ろー」（晴れるろー＝晴れるだろう、高いろー＝高いだろう）などがその例だ。西日本の大部分で動詞の進行形と完了形を区別するが、土佐弁でも「〜（し）ゆう」と「〜（し）ちゅう」の区別で行われる（進行：雨が降りゆう＝降りつつある、完了：雨が降っちゅう＝既に降っている）。終助詞で「ぜよ」がよく知られているが、その女性形は「ぞね」であり、他に「ちゃ」（分からんちゃ＝分からないよ）「ねや」（今日はえい天気やねや＝良い天気だねえ）などがある。

　戦国期のドラマで土佐弁が

使用されたものとしては、大河ドラマ『**功名が辻**』がある。関ヶ原後に入国した山内家に反抗する土佐の地侍が「新しい殿さまは不要ぜよ」「待ちいや、火縄の臭いがするきい」など土佐弁を話していた。これを制圧した**土佐藩山内家**はいわば外来の征服者だったが、『近世武家言葉の研究』に引かれた幕末の裁判記録（武市半平太など土佐勤皇党に関する）での会話資料によれば、土佐藩の上士も土佐弁を使用していたという。その理由は、山内家の家臣団の出身地が尾張、美濃、近江、遠江など雑多であり、後には土佐人も多く組み入れられたので、土佐弁が「家中共通語」となったからという。

一方で県西部（四万十市など）の方言は「幡多弁」と言って、いわゆる土佐弁に似ている面もあるが、異なる点も多い。地形的に須崎以西は海に山が迫って、トンネルでＪＲ予土線が敷設されて、また窪川から三セクの土佐くろしお鉄道に分かれるなど、アクセスが困難である（一応、高知市から四万十市中心部の中村まで特急あしずりで直結し、所用1時間４０分となっている）。高速の高知自動車道も四万十市までは通じていない。また前述の四万十市周辺で平野があるなど、県西部でまとまりやすい地形になっている。方言が土佐弁と異なるのもこうした地勢から理解できる。幡多弁の特徴はまずアクセントが「東京式アクセント」、理由の接続詞は四国の大部分で共通の「～けん」となる。さらに動詞の進行形が「～（し）よる、よう」、完了形が「～（し）ちょる、ちょう」となる。したがって土佐弁の「雨が降っちゅうき」は、幡多弁で「雨が降っちょうけん」となる。このような特徴は愛媛県の伊予弁と似ている。その理由は四万十川が伊予に向かって流れていることから（現在でもＪＲ予土線が四万十市の東の窪川から愛媛県に向かって敷設されている）、交流をしやすかったということと考えられる。中村から窪川までくろしお鉄道で３０分、窪川から愛媛南部の宇和島まで早ければ2時間１５分というところである。ちなみに「坂本龍馬脱藩の道」（現在の国道１９７号線がほぼ相当）は幡多弁地域の一角の梼原町にあり、龍馬はここから伊予に向かったという。

高知県戦国史は他の四国とは異なる独自の立ち位置から出発し、最後には四国全体を席巻したという展開になる。よく知られている長宗我部元親の活躍は戦国後期のことである。方言では西部が特徴的だが、室町・戦国史でもその傾向はあるので、注意されたい。

室町期の土佐国は**細川京兆家**が守護で、分家が守護代となって国人を配下にしていた。守護所は土佐中央部の高知市付近と推測されている。細川本家の守護管国だが、京都から遠いために国人の自立性が強かったのも事実である。**長曾我部氏**はこの細川守護代家とのつながりで勢力を伸ばしたと推測され、守護所に近い南国市（高知市の北東隣）の岡豊城を本拠としていた。高知市から南国市の土佐大津駅まで土讃線で25分ほどだが、岡豊城址は高知駅からバスに乗って30分ほどの歴民館入口で下車して徒歩10分というところである。近くに高知県立歴史民俗資料館があり、長曾我部氏関係の展示もある。

しかし、応仁の乱の際に土佐に避難してきた公家の**一条家**が戦国土佐の最初の主役となる。一条家はもと土佐西部の幡多郡に荘園を持っていたが、応仁の乱後に一条教房が自らこの地に乗り込み、国人の土居氏や津野氏などを配下とすることで西部の「幡多方言」の領域を版図とする在地領主となった。そして本拠の中村（四万十市）に城下町を築き、この街が「小京都」と呼ばれるようになる。近代に入って洪水や大火で街が破壊されたため、現在は必ずしも街並みに小京都らしさは多くないが、四万十川と大文字山を臨める沈下橋付近の風景が京都を感じさせる。前述のように四万十市周辺でまとまった平野があり、周辺とは山で隔てられていることから独自の勢力を築くことが可能だった。四万十川へのアクセスは中村駅から車で10分ほどだが、四万十川バスで1～2時間の周遊観光のコースも設定されている。なお、**中村城**は、土佐くろしお鉄道の中村駅からタクシーで7分、徒歩なら約30分かかるが、私は駅からレンタサイクルを使って20分ほどで行った。城跡に模擬天守があるが、かつての二の丸跡に建てられ、四万十市立郷土資料館となっている。

さて一条教房は晩年京都に帰って長男が京都の本家を継いだが、次男房家は土佐で大名として勢力を伸ばした。ちょうど１５０７年の細川政元暗殺に始まる京都の混乱により細川氏が中央に引き上げると、土佐国は中央部の本山氏と吉良氏、東部の安芸氏など国人が割拠する状態となったが、一条氏は国人間の紛争を調停することで土佐全体の盟主的存在となった。

一方、１５０８年に細川家の二派分裂が土佐にも波及し、長曾我部氏は本山氏などに攻められて岡豊城を追われたという。そして一条房家が**長曾我部国親**(元親の父)を保護して後に居城への復帰を助けた(１５２０年頃の両細川家の乱がきっかけという説もある)。なお現在のアクセスでは、南国市から四万十市の中村までは土讃線とくろしお鉄道を乗り継いで2時間超というところである。

一条家は周防大内氏や豊後大友氏など周辺の有力大名との婚姻を結んだ。土佐西部から九州への海域ルートが通じていたことが背景にある。大内氏とのつながりで明との貿易も始まり、財力を強化した上で伊予南部へも出兵するなど勢力拡大に務めた。伊予への勢力拡大は前述のように四万十川の流域に沿って行われ、現在の予土線の路線から進軍路が考えられ、さらに「幡多方言」と愛媛県の「伊予弁」との近似性からつながりを想起できる。また明との交易については、当時は黒潮に乗った海上交易が南九州から土佐、そして畿内にかけて行われていた証拠である(近年廃止された宮崎―川崎間のマリンエクスプレスが九州から高知への航路だった)。しかし１５６７年に伊予で河野氏とこれを支援する毛利氏に大敗したことで、一条氏の衰退がはじまる。

この頃土佐中部では長曾我部国親が周辺豪族を滅ぼして勢力を拡張した。１５６０年に後を継いだ**長宗我**

**部元親**はまず宿敵の本山氏を滅ぼし、吉良氏、香宗我部氏、津野氏に弟を養子に入れて系列化し、土佐中央部を制した。そして1569年には東部の大勢力で猛将と知られた安芸国虎を滅ぼしている。東部への進攻路は高知東部自動車道の安芸方面の道が想起できる。また鉄道では高知―安芸は、土讃線で1時間超というところである。なお、安芸氏の安芸城は安芸平野のほぼ中央に位置する小高い丘に建てられた平山城である。城の東側には安芸川、西側には安芸川支流の矢の川が流れ、天然の堀となっていた。安芸氏滅亡後は阿波進攻の拠点として、元親弟の香宗我部親泰が入った。江戸期も土佐藩の支城(武家諸法度の規定に配慮して「土居」と呼称)として使われたので、石垣や堀が江戸期の形式でほぼ残されている。現在、城跡に安芸市立の歴史民俗資料館と書道美術館があり、資料館には安芸氏時代の出土品も展示されている。アクセスは、高知駅から1時間15分の安芸駅から無料レンタサイクルで15分。

ここまでの長曾我部氏の進出は「土佐弁(土佐中東方言)」の領域に限られていたが、1570年頃には西部の一条領、すなわち「幡多方言」の領域への出兵が始まる。この少し前の一条氏の伊予攻めに長曾我部も派兵したとされ、これに対する不満や当時の当主・一条兼定への失政で権威が失墜していたことがきっかけとなった。この進攻路はJR予土線からくろしお鉄道にかけてのルートが考えられる。一条家は1575年に婚戚大友宗麟の支援のもとに長曾我部と戦ったが、四万十川の戦いで敗れて没落。家督を継いだ子・一条内政は「大津御所」と呼ばれて長宗我部元親の婿となり、長宗我部家の傀儡として君臨したが、後に謀反の嫌疑で追放されている。土佐の戦国史を見ると、一条氏を除いて他国の影響がほとんどなくほぼ国内の動きのみで展開された感じだが、地形が四国山地で他国と隔てられ、さらに近隣諸国が内外に問題を抱えて介入できなかったということであろう。

この後から元親は四国平定戦を開始するが、これは史上初めて土佐の勢力が一体となった国外への拡大行動だった。司馬遼太郎の『夏草の賦』では、長曾我部の下で他国に遠征する兵が「我らは土佐人ぞ」と意気揚々進軍する様が描かれている。土佐の南は太平洋で背後の敵は無く、後顧の憂いなしに東西二方向へ向けて進軍した。阿波、讃岐の東方面はＪＲ土讃線（江戸期には参勤交代のルートだった）、伊予への西方面はＪＲ予土線が進軍路と重なっていると考えられる。

この際に織田信長との外交が大きなポイントとなった。元親の正室は、従来の説では明智光秀の宿老・斎藤利光（徳川家光の乳母・春日局の父）の妹とされていたが、正確には石谷家に養子に入った利光の弟の義妹だという。元親の婚姻は幕府側近の石谷家と縁を結んで、京都との関係を強化する狙いがあったようだ。しかし後に信長が台頭すると、間接的だった明智光秀との縁が大きな意味を持ってきたので、光秀が長曾我部の取次となっている。タイミング的に阿波の三好が衰退傾向にある一方で、畿内で信長と争っていたのが元親には好都合だった。元親は信長と友好関係を結んで、四国での勢力拡大を進めた（長男の信親の名は信長からもらったという）。拡大の過程については他県の項で述べている。山地が多く人口の少ない土佐からこの急拡大は脅威だが、「**一領具足**」と呼ばれる農村出身の武士たちが大きな戦力になったという。さらに最近では鉄砲の使用も増大していたことが指摘されている。

しかし１５８０年頃に信長は畿内をほぼ統一し、三好家を支援する方向で四国政策を転換したので、元親の拡大を抑えるようになる。そして長曾我部討伐のために、１５８２年に三男・信孝と丹羽長秀を大将とする四国遠征軍が編成されたが、大坂からの渡海直前の**本能寺の変**で中止される（信孝らは堺で集結し、阿波に向けて海路を行く予定だったという）。本能寺の変の理由として、明智光秀が長曾我部を擁護していたのに信長はそれを否定したことが原因とする説が従来から唱えられていたが、最近では主要な原因として重視されるようになってきている。

その後元親は、徳川家康と結んで秀吉包囲網を形成しながら四国統一にまい進した。1585年に四国をほぼ統一したとされたが、近年の研究では大部分は制圧しながら阿波や伊予でも抵抗が続いていたという。そうした中で同年の羽柴秀吉の四国征伐に敗北し、土佐一国に減封される。その後は、九州征伐、小田原征伐、朝鮮出兵と秀吉に従って転戦する。小田原や朝鮮では長曾我部氏は配下の水軍により秀吉軍の補給を行っているが、土佐から黒潮に乗った海上ルートを使用したと考えられる。

しかし九州征伐では1587年の戸次川の戦いで元親の嫡男、長曾我部信親が戦死するなど大きな打撃を被った。ついで四男の**長宗我部盛親**を世継ぎとしたが、この時次男と三男は粛清された。土佐の名族を継いでいた彼らの派閥形成を恐れたという。

1597年には、元親・盛親父子により分国法として『**長宗我部元親百箇条**』が制定された。戦国の独立大名としてではなく、統一政権に服従した後に作られたのが特徴だ。居城もこの時期に内陸部の岡豊城から、沿岸部の**浦戸城**に移した。浦戸城のアクセスは、高知駅からバスで40分のバス停「龍馬記念館」で下車して徒歩で行く。桂浜の近くで、雄大な太平洋を望む立地である。私が坂本龍馬記念館を訪れた際に、友人から教えられて旧跡を見たが、非常に小規模なもので驚いた記憶がある。ただしこれは朝鮮出兵に際した一時的な拠点に過ぎず、大高坂山(現在の高知城の地)にも築城計画があったと言われている。

さて1599年に長宗我部盛親が後を継いだが、翌年の関ヶ原の戦いで西軍に付いて改易となる。後に盛親は京で寺子屋の先生をしていたというが、大坂の陣に参戦。敗戦後に盛親とその子らはすべて斬首され直系は絶えた。

長曾我部氏の除封後に**山内一豊**が入り、**高知城**を築いた。高知平野のほぼ中心に位置する標高44mの大高坂山に築かれた平山城で、南の裏手に鏡川があって外堀としていた。高知駅からバスで10分だが、本数の多い路面電車ならはりまや橋で乗り換えて所要15分である。

長曾我部氏の発展から滅亡はまるで一場の夢のようだが、彼らによって四国統一戦に参加した一領具足の子孫たちは、山内家から「郷士」という地域内有力者として取り立てられ、後に幕末に活躍することになる。

## 愛媛県（伊予国）

愛媛県は四国の中では最も西にあるので、東京からの観光客は松山まで飛行機で1時間20分かけて行くのが最短だ（鉄道なら新幹線を使っても6時間）。大阪からなら、新幹線で岡山まで行き、そこから特急しおかぜで合わせて2時間40分である。

愛媛県はほぼ全域がJR予讃線と予土線をつないで鉄道網があるが、東西の長さは155．9km、南北の長さは157．2kmと長いため、平野や盆地でいくつかの地域圏が分立している。私事だが、旅行で高知から愛媛を巡った際に、高知の中村を昼過ぎに出て松山に夕方に着いたということがあった。愛媛県域ではほぼ3分の2の行程を行くのに日中の半分を費やしたので、距離の長さを実感した。また県外との交通は東部が香川県とJR予讃線および高速の高松自動車道で、南部がJR予土線で高知県西部とつながっている。前述のように高知県西部の幡多弁がある程度伊予弁と似ているのは、こうした交通のつながりによるものだろう。

南側が四国山地となっているほか、三方が海なので、瀬戸内海の海域交流が盛んだった。大阪とは現在でも、オレンジフェリーが大阪南港から東予港と松山港を9～10時間で結んでいる（船内で一泊するコース）。

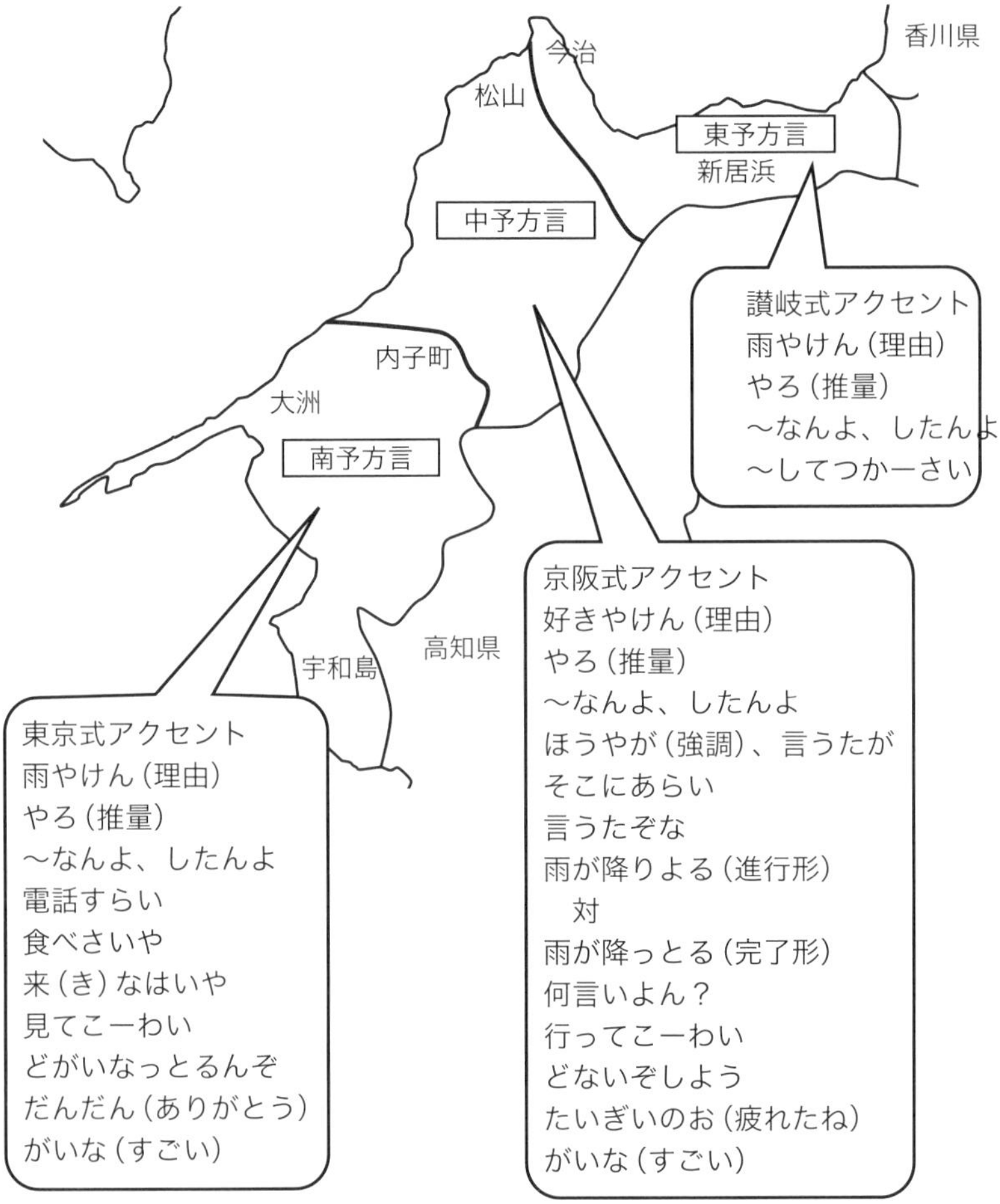
香川県
今治
松山
東予方言
新居浜
中予方言
讃岐式アクセント
雨やけん（理由）
やろ（推量）
〜なんよ、したんよ
〜してつかーさい
内子町
大洲
南予方言
京阪式アクセント
好きやけん（理由）
やろ（推量）
〜なんよ、したんよ
ほうやが（強調）、言うたが
そこにあらい
言うたぞな
雨が降りよる（進行形）
対
雨が降っとる（完了形）
何言いよん？
行ってこーわい
どないぞしよう
たいぎいのお（疲れたね）
がいな（すごい）
宇和島
高知県
東京式アクセント
雨やけん（理由）
やろ（推量）
〜なんよ、したんよ
電話すらい
食べさいや
来（き）なはいや
見てこーわい
どがいなっとるんぞ
だんだん（ありがとう）
がいな（すごい）

北の広島県、さらに西の大分県とも航路があり、フェリー会社も20社が運航している。広島県とは本四架橋の一つ、西瀬戸自動車道（しまなみ海道、尾道―今治ルート）と、大崎下島広域農道という広島県呉市と今治を結ぶ2つの橋がかけられ、陸上交通も便利になった。

瀬戸内海にまたがる交流の証拠なのか、伊予弁（愛媛県方言）は理由の接続詞「〜けん」、言切りの文末詞「〜なんよ」など広島弁に似た言い回しがある。断定辞はかつての「〜じゃ」から「〜や」に変わっているのは四国をはじめ西日本の大部分で共通する。このように伊予の方言ではまず中国地方から畿内、九州など瀬戸内海沿岸の各地との共通点が見られる。一方で前述のように南北に広がる地勢によって県内の地域差も見られる。ただ東部は讃岐式アクセント（関西弁のアクセントの変種）、中部が関西式アクセントであり、南部では東京式であるなど、分布が複雑である。アホバカ方言では「バカ」が多いが、「アホ―」もあり、「トロイ」や「ボケ」があるなど複雑に入り混じっている。

語感的にはかつてあった「〜ぞな（敬語態が「ぞなもし」、夏目漱石の『坊ちゃん』で有名）など柔らかいと言われ、土佐の「〜ぜよ」など荒っぽい言葉と対比される。気候と言語がどれほど関係するか判然としないが、伊予の温暖な気候が方言にも表れていると評価されている。

伊予の戦国史については、瀬戸内海沿岸部として中国地方の影響を受ける一方で、国内の地域差があるなど、方言と共通する側面が見られる。『一休さん』でも、一休さんが放浪していた大内氏の若君（新右衛門さん想いの姫の弟）を助けて、伊予で難題を吹っかけてきた殿様の河野氏を懲らしめるという話があった。

その**河野氏**は史実でも鎌倉以来伊予の守護で、松山市内の**道後温泉**にあった**湯築城**が本拠だった。道後温泉は古代から知られており、付近の郡名も「温泉郡」と言うほどであった。湯築城は、それまで丘陵地にあった城を丘陵の間に移した「平山城」の代表と言われている。現在では発掘状況も進み、中世的な居館の様相を知るのに格好の観光名所だ。道後温泉は松山駅から路面電車で25分の距離で、この路線では「坊ちゃん列車」というSL型の車両が走ることもあるので観光のついでも好都合だ。

河野氏は承久の乱に後鳥羽上皇方として参加したり、蒙古襲来の時に活躍したと伝わっており、時宗の開祖・**一遍上人**も一族と言われる。

河野氏は室町期から戦国期にかけても伊予の守護を務めたが、東部二郡（新居浜など）は細川氏の領有となり、その分家（備中守護家と典厩家）が各郡の守護を務め配下を守護代として統治させていた。戦国中期に細川氏が分裂すると東伊予の細川体制も動揺し、地頭から有力国人となった金子氏の力が増した。やがて畿内で三好政権が成立すると、東予地方の金子氏も三好に従属した。東伊予は前述のように、予讃線と高松自動車道で香川県と結びついており、古くから讃岐方面との交流が盛んだったことが細川、三好氏の進出でうかがえる。方言も讃岐式アクセントで関係の深さが示される。金子氏の所領は「東予方言」の領域だが、讃岐方言との近似性と金子・三好両氏のつながりはかなりオーバーラップする。なお、金子氏の金子城は新居浜市の丘陵地にあり、城址は現在、滝の宮公園となって、石碑のみが往時をしのばせる。城址の展望台から新居浜市街を見渡せる。アクセスは、JR新居浜駅から徒歩20分。ちなみに松山―新居浜は岡山行きの特急しおかぜで1時間10分なのに対し、新居浜から香川西部の丸亀まで50分と近い（高松までなら1時間半弱）。

残る伊予の大部分は河野氏の管轄だが、南伊予の喜多郡（大洲付近）は**宇都宮氏**、宇和郡（宇和島付近）は**西園寺氏**が実質的な支配となって、河野氏の支配はほとんど及ばなかった。宇都宮氏は鎌倉末期に地頭・守護となった後に土着化、西園寺氏は公家の出身で荘園があることから南北朝期に土着化した。現在のアクセスなら、松山から大洲は宇和島行の特急宇和海で35分、宇和島までは1時間半と距離の長さがあり、中世当時は松山から支配を及ぼすのが困難だったことが分かる。宇都宮と西園寺の両氏は「南予方言」の領域を支配し、守護・河野氏の実質的な領地は「中予方言」の領域と、分立状態だったのだ。

宇都宮氏の居城・大洲城は肱川と久米川の合流点にあたる地蔵ヶ岳に築城された平山城である。大洲付近は、伊予を南北につなぐ大洲街道・宇和島街道の結節点にあり、また東には四国山脈を抜けて土佐に出る街道がある。すぐ西には大洲の外港とも言える八幡浜（現・八幡浜市）があり、交通の要衝であった。豊臣期に藤堂高虎によって近世城郭として大幅改修されたので、宇都宮氏当時の遺構はよく分からない。現在は江戸期の様式の天守が再建されている。アクセスは、予讃線の伊予大洲駅から徒歩２０分。西園寺氏の居城・黒瀬城は西予市の宇和運動公園の北西にある尾根に築かれた、標高３５０ｍの山城。宇和運動公園の北西側に登山道の入口があり、案内板が設置されている。城址には堀切や土塁が残っている。アクセスは、松山から予讃線の特急で1時間超の卯之町駅からタクシーで１０分超（宇和島からは特急で２０分）。

　河野氏は室町期の守護の通例として在京し、幕府の命で九州や畿内の合戦に兵を出した。伊予から畿内への航路は、前述のように松山港から大阪南港を結ぶオレンジフェリーのルートに相当すると思われる。この段階で芸予諸島の**村上水軍**、特に来島《くるしま》氏との結びつきを深めた。広島県と愛媛の間にある芸予諸島は、飛び石のように多くの島があり、海上交流がさかんだった。このルートでは現在、今治市から「しまなみ海道」が通っているが、当時は島々を航海する村上水軍が大きな力を振るった。村上水軍は近隣だけではなく、瀬戸内海の広い地域を航海しており、畿内へもわたることができた。こうして河野氏に従って水軍が畿内中央の合戦に参加することもあったのである。ちなみに現在の来島は今治市に属し、今治市内の波止浜から船で５分で到着できる（松山から今治まで特急で３５分）。車なら、しまなみ海道の今治北ＩＣから１０分というところである。島全体が村上水軍によって要塞化され、現在でも石垣など遺構が残っている。また付近の海域にも来島海峡があって名残りを残している。後に河野本家の血統が絶えた際、養子を迎えるのは分家の予州家か来島氏かを巡って内紛が生じた。

　応仁の乱では当初は河野氏全体が大内氏に従って西軍だったが、途中から本家は京都から国元に戻って東軍方となった。予州家はそのまま畿内で在陣したが、伊予では河野氏本家ら東軍方と予州家に与して西軍に属す国人間の争いとなった。結局は本国に主力を置いた本家の勝利となったが、後に血統が断絶して予州家が継承する。その後、独自外交で自立路線を追求しようと、大友氏と組んで大内包囲網に参加したり、後に大内氏と和睦を結んだりした。1520～30年代には大内氏は村上水軍を傘下に収めようとさかんに芸予諸島へ水軍を派兵したが、その余波で河野氏も攻められる可能性はあった。河野氏が湯築城を築いたのはこの時期である。しかしこの後に伊予の国人や家中で反乱が相次ぎ、河野氏は求心力を低下させていく。伊予が他地方から影響を受けやすい地勢により、河野氏は近隣大勢力からたびたび干渉を受け、家中組織を戦国大名化することはできなかった。

大内氏で陶晴賢が実権を握る頃、毛利氏が村上水軍に影響を広げ始め、来島氏に元就の孫娘（長女と宍戸隆家の娘）を嫁がせた。そして1555年、厳島の合戦で来島水軍が来援したことが毛利氏の勝利につながった。ここで来島氏を通じて毛利氏が河野氏と同盟する。広島県とは前述のように、海路で結びついており、私も旅行で松山市を訪れた後に広島へ海上フェリー高速船で1時間かけてわたったことがある。歴史的にも広島県の勢力が近さゆえに中予地方へアクセスしやすかったと考えられる。

一方で南予地方では、河野氏と結ぶ西園寺氏と、土佐の公家大名・一条氏と結ぶ宇都宮氏の抗争が延々と続いた。後に一条氏は大友宗麟と縁組したことで、

毛利‐河野‐西園寺　対　大友‐一条‐宇都宮

というラインが出来上がり、伊予の合戦は毛利と大友の代理戦争の性質を強めた。土佐西部とは四国山地でへだてられ、必ずしも行き来は簡単ではないが、四万十川で水運があり、アクセスは可能だった。前述のように土佐西部の「幡多方言」と伊予方言との近似性から、両地域の関係も深いことが分かる。一方、大分県とは県西部の佐田岬が海上でもわずか16kmしか離れていないように、航路での行き来は容易だった。こうした地理的条件が南伊予での毛利・大友間の対決につながったのは容易に想起できる。現在でも、愛媛の三崎港（西宇和郡伊方町、八幡浜市の西）と大分市の佐賀関は「国道九四フェリー」で1時間10分で行ける。

1567年に一条氏は西園寺を攻めて伊予に出兵したが、毛利氏は安芸の小早川水軍を派遣して河野氏を支援、河野・毛利の勝利となった。しかしこの合戦は、河野氏にとっては毛利への従属を深める結果となった。

1570年代半ばには、長曾我部元親が土佐を統一。阿波西部に拠点を確保した後、讃岐から高松自動車道に相当するルートで伊予東部にも侵攻して金子氏を従属させた。南予ではJR予土線のルートで進軍としたと考えられ、長曾我部宿老の久武氏が西園寺や宇都宮を攻めるが、河野氏の背後にある毛利氏との関係悪化を恐れて本格的な領土獲得に至るまで時間がかかった。しかし本能寺の変後に秀吉と毛利が和睦すると、長曾我部は南伊予を制圧、さらに中予の河野領へも攻め入った。なお、河野氏が長曾我部に降伏したか議論があったが(つまり長曾我部が四国を統一したのかということ)、近年の学説では毛利の支援を受けて河野氏が抵抗していたことが明らかになっている。

1585年豊臣秀吉の命による四国攻めが行われ、毛利勢が東伊予の今治から上陸し(進軍路はほぼ現在のしまなみ海道のルートに相当)、長曾我部方の金子氏を下した。豊臣軍の優勢の中で長曾我部氏は伊予から撤退、結局長宗我部元親の降伏で終わった。

その後の国わけでは、**小早川隆景**(毛利元就の三男)が伊予一国の大名となった。隆景は本能寺の変後の講和交渉で秀吉の信頼を得ており、その手腕も期待されてこの措置となった。養女の婿である河野氏が病床にあったこともあるが、中世的な河野氏の支配体制を解体しようという秀吉の意図も大きかったようだ。隆景はもともと小早川水軍を通じて伊予と縁が深く、河野家臣団にもこれは受け入れやすい処置だった。しかし隆景は二年後に筑前(福岡県)に転封となり、小早川氏の支配もわずかで終わる。

その後は、**藤堂高虎**、**加藤嘉明**、福島正則、豊臣子飼いの武将が入れ替わりで入封し、近世的な支配体制となる。彼らによって伊予の水軍が傘下に置かれ、小田原合戦や朝鮮出兵にも動員された。また加藤嘉明によって**松山城**が、藤堂高虎によって**今治城**、**宇和島城**といった近世城郭が造られ、前述のように大洲城も高虎の手で大幅に修築された。「築城の名人」高虎の手腕は、伊予でかなりな部分が発揮されたと言える。今治城は予讃線の今治駅からバスで10分、港に近く「水城」という異名は健在だ。宇和島城は宇和島駅からバスで3分の所にあり、江戸初期に伊達政宗の長男・秀宗が入封したことで知られる。松山城のアクセスは、松山駅から路面電車で10分、市街地に近い丘陵にあり、道後温泉からも路面電車で10分と近い。河野氏から江戸期の松山藩の歴史に想いを馳せるのも一興だ。また関ヶ原の少し前に、毛利氏の外交僧**安国寺恵瓊**が伊予中部で6万石を与えられている。

なお、伊予の中世勢力で唯一生き残った来島氏は江戸期には「久留島氏」と改姓し、豊後(大分県)の内陸部で2万石の大名となった。

## コラム　戦国山城観光で何を学べるか

本書では戦国関係の史跡を観光案内の目的で紹介しているが、やっているうちに気づいたのが「日本列島中、山城だらけ」ということである。

山城観光は以前に比べて人気を集めている。竹田城（兵庫県）に年間50万人、備中松山城（岡山県）には10万人と、交通の便を考えればかなりの観光客が訪れている。

2006年に選定された「日本100名城」では、従来からの「日本的城」イメージを体現する天守閣がある城、つまり江戸期に大半が建てられた「近世城郭」が大半だった。それが2017年選定の「続日本100名城」になると、戦国期に実際に戦闘で使われた山城が数多く含まれるようになる。そして山城観光の人気向上を象徴するような形で、岐阜県可児市に「戦国山城ミュージアム」が開設された。これは可児市にあった美濃金山（兼山）城や明智光秀ゆかりの明智城など付近に山城が多いことが背景にある。

日本の城跡は3～4万あるとされ、その99％が土の城、つまり山城である。山城は近世城郭の天守閣のような目に見えるシンボルがないために、従来はほとんど世間の関心を引かなかった。人が訪れることも少なく、観光資源としても考えられず、近年まで手付かずの状態であったために管理する側も苦労を強いられた。２０１０年頃『歴史読本』で山城についての連載があったが、まだ大勢を動かすような影響力はなかった。しかし２０１０年代の半ばあたりからじわじわと人気が高まったことによって、「続日本１００名城」で山城が多く選定されたと考えられる。

山城は観光学の分類では「自然資源」と「人文資源」の両方にまたがっているので、観光にはさまざまな可能性が考えられる。まず山城を訪れる動機のトップクラスと思われるのが、実際に戦国期の城攻めの様子をうかがうことができることだ。山城を訪問する人の多くがコアな歴史ファンと考えられるので、現地を歩くことで城攻めを体感できるのは魅力だ。また山城は現存の目に見える遺構が少ないが、その分想像力が発揮できる。さらに想像力を目に見える形で補完するものとして、津和野城でＶＲを使った観光ツアーが始められ、このように最新の技術を活用した観光ツアーはこれから広まっていくと思われる。

「自然資源」の面に注目すると、山城訪問で山歩きもできるので、アウトドア・スポーツ的な観光にもなる。『ブラタモリ』ではないが、山城を訪れることで地形を体感できるし、広い視点からでは地域の地理的特性への理解も深められる。

さらに「人文資源」の側面で見ると、山城から室町・戦国期の土木技術や社会経済の事情も推し量ることができる。なぜ戦国期まで山城が多く造られたかといえば、土木技術が発展途上で自然の山岳を改造した方がコスト安だったことが大きい。防衛度の高さでは中国や欧州のような「城壁都市」が有利だろうが、日本では数万単位の軍勢の戦闘が多くなく、平地の多い中国や欧州と違って山の多さを利用する方が理にかなっていただろう（京都や堺などで堀や木柵を使った「環濠集落」はあった）。また都市に本拠を置くと、平地で居館を構えねばならず、兵力を分散させねばならないので防衛面で非常にリスキーだった。こうした都市と防衛拠点の関係性という観点からも、山城の立地は有用な教材である。

　また住民生活との関係にも注目してみよう。毛利元就が尼子氏に包囲された郡山城合戦（１５４０年）では村落の住民が避難して籠城戦を行ったが、城壁に囲まれていない村落住民を収容することで地域の安全保障を図ったという側面はもっと注目されて良い。小田原北条氏の領内では城普請が住民の負担だったが、それは受益者負担の原則に則った「公共事業」の一種だったわけだ。そのような住民の生活との関係から山城を眺めるとかなりイメージが膨らむ。

　なお山城はあくまで戦闘のためのもので、通常の城主の居館は付近の平地にあったことも多い。斎藤道三の稲葉山城がその代表で、信長の岐阜城もそれを受け継いだ。

　しかし山城観光には当然ながら課題も多い。一番の問題はやはりアクセスの問題だ。中心市街地からのアクセスが悪く、鉄道やバスといった公共交通も少ないので、観光客の利便性は低い。また増加する観光客をサポートするインフラが不足している。竹田城では遺構につまづいてケガする人が増加したというニュースが流れたが、山城を管理する側の体制整備が追い付いていない。さらに基本的にオープンスペースであり、入場料を取れないので（富士山のように「入山料」を取る方法もあるが）、維持費は自治体の財政でまかなうしかない。このように管理コストをどのような財源でまかなうかということも大きな課題だ。

# 第4章
# 中国

# 中国地方

「中国地方」とはよく言ったもので、近畿と九州の中間的地理条件を表すとともに、この地方の地域性も表している。交通では山陽新幹線など瀬戸内海沿岸への路線が多く、古くから瀬戸内海の海域交流が盛んだったことを受け継いでいると言える。戦国期の瀬戸内海でも水運が盛んで、第2章で紹介した毛利輝元の上洛記録で、瀬戸内海沿いの船旅の様子が記されている（二木謙一『秀吉の接待』参照）。室町期の瀬戸内海については、1420年に李氏朝鮮から使者として派遣された宋希璟（ソン・ヒギョン）が京都までの訪問記録『老松堂日本行録』を残している。それによると、瀬戸内海では水軍（海賊）の力が強く、幕府の役人も水運については海賊衆に依存していたことが記されている。この瀬戸内水運を利用して、足利義満は安芸（広島県）の**厳島神社**に参詣した。後に秀吉も九州平定戦の途上で、厳島に立ち寄っている。一方、瀬戸内海沿いの山陽と日本海側の山陰の間には中国山地があり、アクセスはなかなか困難だった。山陰には**出雲大社**（当時は「杵築大社」）はあるが、当時は今ほど巡礼圏が広くなかったようだ。現在でもJRの在来線は、山陽側から支線のような形で敷設されている。ただ日本海航路によって京都の北側からアクセスしていたことは忘れてはならない。

山陽側の方言は近畿地方の影響を受けやすい一方で、山陰は独自性が強いということが傾向として言えるが、それは地勢条件から理解できる。

中国地方の方言は近畿地方に接するために多くの影響を受けた。しかし単語や文法で独自性も多く、アクセントに至っては東京式である。このためもあってか、この地方の人は関西人よりも、共通語を話すことに抵抗がないようで、あまり「訛りがある」とは言われない。

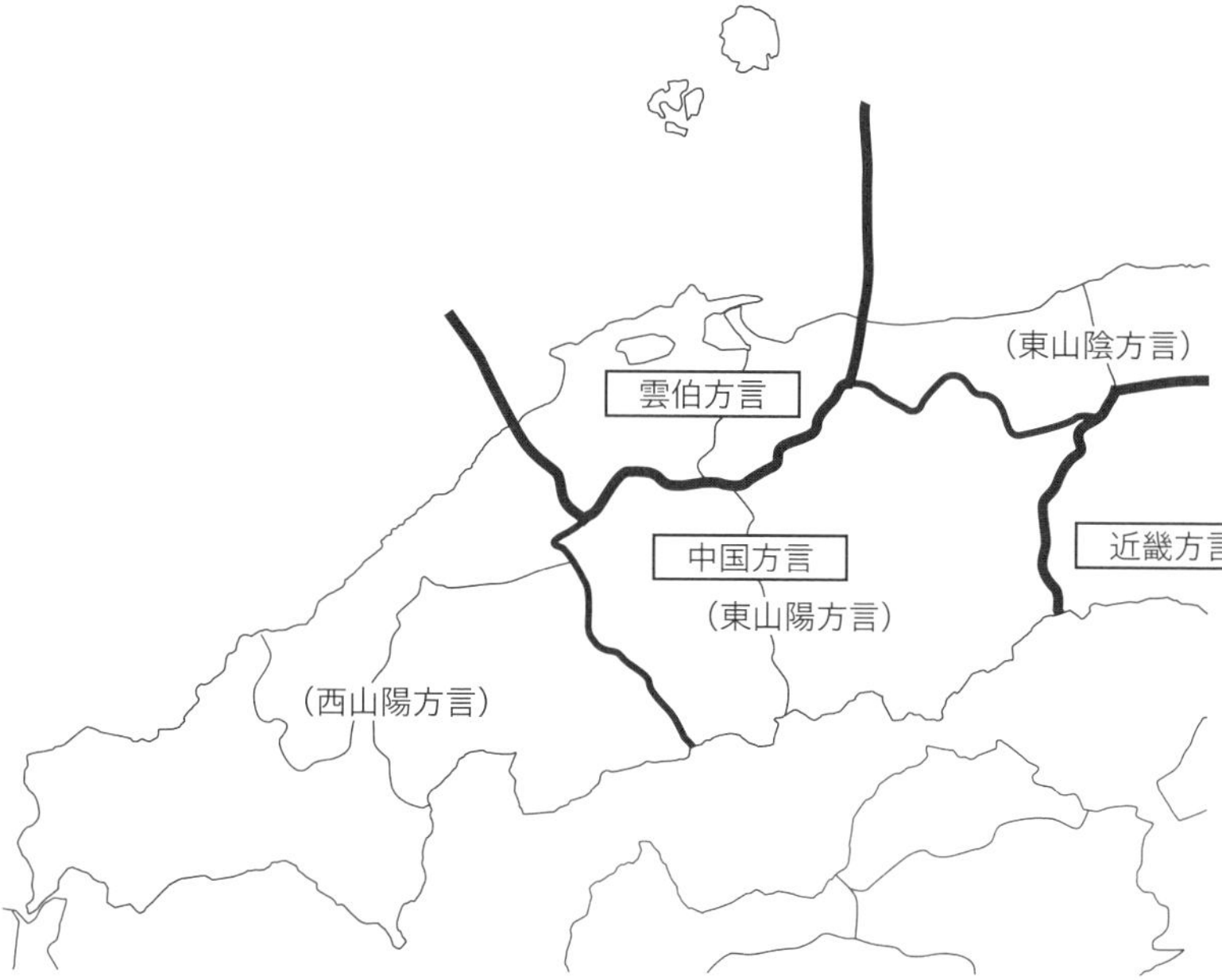

(東山陰方言)
雲伯方言
中国方言
(東山陽方言)
近畿方言
(西山陽方言)


中国地方全体で見れば、山陰の**雲伯方言**(島根県東部と鳥取県西部の方言)の独自性が顕著で、それ以外は広島弁などに代表される**中国方言**で、理由の接続詞「けー、けん」など比較的共通の特徴が多い。ただし、山陽地方で東西差があり、東山陰(鳥取県東部から兵庫県北部)の方言は断定辞「〜だ」など異なる点も多い。

室町・戦国史を見ると、全体を東西に分けて見ると理解しやすい。東部は山陰の**山名氏**と山陽の**赤松氏**が対立。西部は山名氏も勢力を持っているが、**大内氏**の伸長が著しかった。

戦国期に入ると、山名・赤松の両氏が衰退し、山陰から**尼子氏**が急成長して東部にも進出。西部では尼子と大内の二大勢力が対立したが、やがて**毛利氏**が中国地方の大部分を制圧、後に**織田氏**も東部から進出して、**羽柴秀吉**が織田氏の中国方面の大将となって毛利氏と戦った。

# 兵庫県

兵庫県は5つの旧国からなる。そのうち既に、摂津（南東部）は大阪府の項で、丹波（中東部）は京都府に含めて説明し、淡路は四国の徳島に続けて叙述している。残る部分で但馬（北部）は鳥取県の項で説明するので、ここでは播磨（南部）のみ述べることになる。但馬と播磨の間には中国山地の東端である生野峠が壁となっている。交通アクセスでも、電車はＪＲ播但線が姫路から北上する経路の一本だけ、高速道も姫路からのルートと、大阪から丹波市経由のルートしかなく、行き来はしにくい。アクセスは山陰方面とつながっており、気候も山陰の性格が強いので、歴史的にもつながりは深い。そこで鳥取県の項とまとめた。歴史的に見れば、播磨は「山陽道」で中国地方の一部として扱われることが長かった。そのためもあってか、播磨の方言（播州弁）は関西弁の一種だが、単語や一部の語法で中国地方とも共通している。中国地方と共通するのが、動詞の進行形と完了形を区別すること（～しよう／しとう）だ。播州弁で代表的なのは動詞の進行形「～とう＝してぃる」（何言うとう、雨が降っとうやん等）で、他に敬語の「～てや」（言いよってあった＝言ってらっしゃった、地域によって「言いよったった／言いよっちゃった」となる）は関西弁の「～はる」とは違う。単語では「ダボ＝あほ」、「べっちょない＝大丈夫」などが特徴的だ。

上記の播州弁のうち「～しとう」や「ダボ」などは、神戸弁でも使う。神戸は摂津の西端だが、神戸弁は播州弁の一変種と言われるほど共通点が多い。

神戸は大阪とはＪＲで３０分の近さだが、神戸市の北部に六甲山系が東西に長く伸びている。神戸市と西宮市の市域はこの山系によって南北に分断されているため、多数の道路、鉄道がこの山系を横断して市内を南北に連絡しており、古くは摂津の他地域と神戸付近のアクセスは決して簡単ではなかったようだ。神戸と

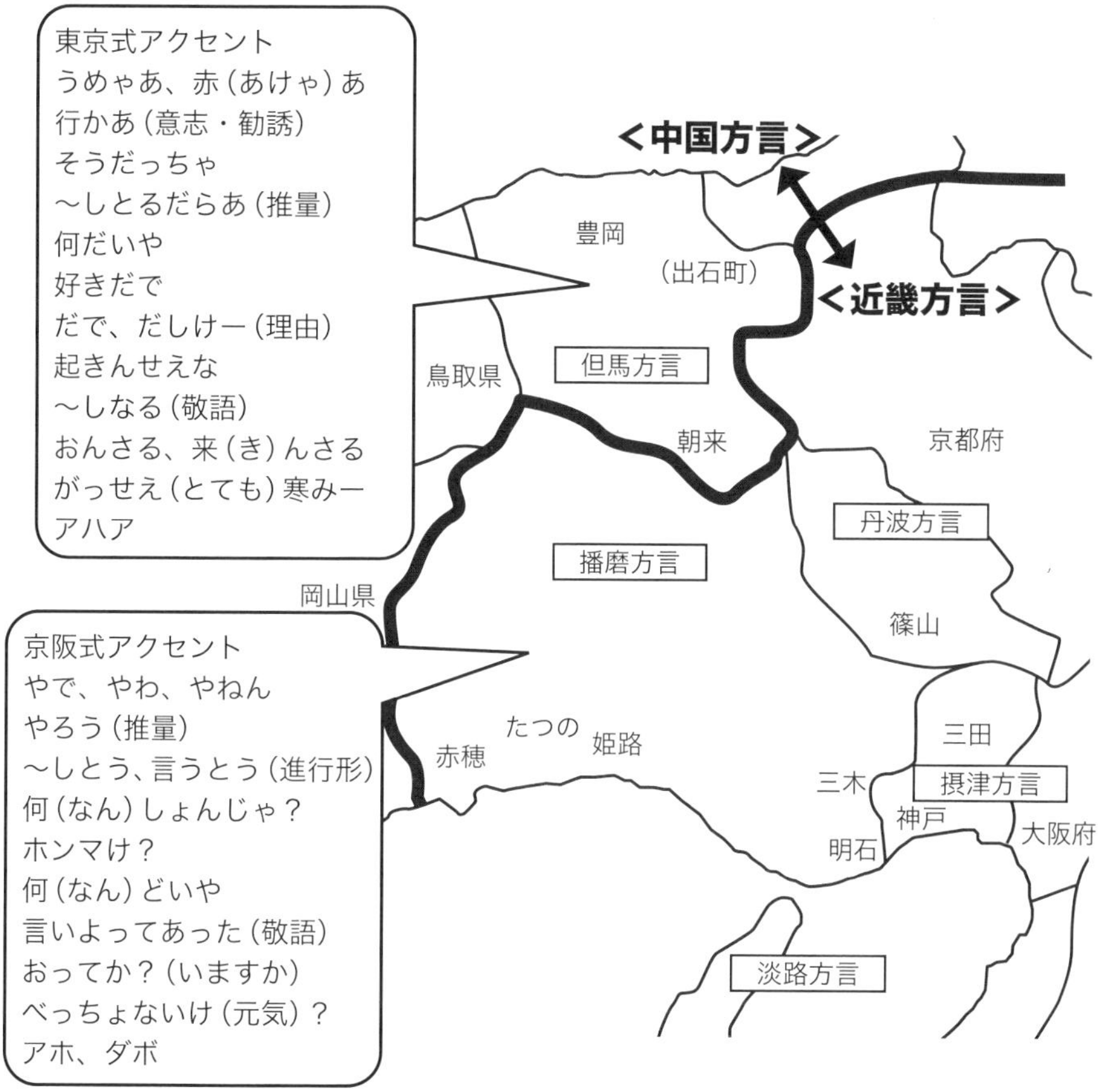
東京式アクセント
うめゃあ、赤（あけゃ）あ
行かあ（意志・勧誘）
そうだっちゃ
～しとるだらあ（推量）
何だいや
好きだで
だで、だしけー（理由）
起きんせえな
～しなる（敬語）
おんさる、来（き）んさる
がっせえ（とても）寒みー
アハア
＜中国方言＞
＜近畿方言＞
豊岡
（出石町）
鳥取県
但馬方言
朝来
京都府
丹波方言
播磨方言
岡山県
篠山
京阪式アクセント
やで、やわ、やねん
やろう（推量）
～しとう、言うとう（進行形）
何（なん）しょんじゃ？
ホンマけ？
何（なん）どいや
言いよってあった（敬語）
おってか？（いますか）
べっちょないけ（元気）？
アホ、ダボ
たつの
姫路
赤穂
三田
三木
摂津方言
神戸
大阪府
明石
淡路方言

＊摂津は大阪府の項、丹波は京都府、淡路は徳島県の項でそれぞれ記載。
　但馬方言の解説は鳥取県と合わせて後述

播磨地域の間にも六甲山系はあるが、海域交流は容易だったのだろうか。神戸の西部が播磨国に含まれているし、歴史的にも播磨の赤松氏が六甲山に城を築くなど、播磨の影響を受けやすかった状況が推測される。

室町・戦国期の神戸は「**兵庫津**」であり（現在の神戸市内の西端に「兵庫区」がある）で、京都に近く瀬戸内海沿岸の港町として栄えた。歴史の舞台としては、神戸市中央区から須磨区にかけて源平合戦の「一の谷の戦い」が行われ（源義経の「ひよどり越え逆落とし」で有名）、南北朝期にＪＲ神戸線の神戸駅付近で湊川の戦い（楠木正成が敗死）が行われた。室町期に入って重要なのが日明貿易の交易港として栄えたことで、朝鮮や琉球からも貿易船が来航し国際的な雰囲気があった。室町後期になると、京都周辺ゆえに戦乱に巻き込まれ、さらに和泉の堺が発展したあおりで相対的に衰えた。ただしその後も港町としては健在で、織田信長も中国平定の拠点として荒木村重に命じて花隈城（神戸市中央区の元町付近）を建てさせた。秀吉が大坂に本拠を置くと、豊臣政権の西の玄関口として整備されている。市内には豊臣秀吉が好んで湯治に訪れた**有馬温泉**もある。温泉内には秀吉愛用の湯山御殿について発掘資料を展示する「神戸市立太閤の湯殿館」や秀吉ゆかりの愛宕公園、秀吉にちなんだ「太閤の湯」「ねね橋」があって散策を楽しめる。アクセスは、神戸市の三宮駅から市営地下鉄と神戸電鉄を乗り継ぎ３０分の有馬温泉駅で下車。大阪からでも1時間超の所要時間である。

## 播磨国（南部）

神戸市の南西に六甲山の西端があることから、播磨と神戸の間にも地形的な壁はある。大阪との間はＪＲ山陽本線や国道2号線などアクセスは充実しているが、距離的に少し離れており、また六甲山が壁となっていた。こうしたことで播磨は畿内中心部の影響を受けても、程よく距離を置ける地理的条件にあったと言えるだろう。方言の独自性もそこから来ている。また山陽道でつながっている中国地方の方言との共通点も特に西部である。

播磨内部の地域差はここでは取り上げていないが、東部で加古川（明石より西の加古川市を流れる）、中部の姫路市などで市川、西部の赤穂市などで揖保川と、南北に流域を形成する川が流れており、それが東・中・

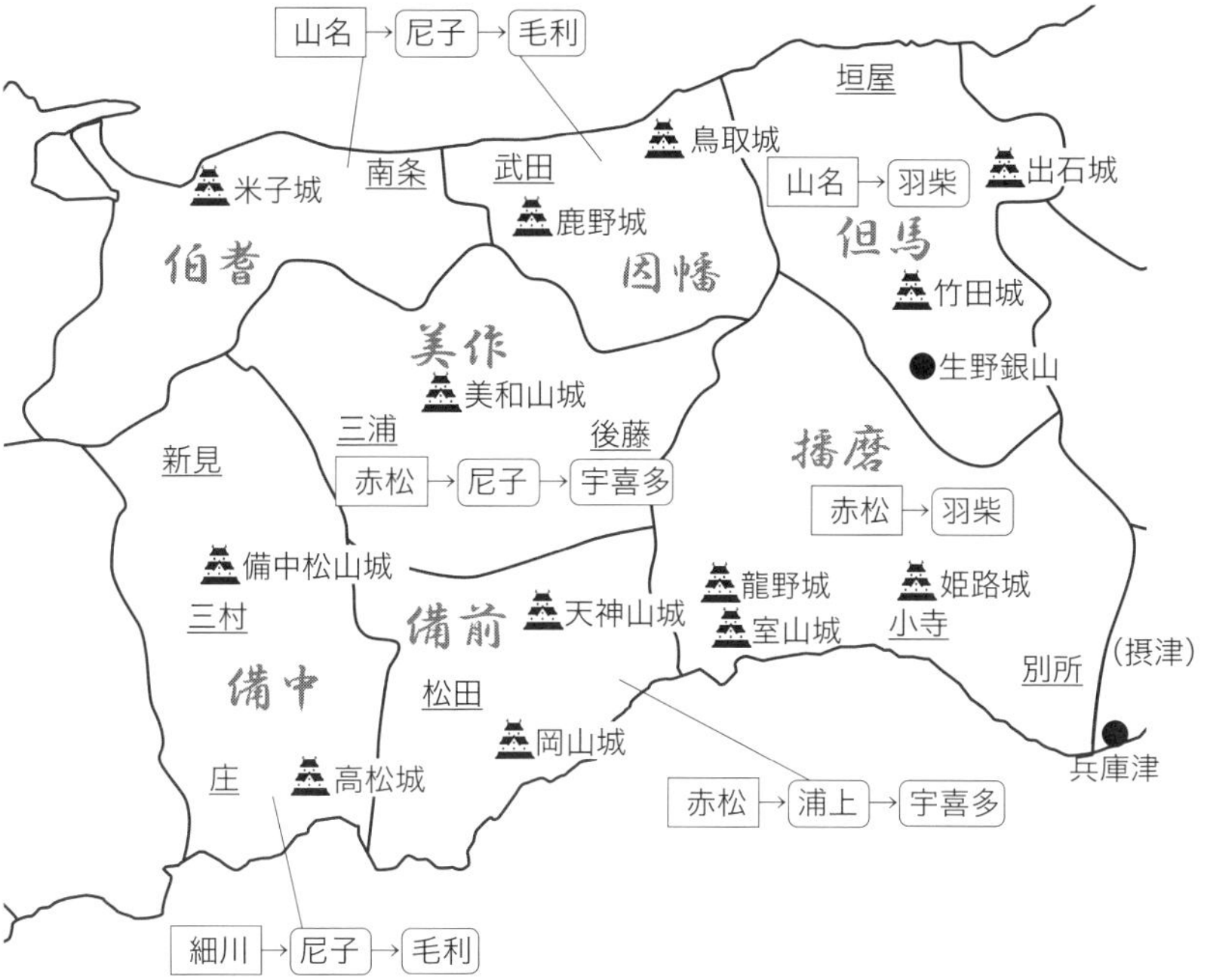
山名→尼子→毛利
垣屋
鳥取城
米子城
南条
武田
山名→羽柴
出石城
鹿野城
伯耆
因幡
但馬
竹田城
美作
生野銀山
美和山城
三浦
後藤
新見
播磨
赤松→尼子→宇喜多
赤松→羽柴
備中松山城
龍野城
姫路城
天神山城
三村
備前
室山城
小寺
(摂津)
別所
備中
松田
岡山城
兵庫津
庄
高松城
赤松→浦上→宇喜多
細川→尼子→毛利

西それぞれで別の地域圏を作る要因になったことは想像に難くない。それぞれの距離も離れており、JRのアクセスでも神戸から明石は10分ほどで行けるが、神戸から姫路は約40分、姫路から赤穂まではさらに30分かかる。海沿いでもこの東西の距離感は大きい。

戦国史でも東・中・西の地域差に留意すれば理解できる。また位置的に、近畿と中国の両地方に挟まれていることから、両地方からの影響を考慮しなければならない。

兵庫県の播磨地域で世界遺産となっているのが、**姫路城**である。山陽新幹線の姫路駅から市街のメインルートの向こうにこの城が見えるのは壮観だ。駅からの距離は1kmで、徒歩なら20分ほどである。

この城は『暴れん坊将軍』など時代劇では徳川将軍の城として登場するが、史実では誰の城だったかほとんど知られていない感がある。代表的な城主は**黒田官兵衛（孝高《よしたか》）**である。豊臣秀吉の軍師とされるが、中国攻めで活躍し、後に秀吉の天下取りに貢献した。播磨の戦国史を語るキーパーソンなのは間違いなく、司馬遼太郎が彼を主人公に『播磨灘物語』を書き、最近でも大河ドラマ『軍師官兵衛』（２０１４年）が製作された。しかし現在の白亜の大天守閣がある姫路城は官兵衛が去った後に、江戸初期に建てられた。官兵衛を軸にして、姫路城建設に至るまでの戦国史を説明しよう。その傾向を言えば、播磨は中国地方の方面ながら最も畿内に近いので、京都政局の影響を受けるということである。

室町時代の播磨は、**赤松氏**が守護である。鎌倉討幕に活躍したが、後醍醐天皇への不満からいち早く足利尊氏について活躍した。その後、地元の播磨に加えて、備前と美作（岡山県）の守護となり、また山名氏と共に侍所の長官である「四職家」の一つということで当主は幕閣として在京した。赤松氏は、京都の戦乱から避難した幼少時の足利義満（3代将軍）を保護したこともある。私が子供の頃漫画で読んだ話だが、赤松氏に護衛された義満が播磨で満月の夜の海辺の景色が美しかったことで「この景色を都に運べ」と言ったというエピソードがある。赤松氏の行動は、畿内近国で山陽道が通じていることで京都政局の影響を強く受けたと言えるだろう。

なおアニメ『一休さん』で一休さんが手紙を届けに播磨の寺に行き、そこで赤松氏の家臣で測量担当の人が同僚から陥れられそうなところを救う話がある。お土産に播州名物のそうめんをもらい過ぎて閉口するというオチだった。

6代将軍義教は専制化を進めるため有力守護を抑圧していたが、当時の当主・赤松満祐は所領を没収されそうになったので、１４４１年に将軍を自邸の宴会に招いて暗殺した（**嘉吉の変**）。事件後、赤松氏は播磨に戻って反乱を起こしたが、**山名宗全**が総大将となって討伐した。山名氏は、この恩賞で赤松旧領の播磨などの守護となる。しかし南朝の残党によって御所から三種の神器の一つ「神璽」が盗まれるという「禁闕の変」があり、それを赤松の旧臣たちが取り戻した。この功績から細川氏が赤松氏の再興を後押ししたが、この際には山名氏に遠慮して播磨などの回復はならず、加賀の半国守護となった。

応仁の乱では赤松氏は細川氏とともに東軍となって、山名氏ら西軍と戦った。旧領回復が目的だったため、乱の半ばに細川と山名の両大将が和睦に傾いても強硬に反対した。乱に際して赤松氏は軍を播磨にも派兵して撹乱していたが、乱後に旧領の守護職を取り戻し、在国するようになる。その後も但馬から山名氏の侵入が続くも、なんとか撃退した。山名氏は但馬から播磨を支配しようと試みたが、中国山地を超えるという条件があり、現在でも電車がＪＲ播但線しかないなどアクセスの悪さから推し量ると統治困難だった状況が見える。

播磨では赤松氏は当初、姫路城（現在の城より小規模）を本拠としたが、但馬からの山名氏の攻撃に備えるため、置塩城（姫路市北部）に移転した。姫路市中心部の北１０ｋｍの地点で、但馬への街道に面しているが、標高３７０ｍの山城で防御に優れていた。アクセスはＪＲ山陽本線の姫路駅から神姫バスで３５分である。

１４８８年に当主の赤松義村は早世し、その正室・**洞松院尼**（めし殿、細川勝元の娘）が分家から迎えた当主を補佐して実権を握った。彼女は女性ながら実質的当主として行動し「女戦国大名」の先例と言われることもある。

その後家中の主導権を巡って、赤松氏と守護代・**浦上氏**が対立。こうした中で１５２０年代に畿内での両細川家の乱で赤松と浦上はそれぞれ対立陣営に分かれ、これ以降両者は決別する。

１５３７年になると出雲の尼子晴久が「上洛」を呼号して播磨に侵入。赤松氏と浦上氏を追い、播磨西部の一部を領土化する。尼子氏の進出ルートは、鳥取県西部から南東方面に米子自動車道から岡山県の内陸で中国自動車道によって兵庫県に向かうルートか、あるはＪＲ伯備線と姫新線のルートが想定される。ただし山間の道でやや行軍困難と思われ、尼子氏も本国の事情で長くは領有できなかった。西方で毛利氏が尼子氏の背後を脅かしたことで脅威は薄らいだが、この時期から浦上氏は播磨西部から備前・美作の地域権力として自立化する。浦上氏の播磨での拠点は、西部の室山城（たつの市室津町）である。

一方で赤松氏の播磨での権威は低下し、守護所周辺の播磨中部で一国人的な存在となる。赤松氏は播磨を東西に分け、それぞれ分家を守護代としていたが、東部では三木城主（三木市、明石市の北方）の**別所氏**、西部では龍野城（たつの市）の龍野赤松氏が勢力を持った。１５６０年頃になると東端部を三好氏によって奪われている。

こうした中で赤松守護家を補佐して中部で勢力を持ったのが御着城（姫路市）の**小寺氏**で、その家老が黒田官兵衛（孝高）である。御着城のアクセスは、姫路駅から東へ５分の御着駅で下車し姫路市東出張所を目指して徒歩１０分の場所にある。

黒田家は備前福岡（岡山県瀬戸内市）から播磨に来たと言われるが詳細は不明で、官兵衛の祖父の代から小寺氏に仕えたことは確かである。官兵衛の母は東播磨の有力国人・明石氏の出であり、黒田氏が播磨の有力者と縁組していたことが分かる。さらに１５６６年に官兵衛の妹が室山城の浦上政宗の息子と縁組した。しかしこの婚礼の当日に龍野赤松氏が室山城を急襲し、浦上氏一族は滅亡、官兵衛の妹もこの時殺害されている。これを受けて官兵衛は初陣で龍野赤松氏と戦った。このような情勢から見て、１５６０年代には播磨はいまだ中小勢力の分立状態にあったことが分かる。以上の状況は大河『軍師官兵衛』の序盤で描かれ、龍野赤松氏に殺されたのは官兵衛（岡田准一）の義理の妹で初恋の人となっていた（南沢奈央・演）。ちなみに室山城はたつの市沿岸部の南へ突きだした半島にあり、室津港を直接押さえる位置にある。標高５０ｍの丘城で、前述の赤松氏に落とされた後は廃城となった。現在、本丸の部分は宅地や畑となっており、道路脇に石碑があるのみ、二の丸は「室津二ノ丸公園」となっている。アクセスは、姫路から山陽本線で10分の網干駅から神姫バスに乗って25分の「室津」で下車し徒歩6分、あるいは山陽自動車道・龍野ICから22分である。この近くには山陽道の宿場として栄えた室津の街並みが江戸期の様式で残り、さらに少し丘を登った賀茂神社（国の重要文化財）から室津の海を望むことができる。私は学会の視察会で室津を訪れたが、瀬戸内の海の美しさに目を見張った。ちなみに網干の次の駅が竜野で、姫路からは15分である。

戦国期に話を戻すと、織田信長が上洛すると荒木村重に命じて播磨にも軍を派遣、これを受けて1576年に赤松氏や小寺氏など播磨の領主たちは上洛して信長への服従を示した。信長という強力な畿内政権の担い手ができると、これに接する播磨は強く影響を受けたということである。織田軍の播磨への進軍路は当然、山陽本線が想定される。この後、**羽柴秀吉**が「中国方面軍総大将」となり、名刹・**書写山**（姫路市）に陣を置いた。書写山圓教寺は平安期から続く天台宗の別格本山で、西国三十三か所で最大の寺院。姫路駅から神姫バス「書写ロープウェイ行」で30分の場所にある。黒田官兵衛も秀吉に積極的に協力して居城の**姫路城**を差し出した。この姫路城にはもちろん現在の天守閣はなく、木造の城砦的な城だった。秀吉は弟の秀長を北方の但馬制圧に派遣しているが、JR播但線のように姫路から但馬方面へのアクセスがしやすかったことが大きな要因だろう。しかしこの時期から毛利氏の勢力が及び始め、水軍で播磨沿岸部の英賀（姫路市飾磨区）を襲ったが官兵衛らは撃退した。毛利氏は水軍で東上したわけだが、現在でも神戸と門司（山口県）との間で中距離航路があり、また姫路から小豆島（香川県）への近距離航路があるなど、瀬戸内海の海域アクセスが盛んだったことが背景として考えられる。

この後、秀吉は一旦播磨西端で赤松氏の一族が守る**上月城**《こうづき》（佐用町）まで制圧し、毛利氏と戦う尼子旧臣の

**山中鹿之助**を同城に置いた。ここは標高200mの山城で、姫路駅からJR姫新線で1時間20分ほどの上月駅から徒歩20分の場所にある。現在中国自動車道のルート上に当たるが、播磨、美作、備前という三国の結節点近くで、岡山県の内陸から山陰方面に進出するためのポイントということである。しかし東部で別所氏が毛利に付いたため、官兵衛の直接の主君である小寺氏など多くの播磨国人もこれに追随した。秀吉はこれへの対処に追われ、上月城の鹿之助を見殺しにすることになる。毛利軍に包囲された上月城は落城し、鹿之助は護送途中で斬首されて名門尼子氏再興の夢は消えた。

さらに摂津の荒木村重も反旗を翻し、前述のように翻意を促しに有岡城へ行った黒田官兵衛は二年近く投獄された。大阪府の項でも述べたが、兵庫県南東の玄関口である尼崎が敵対勢力となったことは、山陽と畿内の連絡路が遮断され、秀吉軍が敵中で孤立することになったのである。その後三木城を二年近く兵糧攻めした末に別所氏を下し、やがて官兵衛も救出した。三木城包囲戦の最中には「軍師」竹中半兵衛が陣中で病死し、城跡の近隣に彼の墓がある。三木城のアクセスは、神戸からは高速神戸駅から神戸高速線と神戸電鉄粟生線を乗り継いで1時間前後の三木上の丸駅から徒歩3分、姫路からならJR神戸線、加古川線、神戸電鉄粟生線を乗り継いで1時間超というところである。

秀吉は中国方面の大将となってから4年近くも播磨で苦戦したが、『播磨灘物語』では苦衷を吐露する秀吉に対し、官兵衛がその理由は播磨の小勢力分立状況にあり、ここを平定すれば道は一気に開けるというようなセリフを言っている。そして播磨平定以降、秀吉の中国攻略は大きく前進した。播磨の制圧によって、山陽道と山陰道いずれへもアクセスが容易になったことが中国地方進出には大きな意味を持った。なお1581年に秀吉によって、姫路城初めての天守閣(三層で黒壁)が造られている。

備中で本能寺の変の知らせを聞いた秀吉軍は**中国大返し**を行ったが、その際に官兵衛の献策が大きかったと言われる。その途上、秀吉は姫路城で一時休息して戦備を整えた。

秀吉が天下を取った後、黒田氏は一旦播磨山崎（龍野から北へ揖保川に沿った内陸）の城主となったが、すぐに九州へ配置替えとなる。黒田官兵衛の功績は大きかったが、その才能を秀吉に警戒され恩賞が少なくしか与えられなかったと言われてきた。確かに天下統一後、官兵衛は豊臣政権の中枢から距離を置くが、それは軍略家が自分の本分であり、政治は不得手という認識からだと考えた方が良さそうだ。石高も当時の秀吉親族とのバランスを取ったためで、年齢的なめぐり合わせもあったと八幡和郎氏は考えている。

黒田氏が去った後、播磨は豊臣氏の親族や譜代家臣ら小大名の領地となって細分された。そして関ヶ原の後に徳川家康の娘婿となった**池田輝政**が姫路城主となり、徳川幕府の命で近隣の諸大名も動員して現在の大天守閣を建設した。江戸期の姫路は山陽道の抑えとして徳川譜代大名が配され、さほど特徴があったわけではない。ただ中央から見て、近畿と中国地方の中間的拠点として、播磨が重要地であったことが読み取れる。

黒田官兵衛ら戦国武将が去った後に、中央政権の象徴として姫路城が建設されたのを見ると不思議な感慨がわく。

官兵衛は播磨出身なので方言を話しても良さそうだが、公刊された作品では今のところ無い。息子の**黒田長政**については、ネット上の作品で播磨方言を話しているものはある。

# 岡山県（備前国、美作国、備中国）

大阪から新幹線で50分の岡山県は、中国方言の地域である。県の北部から南部に至るまで中国山地で占められ、これが備前市の東方まで山をなし、近畿方言（京阪式アクセント）である播磨方言と中国方言（東京式アクセント）である岡山県方言のくっきりとした境界をなしている。兵庫と岡山の間には山陽新幹線と山陽自動車道という東西の幹線でつながっているが、兵庫県の赤穂市と岡山県備前市の間にはトンネルがあるなど、地形的な壁は存在する。

一方、岡山県内の南北の道は中国山地を源流とする吉井川、旭川、高梁川と北から南へ流れる河川によって南北のアクセスが行われた。現在でも岡山駅からJRの津山線と伯備線が敷設されているように、南北ルートは健在である。これらは鳥取、島根など山陰地方にもつながっている。

岡山県は旧国で言えば、備前（南東部）、美作（北東部）、備中（西部）から成る。しかし方言はこれらの国境で明確に分けられず、徐々に変わっていく。前述の南北の交通路がこのような方言状況を作り出したと考えられる。都市間の鉄道での所要時間を示すと、岡山―津山はJR津山線の特急ことぶきで1時間弱、岡山―倉敷は伯備線の特急やくもで10分超（各駅停車でも15分）、倉敷―高梁は伯備線の特急で20分超、倉敷―新見は同じく1時間というところである。

岡山方言の全体的な特徴は、東京式アクセントであること、断定辞が広島につながる「〜じゃ」（じゃった、じゃろう等）、動詞の進行形と完了形を「〜（し）よーる／（し）とる」と分けることなどで、「あい→えー（赤い→あけえ）」など連母音融合がさかんといったところだ。広島との関係は山陽新幹線の沿線で、新幹線では35分と近いことで容易に理解できる（ただし両県は中国地方の中心地をめぐって争ってきた）。また「しよ

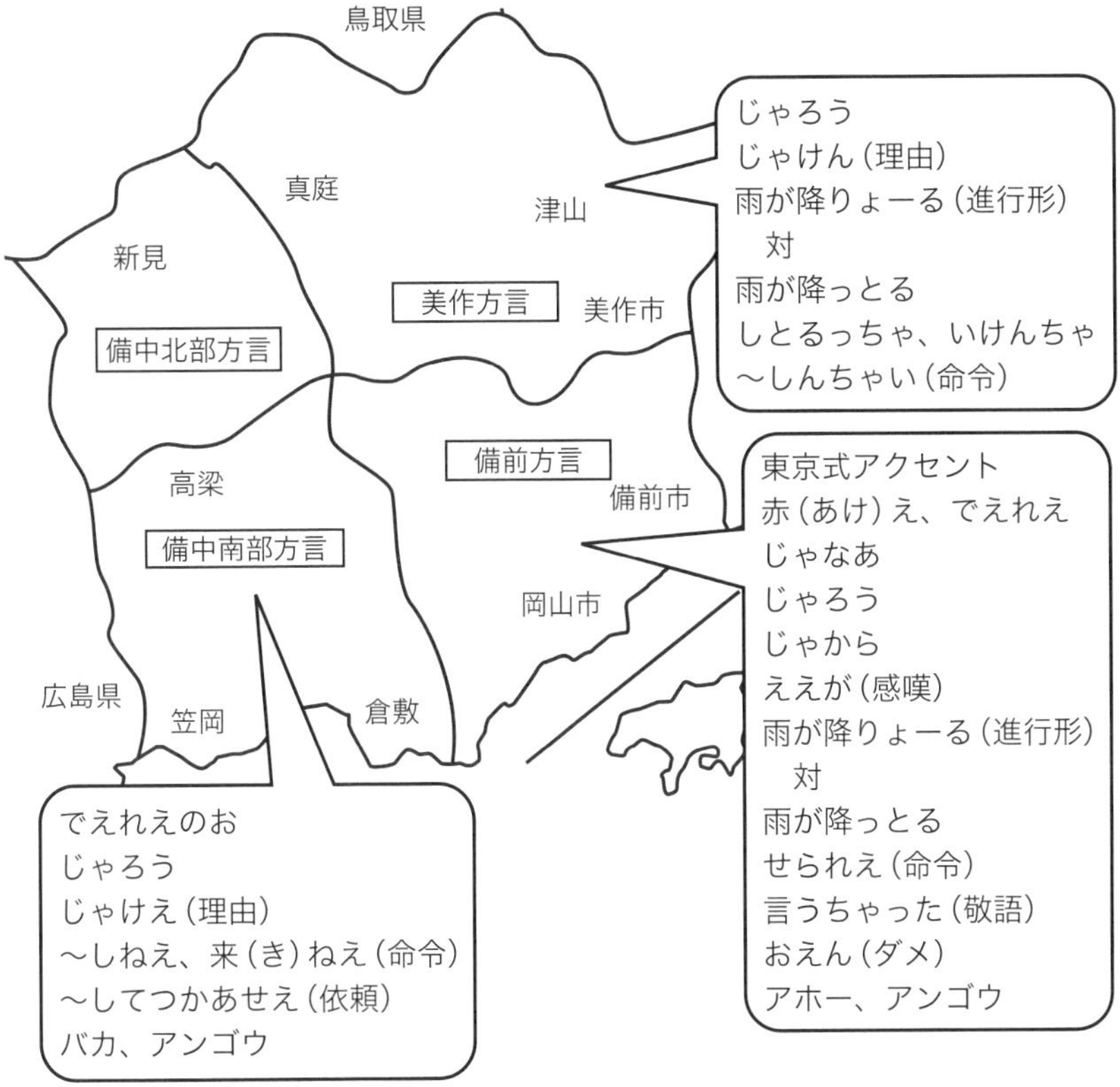
鳥取県
真庭
津山
新見
美作方言
美作市
備中北部方言
備前方言
高梁
備前市
備中南部方言
岡山市
広島県
笠岡
倉敷
じゃろう
じゃけん（理由）
雨が降りょーる（進行形）
対
雨が降っとる
しとるっちゃ、いけんちゃ
〜しんちゃい（命令）
東京式アクセント
赤（あけ）え、でえれえ
じゃなあ
じゃろう
じゃから
ええが（感嘆）
雨が降りょーる（進行形）
対
雨が降っとる
せられえ（命令）
言うちゃった（敬語）
おえん（ダメ）
アホー、アンゴウ
でえれえのお
じゃろう
じゃけえ（理由）
〜しねえ、来（き）ねえ（命令）
〜してつかあせえ（依頼）
バカ、アンゴウ

る↓しょーる」、「どえらい↓でえれえ」のように長音化することも多く、岩井志麻子の小説『ぼっけえきょうてえ』（すごく怖い、の意）のように独特の単語もある。数少ない旧国で分けられる言い方が（備前／美作／備中の順で表示）、命令形で「（せ）られー／（し）んちゃい／（し）ねー」、理由の接続詞が「〜（じゃ）から／（じゃ）けん／（じゃ）けえ」といったところである。

美作では文末詞で鳥取にもつながる「っちゃ」（いけんちゃ、しとるっちゃ等）を言ったりする。美作の中心である津山から鳥取に向けてJR因美線があるように、交通面でもつながっている（津山から鳥取市までJR因美線の特急で2時間5分）。山でへだてられているものの、方言も徐々に変わっていく形になる。

　文末詞で「じゃなあ」というのは関西弁に近い感じだが、岡山市や倉敷など都市部の若者の間で断定辞が「じゃ→や」へと変わるなど、中国地方の中では関西の影響を受けやすいところもある。現在関西方面のＩＣＯＫＡが岡山でも使用可能になるなど、岡山の関西への接近が進んでいることが現れている。

アホバカ方言では「アホー」が多いが、西部で「バカ」もあり、県内で広く「アンゴウ」という独自の表現もある。

戦国史の展開についても旧国で分けるのが難しいので、まとめて説明することにする。ちなみに私の父の大学の恩師である藤井隆先生（名古屋大学名誉教授）は、美作東部の美和山城（津山市）で2万石規模を領した国人領主・**立石氏**（**法然上人**の同族）の子孫であり、立石氏も展開に応じて触れることにする。美和山城のアクセスは、中国自動車道と国道１７９号線（出雲街道）に挟まれた二宮の丘にあり、津山駅から北西３．５ｋｍの場所である。標高１５０ｍの山城で、美作最大の前方後円墳である美和山古墳群の上に築かれた。

岡山県の戦国大名ですぐ名前が挙がるのが**宇喜多氏**だが、これは戦国後期から勢力を拡大した。それ以前の長い前史を見る。その展開では東西との関係はもちろん、南北とのせめぎ合いが特徴として見える。現代にまでつながる交通の便の良さが背景にある。

室町期の備前と美作の守護は**赤松氏**で、嘉吉の変後に山名氏が獲得したが、応仁の乱後に赤松氏が復帰したのは前述した。しかし備前西部の金川城（岡山市）に本拠を置く奉公衆の松田氏は、赤松氏に抵抗して自立化する。赤松氏も守護代・**浦上氏**と家中での主導権を争って分裂し、やがて浦上氏は備前と美作の地域権力に転換を遂げる。この頃、浦上氏配下の国人で活躍したのが、宇喜多能家（秀家の曽祖父）である。１５３０

年代に浦上村宗は畿内での合戦で討ち死にし、二人の子のうち浦上政宗（兄）が室山城（兵庫県たつの市）、宗景（弟）が天神山城（岡山県和気町）をそれぞれ拠点として分裂した。現在のアクセスなら高速の山陽自動車道で龍野ＩＣから和気ＩＣは３０分の距離だが、東西の幹線道でつながっていても中国山地で隔てられており、戦乱の時代になるとその地形から分断されやすかったかと思われる。岡山県域が畿内から離れて独自の展開をたどるのは、方言のケースとオーバーラップする。なお浦上宗景の天神山城は標高３９０ｍの山上にある連郭式の山城で、和気町の市街地から国道３７４号線を北上した国道沿いに位置する。城山は峻険で西側に吉井川が流れており天然の堀をなしていたものと思われる。１ｋｍ超に及ぶ大規模な城郭で、現在は曲輪、土塁、石垣、空堀、侍屋敷跡などの遺構が見られる。アクセスは、岡山駅から東へＪＲ山陽本線で３０分超の和気駅からタクシーで１１分、車なら山陽自動車道・和気ＩＣから２０分である。

　美作に目を転じると、東部に浦上氏の勢力は及んだものの、奉公衆の所領が多く小勢力分立といっていい状態だった。有力な国人領主は、東部の三星城（美作市）に後藤氏、西部の高田城（勝山市）に奉公衆の三浦氏である。三星城のアクセスは岡山駅から智頭急行、ＪＲ姫新線を乗り継ぎ2時間２０分の林野駅から徒歩１２分、車なら中国自動車道・美作ＩＣから5分。高田城は岡山駅からＪＲ津山線と姫新線を乗り継ぎ2時間４０分の中国勝山駅から徒歩２５分、車なら中国自動車道・落合ＩＣから２５分。ともに標高３００ｍの山城だ。この時期１５０２年に立石氏は後藤によって居城を追われたという。詳しい背景は不明だが、浦上氏の軍勢が後藤に付いているので、赤松派と浦上派の対立の一環かもしれない。後藤氏は近隣の江見氏なども傘下に置き、美作東部に勢力を振るった。

　備中では細川氏の分家が守護で、守護代が**庄氏**だった。その居城の猿掛城は備中南部の倉敷市から矢掛町にまたがる所にあり、標高２４３ｍの連郭式山城である。岡山駅から備中高梁行のＪＲ伯備線と井原鉄道を乗り継いで45分の三谷駅からバスに乗る。または山陽自動車道・玉島ICから25分の場所である。細川氏と備中の関係を見ると、細川本家（京兆家）の家臣に庄氏の庶流がいるなど京都とのつながりもあった。細川氏の領国全体からすれば「飛び地」だが、瀬戸内海東部の拠点ということで、東の大阪湾からの海上ルートと南の讃岐からの海上アクセスでつながっていたと見られる。現在、大阪への海上アクセスはないが、香川県とは瀬戸大橋開通後も複数の航路がある。

なお、倉敷は江戸初期に開発されたので、この時代に町は存在しない。付近では児島半島の下津井に港があり、金比羅参詣の旅人がここで船に乗った。さらに水軍の基地もあって、細川領国の讃岐、阿波と連絡があった。このルートで岡山県方言と讃岐弁の共通点がもたらされたと考えられる。なお、室町中期の1420年に**雪舟**が備中南部の赤浜（総社市、足守駅の近く）で誕生し、総社駅北方の宝福寺で「涙で描いたネズミ」の伝承が残っている。

さて備中には細川本家とその内衆の所領が散在していたが、1490年代になって守護代・庄氏の配下がこれを横領し始めて両者に争いが起こる。やがて畿内では細川家が分裂し、備中細川氏も1520年頃には守護としての地位を失っていく。こうして備中は、南部の庄氏や石川氏、中部の**三村氏**、北部の新見氏など中小領主の分立状態になる。方言区画で言えば、庄氏や三村氏は「備中南部方言」の領域で、新見氏は「備中北部方言」の領域となる。

こうした在地の諸勢力が割拠する中で、1530年代から出雲の**尼子晴久**が侵入。赤松氏の要請で出動した阿波細川氏の水軍を退け、備中北中部と美作を領土化した。出雲から備中への進出ルートはJR伯備線、出雲から美作は米子自動車道と、いずれも尼子氏が先に領有した鳥取県西部を経由するルートが想定される。参考に、島根県松江から各地への電車での所要時間を記すと、松江から備中の新見はJR伯備線の特急やくもで1時間半、松江から倉敷は特急やくもで2時間半弱、美作の津山へは伯備線と姫新線を乗り継ぎ3時間半、備前の岡山は特急やくもで2時間半である。こうした勢力拡大の結果、１５４１年の安芸（広島県）の毛利氏攻めでは、美作や備中の国人も従軍している。

尼子氏は毛利攻めの失敗と大内氏による出雲攻めでいったんは岡山県域から退潮し、浦上氏が備前から美作東部に進出したが、尼子氏は大内氏を撃退した後に再び攻勢に出た。この帰結は１５５２年に本国出雲など「8か国守護」の獲得となり、岡山県域の三国は全て尼子氏の勢力圏となった。少し詳しく見ると、美作は9割が尼子支配（後藤氏や三浦氏などを配下にしたほか、譜代の宇山氏などを派遣）、備中は北部の新見氏が従属化し、南部の庄氏も同盟。備前では浦上政宗や松田氏と同盟を結び、反尼子の浦上宗景に攻勢をかけていた。こうした尼子氏の進出は、岡山県史上唯一の山陰からの拡大行動と言える。

しかし１５６０年代には尼子が衰え、これを攻めて毛利氏が岡山県域にも影響力を広げる。毛利氏は海沿いでは山陽道の西から東上する形で進出し、内陸でも出雲の尼子氏を牽制するためにＪＲ芸備線（広島県北東部から岡山県西部内陸へのルート）、あるいは成羽川（高梁川の北西方面への支流で広島県に流れる）の流域と想定されるルートから、岡山県域に進出した。こうした中で岡山県付近の在地領主でも、尼子氏と結んでいた松田氏や浦上政宗は衰え、逆に尼子氏に対抗してきた備中の三村氏と備前の宇喜多氏が勢力を伸ばすことになった。三村氏は中部の**備中松山城**（高梁市、最も標高の高い天守閣で有名）を本拠とし、**三村家親・元親**父子の下で備中第一の勢力となり、毛利と同盟しながら美作にも進出した。松山城は、ＪＲ岡山駅から伯備線の特急やくもで３５分の高梁駅からタクシーに乗って１０分で登山口、そこから徒歩２０分の山城である。

備前の**宇喜多直家**（秀家の父）は浦上宗景の配下だったが、岡山県内で最大の岡山平野を抑え、備前福岡など山陽の流通の拠点を掌握して商業利益を得ることで力を増した（備前福岡へは、岡山駅から東へJR赤穂線に乗って30分の長船駅で下車する）。直家は財力を強めると、尼子氏が後押ししてきた松田氏など近隣の領主を破って勢力を広げた。やがて美作で三村と対決して勝利する。直家の拡大手法がだまし討ちや暗殺などであるため「梟雄」という悪人イメージがあるが、これは後世の軍記物の影響が強いらしい。なお津本陽の小説『備前物語』では、直家も「おえんのじゃ」など岡山の方言で話している。

こうした中で「境目の地」美作の領主たちは自らの所領を維持するために尼子、浦上、毛利、後には三村や宇喜多と目まぐるしく帰属を変えながら、大勢力の帰趨に影響を与えていた（渡邉大門の研究による）。美作は内陸の山間であったが、現在でもJR津山線や中国自動車道というように東西南北に街道が通じていたことが要因だろう。少し目立つところでは、大友宗麟の工作で山中鹿之助らが美作で尼子再興運動を行ったり、三浦氏もこれに呼応して毛利と戦ったりしている。一方、居城を失っていた立石氏は、尼子や毛利に従軍して本領復帰を図っていたらしく、後に毛利氏に恩賞を与えられている。

織田信長が台頭した頃、浦上宗景は信長に服属したが、宇喜多は毛利氏について浦上氏と決別した。宇喜多による「下克上」の一環である。宇喜多は毛利に従いながら備前一帯に加えて、美作でも後藤氏と縁組し、反毛利の三浦氏を破って領土化する。なお直家の嫡子・秀家の母は、美作の三浦氏の出身というのが定説である（異説もある）。一方、三村元親は仇敵・宇喜多を優遇する毛利氏への不満から反乱を起こしたが、1574年毛利に滅ぼされた。こうして備中はほぼ毛利の領土となり、元就の四男が庄氏の分家の跡を継いで穂井田元清と名乗って備中の国人を配下とした。なお、滅ぼされた三村氏の備中松山城は高梁市内にあるが、標高430mの山上にあり、戦国期の山城が江戸期に改造されながらも存続した数少ない例である。

1579年になると宇喜多直家は毛利を見限り、羽柴秀吉を通じて織田方に付いた。これによって秀吉率いる「織田家中国方面軍」の勢力範囲は、一気に岡山県域に広がった。秀吉軍の進出路は当然山陽自動車の道が考えられ、畿内の勢力が瀬戸内海沿岸の山陽に進出する基本的なルートということである。しかし直家は１５８１年に亡くなり、息子の**宇喜多秀家**が幼少で、備前児島に毛利水軍が襲来して宇喜多家が苦戦する中で秀吉は後見人として救援した。そして８２年に清水宗治が守る**備中高松城**（岡山市北区）に進む。高松城は、岡山駅から西へＪＲ吉備線で２０分弱の備中高松駅から徒歩１０分の場所にあり、付近に足守川が流れる低湿地帯だった。清水は備中南部の国人で石川氏の家臣だったが、主家が三村氏とともに滅ぼされた後、毛利氏に取り立てられて高松城主となった。これに対し秀吉軍は黒田官兵衛の献策により「**高松城水攻め**」を行った。これは足守川から水を引き、現在の足守駅付近から東南約４ｋｍ、高さ８ｍにわたる長大な堤防を築くという大規模なものだった。清水を救援に来た毛利輝元らは猿掛城（倉敷市から矢掛町）に陣を置いたが、秀吉軍の陣は堅固で毛利は思うように支援できず、城方は降伏寸前に追い込まれた。しかし秀吉は本能寺の変を知って急ぎ毛利と講和、清水を切腹させて中国大返しとなった。なお、高松城址の付近には「高松城址公園資料館（入館無料）」があり、水攻めの詳細な資料もある。

この後宇喜多氏は毛利氏が背後にあって反乱した草刈氏（美作北部の鏡野町が本拠）など美作国人の平定に苦戦したが、蜂須賀小六と黒田官兵衛が毛利と講和条件をまとめ、備中を高梁川で東西二分して毛利と宇喜多の境界画定を行った。こうして宇喜多は備前・美作と備中東半合わせて５４万石の大名となった。居城も備前西部の**岡山城**（岡山市）になり、天守閣が造られる。岡山城のアクセスは、岡山駅から東へ向かう路面電車で「東山行き」に乗車し5分ほどの「城下」で下車、徒歩１０分というところである。白壁で「白鷺城」の姫路城に対して、岡山城は黒壁なことから「烏城（うじょう）」と呼ばれ、所々にある金箔が映えている。城の隣に江戸期の城主・池田氏によって造られた「後楽園」がある。旭川が城の外堀となって風景が優美である。

秀家は成人した後に、秀吉の天下統一戦で各地に出兵した。秀吉が養女ながら実の娘同然に寵愛した豪姫（前田利家の娘）を正室に迎え、豊臣家の親類衆の立場になる。後に徳川家康や毛利輝元らと並んで「五大老」にもなった。

しかし中央志向が強い秀家に対し、備前・美作の本領では在地の国人が旧来の支配を維持しようと抵抗した。このあつれきから関ヶ原直前にお家騒動が勃発、宿老の明石掃部、秀家のいとこ坂崎出羽守直盛（旧名・宇喜多詮家、大坂の陣での千姫救出で有名）など大量の脱藩者を出した。この状態のまま関ヶ原本戦では西軍として敗れて取り潰され、秀家は八丈島に流罪となった。現在の岡山市は山陽新幹線で大阪とは1時間ほどと近いが、そこから県内各地は在来線でかなり時間がかかる。中央志向の強かった宇喜多秀家と、国元の国人とのあつれきもそのようなアクセス面から理解できよう。

なお、**宮本武蔵**が定説では美作出身で（兵庫県説もある）、関ヶ原では宇喜多軍にいたという。定番となった吉川英治の小説と、これを基にした井上雄彦の漫画『バガボンド』はこれを採用している。美作市に武蔵の生家跡があるが、最寄りの駅は智頭急行線でその名も「宮本武蔵駅」である（岡山駅から鳥取行の特急スーパーいなばと智頭急行を乗り継ぎ1時間半）。付近には武蔵記念館や古町町並み保存地区（因幡街道大原宿）が観光コースになっている。付言すると、岡山城近くの岡山県立美術館に武蔵作の水墨画が展示されている。

さて宇喜多氏が去り、毛利も大幅減封された後の岡山県域はいくつかの藩が分立した。付け加えると、立石氏は津山藩領で帰農し惣庄屋として藩に財政面で貢献、社家としても活動したという。中世の在地領主の一つの転身物語と言えるだろう。

## 但馬国（兵庫県北部）

ここから取り上げる旧三国は、いずれも**山名氏**が守護だった。方言も、実は但馬と鳥取（因幡）の方言は同系統でよく似ている。但馬と鳥取とは、ＪＲ山陰本線、国道では９号線と１７８号線でつながっている（但馬の豊岡と鳥取市は山陰本線で２時間超）。特に１７８号線は京都府舞鶴から敷設されており、日本海ルートを形成している。

但馬は兵庫県だが、この交通路で見えるように中国地方、とりわけ山陰東部の方言に属している。最大の特徴は断定助詞が「だ」、東京式アクセントであることである。関西弁と比べて、はるかに東京語に近いところもあるが、西日本方言の一種で、動詞の進行形は「〜（し）とる」、否定形は「〜ん（できん等）」である。理由の接続詞「だで」、言いきりの文末詞「だっちゃ」といった特徴は、京都府の丹後半島の方言と共通する。この辺りで国道１７８号線のルートが山陰地方同士の交流に関係していると見える。丹後と同様に「赤い→赤（あけゃ）あ」となる連母音融合もあり、古くは江戸初期に当地出身の**沢庵和尚**（徳川家光のブレーンで、漬物たくあんの考案者との説）が但馬方言の発音について記録に残している。

また推量形「〜だらあ」を言うのが愛知県東部の三河弁や静岡弁に共通するということで、但馬出身の人が驚いたという話がある。京都から等距離で同じような言葉があるので「方言周圏論」の一環かとも思えるが、発生源としてはアウ→アーという但馬弁の連母音融合現象が関係しており、だらう→だらあと変化したことが分かる。同じような例で「アハア＝アホ、バカ」があり、古くは「アハウ」だったのが先の連母音融合で「アハア」となった。理由の接続詞は「だで」の他に「だしけー」というのがあり、関西弁の「さかい」が変化したものである。また鳥取と接する北西部の温泉町では、鳥取弁とより近くなり、「だけえ」と言う。

同じ兵庫県だが関西弁の一種である播磨とは、中国山地で隔てられている。私も学会の視察で神戸からバスで但馬の生野銀山を訪れたが、道中の山深さに驚いた覚えがある。前述のように鉄道路線は、姫路からのＪＲ播但線か、京都府の福知山からの路線しかないので、アクセスの困難は今に続いている。兵庫県内の山陽側からのアクセスは、神戸から豊岡は播但線の特急はまかぜで早くて２時間２０分、姫路から豊岡は播但線の特急はまかぜで１時間４０分である。もちろん就職先で但馬の人が関西中心部に行くことが圧倒的で、メディアの影響もあってか、最近は同意確認の文末詞「やん」など関西弁の影響が強まっているようだ。ちなみに京都から山陰本線、大阪からはＪＲ福知山線の特急で３時間前後かかるが、城崎温泉に行く観光客の利用が多いようだ。しかし基本的に但馬は日本海側の山陰とのつながりが強い。この観点から戦国史も説明できる。

「天空の城」「日本のマチュピチュ」と呼ばれる**竹田城**（朝来市）は標高３５０ｍで山城としてはレギュラーな高さだが、雲海とのベストマッチなフォトジェニックで人気が出てきた。しかし誰の城かあまり知られていない感がある。答えは**太田垣氏**で、但馬守護・山名氏の重臣である。この城は但馬南部にあり、創建年代は不明だが１５世紀半ばと言われている。播磨の赤松氏に対する備えと考えられる。現代の交通路ではＪＲ播但線があるが、山名氏と赤松氏もこの経路で激しく争っていた。但馬の中で南部はやや関西弁の影響が強く、断定辞も「〜や」になる。竹田城のある場所も、南の播磨側からの影響を受けやすい位置にあることは念頭に置くべきだろう。竹田城へのアクセスは、大阪から播但線の特急はまかぜで２時間２０分の竹田駅から１時間ほど登山して城跡に着く。

山名氏は侍所の長官を務める「四職家」の筆頭で、幕閣としても活躍した。室町初期には山陰から畿内に至るまで11か国の守護となって「六分之一殿」(全国六十六か国の六分の一が山名領ということ)と言われたが、三代将軍義満に明徳の乱で追討され、一時は本領但馬など3か国まで管国が減らされた。後に勢威を回復し、**山名持豊(宗全)**が嘉吉の変後の赤松討伐で活躍した功績で播磨など旧赤松領の山陽にまで領国としたが、これが応仁の乱の遠因となる。宗全は西軍の総大将として京都周辺で転戦したが、但馬など領国から多くの兵が動員され、乱が長期化する中で疲弊していった。ちなみに但馬から京都への進軍路として、JR山陰本線のように京都府の丹波を経由するルートが使われたようだ。京都への最短距離ということが関係していると思われる。

応仁の乱終結の後に宗全の跡を継いだ孫の山名政豊は但馬に戻り、山陰東部の地域権力として転身する。しかし播磨で赤松氏に敗れたことで守護としての威信が低下した。山名氏は但馬東部の**出石**(豊岡市)の此隅山城を本拠に、北部に垣屋氏(本拠は豊岡城)、南部に太田垣氏を両守護代として在地支配を行ったが、重臣たちに大きな権限を与えたことで小勢力となる。但馬国内も山間地が多く、ある程度まとまった広さの土地は山名氏の本拠である出石から豊岡市への中心にかけての豊岡盆地ということになる。それ以外は南部、北部、北西部と川筋などで分かれてしまう。現在でも高速道はなく、相互のアクセスも便利でないことから想起されるように、山名氏の衰えと地形条件で諸勢力割拠になりやすかった面はある。

ちなみに此隅山城は豊岡市内だが、東部の旧出石町にある。標高150mは山城としては高くないが、城郭全体の規模は但馬最大で、守護山名氏の勢威をしのばせる。アクセスは、車で舞鶴若狭自動車道の福知山ICから国道9号、国道426号、県道706号で行くのが早い。電車で行くと豊岡駅からバスで20分で下車し、その後は途上口まで徒歩30分かかる。また垣屋氏の豊岡城は標高48mの神武山に建築され、現在は神武山公園として整備されている。アクセスは、京都丹後鉄道の豊岡駅より徒歩15分。少し離れた所に山陰海岸国立公園の一つ「玄武洞」があり、城崎温泉も遠くない。

戦国中期に**山名祐豊**が当主となり、但馬国内を武力で制圧。分家が守護である因幡や伯耆にも出兵し、尼子氏と争いながら支配維持に努めている。但馬から因幡方面は海沿いの東西に細長いルートが考えられ、現在のJR山陰本線に相当している。1542年に但馬南部で**生野銀山**（朝来市）が発見され、山名氏もこれを資源として活用した。銀山へのアクセスは、神戸市の三宮から神戸線と播但線を乗り継ぎ2時間弱、生野駅からバスで10分ほどで銀山の登山口に着く。

信長が上洛すると、羽柴秀吉が播磨から但馬に侵攻。このルートはもちろんJR播但線の道が考えられる。直接には毛利と信長が同盟して山名を挟撃したということだが、銀山と共に、鉄砲の原料確保のため鉄鉱山があることに目を付けたためである。この際に竹田城が攻められ、太田垣氏はこれに下った。しかしこの後も垣屋氏など毛利方と織田方の争いが続き、山名氏は求心力を低下させていった。結局、1579年に秀吉が播磨を平定した後に但馬も制圧。弟の**羽柴秀長**が出石城を居城に但馬を守備した。一方、豊岡城の垣屋氏は因幡に逃れたが、但馬北部が日本海側の地方とのつながりが深かったことの表れである。

その後、但馬は豊臣家譜代の大名が入部し、畿内とのつながりを深める。秀長が守備した出石城は江戸期にも受け継がれた。アクセスは豊岡駅からバスで30分の場所で、出石の城下町にあり、「小京都」とよばれるように江戸期の面影を残した街並みを見守っている。

# 鳥取県（因幡国（東部）、伯耆国（西部））

大阪から特急スーパーはくとで2時間半かかって鳥取市に着く。但馬で述べたように、鳥取弁（因幡方言）と呼ばれるこの地の方言は但馬弁と共通点が多い。但馬から西へ延びるＪＲ山陰本線から両地域のつながりが見えてくる。推量形「だらあ」はここでも言うし、文末詞「（だ）っちゃ」も同様である。アウ→アーという連母音融合から、動詞の意思形は「行かあ（行かう、が変化）」と言う（「だらあ」も「だらう」の変化）。しかし理由の接続詞は「（だ）けえ」と言うなど、中国地方の方言の特徴が強くなる。智頭町など因幡南部ではＪＲ因美線で南隣の岡山県（美作）とつながっていることから共通する断定辞「～じゃ」を使うが（津山から鳥取市までＪＲ因美線の特急で2時間5分）、前記の特徴は因幡の大部分、さらに倉吉など東伯耆まで共通する。ただし西伯耆は「雲伯方言」という島根県の出雲方言と同じであり、ズーズー弁的発音など西日本の中ではかなり独自の方言域である。特徴については、島根県の項で説明する。鳥取県は南に中国山地が控え、海沿いに東西で細長く平地が続くという地形条件がある。ＪＲ山陰本線は東西につながっているものの、高速道は通っていないことがアクセスの困難さを表している。さらに川の流域によって、東から千台川（鳥取市など因幡が流域）、天神川（倉吉など東伯耆）、日野川（米子など西伯耆）と南から北へ流れる河川で東・中・西でそれぞれの生活圏が造られている。ちなみに鳥取市から県内の都市へのアクセスを示すと、中部の倉吉へは特急で30分、西部の米子へは同じく1時間かかる。距離的にはさほど長いわけではないが、伯耆の東西差も両者の間にある霊峰・大山が大きな壁となっている。西伯耆は西隣に大社を抱える出雲と接しているので、その参詣路として出雲とつながる面は指摘できよう。

アホバカ方言では、因幡・伯耆とも「ダラズ」という表現を使う（「足らず」が語源）。

方言から見て西部から出雲の影響が強いことは分かるが、歴史的にはどうか。NHK朝ドラ『**ゲゲゲの女房**』(2010年、松下奈緒、向井理主演)で、水木しげるの父(風間杜夫)としげるの妻の父(大杉漣)が結婚式前に次のような会話を交わしている。

水木父「おたくは毛利方ですかな?」

妻の父「いやあ、うちの方は尼子ですけん」

水木父「ほしたら、毛利方のうちとは、敵同士ですな(笑)」

水木しげるは周知のように西伯耆の境港出身、婦人の実家は出雲の安木ということで右の対話になった。西伯耆は早くから尼子の支配が及んだが、先の対話で見ると反尼子感情が強かったのだろうか。

この項で扱う鳥取県域(因幡・伯耆)の戦国史は、対尼子関係が前半の軸となり、後半から毛利氏が進出、そして織田と毛利の戦いの舞台という流れになる。県内の地域差と、近隣の東西の大勢力の影響は現在の交通路からも理解できるので、留意されたい。

因幡と伯耆はいずれも山名氏の分家が守護で、但馬の山名本家と同族連合の一翼を担っていた。ただしJR山陰本線が但馬から鳥取に向かう際にトンネルがあるように、山が深いという条件がまとまりにくさをもたらしていた。山名氏も基本的に本家が一括支配せず、分家を派遣する形でしか支配を展開できなかったのは地形条件から理解できる。

応仁の乱の際には西軍の大将だった山名氏に対し、出雲守護の京極氏は東軍に付いた。この対立が領国にも飛び火し、伯耆山名氏が出雲で反守護方の奉公衆・松田氏と結んだことで、出雲守護代の尼子氏と交戦す

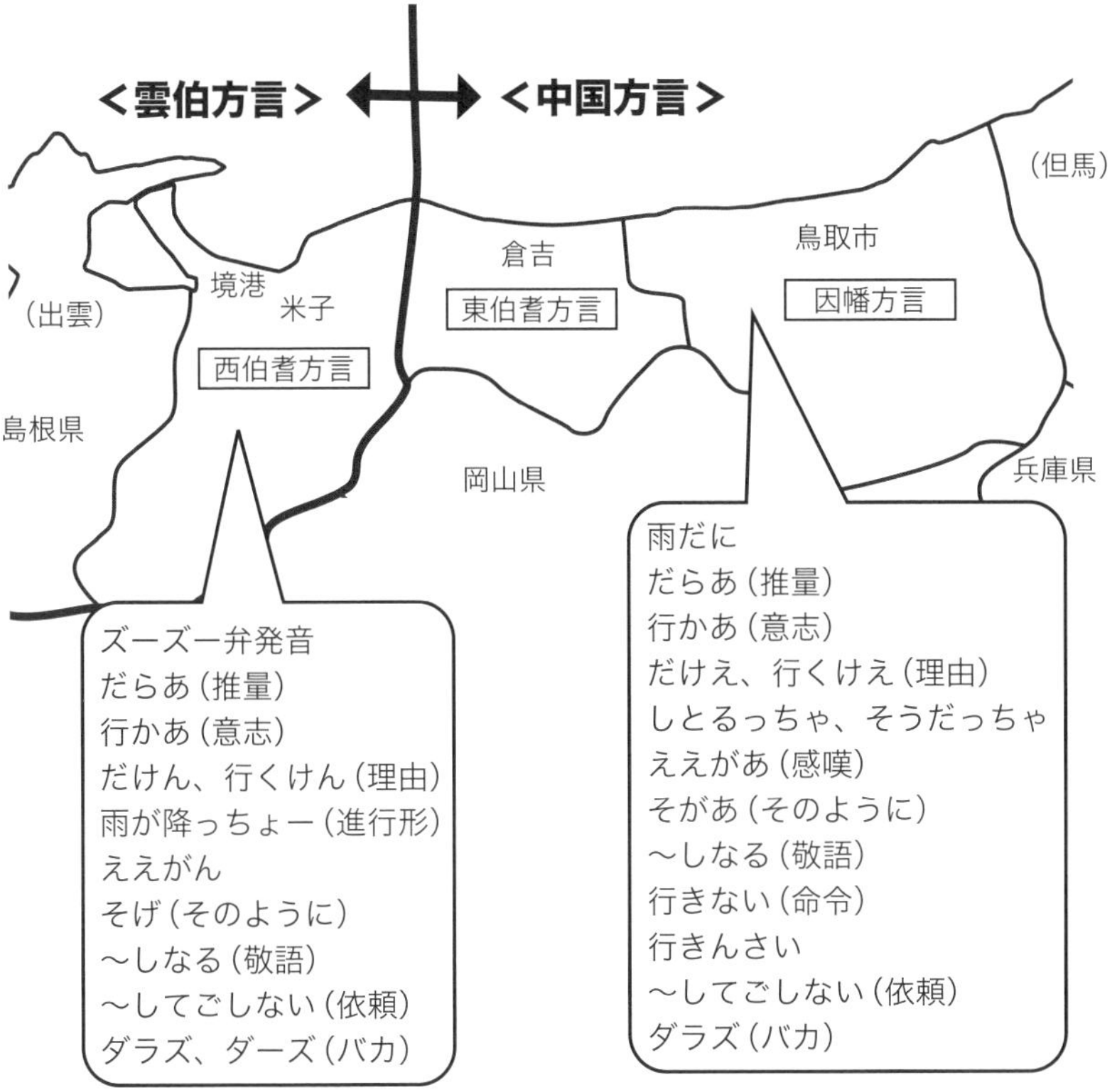
<雲伯方言>
<中国方言>
(但馬)
鳥取市
倉吉
境港
米子
(出雲)
東伯耆方言
因幡方言
西伯耆方言
島根県
岡山県
兵庫県
雨だに
だらあ(推量)
行かあ(意志)
だけえ、行くけえ(理由)
しとるっちゃ、そうだっちゃ
ええがあ(感嘆)
そがあ(そのように)
〜しなる(敬語)
行きない(命令)
行きんさい
〜してごしない(依頼)
ダラズ(バカ)
ズーズー弁発音
だらあ(推量)
行かあ(意志)
だけん、行くけん(理由)
雨が降っちょー(進行形)
ええがん
そげ(そのように)
〜しなる(敬語)
〜してごしない(依頼)
ダラズ、ダーズ(バカ)

ることになる。これが尼子氏の伯耆進出のきっかけとなり、伯耆山名氏が分裂する中でこれに介入していく。出雲への連絡はJR山陰本線だけでなく、高速の米子自動車道があることでつながりの深さは健在である。なお、山名氏の守護は応仁の乱前は在京していたが、乱後は国元の情勢悪化に伴い帰国することになる。因幡・伯耆のいずれでも、反守護方による荘園の横領と守護家の分裂抗争から戦国状況となっていった。

1520年頃から出雲の**尼子経久**の伯耆への侵攻が激しくなり、まず西伯耆が支配下に入る。尼子の伯耆進出は淀江（米子市）など港湾を手中にして日本海航路を抑えるとともに、美作や備中（岡山県）など山陽方面への進出ルートの確保という意味を持っていた。現在でも境港から隠岐への航路があり、すでに何度も言及したJR伯備線と米子自動車道が岡山県方面へつうじていることが想起できる。

1530年代になると東伯耆にも尼子の勢力が及び、羽衣石城《うえいし》（倉吉付近）の南条氏（伯耆守護代）をはじめとする国人は美作の領主とも結んで抵抗したが、強大な軍事力を誇る尼子に破れた。1542年に尼子は本拠地出雲を大内氏に攻められるが、これを撃退した後に1540年代半ば再び伯耆を制圧し勢力圏としていく。南条氏などは尼子に破れて但馬の山名氏を頼った。なお羽衣石城は、鳥取駅からJR山陰本線・米子行で1時間弱の松崎駅から車で10分、標高370mの山城だが、頂上に模擬天守と展望台がある。ちなみに城の名は天女の羽衣伝説にちなんでいる。

一方で因幡では守護山名氏は布施天神山城（鳥取市）を本拠に、守護代武田氏など国人を配下においていた。城は山名宗全の息子の一人によって築かれ、この時代には珍しく標高25mの平山城である。アクセスは鳥取駅から7分の鳥取大学駅が近く、城の敷地は緑風高校になっている。因幡山名氏は但馬の本家の援助を受けつつ支配していたが、徐々に尼子の軍事的圧力により従属下に置かれる。

こうして1552年に尼子晴久が出雲ほか8か国守護となり、因幡・伯耆もこれに含まれることになった。実態を見ると伯耆は出雲の国人が伯耆で所領を得ているなど、尼子がほぼ支配下に置いていた。しかし因幡では、但馬の山名祐豊が因幡山名氏の家督に弟を据えて直接支配に乗り出すなど激しく抵抗した。結局尼子は、因幡での支配を貫徹できなかったと見られる。これは山陰本線のルートで見えるように、東西に細長い道なので長い行程を強いられる、さらに西から進んだ場合に大山が大きな壁となって大軍を派遣しにくいという地形条件があったことが関係していると思われる。ちなみに松江から米子へは山陰本線の特急で20分超だが、鳥取市へは1時間半かかる。

1560年ころから毛利が尼子氏を包囲する形で伯耆や因幡に進出。これに乗じて因幡では山名氏配下だった武田高信が台頭して毛利と同盟、伯耆も南条氏が毛利に従う形で本国に復帰する。毛利氏の進出路としては広島県の北部内陸から芸備線で岡山県北西部に進出、そして伯備線のルートで伯耆に進出したと考えられる（参考までに、米子と倉敷は特急やくもで2時間超の距離）。また毛利氏に便乗する形で勢力を伸ばした武田と南条の両氏については、因幡も東伯耆も地形条件から東西の大勢力の影響を受けつつも、在地の勢力が自立できる環境はあったことは指摘できよう。方言区画で言えば、出雲と接する「西伯耆方言」の地域では尼子と一体となっていたが、出雲方言とは一線を画す「東伯耆方言」と「因幡方言」の領域は反尼子の動きが根強かったこともあり、尼子が衰退するとたちまち離反した、とまとめられる。一方、但馬の山名氏は当初は反尼子ということで毛利と協力したが、領国である因幡にも毛利の影響が及ぶ中でこれに対抗する姿勢に転換する。毛利氏が尼子氏の本拠・月山富田城を包囲する中で、但馬山名氏は尼子に兵糧を送って支援したが、1566年に尼子は降伏した。

しかし1570年代に**山中鹿之助**が尼子再興のために挙兵。これにも山名氏の支援が大きく、鹿之助を但馬から海路で因幡へ上陸させた。鹿之助は因幡や伯耆でいくつかの城を落とし、かつての本拠月山富田城も奪還するが、結局は吉川元春率いる毛利軍に破れて逃亡する。この後、鹿之助は畿内の織田信長を頼り、**羽柴秀吉**と共に播磨で転戦する。因幡と伯耆が毛利の勢力圏となる中で、但馬から因幡へ送り込まれた山名豊国（祐豊の甥）がしばらくは毛利に抵抗したが、但馬に織田軍が侵攻すると毛利と同盟した。

1581年に羽柴秀吉が因幡に侵攻して**鳥取城**を包囲した。それ以前に備前（岡山県南東部）を支配する宇喜多氏が秀吉に付いたが、美作は宇喜多軍と毛利軍、さらにそれぞれについた国人達との係争状態だったので、秀吉軍の行路は山陰本線のように但馬から西へ向かうルートだった。鳥取城主の山名豊国は秀吉に従う姿勢を見せたが、家臣が毛利に与してこれを追放。毛利一族の吉川経家が鳥取城に派遣された。秀吉は事前に強力な包囲網を作り上げて兵糧攻めを行い、多数の餓死者を出したことで吉川は自らの切腹と城兵の助命を条件に降伏した。こうして、秀吉の中国攻めの一環として鳥取城の名が刻まれた。鳥取城はJR鳥取駅より徒歩25分の場所で、標高260mの久松山にあり、頂上から市街を遠望できる。ふもとに明治時代の洋館・仁風閣がある。なおこの前後に伯耆の南条氏も秀吉に従っている。先に秀吉に下った山名豊国は秀吉のお伽衆となり、江戸期には旗本として家名をつないだ。

本能寺の変後の国分けでは、毛利氏が西伯耆、それ以東の東伯耆と因幡は秀吉の領域となった。東伯耆は南条氏が旧領の羽衣石城に、因幡は東西二分され、東部の鳥取城に近江出身の宮部継潤、西部の鹿野城（鹿野町）には**亀井茲矩**《これのり》（尼子旧臣で、山中鹿之助の養女の婿）が大名となった。亀井は鹿之助の刑死後は秀吉の中国平定に従軍し、戦功として琉球王国（沖縄）を所望したと伝わっており、実際に「琉球守」を名乗って東アジアへの関心を示している。後に亀井家は石見（島根県）の津和野藩主となった。鹿野城は現在の鳥取市西部に築かれた標高150mの平山城で、戦国期から存在していたが、亀井の手で近世城郭として大幅に改修された。亀井はこの城を「王舎城」という、仏典にあるインドの城の名を別名として海外志向を示している。亀井氏の移封後に鳥取池田氏の支城となったが、後に廃城となって城は破却された。現在でも水堀や石垣、天守台が残り、発掘によって金沢城のような「なまこ壁」の一部が出土している。アクセスは、鳥取駅から山陰本線・倉吉行で20分超の浜村駅からバスで15分の「鹿野総合支所前」で下車し徒歩8分。

西伯耆は出雲と共に毛利一族の吉川広家が領主となった。居城は出雲の月山富田城だったが、伯耆の米子への移転を検討して工事を始めたが、関ヶ原で敗れて中止に追い込まれた。

# 島　根　県

## 出雲国（東部）

島根県の松江市に行くには、大阪から岡山まで新幹線、そこから特急やくもで行くのが最短だが、岡山駅からでも2時間半かかる（大阪を含めれば3時間半）。高速なら少し短く、中国自動車道から岡山県で米子自動車道に乗り換えていけるが、それでも4時間近くかかる。私は松江に行った際には飛行機で出雲空港に行ったが、それが一番早いということになる。最近では東京から寝台特急「サンライズ出雲」が縁結びで出雲大社参りする若者に人気で、東京駅を夜10時前に出発、岡山に翌朝6時台、出雲大社がある出雲市駅には9時台に着く。

ここで話される出雲弁は松本清張『砂の器』で東北のようなズーズー弁ということで有名になったが、これはシとス、チとツを混同しやすい中舌音で発音することによる。ただし東北弁との共通点はズーズー弁発音と断定辞が「〜だ」であることだけで、他は中国地方の方言の特徴を持っている。ただその中でも「雲伯（出雲・伯耆）方言」という独自の区画である。理由の接続詞は「〜（だ）けん」と言うが、同意確認の「〜（だ）がー」、推量「だらあ」というのが特徴的だ。中年以降の世代ではズーズー弁的発音は衰退しており、その世代の出雲弁の特徴と言えば「だけん」「だがー」といったあたりになる。また語中のｒ音が脱落し、「〜（し）ちょー＝している」「だーが＝誰が」となるのも独自で、「どげ＝どんな」「そげだね＝そうだね」といった古典的な表現もある。アホバカ方言に鳥取と共通の「ダラズ」があるが、発音のｒ音脱落で「ダーズ」となることも多い。他にＮＨＫの朝ドラのタイトルにもなった『だんだん』（ありがとうの意、２００７年）など単語でも独特のものも

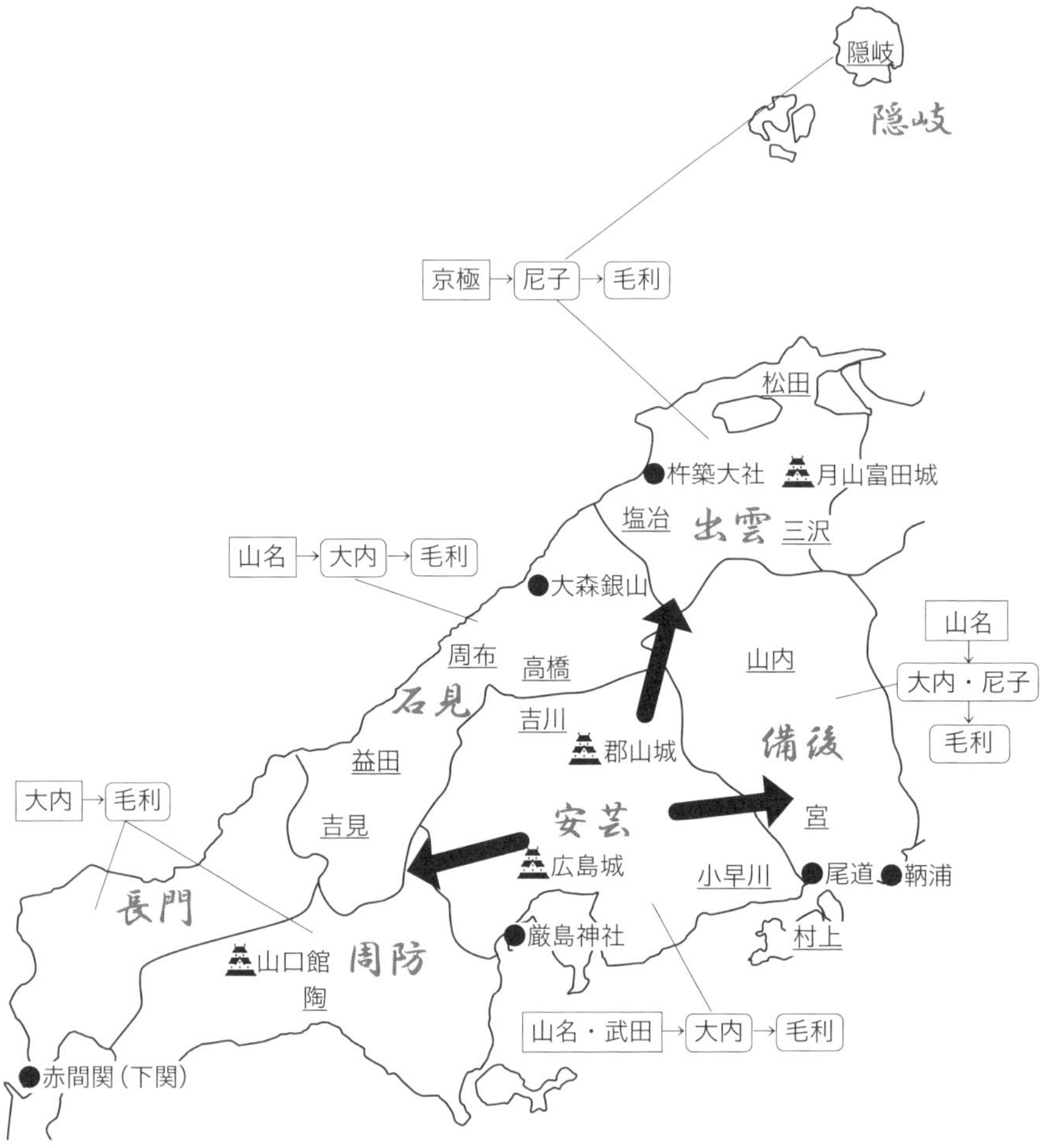
隠岐
隠岐
京極→尼子→毛利
松田
杵築大社
月山富田城
塩冶
出雲
三沢
山名→大内→毛利
大森銀山
山内
山名
大内・尼子
毛利
周布
高橋
石見
吉川
郡山城
備後
益田
大内→毛利
吉見
安芸
宮
広島城
尾道
鞆浦
小早川
長門
村上
厳島神社
山口館
周防
陶
山名・武田→大内→毛利
赤間関（下関）

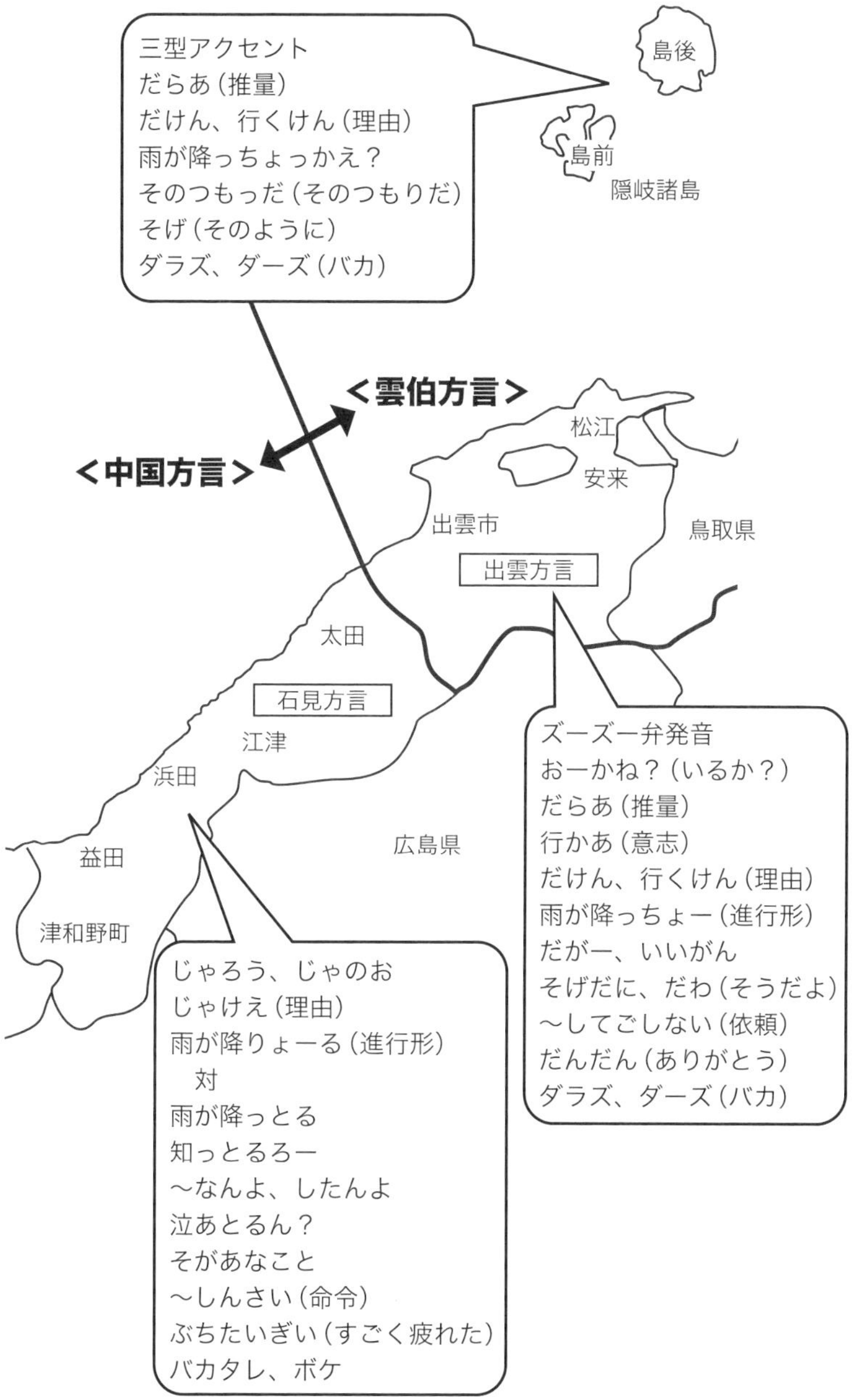
三型アクセント
だらあ（推量）
だけん、行くけん（理由）
雨が降っちょっかえ？
そのつもっだ（そのつもりだ）
そげ（そのように）
ダラズ、ダーズ（バカ）
島後
島前
隠岐諸島
<雲伯方言>
<中国方言>
松江
安来
出雲市
鳥取県
出雲方言
太田
石見方言
江津
浜田
益田
津和野町
広島県
ズーズー弁発音
おーかね？（いるか？）
だらあ（推量）
行かあ（意志）
だけん、行くけん（理由）
雨が降っちょー（進行形）
だがー、いいがん
そげだに、だわ（そうだよ）
〜してごしない（依頼）
だんだん（ありがとう）
ダラズ、ダーズ（バカ）
じゃろう、じゃのお
じゃけえ（理由）
雨が降りょーる（進行形）
対
雨が降っとる
知っとるろー
〜なんよ、したんよ
泣あとるん？
そがあなこと
〜しんさい（命令）
ぶちたいぎい（すごく疲れた）
バカタレ、ボケ

多い。なお、史実から見る限り、東北と出雲に深い関係は見られず、発音の共通点は偶然によると思われる。出雲弁も属す雲伯方言の独特さは地形によるところかと思われる。伯耆についてはすでに述べたが、出雲は南の広島県とは中国山地の比婆山など１０００m級の山々で隔てられている。

このように独自の方言地域である出雲の戦国大名は、何といっても**尼子氏**で、地元では戦国期を「尼子さんの時代」と言っているそうだ。

室町期の出雲守護は京極氏で、近江北部が本領である。出雲と共に飛騨（岐阜県）の守護も兼ねており、前述のように「四職家」で侍所長官を務める家柄として室町期は在京していた。しかし出雲国内には、**出雲大社**周辺の西部を支配する奉公衆・塩冶氏、東部の中国山地の鉄資源（たたら製鉄の本場）を持つ三沢氏や三刀屋氏、美保関など日本海側の港湾を支配する松田氏など、鎌倉以前からの国人領主がいた。彼らは京極氏の配下になるも、在地では自立性が強かった。

出雲内でも主として中南部に山間地が多く、平野部は山陰本線でつながっているが、東部の安来から飯梨川、西部の出雲市から斐伊川（出雲神話の舞台で有名）と複数の河川で生活圏が分かれ、さらに日本海に面した港湾は宍道湖と中海という湖沼で隔てられているなど、生活圏として分裂傾向があった。ちなみに出雲弁は均質性が強いが、一部の発音や語形で地域差があることが近年の調査で分かっており、出雲方言の生活圏ごとの細かな違いと国人領主の割拠状態がオーバーラップするようである。なお、松江から出雲大社までのアクセスは、出雲市駅まで山陰本線で４５分、大社までタクシーで３０分ということである（一畑電鉄に乗り換え２５分で出雲大社駅、その後徒歩１５分という方法もある）。美保関は松江市に含まれるが、松江駅から一畑バスとコミュニティバスを乗り継いで1時間２０分である（米子からも同程度）。たたら製鉄の施設は雲南市など奥出雲で多く、松江から木次線で1時間の木次駅から車を利用して各地に行くことになる。

応仁の乱の際には守護の京極氏は東軍に付いていたが、出雲周辺は西軍総大将である山名氏の領国に囲まれ、松田氏など出雲国内の国人達も西軍方として京極氏と戦った。この際に守護代として京極軍を率いたのが、一族でもある尼子氏である。尼子氏は近江出身で、出雲に現れたのは室町中期と意外に新しい。当時・尼子の当主だった清貞（経久の父）はこの功績で出雲国内の所領と権益を多く獲得し、領国化を進める。その本拠地・**月山富田城**は出雲東部の安来市にあり、松江から東へ山陰本線で25分（米子からは20分）の安来駅からバスで25分の所にある。標高190mの山城だが、石垣や遺構はかなり整備され、尼子経久や山中鹿之助の銅像があって往時をしのぶことができる。さらに安来市街に戻って、安来市立歴史資料館には尼子氏の史料や富田城の精巧なジオラマもある。

さて清貞の跡を継いで息子の**尼子経久**が登場。大河『毛利元就』では緒形拳が演じた敵役で、鬼のような策謀家とされていたが、実像は少し違ったようである。経久は守護代として出発したが、専横ぶりが国人達の反発と主家・京極氏の怒りを招き、一時は本拠から追放された。しかしその後復帰した後には京極氏を無力化し、実質的に尼子氏は出雲の国主となる（京極氏は近江に逃れ、信長・秀吉に従って大名となり、江戸期に一時出雲を領した）。

そして経久は、前述の国人達を制圧して出雲を統一。まもなく国外への出兵を繰り返すことになる。この時には周防（山口県）の大内氏が10代将軍義稙の復権を助けて上洛しており、このすきを突くということで尼子氏は広島県方面（安芸・備後）を攻めている。現在の出雲から広島県方面はJR木次線と松江自動車道で備後の山間部につながっているが、1000m級の中国山地を越えていかねばならない。しかし軍事力を強化した尼子氏は山間の難路を物ともせず遠征を繰り返した。こうして尼子は大内氏と中国地方の覇権を大内氏と争うほどの大勢力となる。本国の統一からわずかな間にこうした出兵を繰り広げたのは、まだ反覆常ない出雲の国人達をまとめ上げるためだったという(長谷川博史の研究による)。さらに出雲大社(当時は杵築大社)の修築も行って権威を獲得した。また出雲大社周辺の門前町で大社の御師・坪内氏を系列下に置き、その流通ネットワークを掌握した。当時出雲大社の参詣路が海沿いの平野部でできており、それが流通路にもなった。現在のJR山陰本線のルートと米子自動車道を想起できよう。

しかし1528年に経久の三男で塩冶氏を継いだ興久が謀反を起こした。これに三沢氏や出雲大社神官の千家などが加勢することで出雲を二分する内乱となり、鎮圧には3年を要した。尼子氏はこの際に大内氏、また勢力を拡大した安芸の毛利元就と中立条約を結んでいる。乱を平定した後尼子氏は目を東に転じ、経久の孫・**尼子晴久**が将軍義稙の上洛要請もあって岡山県域や兵庫県域まで侵攻した。

しかし1541年に安芸・郡山城の毛利元就を攻めるも撃退される。安芸攻めのルートは備後路が使われたが、現在でも高速の松江─尾道間に国道184号線と中国横断自動車道があり、備後北部で中国自動車道に交差して、毛利氏の居城があった安芸高田市まで近づける。まもなく経久が80歳で亡くなり、大内氏とこれに従う中国各地の国人達により本拠地・月山富田城を攻められた。尼子氏にとって滅亡の危機だったが、長期戦で大内方の動揺を誘い、安芸の吉川氏などの寝返りを誘発してこれを撃退した。大内軍は瀬戸内海側から前述の芸備線を北上するルートをたどったと推定できるが、中国山地を越える難路で遠征軍が疲弊したと思われる。いずれにせよ、尼子氏にとって出雲を囲む山間は天然の防壁であった。

晴久はこれ以後再び近隣諸国へ出兵。この際には鳥取や岡山など東方へ進出したが、鳥取へは現在のJR山陰本線、岡山へは伯備線と米子自動車道があり、尼子氏の遠征はこのようなルートをたどったと思われる。領国化が進展した実績が幕府にも認められ、1552年に出雲を含む8か国(隠岐、伯耆、因幡、美作、備前、備中、備後）の守護となった。この拡大の主戦力となったのが**新宮党**である。新宮党は晴久の叔父・国久をリーダーとした強力な戦闘集団で、出雲国内に大きな勢力を持ち、美作や伯耆など征服地の統治も担当した。しかし晴久は１５５４年に新宮党を粛清した。勇猛だが制御しづらかった新宮党を排除することで集権化を狙ったが、逆に貴重な戦力を失ったという評価がある。新宮党が屋敷を構えたのは月山富田城東側山麓の新宮谷で、現在「新宮党館」という石碑以外にはほとんど遺構らしきものはない。この後晴久は毛利元就を破って**石見銀山**も獲得したが、１５６０年に急逝した。

後を継いだ息子の尼子義久は毛利と和睦したが、１５６３年から毛利が尼子攻めに動くとたちまち出雲の国人も離反して、月山富田城は包囲される。それと並行して、備中や伯耆・因幡の国人衆も毛利に付いて包囲網に加わった。出雲遠征は中国山地を超える難路を強いられたが、大内氏の失敗を踏まえて、周辺国の勢力も巻き込んだ包囲網を形成。出雲国内の勢力も味方に付けて国内の交通路を遮断し、包囲を狭めることで尼子氏を孤立させたのが功を奏した。この包囲戦でポイントになったのが、松江市街北部にあり「尼子十旗」の一つと呼ばれた白鹿城の攻略である（松江駅からバスで２０分）。出雲国人の松田氏が守っていたこの城は、吉川元春らが石見銀山の鉱夫を使って落城させた。この戦いに際して周辺の宍道湖北岸で戦いが繰り広げられた。月山富田城の包囲はこのような周辺での戦いを含んで3年という長期戦になったが、ついに１５６６年に尼子義久は降伏して城を明け渡し、戦国大名尼子氏はここに滅亡する。義久は出家し、毛利領で軟禁状態に置かれて余生を送った。

尼子氏の軍事力の元は、中国山地の鉄資源と日本海交易と考えられる。一方で征服した他国支配は基本的に軍事制圧という性質であり、敵対者を軍事的につぶすか服属させる、さらに一部に出雲からの譜代家臣の所領を与えるという形式を取っていた。征服地の統治体制は旧来のままであり、尼子氏は「守護」の権限によって統制しようとしたが、不安定さを抱えていた。このために尼子氏の軍事力が弱体化すると、たちまち在地勢力が離反したのである。それは出雲の国人達も同様だった。

しかし**山中鹿之助**などが新宮党の生き残り尼子勝久を擁立して再興運動を行う。まず岡山や鳥取の県域でかなり広範囲で戦い、一時は旧本拠の月山富田城を奪還したが、すぐに吉川元春ら毛利軍に敗れた。鹿之助のお家再興運動は「忠義の鏡」として戦前は修身(道徳)の教材だった。

この後、毛利家の下で**吉川元春**が月山富田城を本拠として出雲を支配したが、江戸期になると堀尾義晴によって**松江城**が建設され、富田城は廃止された。月山富田城から松江城への移り変わりは、戦国から江戸への変化を示している。松江城は駅から徒歩30分で、川船巡りも楽しめる。

出雲の勢力が広範囲に拡大行動を行ったのは歴史上尼子氏が唯一の例である。出雲の人々が「尼子さんの時代は黄金時代」というのも無理らからぬところがある。余談だが、サンライズ出雲の路線は尼子氏が岡山県域へ進出したルートなので、尼子氏の興亡をしのぶのも一興だろう。

## 隠岐国(北部島嶼)

隠岐の方言は、語中のr音が促音となること(そのつもっだ=そのつもりだ等)、そしてアクセントを除いては出雲弁とほぼ同様の特徴である(出雲は東京式だが、隠岐はやや特殊な三型アクセント)。隠岐諸島は雲伯方言の地域で、船の便からもつながりが見える。現在、松江市美保関と鳥取県の境港に隠岐諸島をつなぐフェリーが就航している。隠岐は4つの島からなり、西部の「島前」と東部の「島後」という2つのエリアに大きく分けられるが、中心地は島後の西郷港付近である。有名な摩天崖で知られる西ノ島(島前)までフェリーなら松江と境港いずれからも3時間、高速船なら本土から1時間で島後に着き、そこから隠岐諸島各地をフェリーで1時間内に向かうことになる。歴史的にも隠岐は対岸の出雲と共通点が多い。

隠岐は**後鳥羽上皇**と**後醍醐天皇**の配流の地として有名だ。後鳥羽上皇の行在所は島前の中ノ島（海士町）の源福寺にあり、上皇を祀ったのが行在所近くにある「隠岐神社」である。上皇に関する史料や遺品は「海士町後鳥羽院資料館」で展示されている。神社と資料館のアクセスは、ともに菱浦港からバスで15分である。流刑でやってきた都人たちの影響もあってか、島には神楽や祭、料理など独自の文化が育まれている。隠岐の「後醍醐天皇行在所跡」は国と島根県とで指定場所が異なっている。国指定の場所は、島後の隠岐国分寺境内の奥まったところにあるが、礎石と思しき石が点在するだけで、資料館も併設されていない。行在所を示す石碑がかろうじて往時をしのばせる。アクセスは西郷港より車で10分。県指定の黒木御所は島前の西ノ島にあり、こちらには碧風館という資料館も併設されている。天皇に関する伝承もこの付近に多い。アクセスは西ノ島の別府港から徒歩5分。天皇は隠岐から脱出した後に伯耆で名和長年の出迎えを受け、京都へ進軍した。

室町期の守護は出雲の京極氏が兼務し、その一族が隠岐氏を名乗って守護代となった。隠岐氏の居城は国府尾城で、島後の南部にある西郷港に近い場所にあった。標高120mの山城で、現在城址は国府尾神社の裏山にあり、わずかに石垣や土塁、堀切などの遺構を確認できる。アクセスは、西郷港からバスに乗って5分の大津橋で下車し徒歩15分。

応仁の乱の際に隠岐諸島でも西軍に付く国人が蜂起したが、尼子氏が抑え込んだ。隠岐氏は尼子の下で島内の国人を抑え、本土で尼子氏の軍役を務めてもいる。隠岐氏への支援は、この島が日本海航路の重要拠点であることが要因である。かつては隠岐から下関(山口県)、敦賀(福井県)と日本海の広範囲で航路があり、短期間ながら朝鮮半島へも船が通じていた。

しかし毛利氏の勢力が強まると、富田落城の少し前に隠岐氏は降伏。後に秀吉に内通したことで吉川元春に滅ぼされた。方言区画で見た通り、隠岐諸島は独自性があるものの、出雲の影響は強い。尼子氏から毛利氏への勢力交代は隠岐にも影響が及んだのである。隠岐諸島への船のアクセスを見ながら、尼子氏から毛利氏への勢力交代を感じられると思うがいかがだろうか。

## 石見国(中西部)

石見は出雲と同じ島根県であり、JR山陰本線でつながっている。にも関わらず、両者の方言の違いは大きい。石見の方言は特に中西部では広島弁に近い。私の実家の寺に来た説教師の先生で石見の浜田の人がいた。「近いんじゃけえ」「いけんじゃろう言うてます」といった言葉の感じで「この先生、広島(出身)か?」と言われていたが、それほど石見弁は広島弁と似ている。アホバカ方言でも出雲の「ダラズ、ダーズ」を全く使わず、「バカタレ」や「ボケ」と、広島・山口と共通の表現を使っている。

出雲との間には標高1000mの三瓶山があって、沿岸の細い道がほぼ唯一の交通路になっている。一方、中部の江津から江の川が流れ、それをさかのぼって広島県につながっている(広島では「可愛(えの)川」と名を変える)。最近まではこの流域に沿ってJR三江線があったが、2018年に廃止された。現在は中部の浜田から広島市に向かう高速の浜田高速自動車道がメインとなっているが、国道もほぼ広島県に向かって敷設されている。浜田から広島駅までは高速バスが運行し、2時間20分で行ける。現在の交通路、そして戦国史を見ても、石見中西部と山陽地方とのつながりは明らかだ。

とは言え、石見は東西に長いので、松江との所要時間で東西差がある。東部の太田市駅へはJR山陰本線の快速アクアライナー・益田行で1時間半とまだ買い物圏内だが、中部の浜田は2時間半、西部の益田となれば3時間半かかる。浜田は前述のように広島の方が早く、益田は山口市とJR山口線の特急で1時間20分、小京都で有名な津和野はさらに山口に近く50分の所要時間である。

石見の室町・戦国期を見る際に、内部で近隣諸国との近さが異なることを念頭に置こう。


室町初期には石見守護は転々としたが、中期以降は山名氏の分家が守護となった。しかし応仁の乱以後は大内氏の勢力が浸透していき、1520年頃に石見守護も大内氏のものとなる。石見国内には多くの国人領主がいて、西部には津和野城の**吉見氏**、益田市の七尾城を本拠とする**益田氏**(石見の国司が出自で、柿本人麻呂の後裔を称した)などがいて石見の二大勢力と言われた。中部には益田氏の庶流である2つの国人領主で、浜田市付近の周布氏(本拠地は鳶巣城、子孫が幕末に活躍する長州藩士)や江津市付近の福屋氏(本拠地は本明城)がおり、東部の石見銀山周辺に小笠原氏がいた。これらの領主と大内重臣の陶氏が縁戚となることで大内の影響が及んだようである。石見西部の益田から津和野に向かう南東方面は、山陰本線に分岐する形でJR山口線となって山口県につながっている。このルートを北上する形で大内氏は進出したと思われる。大内氏は安芸(広島県西部)の国人も従属させていたので、その方面からの影響もあった可能性はある。

なお益田氏の七尾城は、標高120mの山城で、山頂の本丸跡からは益田平野と日本海を一望できる。調査により、40あまりの曲輪、空堀、土塁などが発掘された。さらに、戦国後期のものとされる礎石建物や遺物が多く出土している。江戸初期に廃城になったが、現在も水堀や土塁などが残っており、山麓の住吉神社で案内板がある。城の大手門は医光寺に移築され「医光寺総門」として1961年に島根県の指定文化財とされた。2004年に益田氏の居館である三宅御土居（七尾城より870mの場所）とセットで国の史跡「益田氏城館跡」となった。アクセスは、益田駅から徒歩50分。周布氏の鳶巣（周布）城は浜田市の西部にあり、現在の聖徳寺の裏山の鳶巣山（標高80m）に造られた。山麓の聖徳寺は周布氏の菩提所で、周布氏の墓地と説明の看板がある。アクセスは、浜田駅から山陰本線益田行で12分の周布駅より徒歩15分。福屋氏の本明城は、標高417mの本明山に築かれた連郭式山城で、主郭は現在金毘羅神社がとなっている。近くに有福温泉がある。また同じ市内の都野津にある「人麻呂の松」には柿本人麻呂の歌碑と銅像が建っている。アクセスは、松江から山陰本線の快速アクアライナー・益田行で2時間の都野津駅（江津駅から5分）からバス20分の有福温泉で下車し徒歩1時間。

大内氏が守護となって間もなく山名氏系の勢力が反大内の挙兵をし、これに出雲の尼子経久が加勢して石見東部に領土を広げる。出雲からは前述のJR山陰本線のルートがあるが、このルートで東部までは尼子氏も進出しやすかったと思われる。さらに石見中部の邑南町（江津市の南）が本拠で安芸北部（広島県の安芸高田市付近）にも勢力を持つ**高橋氏**とも同盟した。

高橋氏は毛利元就の兄嫁の実家だが、元就は度重なる干渉に遺恨を抱いており、尼子氏が塩冶興久の乱に忙殺されると1529年に元就は高橋氏を滅ぼした。これが毛利にとって勢力拡大の大きな一歩となる。大河『毛利元就』では高橋氏出身である元就の兄嫁役を一路真輝が演じており、高橋氏滅亡も史実から飛躍させて描いていた。元就の兄嫁である雪の方は夫と息子を早くに亡くして出家していたが、実家が内紛で混乱する中で心を痛めながらも毛利軍を導き、敢えて実家と運命を共にするということになっていた。なお、高橋氏の居城は何度か移転したが、戦国期は邑南町の「本城」が本拠だった。本城は標高480mの山上に築かれた山城で、出羽川流域を遠望でき、谷も深く複雑な地形で防御に優れていた。毛利氏によって城の郭が破壊されたような跡が残っている。アクセスは、江津駅から車で国道や県道を経由して1時間ほど。高速の浜田自動車道で広島県北部とも通じ、毛利氏の本拠・安芸高田市にも1時間で行ける（浜田自動車道の瑞穂ＩＣで普通道に降りる）。

１５５０年代になって陶晴賢がクーデターで大内氏の実権を握った頃、石見の国人達に毛利氏の影響が及び始めた。そして１５５５年、陶が反乱した吉見氏の**津和野城**を攻めている際に毛利が反旗を翻したのが、厳島の戦いのきっかけである。この後、吉見氏や益田氏が服属したことで石見中西部は毛利の支配下に入る。吉見氏の津和野城は、標高３７０ｍの霊亀山上にあり、全山が城塞となっている。江戸期まで改修されながら存続した数少ない中世山城で、全体的な構造が良く残っている。現在城址では、ＶＲで戦国史の様子を見せる観光ツアーを行っている。アクセスは、ＪＲ山口線の津和野駅から車5分、その後はリフトに5分ほど乗り、そこから本丸まで徒歩２０分となっている。

さて石見東部にあり、近年世界遺産となった**石見銀山**は１５２０年代に発見された。同時期に朝鮮から伝わった銀の精錬法で産出量が急増し、東アジア貿易で銀が通貨として使われたことで少し後に大航海時代で日本にも到来したヨーロッパ人のシルバーラッシュにも影響を与えた。石見銀山は１５６０年頃に尼子と毛利で争奪戦となる。いったんは尼子が銀山を支配下に置いたが、尼子晴久の病死直後に銀山を守る本城常光（高橋氏の一族で、尼子に帰属）が寝返ったことで毛利が勝利した。これは毛利にとって尼子攻めの前哨戦となる。銀山を得たことで毛利氏は格段に財力を強化し、さらに銀山周辺の石見東部と出雲西部が経済的に一体化していたこともあって、毛利氏の出雲進出の後押しとなった。石見東部から出雲へはさほど山の標高が高くないので、山陰本線のルートから容易に進出できたと思われる。なお、石見銀山へのアクセスは、松江から山陰本線の快速で1時間半の大田市駅、そこから路線バスで40分で石見銀山世界遺産センターに着く。また広島駅から高速バスの石見銀山号もある。石見銀山支配の拠点だった銀山山吹城は、標高414mの頂上付近に南北52m、東西32mの主郭を配すという構造が今でも残っており、頂上から銀山と周辺の街道も遠望できる。江戸期に大森代官所ができると廃城となったが、石見銀山が世界遺産となると山吹城も周辺施設ということで包括された。

銀山を毛利氏が制圧して以後は、石見は**吉川元春**（毛利元就の次男）の支配下で安定した。元春は安芸国でも中国山地が本拠だったので、地理的に近い石見の国人達を組下に置いて勢力を築き、「毛利両川体制」の一翼を担った。現在では広島県北西部から延びる浜田自動車道が安芸から石見の主要ルートで、両地域のつながりを感じさせる。弟である小早川隆景が温厚な人柄であるのと対照的に、武辺者としての性格が知られているが、出雲の陣中で『春秋左氏伝』を筆写するなど文才にも優れていた。

石見の戦国史をまとめると、方言で共通点が多い山口県の大内氏や広島県の毛利氏が勢力を伸ばした。東部は出雲方言の影響が強く、戦国当時も出雲尼子氏が石見銀山周辺までは勢力を広げたが、最後は毛利氏が石見全土を制覇したということである。ただしその土台の部分で地元の国人領主たちの帰趨が大きな意味を持っていたことを忘れてはならない。

# 広島県

## 安芸国（西部）

東京から新幹線のぞみで4時間弱、新大阪から1時間半で広島市に着ける。ここで話されている広島弁と言えば、理由の接続詞「じゃけえ（じゃけん、も言う）」、推量の「じゃろう」、文末詞「〜なんよ」など有名である。広島弁の断定辞「じゃ」は時代劇の武士言葉と同じなので、方言色を出しにくいが、文脈によって広島弁の特徴も出すことも可能だろう。今の広島県出身の戦国武将・**毛利元就**が次のように言うのもおかしくない。

「大内は乱れきっておるけえのお、我らも自ら立つ覚悟を持たねばいけん」

ただし私の大学時の後輩で広島出身者が言うには、毛利元就はかつて広島の武将というイメージはあまりなかったらしい。元就は北部の吉田町（安芸高田市）の出身、つまり広島県でも山間部の人で、広島市から北東方向にJR芸備線で1時間半行くと元就の地元・安芸高田市がある（芸備線は下深川までで、以降は芸備線代行バスの三次行で1時間かけて行く）。元就の居城・**吉田郡山城跡**へは芸備線の向原駅からバスに乗り25分、「安芸高田市役所前」バス停下車、徒歩5分である。広島駅から市電で広島バスセンターに行き、そこから「吉田出張所行き」のバスに乗って1時間半で行く方法もある。吉田郡山城は、標高３９０ｍの山城で、可愛川（江の川）と多治比川に挟まれた吉田盆地の北に位置する。郡山全山が城址で、２７０の曲輪があり、複数の尾根を組み合わせた複雑な縄張りが特徴的だと言われている。山麓に安芸高田市歴史民俗博物館があり、毛利氏関連資料や元就書状など展示が充実している。なお、郡山城址と歴史民俗博物館は徒歩４５分の距離。付近には元就ら毛利一族の墓所、三矢の訓跡碑、元就の銅像がある。

毛利氏は元就の孫である輝元の時から広島城に本拠を移した。ただ広島城にいた期間は十年ほどで、殿様

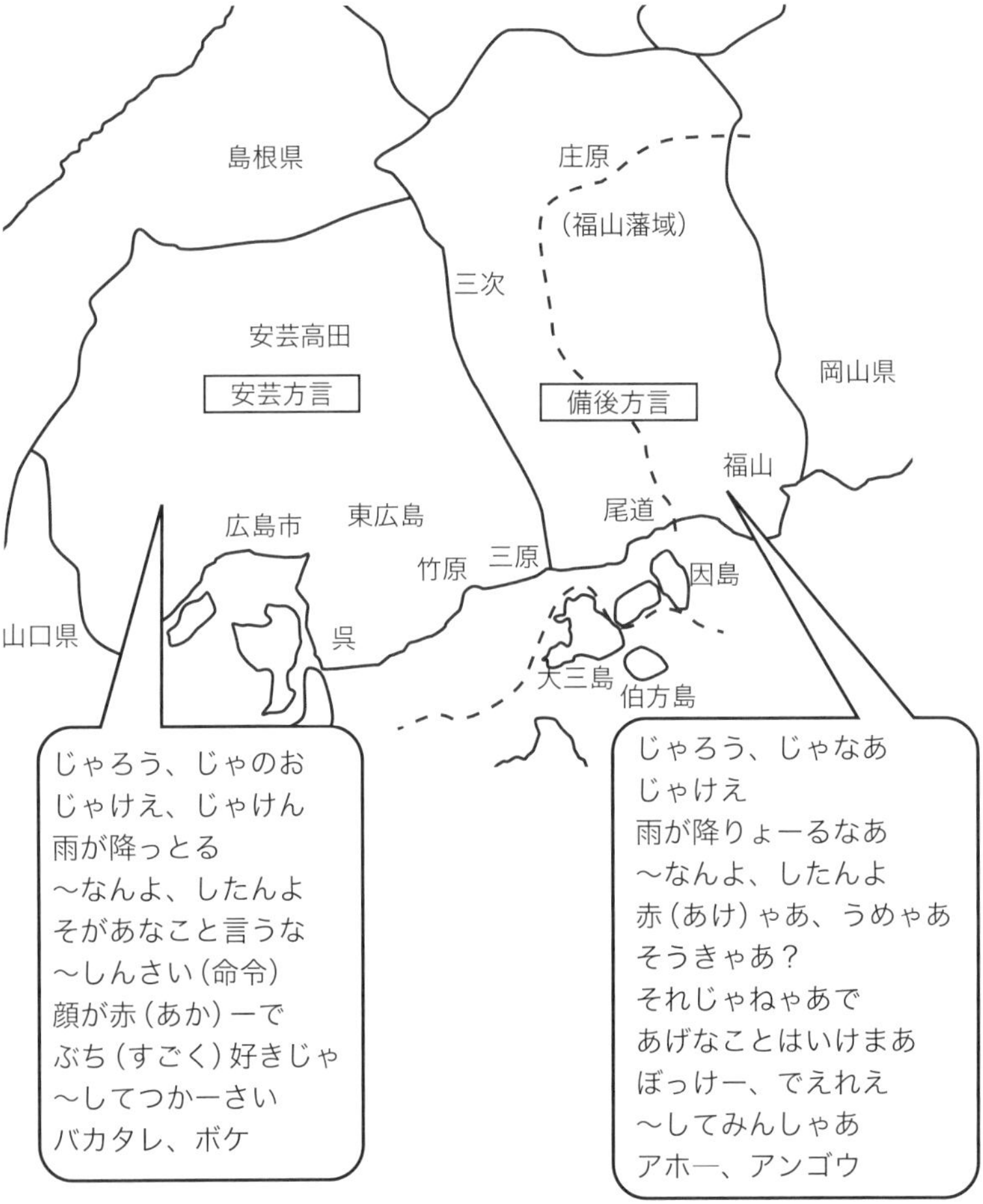
島根県
庄原
（福山藩域）
三次
安芸高田
安芸方言
備後方言
岡山県
福山
尾道
広島市
東広島
竹原
三原
因島
山口県
呉
大三島
伯方島
じゃろう、じゃのお
じゃけえ、じゃけん
雨が降っとる
〜なんよ、したんよ
そがあなこと言うな
〜しんさい（命令）
顔が赤（あか）ーで
ぶち（すごく）好きじゃ
〜してつかーさい
バカタレ、ボケ
じゃろう、じゃなあ
じゃけえ
雨が降りょーるなあ
〜なんよ、したんよ
赤（あけ）ゃあ、うめゃあ
そうきゃあ？
それじゃねゃあで
あげなことはいけまあ
ぼっけー、でえれえ
〜してみんしゃあ
アホー、アンゴウ

本人は京都・大坂に行くことが多かった。こうしたことで広島での毛利氏の影が薄くなった理由が分かる。

しかし元就の「三本の矢」の故事からサッカーJリーグのサンフレッチェ広島（サン＝三、フレッチェ＝イタリア語で「矢」）が命名されたし、広島城の別名「鯉城《りじょう》」が広島カープの由来になるなど、毛利氏の影響は細かいところである。最近は広島城で「毛利武将隊」や、地元の広島カープの応援番組で「モトナリさん」というキャラクターが出るなど、毛利氏が広島の戦国大名という認識が広まっているようだ。

広島と言えば、山陽新幹線の路線のように瀬戸内海沿いの印象ばかりが強いが、北側の山間地域の動向が毛利元就から見える。ここでは、毛利元就を中心に広島県の戦国史を説明し、元就や毛利家が広島市とどう関係するかという視点も織り交ぜて記述する。

安芸は山名氏の分家が守護だが、西部は武田氏が分郡守護となっていた。甲斐武田氏の庶流である若狭武田氏が安芸西部の分郡守護も得たわけだが、本拠は若狭に置いていた。応仁の乱頃から相続争いの関係で、若狭と安芸で分かれることになる。安芸武田氏の本拠は現在の広島市安佐南区にあった佐東銀山城である。標高400mの山城で、西側にある「武田山」というのが武田氏の名残りと考えられる。アクセスは広島駅より北へ向かい、JR可部線の大町駅が最寄である。広島市周辺の広島湾は瀬戸内海沿岸の要衝であるとともに、太田川の流域で内陸ともつながっていた。

しかし安芸には中国山地の土豪から瀬戸内の水軍など多くの国人領主が割拠していた。15世紀初頭に「安芸国人一揆」が形成され、毛利氏もその一つで名を連ねている。中村橋之助が主演した大河ドラマ『**毛利元就**』でも、当時の毛利は弱小の国人領主で、毛利家中そのものも小領主の連合である状況が丁寧に描かれていた。安芸の国人たちはすでに大内氏に与するものが多く、国人一揆の形成は守護山名氏を通じて統制を強めようとする幕府への反発が大きかったようである。安芸の守護体制はそのままだったが、山名氏は守護権力を確立できず、武田氏も弱体の中で大内氏の影響の強い国人割拠状態が続く。山陽新幹線の路線のように、広島から西へ行くと山口県があるので、関係の深さは当時からあったことが分かる。大内氏にとっては、領国から京都へ向かう際の瀬戸内海ルートの拠点であった。

応仁の乱でも、安芸の国人は大内氏の下で多く従軍している。大内氏は自らも東西条の鏡山城（東広島市）に拠点として譜代の家臣を置いた。さらに**厳島神社**の神主・藤原氏および分家の友田氏を従属化し、瀬戸内西部の制海権を握っていた。

戦国期に入ると出雲を統一した尼子氏が安芸と備後に攻めてきたので、広島県域が大内と尼子の争いの場となる。島根県の項で述べたように、尼子氏は出雲からJR木次線のルートから南下して中国山地を越え、そして広島県域の備後北部に出て芸備線のルートで安芸に進攻した。経久は大内氏が上洛しているところ、西部の分郡守護・武田氏など安芸の領主を尼子側に引き寄せている。安芸北部を領地とする毛利は、尼子の圧力をまともに受けることになった。元就の正室・妙玖は吉川氏（領地は毛利氏領国の西隣）の出身で、尼子経久の姪でもあった。さらに兄と甥が早世して元就が相続する際に、弟が尼子と共謀して家督を狙うこともあった。こうした中で元就は一時的に尼子についたものの、結局は大内に属することになる。

1525年に元就は武田氏を滅ぼすなどの戦功と安芸国人への調略を評価され、大内氏から広島湾岸の土地を所領として与えられた。この時に初めて毛利氏は広島市付近で領地を得たのである。この際に水軍とつながりを持ったということで、大河ドラマでは村上水軍の娘（葉月里緒奈）と恋仲になり、少年期に喧嘩別れして水軍の武将となった野田次郎（的場浩司）と再会して・・といった筋書きになっていた。こうして毛利氏はJR芸備線を北から南下する形で瀬戸内海沿岸の広島湾に進出した。この後も毛利は安芸の国人たちの間で着実に勢力を伸ばしていき、1530年代には東方拡大を目指す尼子晴久は元就と兄弟契約を結んでいる。

1541年に毛利氏は本拠・**吉田郡山城**を尼子氏ら大連合軍に攻められるが、これは安芸国人の中で毛利が最重要勢力で脅威だと目されたためである。また毛利氏の領国・安芸北部が地理的に山陰と山陽の結節点に当たることも関係していた。これを大内の援軍も得て退けたが、直後の大内氏による出雲攻めは大敗して悲惨な逃避行を強いられる。安芸の国人達は大きな犠牲を払い、元就自身も家臣が身代わりに討たれるなど九死に一生を得た。これが大内氏の衰退の遠因となり、この頃から毛利は大内からの自立を策するようになる。

その一環として、北部山間部を領地とする**吉川氏**に次男・元春を、瀬戸内沿岸の**小早川氏**に三男・隆景を養子に入れて系列化した。

元春が入った吉川氏の本拠である小倉山城は、県北西部の山県郡北広島町にあった標高415mの山城である。「吉川氏居館跡」として国指定の史跡となって多くの遺構がある。アクセスは車で浜田自動車道の大朝ICから約5分、または広島駅から大朝行バスで1時間20分の安芸新庄で下車しタクシーで5分。また吉川元春の隠居後の居館として「吉川元春館」が近くにある。高さ3mの石垣が80mにわたって続き、庭園跡が良好な保存状態で国の名勝として整備が進んでいる。アクセスは、中国自動車道千代田インターチェンジより北へ10km（車で20分）。これらの遺跡を案内する中核施設として「戦国の庭歴史館」が付近にある。

隆景が最初に継嗣として入った竹原小早川氏は分家であり、竹原市の木村城が居城だった。アクセスは、広島駅からJR快速安芸路ライナーと呉線を乗り継いで1時間半超の竹原駅からバスに乗って、小早川神社前で下車する。竹原小早川氏はJR呉線のルートが勢力圏だったが、隆景はその後本家である沼田小早川氏も継ぎ、竹原と沼田の両家を統合した。沼田小早川氏の居城は三原市の高山城で、海沿いだが標高190mの山城であり、西側に沼田川が流れる場所にある。アクセスは、広島駅から山陽本線の糸崎行で1時間超の本郷駅が最寄である。沼田小早川氏は山陽本線のルートを勢力圏としたが、隆景による統合で安芸の東南岸は全て小早川氏の勢力圏となった。

こうして毛利氏は安芸国の山間部と瀬戸内海沿岸を支配下に入れ、安芸国を「面」として領域化することに成功した。やがて1551年に陶晴賢《すえはるかた》がクーデターで大内氏の実権を握るが、毛利は裏でこれを支援し、安芸や備後での勢力拡大を果たしている。

そして1555年**厳島の戦い**は文字通り、厳島神社がある宮島が舞台となったが、**村上水軍**の支援を受けて、夜間に嵐の中で奇襲を仕掛けることで陶率いる大内の大軍を破った。広島市から西へ海沿いの道を行くと、宮島を抱える廿日市市がある。広島駅からJR山陽本線・岩国行の宮島口駅まで25分、宮島口よりフェリーで10分で島に到着する。古戦場跡は「駒ヶ林」がよく整備されており、島最高峰の弥山の展望台から徒歩20分の所にある。厳島神社は平清盛が『平家納経』を収め、海面に鳥居があることで有名な世界遺産だが、毛利氏の覇権を決定づけた古戦場でもあることは記憶してよい。ちなみに元就関連の話としては、少年時代に参拝した時「天下を取ることを祈願した」と言って家臣を驚かせたエピソードが伝わっている。

その後の中国地方での拡大は各県の項で述べたが、地形的に多極分散になりがちで国人が割拠するこの地方をほぼ大部分治めたのは毛利氏が唯一の例である。元が一国人だったところから出発し、あれほどの大勢力となったのはやはり驚くべき偉業であろう。毛利氏の勢力圏は国人領主が連合するという分権型組織だったが、破綻少なく乗り切ったことから元就以来の慎重かつ着実な家中経営が見受けられる。

しかし元就の晩年には尼子残党の山中鹿之助らの活動や、九州での大友氏との対決など、拡大した分戦争が大規模化する。元就が1571年に死去した後に孫の**毛利輝元**が後を継ぎ、二人の息子、吉川元春と小早川隆景が補佐する「毛利両川体制」となる。

この後、織田信長に追放された足利義昭が毛利領に亡命してきて、これを擁することになった。さらに安芸で本願寺門徒が多かった関係から石山本願寺と同盟し、大坂方面に進出して織田と戦うことになる。瀬戸内海東部に進出した毛利水軍の動向については、大阪府や兵庫県などの項で述べた。陸路では織田軍との対戦のために山陽道や、現在の交通で言えば芸備線を北上して伯備線で山陰地方と各地に出兵したが、距離的に長く、山間の道が多いこともあって毛利方勢力の救援に成功しないなど成果を上げられなかった。そして徐々に織田家中国方面軍の**羽柴秀吉**が攻勢に出て、備中にまで迫られたが、本能寺の変で講和することになって救われた。この際、事前に知って秀吉を追いかければ天下を取れたようにいう声もあるが、それどころではなかった。実際に追撃論があったが、小早川隆景が押しとどめた。その理由は連年の出兵で財政が破綻していたこと、さらに国境周縁で国人勢力の反抗が相次いでいたことである。これらの鎮圧で二年を要したが、やがて秀吉と正式に講和して国境画定を行い、毛利領は安定する。この秀吉との交渉の際に毛利側で外交担当となったのが**安国寺恵瓊**で、毛利氏に滅ぼされた安芸武田氏の出身と言われている。「秀吉はさりとてはの者」といち早く傑物ぶりを見抜いた慧眼の主である。

さて、毛利氏に協力した**村上水軍**は因島、能島、来島の三つに分かれていた。因島は尾道―今治（愛媛県）間のしまなみ海道の中間点で、今では陸上交通が中心であるが、愛媛との海域でフェリーがいくつか就航している。造船業も健在で、それと連動して「水軍の土地」というブランドを売り出そうとしている。当時は芸予諸島へは全て船で行き来していたので、村上水軍は「海の大名」として、毛利ら陸の大名たちも重視していた。

このうち来島は伊予側にあり、因島は大内から毛利へと従属化が進んでいたが、能島は独自性を追求するために諸大名と等距離外交を行った。能島は愛媛県今治市に属すが、毛利氏との関係が深いことからこの項で扱う。能島はしまなみ海道のルート上の大島大橋から南東に外れた場所にあり、アクセスは今治の宮窪港から船で5分である。島全体が村上水軍の手で城塞となっていた。元就の晩年に能島の**村上武吉**が大友に、後に秀吉に寝返っている。しかし1588年の秀吉による「海賊停止令」により、通行料徴収など特権を否定された。これは中世以来の水軍の独自性を喪失させ、陸上の大名権力への一元的従属を進めるものだった。城山三郎『秀吉と武吉』、和田竜『村上海賊の娘』ではこの辺りの事情を描いている。この少し前から能島村上氏は小早川隆景の家臣とされていたが、隆景の九州移封に従ったので水軍としての基盤も失った。能島城は廃城となり、島も無人島となっている。村上水軍の事績から安芸と伊予の海域が深いつながりにあったことは分かるが、芸予諸島の方言については海域の中間にあって村上水軍も拠点を置いた伯方島（愛媛県今治市）付近で広島弁寄りから伊予弁寄りへと移り変わるようだ。しまなみ海道開通後も変化はないらしく、県境をまたぐ島々で徐々に言語文化が移り変わるありさまを示している。

さて毛利は秀吉の下で四国、九州と天下統一戦に参加。九州遠征途次の秀吉を厳島に迎えている。毛利氏は秀吉の下で軍役を務めるために、領内で検地を進めて土地ごとにまちまちだった年貢高を均等化し、国人領主の連合体から当主中心の集権組織へと移行していく。こうした中で１５８８年には近世城郭として建設した**広島城**に本拠を移し、輝元と小早川隆景は「五大老」となった。広島城は全くの平城で、天守閣は聚楽第を手本とした御殿風の造りだった。原爆で全壊したが、古写真を基に１９５８年に外観は忠実に復元された。広島城のアクセスは、広島駅から路面電車で１５分の紙屋町東で下車して徒歩１５分。南西方向に原爆ドームや平和記念公園がある。

輝元は関ヶ原で安国寺の勧めもあって西軍の総大将として擁立されたが、吉川などは家康に内通するなどまとまりを欠いて敗れ、戦後は防長二州（山口県）に大幅減封された。この時、毛利氏に付いて長州藩士となったのが、高杉晋作や木戸孝允の先祖である。高杉晋作の先祖は安芸武田氏の家臣だったが、武田氏滅亡後に毛利氏に仕えたと言われる。木戸孝允の先祖は桂元澄で、毛利元就に仕えて厳島の合戦では桜尾城主として活躍した。

一方で安芸と備後は福島正則が引き継いだがこれも取り潰され、やがて浅野氏が入る。

## 備後国（東部）

広島県の東部は備後国で、福山市を中心として備後都市圏を形成している。岡山県西部の井岡、笠岡などもこの都市圏に含まれ、一部は岡山市の通勤圏になっている。山陽新幹線で言えば、福山—岡山間は16分に対して、福山—広島は24分と、岡山の方が近い（山陽本線なら前者は1時間10分、後者は1時間50分弱）。地理的に接することもあって、方言も備後弁は岡山弁に通じるところもある（全く同じではない）。

備後弁は安芸地方の広島弁と基本的に同系だが、理由の接続詞で安芸にはある「じゃけん」を使わず、「じゃけえ」のみである。発音でも「みゃあみゃあ音」と言われる「アイ↓ゃあ（赤い↓赤けゃあ）」等の連母音融合がさかん（安芸は「赤い↓あかー」で、岡山は「赤い↓あけー」）。「とても」を意味する「ぼっけー、でーれー」など岡山弁と共通する単語もある。文末に「～なー」と付くのは、岡山さらに関西に通じる。アホバカ方言でも「バカタレ」と言うこともあるが、「アホー」や「アンゴウ」が多いのは岡山と共通だ。

備後は沿岸部に山陽新幹線および山陽本線が走っているが、少し内陸に山陽自動車道、そして北部山間に中国自動車道といずれも東西の交通路が充実して域外と結んでいる。一方で南北の交通路はJR福塩線があり、尾道—松江間に国道184号線と中国横断自動車道が走り、また福山から岡山県北西部の新見に向けて国道182号線があって山陰方面ともつながりはある。しかし南北路は中国山地を越える難路なので、東西の交通量よりは劣る。さらに地形は北中部の大部分が山地で、盆地がいくつか点在している形なので、全体として生活圏が分散している。

戦国史の展開については、国人の一部が備中と関わるくらいで、あまり岡山県域との連動は見られない。むしろ安芸や出雲との関係が見える。また国内の中小領主割拠という状態も特徴で、安芸と同様だったが、安芸の毛利氏のような中心的在地勢力がなく、域外の大勢力の影響を強く受けたということが言える。これは東西の交通が発達していたことで、周囲の影響を受けやすかったことが関係していよう。

室町期の備後一国は山名氏が守護だった。山名氏が備後に分国を得たのは瀬戸内海の流通を抑えるためである。東隣の備中はライバルである細川氏の領国で、これに対抗する意味もあった。山名氏の守護所は**尾道**にあり、瀬戸内海の港町として栄える一方、ここで**浄土寺**など多くの名刹が建てられた。尾道へは広島から東へ山陽本線で1時間半。浄土寺は真言宗泉涌寺派の大本山で、尾道駅より路線バスで約25分の場所にある。浄土寺の展望台は尾道水道から四国まで見渡せる絶景である。

応仁の乱の際に備後守護の山名是豊は西軍総大将の宗全の息子だったが、後継争いで父と確執があったために東軍についた。このために大内氏など西軍方の攻撃を受けることになる。この後、山名氏は守護所を尾道から神辺城（福山市）に移した。

山名氏は京都への連絡が便利なことから主として南部の沿岸に勢力を持ったが、備後国内の大半は国人領主割拠で、主なところでは南部に奉公衆の**宮氏**（福山市付近）、北部の甲山城（庄原市）に守護代の**山内氏**が勢力を持っていた。この後、安芸と同様に南部沿岸部は大内氏、北中部は尼子氏の勢力圏となる。大内氏は周防（山口県）が本拠で山陽道や瀬戸内海沿岸から勢力を伸ばした。一方、出雲は中国山地が大きな壁となっており、鉄道では松江からの木次線は島根県内止りで、鉄道での備後との直結路はない。しかし当時は出雲大社への参詣路があって、山地が鉄を産出することからローカルな交流は盛んだったと考えられる。軍事力を強化した尼子氏は、中国山地の難路を物ともせず備後に遠征してきた。こうした中で備後北部の山内はもともと三沢氏など出雲南部の国人と縁戚でつながっていたこともあり、やがて尼子経久の三男・塩冶興久と婚姻することで尼子方として勢力を誇る。中国山地の鉄資源を握っていたことで経済力もあり、この地域の国人リーダーとされていた。しかし塩冶興久が１５３０年頃に尼子氏に反乱した末に敗れると、山内氏と尼子の関係も微妙なものになる。こうした中で西側で近接している毛利氏が成長し、山内氏もこれと友好関係を結ぶようになった。なお、甲山城は庄原盆地の北西端にあった標高３８０ｍの山城で、広島市から芸備線で３時間の山ノ内駅が最寄である。

１５５2年に尼子晴久が「８か国守護」となった際に備後も含まれることになった。しかしすでに１５４４年に晴久は備後北部の三吉氏（本拠は三次市）を攻めたものの、毛利氏の援軍によって敗れていた。三次は広島市から北東方向へ向かって芸備線で2時間の場所である。さらに１５４９年になって毛利氏は山陽道を東上し、瀬戸内海の海上から福山市の神辺城を包囲した。ここは備後の旧守護で、当時は尼子の傘下にあった山名氏が守っていたが、包囲戦の末にこれを破った。神辺城は標高１３３ｍの連郭式山城で、福山駅からＪＲ福塩線・府中行で１５分の神辺駅から徒歩で３０分の所にある。さらに宮氏も尼子方に付いていたが、１５５１年に大内氏の命を受けた毛利氏に降伏して滅亡した。宮氏の亀寿山城は標高１５０ｍの山城で、付近に備後一宮の吉備津神社がある。アクセスは福山駅からＪＲ福塩線で３７分の新市駅で下車、そこから亀寿山城の本丸まで徒歩４０分である。こうした備後での毛利氏の攻勢に対し、１５５３年に尼子晴久自らが出陣したが、旗返山城（三次市）を毛利氏に奪われて敗退している。一連の戦闘を通じて備後の国人衆も毛利の家臣となり、関ヶ原まで備後は毛利領となった。

毛利氏にとって、備後は備中など東方進出への経路であり、北の出雲への道が通じていることから尼子氏を牽制する地理的位置として重要視した。

毛利氏は安芸北部が本拠で、現在でもここと備後北部は中国自動車道やＪＲ芸備線でつながっているように、同様のルートで毛利氏の影響が広がった。一方備後南部では宮氏が吉備津神社と関係が深いことから備中にも所領を持っていたように、この辺りは東隣の岡山県方面とも交流はさかんだった。現在でも岡山県西部の井岡、笠原が福山市への通勤圏となっているように関係が深い。このため毛利氏は、宮氏の旧領を受け継いだ杉原氏(山名氏の旧臣で、尾道付近が本拠)や一族の吉川氏にも備中を管轄させた。方言区画と合わせてみると、備後の北部と西部は安芸と同じ区画だが、南東部は安芸と異なっている。毛利氏の進出の早さの違いが交通の便に由来し、それが安芸と備後の方言区画にも影響を与えていると考えられるが、いかがだろうか。

なお、1563年に毛利隆元(元就の長男)は芸備線のルートで出雲遠征の元就に合流する途上、備後中部(三次市)の和智氏に饗応されたが、そこで急病死した。これを毒殺と疑った元就により和智氏は切腹させられた。この措置は、毛利氏による備後での勢力拡大の一環と考えられる。和智氏の南天山城は吉舎駅が最寄で、広島市からは芸備線と福塩線を乗り継ぎ3時間かかる場所にある。

さて元就の三男・**小早川隆景**が養子に入った小早川氏は、備後南西部から安芸南東部の竹原に至るまで勢力圏とし、隆景は小早川水軍を率いて毛利氏の瀬戸内海制覇に貢献した。小早川氏の本拠地は三原市内にあったが、三原市域は安芸と備後にまたがっている。安芸側にあった高山城が1582年に隆景によって廃城とされ、少し東に入った備後南西部の三原城に移転した。山城から海に面した城への移転は、交通の便と移動の早さを重視するためと考えられる。山陽新幹線の三原駅から見ると、海の近くに建てられた三原城が見える。現在でも尾道、三原、竹原からは伊予大三島への海上フェリーがあり、小早川水軍が活躍した名残りを感じさせる。

信長に追放された**足利義昭**は毛利氏の庇護を求め、1576年に瀬戸内海を西に下って備後の**鞆**《とも》(福山市)

を在所にした。藤田達生氏によれば、奉行人などが組織され小規模ながら「鞆幕府」というべき機構が出来上がっていたという。この鞆の浦は瀬戸内海の港町として栄え、江戸期に朝鮮通信使が「日本で第一の景勝地」として記している。福山市の中心部からバスで30分と離れているが、その分伝統的な港町の景観が健在である。瀬戸内海の要衝であったがゆえに、足利義昭、後には坂本龍馬も訪れるなど歴史に心をはせることもできる。

## 山口県（周防国（南部）、長門国（北部））

新幹線の新山口駅は山口市の小郡町にあり、山口の中心街からは南にある（山口駅からJR山口線で南へ20分の所）。新山口へは東京からのぞみで4時間半、大阪から山陽新幹線で2時間弱で行くことになる。山陽本線の宇部市から北へ分岐する形でJR宇部線が県都・山口市に向かい、そこから島根県の津和野につながるJR山口線と接続する。また県の西端にあって人口では最大都市の下関市から山陰本線が通じている（新山口―下関は山陽本線で1時間）。山口県は瀬戸内海と日本海の両方に面する県なのである。

さらに新山口から新幹線で福岡県の小倉（北九州市）まで20分弱、博多（福岡市）まで35分と近く、西端の下関が九州と近距離であることも大きなポイントである（新山口から下関まで山陽本線で1時間超）。地方ブロックでも、山口県は中国地方と九州地方の両方に属している。瀬戸内海と日本海、そして九州の接点という地理条件は、山口県の大きな特徴で室町戦国史の理解もこれでうながされる。

その山口の方言は東京式アクセントである。幕末ドラマなどでも薩摩や土佐よりは方言色が薄いせいか、

島根県
広島県
萩
長門方言
山口市
周防方言
（豊関方言）
岩国
周南
下関
福岡県
やろう、やのお
やけえ（理由）
雨が降っちょー、降っとー
〜なんよ、したんよ
あるっちゃ、したっちゃ
〜しんさい（命令）
ええんやないほ？
何しよるそ？
ぶち（すごく）好きやけえ
しちゃった（敬語）
じゃろう、じゃのお
じゃけん
雨が降っちょる
〜なんよ、したんよ
あるっちゃ、したっちゃ
あるいね
そねえなこと
〜しんさい（命令）
大丈夫なそ？
ぶち（すごく）好きじゃ
しちゃった（敬語）
おいでませ
バカタレ、ボケ

長州藩士が共通語で話す例も多い。しかし特徴はちゃんとある。動詞の完了形「〜（し）ちょる」（進行形の「〜（し）よる」と区別して使用）、言い切りの文末詞「っちゃ（いけんちゃ、知っちょるっちゃ等）」といったあたりが代表的だ。これら以外は広島弁とはよく似ていると言われる。新山口から広島まで山陽新幹線で30分でつながっていることを観れば、容易に関係の深さが理解できる（山陽本線なら3時間前後）。戦国史の展開でも広島との強いつながりが見え、初めは山口の**大内氏**が広島県域を勢力下に置いたが、後に広島から**毛利氏**が山口県を征服したという流れになる。

なお、山口方言は一応、東部（周防）と西部（長門）で異なるが、ほぼ県内で一つの方言区画とされるほど共通点が多い。これは江戸期に全域が毛利藩（長州藩）とその支藩の領国だったことが関係しているが、さかのぼれば室町・戦国期の大内氏の時代から山口県域（旧国の周防・長門）は一体だったことを受け継いでいる。

ところで室町・戦国期の領主だった大内氏が京風文化を導入したことで、山口は「小京都」の代表として知られる。その大内氏は、山口の地元言葉が鄙びていてよろしくないということで、街中に京言葉を話す者を送り込んでその普及に努めたという話がある。真偽は不明だが、「おいでませ」など現在でも山口方言の中で残る優美な表現がその例だという。

山口県域は瀬戸内海の海域交流を通じて京都と深い関係を結んだことがうかがえる。現在は山陽新幹線など陸路が発達しているが、戦前は瀬戸内海の長距離航路も就航しており、大阪までつながっていた。その名残として、愛媛県まで行く防予フェリーと周防大島・松山フェリーがある。

大内氏は室町期に五重塔の**瑠璃光寺**などを築き、京風の「大内文化」を咲かせた。この寺は大内氏の菩提寺で、アクセスは新山口駅からバスで３０分の県庁前バス停に行き、そこから徒歩で１０分である。山口駅からは北の方になる。私の子供の頃に見聞きした中では、大内氏は西の方の裕福な殿さまで、中国などとも交流が盛んというイメージがあった。その元になった一つはアニメ『一休さん』で、一休さんに親しい武士の蜷川新右衛門が想いを寄せる姫（末姫）が大内氏の人となっていた。

さらに史実では、画僧の**雪舟**のパトロンとして有名である。大内氏は京都では芽が出なかった雪舟を明（中国）まで留学させ、山口で大きく才能を開花させた。私の読んだ歴史漫画（小学館人物日本の歴史）では、明国へ留学したい雪舟に親しい僧が作戦として、細川氏が大内に対抗して雪舟を明に行かせようとしていると吹き込み、ライバル意識を刺激された大内氏によって雪舟が明へ送り込まれたことになっていた。ここで大内氏が細川氏と争いながら、対中国貿易を行っていたことが刷り込まれた。なお、雪舟のアトリエである「雲谷庵」は山口市内にあり、アクセスは新山口駅からバスで30分の五重塔入口から徒歩5分。瑠璃光寺が近いので、ここから望むことができる。雪舟の作品は東京や京都の国立博物館で多いが、山口県内では「毛利博物館」（防府市）で『四季山水図巻』が収められている。

大内氏は「多々良」を本姓としたが、百済王子の子孫を名乗る珍しい家系である。後にこれを活用して、朝鮮王朝に交易拡大を申し入れている。当時から朝鮮との海域交流が盛んであり、その延長線で中国との交易も行われた。現在でも下関から関釜フェリーと光陽フェリーが韓国との海上アクセスで就航しており、中国へも2つルートのフェリーが就航している。

大内氏の史実としての初出は周防国府の在庁官人としてであり、鎌倉期に六波羅探題の引付衆としても名を連ねている。南北朝期に長門守護の厚東氏を滅ぼして、現在の山口県域である周防・長門の両国を守護として領有した。本拠は、この両国を合わせてちょうど中間点にあたる山口市に置いた。山陽本線と山陰本線の両方から等距離にあるという地の利を重視したと思われる。また山口市の地形も、四方を低い山に囲まれた盆地というのは京都と共通する。

当初は南朝方だったが、領国安堵を条件に幕府に帰順した。そして**大内義弘**が南北朝合一にも貢献したことで、丹波や和泉など畿内近国でも守護管国を得て勢力を拡大した。しかし足利義満と対立し、鎌倉公方とも共謀して「応永の乱」を起こしたが、堺で追討された。ここで大内氏は畿内の分国を没収されるなど勢力を減退させるが、九州や中国地方西部で勢力を回復、六代将軍義教の時代に幕閣のオブザーバー的存在となる。

ここに山陽新幹線が山口県を経由して北九州につながっていることが想起される。

八代義政の時代の**大内政弘**は雪舟のパトロンだが、応仁の乱の際には西軍の有力大名として参戦。瀬戸内海の制海権をめぐって細川氏と争っていたこともあり、最後まで戦闘を継続したが、大内が帰国することで乱が終結した。乱の際には当主の叔父が東軍方で挙兵し、周防・長門はもとより安芸や石見などにも反大内が火の手を挙げるなど危機に陥ったが、周防守護代の陶《すえ》氏が鎮圧した。

この後、大内氏は『大内氏掟書』という分国法では初期のものを制定し、郡司によって在地を郡単位で編成して（郡司制）、周防には陶氏、長門には内藤氏と重臣を「守護代」として管轄させることで領国では独自の公権力として組織化を行っている。室町体制から一歩進んで、戦国大名の先駆的存在とされるゆえんである。なお、大内氏の居館である大内氏館はＪＲ山口駅から徒歩２０分の場所にあった。兵火で焼失したが、中心部は現在、龍福寺の本堂となっている。大内氏館は京の将軍邸を模したと言われる百間四方の方形居館で、現在の龍福寺の境内と庭園で大内氏の名残りを感じられるかもしれない。敷地内には大内氏の全盛期を築いた大内義興の像もあり、背後の鴻ノ峰という山に出城の高嶺城があった。幕末の山口藩庁や木戸孝允の旧邸も近い。

さて**大内義興**は大河『毛利元就』の初期で描かれていたが、応仁の乱後に公家が大勢亡命して京文化がもたらされる一方、中国や朝鮮との貿易で富を蓄えるなど西国の最有力大名となった。瀬戸内海と東アジア海域との接点という地理的条件が大きかったことが分かる。１５０９年に義興は、亡命していた１０代将軍義稙を擁立して上洛し、細川高国と連合政権を組んで１０年間京都で幕政を主導した。官位の上昇という栄誉はもちろん、明への貿易船の派遣許可など実質的な利益も得られた。国元は強固な組織化で安定していたが、出雲の尼子氏が台頭し安芸・備後が脅かされたことで帰国した。義興の上洛は戦国大名としては最初のものだったが、その性格は室町大名としての側面が強く、新たな天下秩序を形成できなかった。

その子**大内義隆**は尼子と一時和を結ぶ一方、九州へ出兵して大友氏などを抑えた。ここで山陽新幹線が山口県を経由して北九州とつながっていることが想起される。下関から北九州市門司への関門大橋はもちろん昭和に建設されたが、両者の間は50kmで、電車では20分足らず。この近さから海峡間の海域交流が盛んだったが、その名残は北九州市への関門連絡船、さらに大分方面へのスオーナダフェリーでうかがえる。大内氏の下では周防・長門の水軍が強化され、これらが九州へさかんに出動することで当地の覇権に大きく貢献した。

大内義隆の時代には、中国地方西部から北九州に至るまで勢力圏が最大となって最盛期を迎えた。しかし1541年に、大内氏と傘下の国人領主をほぼ総動員した出雲尼子氏攻めは大失敗となり、義隆が逃避行で深手を負い、後継ぎとしていた養子が戦死するなど犠牲が大きかった。これ以後、義隆は戦闘を部下に任す一方で、公家風文化の導入という文化的権威による勢威の回復を図った。大内氏で厭戦気分が広がったのは、本拠である山口の街が周防・長門を合わせた領国の中央にあることで、内向的になったということだと解釈できる。なお宣教師ザビエルが山口でキリスト教を布教したのもこの頃で、その遺産がザビエル天主堂である。ザビエル天主堂は第二次大戦後に彼の業績をしのんで建てられたが、戦国期の雰囲気を感じることはできる。アクセスは山口駅から徒歩で15分である。

しかし義隆の戦闘回避策が相良武任ら文治派と、**陶晴賢**を中心とする武断派という家中分裂につながる。陶氏は周防中部の富田若山城(周南市)を拠点とする国人で周防守護代を務め、大内譜代の重臣として活躍した。確証はないが、言葉についても京都風を指向する義隆と、周防・長門在地のそれを擁護したい晴賢が対立したと推測は可能だろう。大河『毛利元就』では陶晴賢を陣内孝則が演じている。なお、富田若山城は、新山口から山陽本線・岩国行で35分の福川駅で下車、そこから山頂まで徒歩1時間20分の場所にある。

この頃、毛利元就の長男・隆元は大内氏の人質として山口にあり、大内重臣の内藤氏の娘と結婚した。この頃の元就の手紙では、隆元は「山口かかり」として大内氏の公家風文化にかぶれて文弱となったなど否定的評価が書かれている。元就自身もこの時期に家督相続承認の御礼として山口に出勤したが、この際に陶晴賢の謀議に参加したと推測されている。なお、現在の安芸高田市から山口市までのアクセスは、芸備線と山陽本線を乗り継ぎ5時間というところである(前述のように、安芸高田から広島までバスで1時間半かけて行く方法もあるが、時間は同程度)。

1551年ついに重臣の陶晴賢が謀反し、大寧寺(長門市)で義隆は自刃、大内氏の直系は絶えた。大寧寺は、新山口から美祢線で2時間の長門湯本駅から徒歩で10分の所にある(長門湯本温泉も近い)。大内直系の断絶を受けて、陶は大友氏より義隆の甥(大友宗麟の弟)を迎え、大内義長と名乗らせて実権を握る。しかし大友氏の影響が強まることは、大内家中はもとより中国地方の国人の離反を招いた。

1555年に毛利元就は厳島の戦いで陶を討ち取ると、周防に攻め入った。毛利氏の安芸からの進軍路は山陽本線よりは内陸にあるJR岩徳線や、高速の山陽自動車道と考えられるが、ここで周防東部の山代地方の地侍と農民が蜂起して苦戦した(山代一揆)。山代地方は現在の岩国市にあり、安芸との国境にあることから大内氏によって地侍達の自治が認められていたが、毛利氏によって自治を否定されることを懸念したと考えられる。岩国は広島市と山陽本線で1時間と近いことから、毛利氏にとっても本領防衛と大内領制圧のために重要なポイントだった。苦戦したものの、元就は「はたらきとあやつり」、すなわち軍事的制圧と並行して調略で地侍達を切り崩すことによって1年がかりで制圧に成功、さらに陶氏の居城・富田若山城も陥落させた。2年にわたり毛利は大内領の制圧に費やしたが、最高実力者である陶晴賢の死後に家中をまとめられる人物は現れず、大内家中は自壊。毛利氏は山陽自動車道のルートで進軍して下関に達し、ついに大内義長が長府の功山寺(下関市)で自刃することで大内氏は滅亡した。この際の兵火で山口の大内氏館や寺社の多くが焼失し、大内文化の遺構は瑠璃光寺などわずかになる。

その後1570年になって大友宗麟の策謀で、大友領内にいた一族の大内輝弘(義隆のいとこ)が周防に上陸するも毛利方に討たれ、大内氏は完全に滅亡した(大内の家督は大友宗麟が継承した)。大友氏との関係から、九州北部と山口県域との密接な海域交流がうかがえる。

大内氏の領国支配を見て気づくのは、他国で言う国衆(国人領主)がいなかったことである。それは長期にわたる大内氏支配で、国人たちは例えば陶氏のように大内氏の家臣と化したか、山代一揆のように農村で自治を行う地侍となる道しかなく、まとまった領域の中小領主に成長する可能性が摘み取られていたということであろう。そして大内領国を毛利氏が受け継ぐと、その集権支配の仕組みを丸ごと得ることができたのである。方言の解説でも、山口県方言は均質性が強いと述べたが、その基盤は大内氏の時代から始まっていたと言えよう。

毛利氏は旧大内領の周防・長門で検地を進めて領地を収公する一方、大内氏の家中組織を組み込んで一国人領主から戦国大名へと上昇を遂げる。周防・長門では大内時代の地域支配機構たる郡司制を継承した上で、山口奉行などにより毛利直臣の広域支配にゆだねられた。

毛利氏の下で赤間関(現在の下関市)の代官となったのが**堀立直正**である。直正は元々広島市付近の厳島神社の荘園に関与した商人的武士だが、1540年頃から元就に仕え、厳島の戦いでも調略活動で貢献した。赤間関は本州と九州のつなぎ目の港として重要視され、大内時代には長門守護代の内藤氏が管轄していたが、これを直正は受け継いだ。海外貿易は大内氏時代よりは衰退したが、瀬戸内海から北九州にまたがる流通を掌握することで、毛利氏は財力を強化し、鉄砲の調達も増加している。下関の地理的条件である、瀬戸内海と日本海、九州北部と東アジア海域が接するということで、ここを支配する意味は大きかった。方言区画でも、下関など長門西部は「豊関方言」という九州の影響も受けやすい位置付けにあるが、その地政学的な位置づけからも重要性が分かる。ちなみに大河『毛利元就』では直正を原田芳雄が演じ、松坂慶子演じる元就の義母（杉の方）と大人の恋愛関係を結ぶということになっていた。

元就の孫の輝元の時代に、周防・長門は**毛利秀元**（輝元のいとこ、元就四男・穂井田元清の子）が20万石で知行としていた。秀元は秀吉の養女（秀長の娘）を正室とし、朝鮮出兵でも奮戦し武将として優れていた。一時期輝元の養子として後継候補だったが、輝元に実子が生まれるとそれから外され、さらに輝元と安国寺恵瓊の下で当主専制が強まると不満分子となる。このように家中不統一の状態から毛利氏は関が原に臨んだ。当主・輝元は西軍の総大将だが大坂城に留まり、秀元が毛利軍を率いて安濃津城（三重県）などを攻めた後に関が原本戦に参加した。秀元には戦意があったが、同じく大将となった吉川広家が徳川に内通して進軍をふさいでおり、秀元は昼食を言い訳に動かなかったことで西軍は敗れることになった（宰相殿の空弁当）。

戦後、毛利氏は中国十か国120万石から周防・長門の二国36万石へと大幅削減され、本拠地は日本海側の長門国・萩となった。「長門国」に本拠を置いたことで、毛利家中が「長州藩」と呼ばれるようになる。大幅に領地を減らして困窮した毛利家中で、秀元は重鎮として再建に尽力し、子孫は支藩である長府藩（下関市）の藩主となった。一方、吉川広家は家康に内通しながら領地削減という結果で面目を失い、支藩の岩国藩主となったが、萩の本家との関係は距離を置いたものとなった。ちなみに江戸初期に岩国城のふもとに錦帯橋を築いたのは岩国藩主で、錦川をはさんだ城と城下町を結ぶためのものだった。

萩へのアクセスは、新山口駅から山陽本線、美祢線、山陰本線を乗り継いで（厚狭と長門市で乗り換え）2

時間半という所。**萩城**は毛利輝元によって１６０４年に指月山のふもとに築城された。城址へのアクセスは、ＪＲの東萩駅から徒歩で２０分。萩城では五層の天守閣が建てられたが、明治に破却されて現在は天守台のみある。萩の城下町は、２０１５年に「明治日本の産業革命遺産」として世界遺産に登録された。

# 第5章 九州・沖縄

# 九州・沖縄

九州方言は西日本方言の一種で、断定助詞はかつて「じゃ」、現在は「や」であり（推量も「じゃろう」→「やろう」となる）、否定の「ん」、存在を「おる」（居る）というのは共通する。中国・四国と共通するのは、動詞の進行形「よる（〜しつつある）」と完了形「とる・ちょる（すでに〜している）」を区別することだ。よく知られているが、形容詞のカ語尾（すごか、良か等）、準体助詞に「と」を用いること（どこに行くとですか等）、言切りの文末詞「〜たい、ばい」が「いかにも九州弁」と言われる特徴である。しかし後述するが、これは東九州では用いないことが多い。

九州方言は全体として、東・西・南の三つに分けられる。先に上げた特徴は西九州の「肥筑方言」のもので、福岡県西部・佐賀県・長崎県・熊本県の方言である。ついで東九州の「豊日方言」は、福岡県東部・大分県・宮崎県（一部除く）の方言で、瀬戸内海を挟んだ中国や四国方言と共通する特徴を持つ。南九州の「薩隅方言」は鹿児島県（奄美除く）と宮崎県西部で話され、前二者と共通点もあるが、発音、アクセント、単語で独自性が強い。なお沖縄県のことばは、九州も含む本土全体とは全く別の方言圏である。

九州北中部の東西の区別については、現在でも鉄道の路線として現れている。九州北端の小倉駅（北九州市）から西へ博多から熊本、さらに鹿児島に向けて鹿児島本線（そして九州新幹線）、一方で東に向かって、大分、宮崎と行くのが日豊本線である。このルートはさらにさかのぼれば、秀吉の九州平定の進軍経路に重なり合い、古くから現在につながる交通路が設けられていたことが分かる。

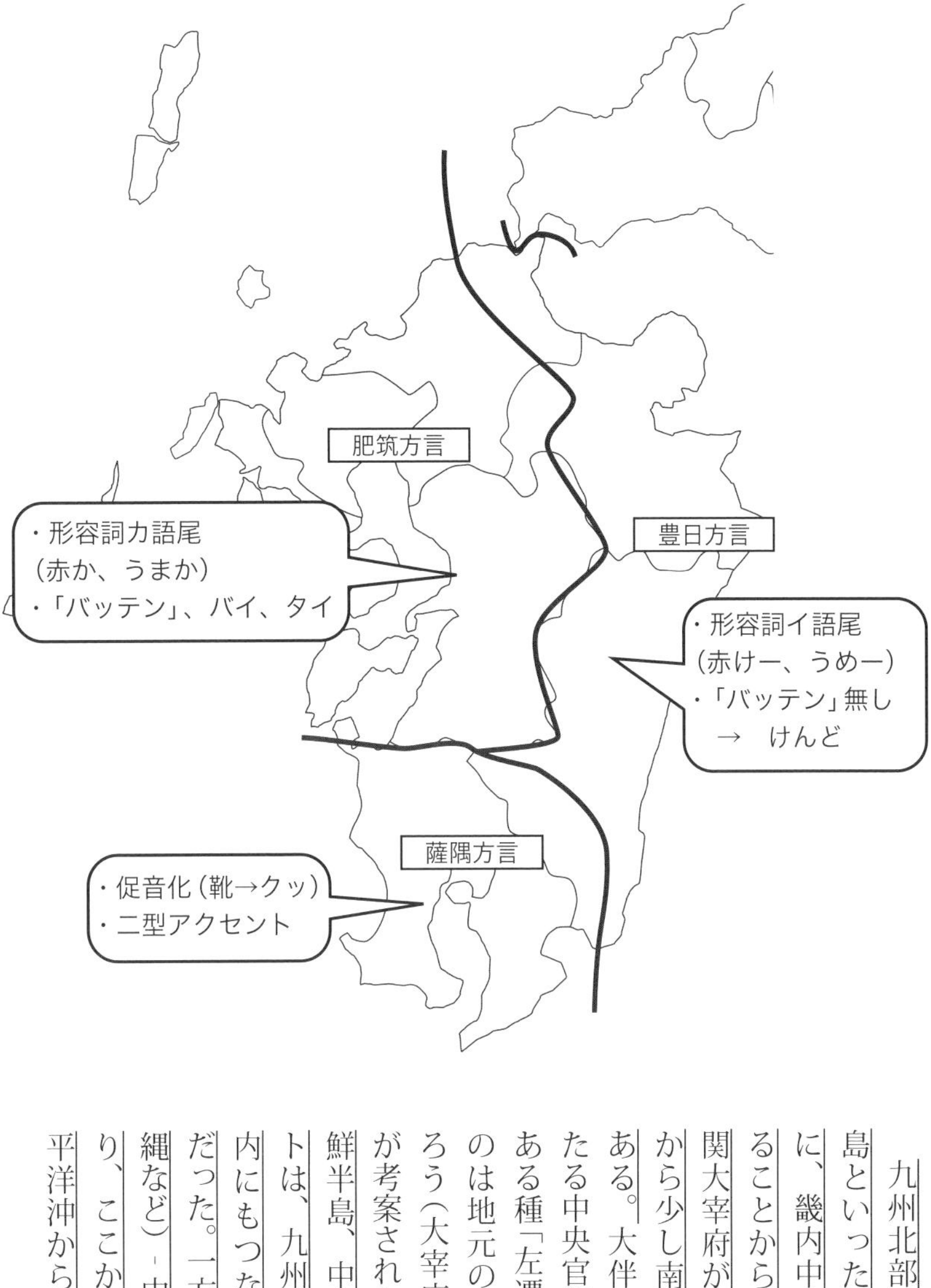
肥筑方言
・形容詞カ語尾
（赤か、うまか）
・「バッテン」、バイ、タイ
豊日方言
・形容詞イ語尾
（赤けー、うめー）
・「バッテン」無し
→　けんど
薩隅方言
・促音化（靴→クッ）
・二型アクセント

九州北部は地理的に中国や朝鮮半島といった海外との窓口であるとともに、畿内中央からの交通が便利であることから、古代より中央の出先機関大宰府が置かれた。大宰府は博多から少し南の内陸に入ったところにある。大伴家持や菅原道真など名だたる中央官僚がこの地に赴任したが、ある種「左遷」の地のように扱われるのは地元の人にとって痛しかゆしだろう（大宰府の歌会から「令和」元号が考案されたが）。さて九州北部‐朝鮮半島、中国北部、という交易ルートは、九州から東へ瀬戸内海から畿内にもつながる主要な交易ルートだった。一方、九州南部‐南西諸島（沖縄など）‐中国南部というルートもあり、ここから黒潮に乗って四国の太平洋沖から紀伊半島さらに畿内につながる。この名残りは、現在でも鹿児島や宮崎から太平洋周りで関西方面へ向かう航路で表れている。九州の歴史を見る時、北だけではなく、南からの視点も重要である。

鎌倉幕府は大宰府に「鎮西探題」を置き、少弐（武藤）氏が務めた。当初は平家の残党に睨みを聞かせるためだったが、蒙古襲来により外敵からの防衛を含めて権限強化がなされた。当初は九州に所領だけ持っていたが現地に赴任していなかった関東武士が、徐々に九州に入っていった。大友氏もその例である。

後醍醐天皇の討幕運動では、九州でも大友氏と少弐氏が蜂起して北条方の勢力を滅ぼした。やがて足利尊氏が畿内で敗れた後九州に下り、筑前で少弐氏と組んで勢力回復をはたす。尊氏は九州探題として一族の一色氏を置いたが、このことで少弐氏と対立が生じた。

1350年代になって尊氏と直義兄弟の対立による観応の擾乱が勃発した。尊氏の庶長子・**足利直冬**は直義の養子となって九州に下り、少弐氏と組んで勢力を築いた。直冬は九州各地の国人を糾合して南朝方や尊氏方と戦ったことから、『太平記』は天下三分と評している。しかし直冬は養父・直義の敗北で形勢不利になり、中国地方に転じた後に山名氏と組んで京都を攻めたが、尊氏に敗れた。直冬の行動を見ると、尊氏の実子で直義の養子という貴種の血筋を基盤にしており、九州での活動は5年ほどで、当地に定着することはなかったのである。

一方、後醍醐天皇が九州に送った**懐良親王**は当初薩摩に上陸したが、後に菊池の招きで肥後に座していた。ここを拠点に南朝勢力を指揮したが、直冬の転出後に太宰府を制圧して「征西府」を築いた。少し後の1368年に建国直後の明から倭寇討伐の依頼を受け、この見返りに懐良は「日本国王」に冊封された。いわば地方政権を日本の代表としたのは、倭寇鎮圧が明にとって喫緊の課題だったことを物語るが、後に**足利義満**の時に問題となる。なお、北方健三が小説『武王の門』で懐良の九州独立政権を描いている。

懐良の征西府政権は約10年続いたが、1370年代に足利義満が任命した九州探題・**今川了俊**がこれを破って九州を平定した。足利氏の九州探題はいずれも筑前(福岡県)を拠点としており、中央から見て九州北部が支配の拠点として不動の位置にあったことが分かる。しかし了俊は在任中に帰服した少弐氏を謀殺し、仲介の労を取った島津氏を離反させてしまうなど問題行動もあった。やがて自立化することを将軍義満に警戒されて解任となり、駿河の半国守護として召喚される。

この後九州探題は足利一族の渋川氏が務めるが弱体で、周防の**大内氏**がこれを補佐することで九州進出のきっかけを作る。本州最西端の山口県を支配する大内氏には九州との至近距離という「地の利」があった。これ以後、博多は外部勢力によって支配されるようになる。大内氏は博多の支配権も手中にし、中国や朝鮮との貿易権を握って強大化したのだ。

この大内氏優位の状態に対して、少弐氏と大友氏が対抗するのが室町後期から戦国前期の九州の状況である。応仁の乱の際に一時動揺したが、大内氏滅亡までこの状態は続いた。

1550年代末に大内氏が滅亡すると、この遺領をめぐって大友と毛利の戦争が激化した。当初は毛利優位だったが、**大友宗麟**が幕府から「九州探題」に任命され、1570年には武力でも毛利に勝利した。こうして北九州は大友氏が制覇することになった。

一方、南九州では**島津氏**が1570年代半ばにようやく本国統一を果たし、北九州でも**龍造寺氏**が大友から自立して徐々に勢力を伸ばした。戦国九州を物語る時に言われる「**九州三国志**」はこの時期、ようやく実現する。しかし三者鼎立の均衡は、1578年大友氏が日向で島津に大敗することで大きく変動した。まず龍造寺が急成長、島津も着実に勢力を伸ばす一方、大友氏は衰退の一途をたどり織田信長と豊臣秀吉という中央政権と結んで生き残りを図った。

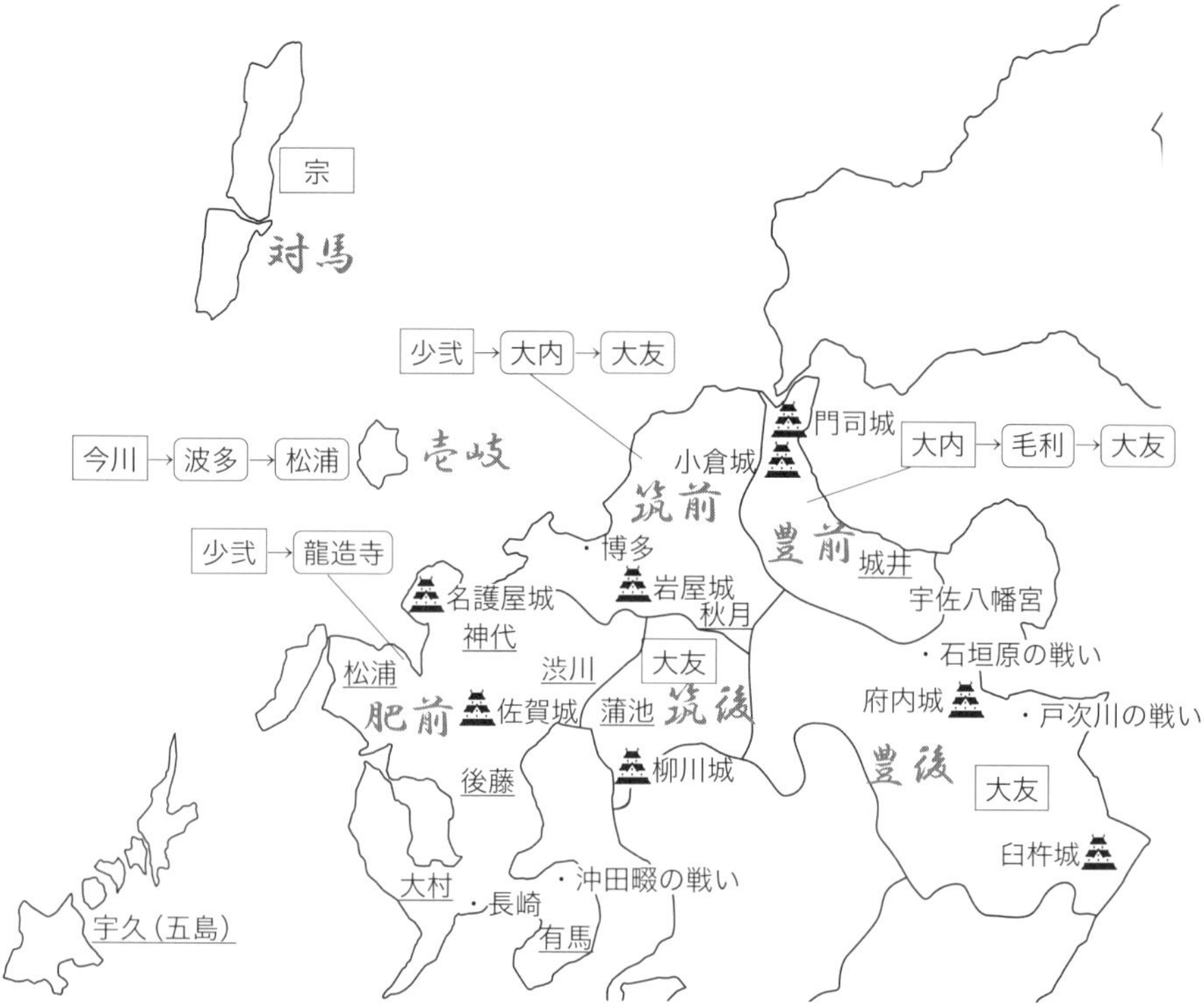
宗
対馬
少弐→大内→大友
今川→波多→松浦
壱岐
門司城
小倉城
大内→毛利→大友
筑前
豊前
博多
城井
少弐→龍造寺
名護屋城
岩屋城
宇佐八幡宮
秋月
神代
石垣原の戦い
松浦
渋川
大友
府内城
肥前
佐賀城
蒲池
筑後
戸次川の戦い
豊後
大友
柳川城
後藤
臼杵城
沖田畷の戦い
大村
長崎
宇久（五島）
有馬

やがて1584年に龍造寺が島津に敗れると、島津の九州統一が目前と思われた。しかし北九州で根強い抵抗にあううちに、1587年の**豊臣秀吉**の九州出兵となる。秀吉軍は東部と西部の二方面から島津を攻め、怒涛の進撃で島津を破った。

九州は秀吉の大陸出兵の兵站基地と位置付けられ、博多が復興されるとともに、**朝鮮出兵**の基地が肥前名護屋城（佐賀県）に置かれた。しかし検地による統合政策や軍役の重さは現地の不満を生み、一揆や反乱も起こっている。秀吉の九州国割りでは土着の大名がいくつか残る一方で、大友家は改易、そして黒田官兵衛と加藤清正という豊臣子飼いの大名が送り込まれ、後に徳川の天下でもいくらかの徳川譜代の臣が大名として送り込まれた。

さて九州に関して海外との交流の窓口という特徴は見逃せないが、鎌倉期以来「倭寇」という海賊が難しい課題だった。もともと九州は山地が多く自給自足が困難な一方で、海に囲まれていることで海外との交易に頼る面はあった、と西洋人の宣教師も指摘している。一方、明や朝鮮の朝廷は陸上政権で統制を重視したために、「海禁」という極めて制限された貿易しか許さなかった。この中で九州のみならず、中国沿岸部の住民も経済的に苦境を逃れるために倭寇となったのである。さらに室町幕府にとって九州は「遠国」で統制が十分できなかった。この中で**琉球王国**は日中の中継貿易で発展したが、明の海禁が緩和され、中国人商人が進出すると徐々に市場を侵食される。

さらに戦国期になると、大航海時代の西洋人の来航を迎える。１５４２年鉄砲が種子島に、４９年にキリスト教が鹿児島に伝来した。キリシタン大名も誕生したが、やがてキリスト教禁止令が発令され、徳川幕府は鎖国政策を断行した。海外との交流は大幅に断ち切られたが、オランダに対する長崎、朝鮮に対する対馬、中国（一部は東南アジア方面）に対する鹿児島‐沖縄という、「鎖国日本の四つの口」のうち三つが九州・沖縄に設けられた。

海外との窓口ということで、西洋人の来航によって九州方言が記録されたことが特筆される。これは非常に科学的かつ詳細な記録で価値は高い。その代表が『日本大文典』で、九州の方言についても以下のように詳しく記している。方向助詞は「に」（筑紫に行く等）、推量の助動詞は「らう（Ro）」「つらう（(Tcuro)」「づらう（Dzuro）」を使うという。形容詞が「良か」「古か」のようにカ語尾であるなど、現代につながる特徴も見える。また肥前などでは世界→せかえとなったり、豊後では「礼」を「りい」、「良い」を「いい」などエイ→イーとなる発音の特徴を紹介している。現在の方言の大枠が当時すでに出来上がっていた状況を示すとともに、現代と異なる戦国期の言語状況も記録していて興味深い。

# 大分県

## 豊後国（県内の大部分）

東京から大分へ行くには飛行機が一番早く、羽田や成田からともに1時間半ほど、大分空港（国東半島にある）から大分市へは1時間で、空港から県内各地へは大体1～2時間だ。鉄道なら、東京—大分市は6時間、大阪からも4時間近くかかり、九州最大の都市・博多（福岡市）からも特急ソニックで2時間かかる。アクセスの困難と全国的にも知名度の低さで大分弁のイメージが一般化していない。しかし**村山富市**首相（在任1994～95年）の時、出身地の大分方言が普通の九州弁（博多弁や熊本弁など）と違うということで少し話題になった。古くは中津藩士だった**福沢諭吉**（出生地の大坂の方言が母語だった）が地元の中津など豊前の方言について記録を残しており、「そうじゃちこ（そうでございます）」という言葉が「そうでおます」という大坂弁と対比されて取り上げられて有名だ。

主要な特徴のポイントを挙げると、動詞完了形の「～（し）ちょる」、言い切りの「っちゃ」、準体助詞「ん」（～したんよ、何しちょるん?等）などは中国地方、特に山口県の方言と共通する。理由の接続詞はかつて「～き」、現在は「～けん」となっている。動詞の連用形に付く助詞「～て」が「～ち」となるのが独特で（来てみなさい→来ちみない）、若者ではやや衰退したが、現在でも「それっち、どういうこと?」などで名残が見られる。断定の文末詞「～（や）に（「だよ」の意）」も九州では大分だけにある。東京式アクセント（の変種）なので、あまり共通語に抵抗はないようだ。

大分県方言を全体としてみると、単語や言い回しなどで中国・四国とのつながりは明らかだ（一部に近畿

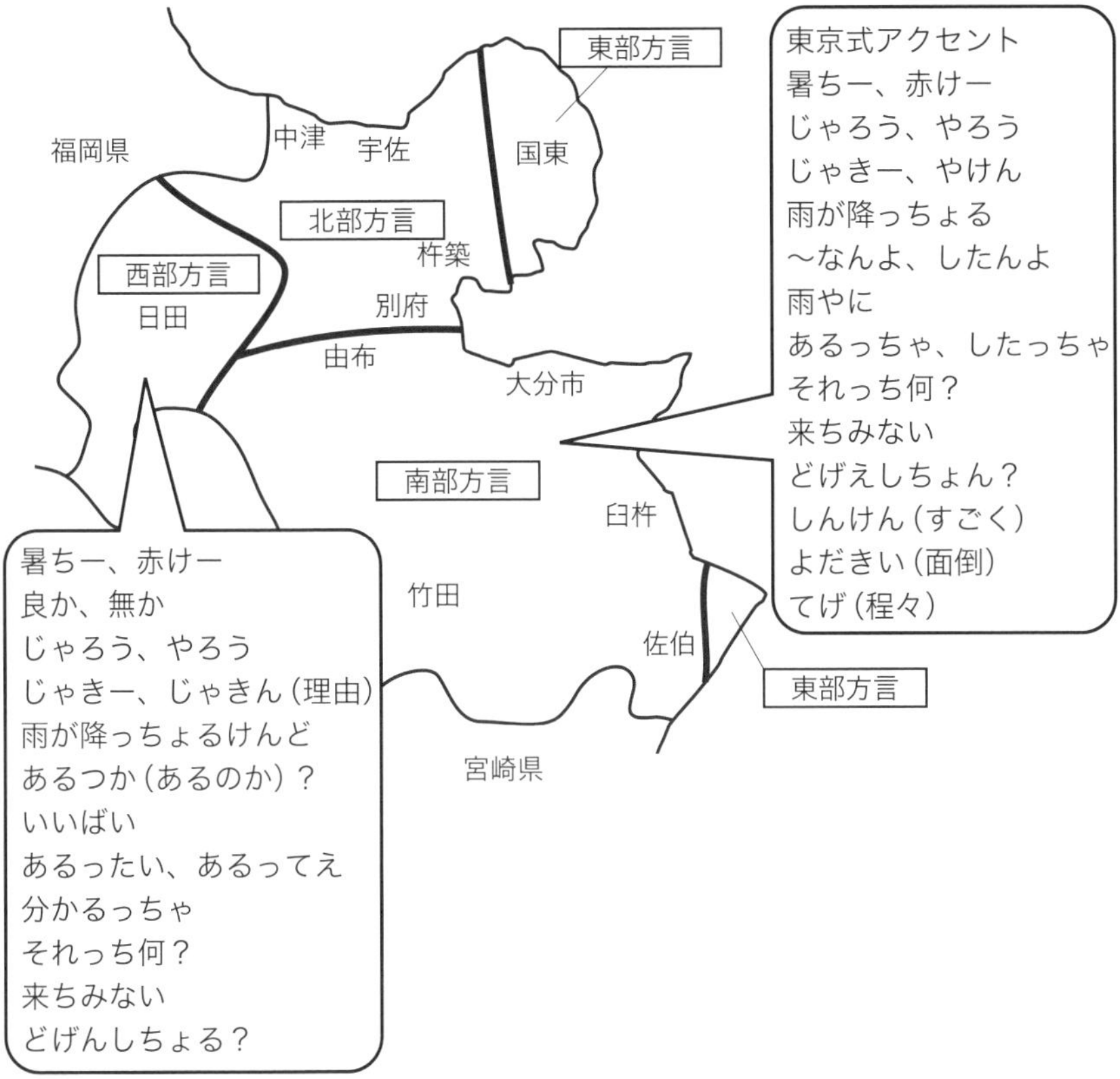
東部方言
福岡県
中津
宇佐
国東
北部方言
杵築
西部方言
日田
別府
由布
大分市
南部方言
臼杵
竹田
佐伯
東部方言
宮崎県
東京式アクセント
暑ちー、赤けー
じゃろう、やろう
じゃきー、やけん
雨が降っちょる
〜なんよ、したんよ
雨やに
あるっちゃ、したっちゃ
それっち何？
来ちみない
どげえしちょん？
しんけん（すごく）
よだきい（面倒）
てげ（程々）
暑ちー、赤けー
良か、無か
じゃろう、やろう
じゃきー、じゃきん（理由）
雨が降っちょるけんど
あるつか（あるのか）？
いいばい
あるったい、あるってえ
分かるっちゃ
それっち何？
来ちみない
どげんしちょる？

と共通）。山口県の項で述べたが、大分と山口の間には現在でもスオーナダフェリーが就航し、徳山港（周南市）から所要2時間、新山口—大分間で新幹線、特急を乗り継ぎ2時間15分と少し早く着ける（広島市からは新幹線を含めて2時間半）。大分県域は瀬戸内海沿岸との交流が盛んで、今でも四国の愛媛県とは鉄道では5時間以上なのに、フェリーは別府—八幡浜間で3時間弱で行けるほど海を通じると近いことが分かる。特に愛媛県西端の佐田岬は大分とは豊予海峡で隔てられただけで、非常に近い。この近さから既述のように、大友氏が伊予に進出する理由になった。

　遠距離についても、関西方面にむけて瀬戸内海航路が古くからあり、現在でも別府と大分港から大阪、神戸に向けてさんふらわあフェリーが就航して、11〜

12時間で結ばれている。大分の地理的位置は、海を通じた関西との意外な近さという特徴がある。これは大友氏の中央志向にも表れている。

キリシタン大名で有名な**大友宗麟**（義鎮《よししげ》）の母が大内家出身だったように（大内義隆は叔父）、大友氏は大内氏と深い関係があった。後に毛利氏と大友は北九州の覇権をめぐって争ったように、大分県域の戦国は中国地方の勢力との関係から見ると理解しやすい。大分方言と山口など中国地方の方言の近似性からつながりが見えるが、戦国史の展開でもそれは当てはまる。大友宗麟が大分弁を話すのも想像しづらいが、後に福沢諭吉が属した中津藩は他国から転封されながら、言語は多少薄いながらも豊前土着の方言の特徴を持っていることが福沢の記録にある（「来ちくれい、来ちくりい」等）。そこから類推すれば、豊後生まれの宗麟にも武士の格を保った大分弁を話させるのも間違いではないと思われるが。

大分県域は江戸期に小藩分立だったので方言も多様だと言われるが、大まかな特徴は大部分で共通しているようだ。ただし西部の日田付近は地理的に隣接する福岡の方言と共通点が多い（準体助詞「〜と（どうすると？等）」や言切りの文末詞「〜たい、ばい」等）。日田付近は筑後川で福岡県とつながっており、現在でも福岡県の久留米と久大本線で結ばれ、特急ゆふの森が走っている（主要1時間15分）。また両都市の間には高速の大分自動車道もある。大友氏の当時も筑前・筑後（福岡県）方面への進出路として重要だった。ちなみに大分市から日田は特急ゆふの森に乗って1時間40分以上で、博多より遠い。

大友宗麟の城は府内と呼ばれた現在の大分市にあり、今でも大分駅に彼の銅像がある。ただし市街地にあって「大分城址公園」と呼ばれているのは江戸期の「府内城」で、アクセスは大分駅から北へ徒歩約15分である。大友氏の居城だったのは「大友氏館跡」で、大分駅から東方向にバスに乗って東元町バス停で下車、徒歩5分の所にある。（駅から徒歩なら25分）。大分川の近くにあり、発掘が進んでその成果が敷地内の「大友氏遺跡体験学習館」で展示されている。また「大友氏館跡」の近くで近年オープンした「南蛮ＢＶＮＧＯ（ぶんご）交流館」は、宗麟の業績と南蛮との交流をテーマにビジュアルな展示を行っている。

大友宗麟については、遠藤周作が『王の挽歌』という小説で彼の生涯を描き、２００６年にＮＨＫドラマとなった（松平健主演）。１５４９年にわずか2か月だけだが、**ザビエル**が豊後にやってきて宗麟と親交を結んだ。宗麟がキリスト教の洗礼を受けたのは晩年だが、その時の洗礼名「フランシスコ」はザビエルの個人名から取った。なお、ザビエルの像も大分駅にある。宗麟の最盛期はヨーロッパの宣教師によって領国「ＢＵＮＧＯ（豊後）」が九州全体の王国と言われるほど、強国だった。本拠の府内（大分市）は古くから中国の貿易船が来航したが、この時期に南蛮人と呼ばれるヨーロッパ人も来航し、国際貿易港の様相を呈していた。このことから宗麟を「アジアン戦国大名」と呼ぶ研究者もいる。この名残を現在の大分市内のアーケード街にある南蛮船の模型でしのぶができる。南蛮貿易のルートは北九州市方面から東南に向かうルートと思われる。現在は北九州市の門司から大分は日豊本線の特急で結ばれているが、地形的に英彦山という山岳があって陸路は険しいことから、近代以前は船が便利だった。大分が瀬戸内海に面し、畿内とも通じていることがポイントであっただろう。

大友氏は鎌倉期に頼朝側近の中原氏から出て、承久の乱後に関東から下った。この際に古くから勢力を持っていた大神氏という名族の系統である佐伯氏や臼杵氏などを滅ぼし、豊後各地に分家を派遣して支配を固めた。鎌倉期から豊後の守護を務め、蒙古襲来時も防衛軍に参戦。後醍醐天皇の鎌倉討幕の際には九州出先機関「鎮西探題」の攻略に貢献した。室町期も引き続き守護を務め、京都から遠いことから在国していたことで統治は安定していた。大友氏は「方分」と呼ばれる役職で各郡に分家や重臣を派遣し、大きな権限で支配に当たらせた。なお、西部の日田付近は分家の日田氏に治めさせていたが、1548年に断絶し、その後は在地の名族大蔵氏の郡老八名を奉行に任じて管轄させた。日田支配の拠点は日田城で、日田市北部の北豆田にあった標高130mの山城である。城山は丘陵であり、丘の東側は南北方向の浅い谷、北東から北西に花月川が流れ、南麓に沖積平野がある。一帯は「慈眼山遺跡」と呼ばれ、発掘調査が行われている。現在は慈眼山公園となり、ふもとの永興寺の石段を登って登城する。アクセスは、日田駅からバスで40分超。

大分県域は西部に九州山地の一角であるくじゅう連山など山地が多い。河川も大分川や大野川など西から東に流れる川筋で生活圏がつくられ、平野も狭いという地形条件から相互の連絡が良くない(平野の狭さから農業生産が低いということが「一村一品運動」をもたらした)。現在でも鉄道は大分駅から3つに枝分かれするような形で敷設されている。このような地形条件が、重臣たちに大きな権限を与えて各地方に派遣するという大友氏の支配体制の大きな原因と思われる。

大分市から県内各地へのアクセスを示すと、以下の通り。大分市から北へ国東半島の杵築へは日豊本線・中津行で35分、西へ向かって中部内陸の由布院へは久大本線の特急ゆふで45分、南東部沿岸の佐伯へは日豊本線の特急にちりん宮崎空港行で1時間弱、南西部の豊後竹田へは豊肥本線の特急あそぼーいで1時間20分である。

室町期から戦国前期にかけては九州北部で大内氏が勢力を誇り、大友氏は押されていた。大内氏は豊前(福岡県東部から大分県北部)を支配していたので、日豊本線のルートによる陸上ルートと、スオーナダふぇりーの航路とも重なる海上ルートの二方面から大友氏に圧力をかけられた。応仁の乱の際には大友氏は細川氏の教唆で東軍に付いて西軍方の大内勢力へ対抗したが、撃退される。なお応仁の乱の末期に、明から帰国した**雪舟**が一時豊後に滞在して作品を残している。大内からの依頼で和平工作と情報収集に当たっていたと推測され、豊後から豊前(大分県北部から福岡県東部)にかけて現在の日豊本線のルートで、雪舟とのゆかりが伝承されている庭園がいくつかある。

戦国期に入っても大友氏は少弐氏と組んで大内氏に対抗したが、大内氏優位は変わらなかった。そうした中で、大友義鑑(宗麟の父)は築後さらに肥後(熊本県)に進出して勢力拡大を図った。この進出経路は、現在の久大本線や豊肥本線のルートに当たっている。

1551年大友宗麟は父・義鑑により廃嫡の危機を迎えたが、これに反対する家臣が義鑑を「**二階崩れの変**」で暗殺し、別府で湯治中だった宗麟が家督を継承することになった。近年これをクローズアップした赤神諒『大友二階崩れ』という小説が書かれた(日経小説大賞)。ちなみに別府は大分市の西隣にあり、日豊本線で15分のアクセスである。また宗麟が湯治をしていた浜脇温泉は、現在は浜脇中学校となっており遺構はない。近隣の別の場所で市営の共同温泉として営業している。アクセスは、別府駅から徒歩20分。

この少し後に陶晴賢のクーデターを受けて、宗麟の弟が大内氏の継承者となり「大内義長」と名乗った。厳島の戦い後の大内氏滅亡の際には、毛利氏との密約があったためかこれを救出せず、むしろ北九州での勢力拡大を目指して筑前などへ兵を出した。この際に前述の久大本線のルートで進軍したと考えられる。大内氏滅亡を受けて、中国地方では毛利氏が、そして九州では大友氏が急拡大を遂げたわけである。

やがて北九州の支配をめぐって毛利氏と全面戦争を展開したが、前半は毛利優位の講和を結ばざるを得なかった。毛利氏には水軍力で劣っていたことを受けて、杵築や佐伯などの国人衆の水軍を編成して強化に当たることになる。現在も臼杵や佐伯から四国方面のフェリーがあるが、水軍が活躍した戦国の昔に思いをはせることもできよう。1563年に宗麟は出家して形式的に家督を息子(義統)に譲った。この時水軍を把握する意図があったのか、**臼杵**の丹生島城に居を移し、長くここにあったため臼杵が宗麟の城下町として知られている。当時の丹生島城は断崖絶壁の島で、四方を海に囲まれた珍しい城だったようだが、現在は埋め立てられて陸続きになっている。臼杵は大分市から日豊本線で50分弱、丹生島城へは臼杵駅から徒歩10分である。

1550年代からザビエル以来の縁で宣教師が来航して、豊後でキリスト教信徒が増加しているが、宗麟自身はこの当時は宣教師に付随する貿易船の増加で鉄砲など戦力強化に利用しようという目論見が大きかったようだ。宗麟の入信については、正室の実家が隣国豊前の**宇佐八幡宮**（宇佐市）につながる国東郡衆の有力者・田原氏で、正室自身も成人前にその傘下の奈多八幡の巫女だったことから大きな抵抗があった。国東半島と宇佐は、現在でも県道29号で55分という近い距離にあるので（大分市から宇佐へは特急ソニックで40分弱）、その影響はかなり大きかった。キリスト教信徒が寺院の破壊なども行ったことから、キリスト教の受け入れは賛成派と反対派で家中の反目をもたらした。

やがて1570年になると、宗麟は中国地方まで巻き込む外交戦略と軍事力で毛利を門司のみに押し込めるのに成功した。『王の挽歌』では「大友は毛利を追い払った！」と宗麟が高らかに戦勝宣言をしている。こうして九州北中部の六か国の守護となり（豊後、豊前、筑前、筑後、肥前、肥後）、九州の3分の2を勢力下に収めた。しかし大友氏の属領支配は、「方分」となった譜代の重臣を派遣し、在地の国人領主を力付くで従属させる形だった。このため、大友氏の武力が低下すると反乱の芽が噴き出す弱点を抱えていた。

1578年に日向の伊東氏を支援しての耳川の戦い（日向市）では島津氏に大敗を喫し、この際に大友の重臣と若手の有力者が多数戦死することで大友氏の戦力が大幅に低下してしまった。なお、大分市から宮崎県日向市までは特急ソニックで2時間半だが、宗麟は山中を徒歩で敗走し、飢餓に悩まされるなど悲惨な逃避行となった。その後、分国各地で反大友の国人が蜂起し、本国豊後でも家臣たちの反乱があい継いだ。絶体絶命の危機に宗麟自ら、大坂城の秀吉に拝謁して服属を誓い、支援を要請している。

1586年には豊後南部（竹田市付近）を領し古くから大友の重臣だった入田氏が島津に付いたことで、ついに豊後にも島津が侵攻した。島津氏の進軍路は熊本県方面から入る現在の豊薩本線のルートと考えられる。この時秀吉は仙谷秀久以下の四国勢を派遣した。四国勢の海からの豊後への進軍路は、山口県域からのスオーナダフェリーや愛媛県域からのフェリーのルートが考えられる。島津軍が大友方の鶴ヶ城（大分市南東部の大野川沿いにあった）を攻めた際に四国勢が救援に来たが、城の北方で野戦となり、四国の項で述べたように**戸次川の戦い**（大分市）で大敗して島津を勢いづかせてしまった。戸次川古戦場は大分市南東部にあり、アクセスは大分駅から南へ豊肥本線で17分の中判田駅から車で10分の所である。宗麟の丹生島城も島津勢の激しい攻撃にさらされたが、南蛮渡来の大砲でかろうじて撃退した。しかし重臣が離反し、島津勢の略奪にさらされた豊後の大友体制は崩壊というべき状況になった。そして87年に秀吉の親征で島津は降伏したが、その直前に宗麟は津久見で死去してここに葬られた。津久見は大分駅から南へ宮崎空港行の特急で45分、宗麟の墓は津久見駅から車で10分という所で周辺は「宗麟公園」となっている。

戦後の九州国分けでは大友家は本国豊後のみ安堵されたが、息子・義統は朝鮮出兵の際に敵前逃亡の罪に問われて改易。この後、豊後は豊臣家子飼いの家臣たちによって分割され、小藩分立は江戸期まで続いた。なお、この時西部の日田周辺は豊臣家の「蔵入れ地（直轄領）となり、これが徳川幕府直轄領「天領日田」となるきっかけになる。大分県西部方言は福岡県の方言と近いが、日田周辺が福岡県域につながるなど九州各地との交通面での利便性を秀吉が着目したということである。この時の統治拠点は、市内南部の三隈川沿岸に造られた日隈城であった。ただし江戸初期に廃城となり、現在、城跡は亀山公園として整備されているが、大手門枡形の石垣が残るのみで当時の詳しい様子はわかっていない。アクセスは、日田駅から徒歩15分。

三隈川では鵜飼が行われ、この近くに日田の温泉街がある。現在の街の中心は日田駅から北方に向かう「豆田町」で、その近くに江戸初期の統治拠点だった永山（月隈）城がある。現在城址は公園となっているが、水堀と石垣、城壁がほぼ原形を保っている。日田駅から徒歩15分。豆田町の界隈は江戸期に九州金融の拠点として栄えた商家の街並みがよく残っており、「天領日田」として有名な観光地だ。

大友義統は関ヶ原の合戦に際して西軍に付き、毛利輝元の命で旧領豊後各地を攻めた。しかし杵築城を攻めた際に黒田官兵衛が進軍したので、南下して野戦に及んだが、石垣原の戦い（別府市）で敗れ、大名としての復帰はついえた。後に大友家は高家（高級旗本）として存続することになる。なお、石垣原古戦場は別府駅からバスで20分、別府市南方の山間にあり、大友氏の陣の跡が石碑として建っている。古戦場からは別府湾が眺望できる。

## 豊前国（北部、福岡県東部を含む）

大阪から新幹線のぞみで小倉（北九州市）まで2時間10分となった。ここから南は豊前国である。豊前は北九州市（小倉、門司など）など福岡県の東部も含んでいるが、大分弁と合わせて「両豊方言（豊前・豊後方言）」とまとめられるように、北九州市方言も程度は薄まりながらも大分弁との共通点はある。豊前は山国川を境に福岡県と大分県に分けられているが（大分側に中津市と宇佐市がある）、ほぼ平野の道が続き、現在も日豊本線でつながっているなど関係は深い。小倉―中津間は特急ソニックで30分の距離である（小倉―大分は1時間35分）。

方言については準体助詞「～ん」（何しよるん?・等）、言切りの文末詞「～っちゃ」（「あるっちゃ」等、博多弁では「あるったい」)。動詞に付く助詞「〜て」を「〜ち」と言うことがその代表だ(あるっち思うよ等)。ただし理由の接続詞は「〜けー」で、動詞の完了形も「〜(し)とる」である。言い切りの文末詞では「〜ばい」もあり、博多弁など筑前(福岡県北西部)の方言と多少の共通点はある。この辺りの筑豊方言は、博多弁と大分弁の特徴が入り混じっている。

豊前の戦国史の傾向は、豊後以上に山口県など中国地方西部とのつながりが深く、さらに隣の筑前の影響も受けているということである。

豊前の中心都市、北九州市は九州の北端で、本州からの九州玄関口であるとともに、瀬戸内海と東アジア海域を結ぶ位置にある。北九州市の門司港は大阪、神戸への旅客フェリーが運航している。このような位置にあることから、毛利氏と大友氏の争奪戦の場になった。

豊前の守護は**大内氏**で、国人の大半もこの配下となっていた。大内氏の本領である周防・長門と九州を結ぶ要地だったことが背景にある。山口県の項で述べたように、現在では関門大橋でつながっているが、関門海峡の狭さから海上でのアクセスは盛んだった(小倉—下関はJR鹿児島本線で15分、新山口へは新幹線のぞみで20分弱)。室町期から大友氏は何度も豊前に侵攻し、応仁の乱の一時期には奪取した。しかし幕府は大内の豊前守護職を承認し、大内氏は帰国すると実力で豊前を奪還した。大友氏の進軍路は日豊本線や高速の東九州自動車道のルートに重なると思われる。その後も大友の豊前侵入は続くが、大内配下の国人により撃退され、大内氏は滅亡まで豊前守護を占めた。なお1520年の戦の際に**宇佐八幡宮**(宇佐市)が大内と大友の戦火で焼失し、戦後大内氏により再建されている。宇佐八幡宮のアクセスは、宇佐駅からバスで10分である。

大内氏の滅亡後は大友氏が国道10号線のルートから侵攻して国境に近い宇佐郡の佐田氏は従属させたが、大半の国人たちは強圧的な大友の支配を嫌って毛利に与して抵抗した。毛利としても新たに領地とした周防・長門の確保のために、豊前で大友氏の勢力を排除する必要はあった。こうして毛利氏と大友の戦いが豊前から筑前（福岡県北西部）にかけて展開され、特に小倉や門司など北九州市の付近は激しい戦場になった。前述のように、宗麟の外交戦略で国元が脅かされた毛利は1570年に講和して門司のみ領有を認められた。門司は小倉駅から電車で所要10分超であり、中心部は門司港レトロで知られる。ただし**門司城**は、門司駅から北へ30分弱の関門海峡めかり駅から徒歩10分、標高170mの古城山にある。豊前戦国史の一連の展開を見ると、方言で豊後や中国地方とのつながりがあるように、大友、大内、毛利のせめぎ合いの場となった位置づけがよく分かる。

こうして大友氏は北九州市方面まで日豊本線と東九州自動車道のルートを押さえて豊前の大半を領国化したが、北部には小倉城の高橋氏、馬ケ岳城（福岡県行橋市付近）の長野氏など反抗的な国人を抱えていた。高橋鑑種はもともと大友の重臣で筑前に送り込まれていたが、独立を志向して毛利に付いた。毛利と大友の講和条件として小倉城など豊前北部の領有を認められたが、後に島津氏の勢力が拡大すると、筑前の秋月氏から養子に入った高橋元種はこれに従う。すると秀吉の九州攻めの際に毛利軍が小倉城を攻撃してこれに降伏した。その後は**黒田官兵衛**が豊臣秀長率いる東部方面軍を指揮して、長野氏など国人から人質を取って服属させるなど当地の制圧に貢献した。官兵衛の進軍路は、本章冒頭でも書いたように日豊本線のルートに当たると考えられる。

島津降伏後の九州国分けでは、豊前の八郡のうち北部二郡（企救、田川）は小倉城主の毛利吉成（尾張出身、安芸の毛利氏とは別家）、南部六郡は黒田官兵衛が12万石で**中津城**（大分県中津市）に入封した。中津城は、大分市から北へ日豊本線で1時間の中津駅から徒歩で１５分の場所にある。城は官兵衛によって築かれたが、現在のものは１９６４年に造られ、資料館となっている。城内の展示は江戸期の領主だった奥平氏のものが中心だが、城の構造は官兵衛が築いたものを継承している。前述したように、福沢諭吉の地元である。

　しかし中津付近の山間部には、国人領主として宇都宮氏の一族・城井《きい》氏がいた。城井氏の城は現在の福岡県築上町にあった城井谷城で、城井谷渓谷の奥にある天然の要害であった。アクセスは、中津駅から日豊本線で２５分の築城駅(行橋市から１０分)まで行き、その後はバスで３０分の上寒田で下車、さらに徒歩で５０分の所にある。大内氏の下で守護代など務めた有力国人だったが、毛利や大友など大勢力に従いながら領地を維持した。秀吉の九州制圧後には四国への国替えを拒否し、中津城主となった黒田官兵衛の家臣とされた。しかし検地に反対して一揆を起こすも降伏、後に中津城内で当主・鎮房が謀殺された上に一族皆殺しとなった様子は大河『軍師官兵衛』でも描かれていた。中津は一応沿岸部にあるが、その南部は耶馬渓などの山地である。高規格道路の中津日田道路は大分県西部の山間を通るが、そこに城井氏が本拠にした山間部の地理が感じられる。

　官兵衛は関ヶ原に際して東軍に付き、浪人軍を指揮して九州北部の各地に出兵し、八面六臂と言える奔走ぶりを示した。豊前から豊後を縦断する国道１０号線のルートのほか、熊本の加藤清正と連携して出兵したので、熊本方面の国道２１２号線ルートにも進軍した可能性がある。豊後で大友義統を破った後、豊前北部の毛利吉成領にも兵を進めた。小倉城の毛利吉成は西軍に付き、合戦の際には小倉城は安芸の毛利輝元軍の占領下に置かれた。これを官兵衛が攻略し、関ヶ原後に小倉の毛利氏は改易されることになる。官兵衛はさらに肥前佐賀の鍋島氏を味方につけ、筑後(福岡県南部)にあった西軍の有力大名・立花宗茂の柳川城を加藤清正と包囲して降伏させるなど功績を立てた。官兵衛の関ヶ原時の軍事行動が歴史小説にあるように天下を三分する大勢力を築くのが目的だったか正確には分からないが、軍略家として最後の花を咲かせたのは間違いない。息子である黒田長政は家康に付いて関ケ原本戦で軍功を立て、黒田家は筑前福岡52万石に移った。その後の豊前一国は細川忠興が入ることになり、彼によって現在見えるような珍しい天守閣のある**小倉城**が築かれた。なお、現在のものは1959年の再建で、外観のデザインは破風が付けられるなど若干変更されている。小倉城のアクセスは、小倉駅より徒歩15分。駅からモノレールに乗り、平和通駅で下車して徒歩8分で行くこともできる。

細川氏入封の少し後に、**宮本武蔵**と**佐々木小次郎**の「**巌流島の戦い**」が細川氏の監督の下で行われた。巌流島は下関市の彦島江の浦東岸250mの無人島で、正式名称は「船島」である。下関からの観光ツアーが多いが、門司港からも連絡船があり、片道10分である。

# 福岡県

## 筑前国(北西部)

福岡へのアクセスは、東京の羽田空港から1時間50分で福岡空港、そこに直結した市営地下鉄「福岡空港」駅から福岡市街中心の天神駅まで所要11分で、これが東京からの最速ルートである。東京から新幹線で行くと5時間、新大阪からなら2時間20分である。

新幹線で九州に入ると、北九州市の小倉駅の次が博多駅である。新幹線では15分程度だが、他県民が思っ

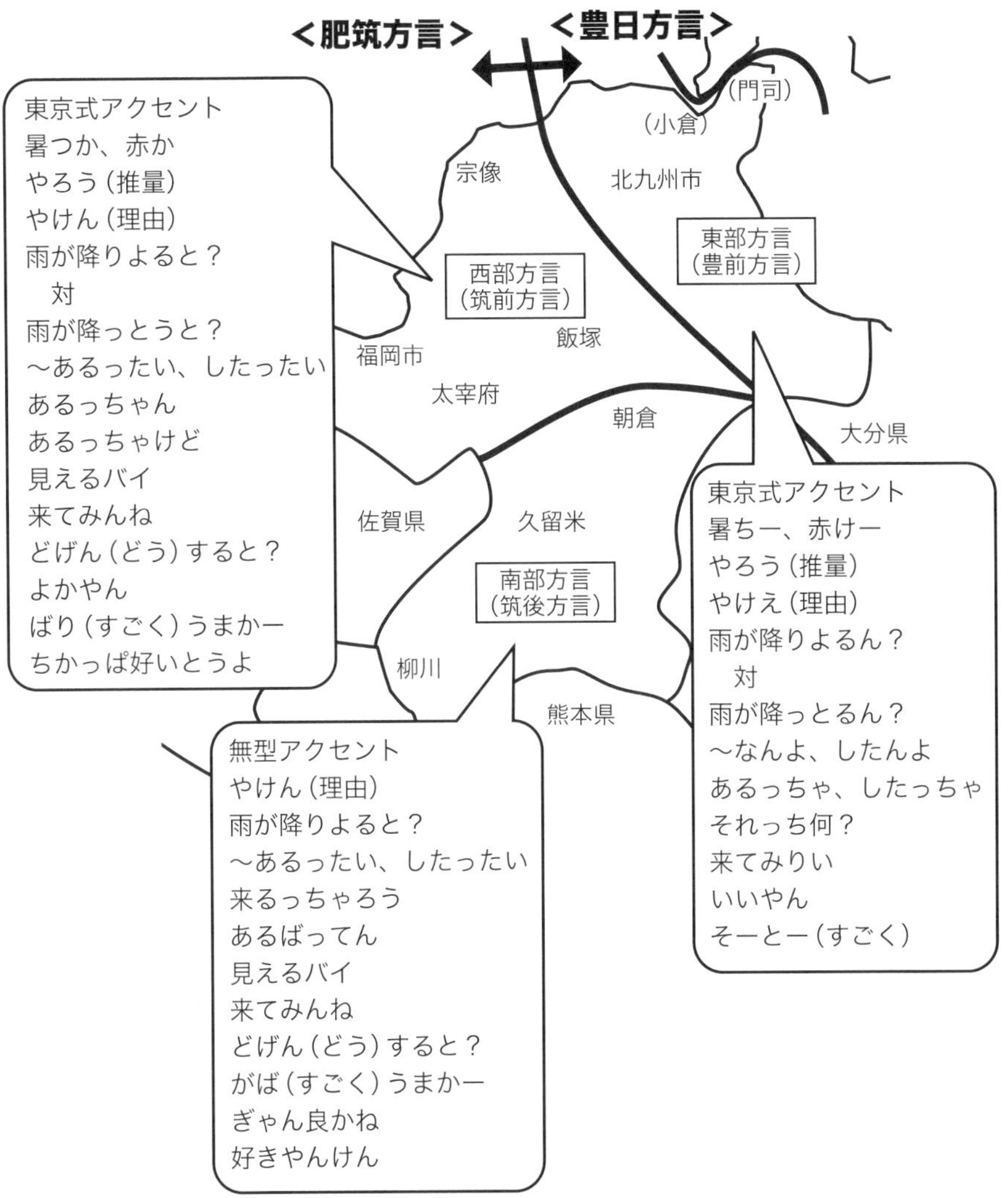


ているほど両都市は近くない。在来線では特急ソニックが最速だが、40分かかる。旧国では小倉は豊前国、博多は筑前国で、北九州市の少し西に旧国境がある。前述のように方言の違いもあり、国境より少し西だが遠賀川があり、生活圏を分断していると思われる。

　さて博多弁はよく知られている。言い切りの文末詞「～ばい、たい」や逆接「ばってん」、敬語体「～(し)んしゃる(来《き》んしゃい等)」は西九州全体で共通だが、若者では敬語体は失われ、他の特徴も衰退傾向で、「〜っちゃん」「〜っちゃけど」がよく使われるという。私が旅行中に聞いたのが「〜なんよ」だ。理由の接続詞「〜(や)けん」や、準体助詞の「〜と」(この席取ってあるの?→この席取っとっと?、何してるの→何しよると?等)は在来の特徴を受け継いでおり、よく使われる。博多弁など筑前方言のアクセントは東京式アクセントの変種で、多少イントネーションに独自性が感じられるものの、あまり筑前方言話者は東京語アクセントに抵抗はないらしい。

筑前にある博多は、九州にある国家的重要拠点として古代から重視された。博多は九州全体から見れば、やや北西方向に向いており、朝鮮半島さらに中国大陸からの玄関口として最適な地勢にある。現在では国際航路は韓国・釜山との間しかないが、釜山までは福岡市から直線距離で200km程度、中国の上海までは850kmといずれも東京より近い。アジア諸国の主要都市がおおむね1000km圏内に存在するため、博多港、福岡空港などから韓国や中国、台湾などアジア域内からの観光客が増えているのが、交流の伝統を受け継いでいると言えよう。

博多には古代から対外貿易の窓口として多くの外国人が訪れ、平安期から「大唐街」と呼ばれる中国人街があったが、現在でも「唐人街」という地名が福岡市役所の近くにある。博多は何度も戦火に見舞われたのでこの時代の遺構はあまりないが、博多駅に近い場所にある臨済宗の寺院が鎌倉期に中国の建築様式で建てられ、この時代の空気を伝えている。まず博多駅から徒歩ですぐの所にある承天寺は、**少弐(武藤)氏**によって建てられたが、謝国明(大河ドラマ『時宗』で北大路欣也が演じた)など博多に渡来した中国人商人も多くの建築資金を寄進した。また宋(中国)に留学した禅僧の栄西は、源頼朝から土地を寄進され、日本最初の禅寺・聖福寺をこの地に建てた。この寺は広大な寺域で知られており、博多駅から地下鉄空港線で5分の祇園駅より徒歩5分の所にある。

博多の南方にある大宰府は、電車では博多から40分の内陸にあるが、中央からの九州出先官庁として整備された。太宰府の繁栄は菅原道真を祀る**太宰府天満宮**でしのばれ、付近の九州国立博物館も大宰府が国際都市であった時代の遺構を多く展示している。しかし平安期以降大宰府の対外窓口としての機能は失われていき、鎌倉期にモンゴル帝国から派遣された使節は博多で留め置かれている。室町期でも博多に中国や朝鮮の使節を迎える迎賓館が設けられ、使節が到着すると京都の幕府に報告される仕組みになっていた、と中国地方の章でも紹介した宋希璟（ソン・ヒギョン）が述べている。

博多は蒙古襲来時の防衛拠点であり、福岡市街西部の生の松原地区の石塁が良好な保存状態で知られる。ここの「元寇防塁」は、竹崎季長ら肥後国（熊本）や肥前国（長崎・佐賀）の御家人が築造を担当し、現在でも2．5kmにわたって白砂と松原の境を縫うように走っている（博多から地下鉄空港線で23分の下山門駅下車）。蒙古襲来では市街北部に古くからある筥崎宮が焼失したが、その近くに元寇史料館がある（博多よりJR鹿児島本線快速・門司港行で3分の吉塚駅下車）。また足利尊氏の復活のきっかけとなった筑前多々良浜の合戦の舞台が、筥崎宮の近くである（中洲川端より福岡市地下鉄箱崎線に乗って貝塚駅下車、博多より所要19分）。

博多は室町期に入ってからも日明貿易の拠点となった。日明貿易のきっかけは博多商人の**肥富**が足利義満に働きかけたことで、肥富自身も幕府の使節としても明に赴いている。

博多は長らく山陽新幹線の終着駅であり、企業の九州支店が福岡市に多く置かれるなど、中央から見て九州の拠点とされている。歴史を振り返ると、中央政権が強い時代には九州での中心として栄えたが、商人の街であり、戦乱が起こると交易の利益を狙う近隣大名の争奪の的になった。室町・戦国期の博多を含む筑前の歴史は、そのような特徴が見られる。

鎌倉期から筑前の守護は少弐（武藤）氏が勤め、蒙古襲来の際に「鎮西探題」として奮戦した様子は大河ドラマ『時宗』でも描かれていた。しかし室町期に九州探題が置かれると、少弐氏はしばしば反旗を翻し、やがて肥前（佐賀県と長崎県）に追いやられたのは本章冒頭で述べた。

やがて周防の**大内氏**が九州探題を補佐する立場として筑前に進出し、さらに六代将軍の義教から「筑前代官」とされて実質的に筑前と博多を支配した。大内氏は博多商人と組んで貿易に参加し、巨額の利益を上げた。しかし堺商人と組む細川氏も貿易の利権を狙っており、このことで細川氏と大内氏の対立が生じる。また博多の一部には大友氏の所領があったことから、大友氏と少弐氏が手を組んでたびたび筑前に攻め寄せた。現在、大分からは大分自動車道、佐賀から長崎自動車道が福岡県とつながっており、このようなルートを進軍して大友、少弐の両氏は進攻したと思われる。

応仁の乱の際には細川氏の工作で少弐・大友の両氏とも東軍に付き、西軍方の大内領である豊前と筑前を一時占領した。しかし乱の終結後には幕府によって大内氏が正式に筑前守護と認められ、両氏を撃退した。筑前守護代には大内譜代の杉氏が送り込まれ、福岡市の東にある糟屋郡篠栗町の若杉山城を本拠とした（博多から篠栗駅まではJR福北ゆたか線快速・直方行で17分、城址へは篠栗駅から徒歩1時間）。筑前国内では**宗像大社**の大宮司である宗像氏、**秋月氏**（朝倉市）、原田氏（糸島市）、麻生氏（遠賀町）など国人領主が杉氏の下で大内に従属していた。少弐氏の家臣だった筑紫氏も大内氏の傘下に入り、筑前南部から筑後にかけて勢力を持った。なお首相も務めた麻生太郎氏は、系図が焼失してはっきりしないが、前記の麻生氏と遠縁でつながっているらしい。宗像大社は沖ノ島と共に近年世界遺産となり、アクセスは博多駅から鹿児島本線快速・小倉行で30分の東郷駅からバスで20分の所である。

博多からの鉄道路線を見ると、鹿児島本線以外にJR筑肥線、香椎線、篠栗線、西鉄大牟田線などの路線が放射状に展開しており、旧筑前地域でも生活圏はいくつか分かれている。筑前の国人割拠もそこから推し量れる。

その後も少弐氏と大内氏の戦いは続いたが、1530年代には最終的に少弐氏を屈服させ、さらに大内義隆が「太宰大弐」となって、朝廷の官位の上でも少弐氏を上回ることでとどめを刺された。この少し前に連歌師の飯尾宗祇が博多を訪れ、大内氏の下で安定していた博多の様子を旅行記で記している。**博多どんたく**や**山笠祭り**が行われ始めたのもこの時期で、華美になる祭りに対して大内氏が規制をかけたことが記録にある。

一方1530年代に明で細川氏と大内氏の争乱「**寧波の乱**」が起こり、堺商人は退去させられた。これで大内氏と博多商人が対明貿易を独占したが、徐々に貿易は縮小していく。

しかし大内氏の滅亡後には、筑前守護代の杉氏は陶晴賢に反乱するも鎮圧されて没落（杉氏の子孫は毛利氏に仕え、そこから吉田松陰が出た）。そして陶の滅亡後は大友氏が進撃した。秋月や筑紫氏といった筑前の国人は大友氏の強圧的な支配を嫌って反抗するも敗れて、毛利氏の元へ亡命した。毛利氏としては豊前と違って必ずしも筑前は領有の必要はなかったようだが、服属を申し出る国人の要請には応えて出兵することになった。これが約10年九州北部で続く大友と毛利の戦争のきっかけである。さらに大友氏宿老であり、筑前の指揮官として送り込まれた高橋鑑種は、大友からの独立を試みて毛利に付いた。

前半は毛利が有利だったが、1570年には大友宗麟の外交と軍事を組み合わせた戦略が奏功し、毛利氏は豊前北端の門司のみを残してほぼ九州から撤退することになった。この際の講和条件で、宗麟に謀反した高橋鑑種は豊前小倉城に移った。筑前も大友氏の支配に置かれたが、反抗的な筑前国人に対処するために送り込まれたのが**立花道雪**と**高橋紹運**である。道雪は戸次《べっき》氏、紹運は吉弘氏と二人とも大友氏の一族であり、それぞれ筑前の名族の姓を名乗って、大友重臣としての立場から筑前を管轄することになった。両者は博多と大宰府という電車で40分の圏内の重要拠点を防衛する役割を担ったのである。道雪は「鬼道雪」の異名を取るほどの猛将だったが、大友宿老として宗麟の大きな支えであった。筑前支配では博多を守る立花城（福岡市東区の立花山にあり、筥崎宮や海の中道が近い）を修築し、博多町人とも良好な関係を築いた。一方高橋紹運は**大宰府**周辺の宝満城・岩屋城という重要拠点を守っていた。道雪には娘・誾千代しかなく彼女に家督を譲ったが、紹運の実子で道雪の娘婿となったのが**立花宗茂**である（近年の研究では、道雪は最後まで戸次姓で、後継者の宗茂から立花姓を名乗ったという）。

しかし大友氏が耳川の戦いで島津に敗れると、筑前には龍造寺氏が攻め寄せ、これに呼応した秋月種実や筑紫広門など国人の反乱が相次いだ。佐賀からは長崎本線で福岡に向かうが、佐賀県東端の鳥栖で福岡市に向かう鹿児島本線と連絡する。その近くから福岡県中部にかけて甘木鉄道が敷設され、この辺りに秋月氏の本拠だった朝倉市がある。いわば福岡県域は佐賀県の龍造寺と筑前東南部の秋月氏の間で分断されることになり、博多と大宰府は南方から圧力を受けることになったのである。なお秋月氏の古処山城は、博多から長崎行の特急に乗り、その後は甘木鉄道で乗り換えて甘木駅で下車（ここまで所要1時間）、駅から秋月行バスに乗って20分の郷土館入口で降車する。山城のふもとにあった館は江戸期に黒田氏によって改修されて現在の秋月城となっており、古処山城の建築物が甘木市に一部移築されている。

こうした中で道雪と紹運はあくまで大友家に忠節を尽くし、協力して居城を守っていた。1584年に龍造寺隆信が沖田畷の戦いで討ち死にすると、道雪は筑後に出兵しいくつかの城を奪還したが、龍造寺一族が守る柳川城を攻めた際に高良山の陣中で没した。なお、道雪の進軍路は現在の大牟田線に重なると見られる。

やがて島津氏が現在の鹿児島本線のルートで筑前にも進出すると、秋月氏らもこれに付いた。島津と筑前国人の大軍が岩屋城に攻め寄せたが、高橋紹運は降伏を拒否して玉砕。宝満城の立花宗茂も島津の激しい攻撃にさらされたが、数か月の包囲の後撃退に成功する。ここで時間を稼いだことが、島津氏の九州統一を頓挫させることになった。宝満城は標高８００ｍの山城で、アクセスは太宰府駅から5．1kmをバスで行く。岩屋城は太宰府駅から1．３ｋｍの場所、太宰府市民の森から登山道で行く。両城とも頂上から大宰府の街を眺望できる。

やがて秀吉が九州遠征すると、島津氏は敗れて撤退、筑前の国人も続々と下った。秋月種実は島津方で戦ったが、博多商人で茶人の島井宗室から奪っていた名物の茶器を秀吉に献上して許され、日向(宮崎県)へ国替えとなった。ここから江戸期に上杉鷹山が出る。

秀吉は九州平定後に戦火で焼かれた博多の復興を自ら行い、「**太閤町割り**」として名を残している。この太閤町割りで出来上がった「町」を元に、祇園山笠の町の集まり「流」が形成された。こうした中で、島井宗室や**神屋宗湛**など博多商人が秀吉の下で御用商人となった。すでに信長は毛利氏を下した後の構想として九州支配を視野に収めており、博多商人に工作の手を伸ばしていた。本能寺の変の前日の茶会で博多商人が招かれていたことがその証拠である。神屋宗湛は九州攻めの前に大坂城の秀吉に伺候して、厚遇された。秀吉の処置は、その後の大陸出兵への兵站基地として博多を掌握する意図があった。中央から見た九州での最重要拠点、東アジア海域との接点という、博多の地政学がここでよく表れている。神屋宗湛は天下人秀吉の御用商人として優遇されたが、徳川幕府からは冷遇され、後に福岡藩主となった黒田家の御用商人となった。秀吉の下で栄華を誇ったのとは対照的にやや寂しい晩年である。大内氏から秀吉に至るまで博多は政治的に外部勢力の統治下に置かれたが、宗湛の人生をたどると戦国期の土着勢力の代表としての博多商人の在り方が見えて興味深い。なお、神屋宗湛の屋敷跡に秀吉を祀る豊国神社が建てられており、アクセスは地下鉄で中洲川端から乗り換えて呉服町が近い。

筑前一国は**小早川隆景**が伊予から移って、博多近辺の名島城に入った。名島も立花城と同じく福岡市東区にあり、博多湾を北東から守る防衛拠点であった。筑前の国人衆も小早川の配下とされた。「東国は徳川家康に、西国は小早川隆景に任せば、天下は安泰」と言われたほどの手腕からこの処置となった。後に隆景は毛利本家に養子として押し付けられそうになった**小早川秀秋**（秀吉の正室北政所の甥）を自らの後継者として迎えた。隆景は１５９７年に死去し、この辺りから家中で毛利系の家臣と秀秋が引き連れた豊臣系の家臣の反目が現れ始め、毛利家とも疎遠になる。秀秋自身も朝鮮出兵時の不始末でいったんは改易。少しはっきりしないが、秀吉の死後に家康によって復帰したようだ。そして関ケ原本戦で1万5千の大兵力を率いてキャスティングボードを握ったのはよく知られるが、戦後は備前（岡山県）に移った。

そして筑前には**黒田長政**が入り、博多の西に城下町として「福岡」を築いた。博多の西側には奈良時代に唐や新羅からの使節の迎賓館である「鴻臚館」があったが、平安期以降に廃墟となった（その跡地に建てられたのが、プロ野球の西鉄ライオンズや福岡ダイエーホークスの本拠地だった平和台球場）。鎌倉以降は博多から東側が主に開発されていたが、黒田氏による福岡の建設で西側の開発も進むことになった。現在でも官庁街は旧福岡城下町の付近にある。その延長線上にヤフードーム（旧福岡ドーム）があるシーサイドももちが開発され、福岡市のウォーターフロントとなっているのである。なお、「武士のまち」福岡では独自の方言「がっしゃい言葉」（敬語体「～いらっしゃる」の意、「来てがっしゃい」「行きがっしゃる」「どうしてがっしゃあな」等）が形成された。「～がっしゃい」は町人の「～（し）んしゃい」と対比され、他に「しとるぜ」「～してつかあさい」なども特徴的だった。ただし、いくつかの文法を見ると博多弁と同様の特徴も持っており、土着の博多町人たちが外来の黒田家の武士たちにも影響を与えたことも見受けられる。
福岡城は長らく櫓などしか残っていなかったが、福岡城むかし探報館ができて歴史が展示されている。大濠公園駅から徒歩で5分の場所である。

## 筑後国（南部）

博多から新幹線で17分、鹿児島本線の快速で45分の久留米から筑後国に入る。筑後の方言は言い回しでは基本的に博多弁と同じで、現在でも在来の特徴が良く残されているようだ。単語は筑前と異なるし、アクセントが無形アクセントというのが特徴的だ。これは後述の佐賀方言と共通し、一部の表現が佐賀と同じである。

一方筑後の戦国史は、筑前よりは豊後あるいは肥前とつながりが深い。現代の交通路でも、筑後の主要都市・久留米を中心に熊本方面へ九州新幹線とJR鹿児島本線が通じているし、大分県西部の日田方面から久大本線で特急ゆふいんの森の路線であり、久留米から佐賀県鳥栖への路線も通じて、長崎本線と連絡している。方言については、大分西部の日田付近と少し共通点、佐賀とは無形アクセントや言い回しで共通点が多いということになる。大分、佐賀との交通が交差するという、地勢条件が筑後の戦国史に大きな影響をもたらした。

筑後は**大友氏**が一貫して守護を務めた。大友にとっては、筑前や肥後に進出する経路として重要な位置だった。すでに述べたが、大分自動車道が筑後地域を通っており、当地は福岡市への経由地に当たっている。このルートで進攻した大友氏の幕下で各地域の国人領主が存在していたが、その中で大身の十五家を「筑後十五城」と言う。田尻氏（本拠は山門郡高田町）や星野氏（八女市星野村）、黒木氏（黒木町）、三池氏（三池市）、**蒲池氏**などであり、その中で蒲池氏が筑後南西部の柳川と南東部の八女の二家を合わせて20万石を領する最大勢力だった。一時肥前を追われた龍造寺隆信を保護したこともある。蒲池氏の山下城（八女市）は標高105mの山城で、白木川が矢部川に合流する地点の南側に立地し、当時は要害無双といわれた。尾根伝いの南東方には支城の国見岳城があり、烽火をあげて支城の猫尾城などと連絡体制を整えていた。現在も本丸や堀切などの遺構がよく残っているが、本丸の大半はみかん園となり、中央に城址の石碑がある。アクセスは、久留米からJR鹿児島本線快速・荒尾行で15分の筑後船小屋駅から車で東に向かって20分。柳川城については後述する。なお松田聖子の本名は蒲池法子で、この蒲池氏の子孫だという。一方、黒木氏は女優の黒木瞳の先祖というわけではなく、彼女の地元が黒木氏の領地だった「黒木町」で、出身地にちなんで作家の五木寛之から芸名としてつけられたという。また現在の久留米市は蒲池氏、草野氏（草野町）、西牟田氏（筑後市）の接境地帯だった。

筑後の国人は、大友氏の命で戦の度に動員されはしたものの、常に独立あるいは敵対の可能性を秘めており、そのため大友氏は筑後国内に「高一揆衆」という直属の小豪族を配置して監視していた。現代でも筑後全域の人口は75万人程で、面積の狭さに反して一県並みの人口を誇っている。古くから筑後平野で農業生産が高いことから人口が多かった。一国人領主である蒲池氏の石高の多さも目を見張るが、こうした生産力の高さが在地の国人領主が割拠した要因と考えられる。なお**太宰府天満宮**は筑前南部にあるが、筑後に多くの荘園を持っており、菅原道真の子孫の庶流が京都から下って在地領主化していた。

大友氏が弱体化すると、龍造寺氏が長崎本線のルートから進行して攻撃を開始した。筑後方言は無形アクセントや一部の表現に佐賀方言との共通性があるなど、地理的に佐賀県域の影響を受けやすかった。さらに筑後国人は耳川の戦いでも大友氏に動員されて多くの被害を出したこともあり、耳川以後は一斉に龍造寺に付いた。その後の沖田畷の戦いで龍造寺が衰退すると、**立花道雪**ら大友軍が勢力回復を目指すが、大友の軍事力が低下したこともあって十分には目的を達せられなかった。道雪が陣没した高良山は久留米駅からバスで30分、筑後一の宮である高良神社も近い。

やがて島津軍が北上すると築後も勢力下に置いたが、秀吉軍の九州征伐でそれもわずかに終わる。筑後は大友氏衰退後に「境目の土地」となり、蒲池氏も大友→龍造寺→大友→島津、と目まぐるしく帰属を変えた。筑後は東からの大分自動車道や久大本線、西からの長崎本線、南北を縦断する鹿児島本線と筑後地域を交差する交通路を見ると、戦国末期に近隣から争奪の的になった筑後のありようがよく分かる。

秀吉の九州平定後の国分けでは、久留米に毛利秀包(毛利元就の末子)、柳川に**立花宗茂**、八女に筑前国人ながら秀吉に服属した筑紫広門が入り、筑後の国人達もそれぞれ配下となった。久留米城は現在の篠川神社で、久留米駅より徒歩で15分の場所である。八女の福島城はもともと蒲池氏の支城だったが、筑紫氏と関ヶ原後に入った田中氏の下で近世城郭となった。後に廃城となったが、城跡は「八女公園」となり、石垣や水堀が残っている。アクセスは、久留米駅からバスで50分の「福島」で下車し徒歩7分。城下町は江戸期の土蔵造りの街並みが残り、散策が楽しい。

立花宗茂はもともと大友氏の家臣だったが、秀吉が手腕を見込んで独立大名として取り立てた。この時道雪の娘で宗茂の正室である誾千代は、柳川への転居を拒み別居することになる。柳川は久留米より南西にあって、有明海に面している。少し北に筑後川が流れ、そこから枝分かれした河川のクリークが交差する水郷である。**柳川城**はもともと蒲池氏の一族が居城としており、立花道雪が攻めたが落とせなかったという。クリークを利用した掘割で包んで天然の要害をなし、城内や市街には無数の堀が縦横に交わり今も柳川の堀川として現存する。城は明治初期に火災で焼失して地元の中学校や高校の敷地となり、遺構は天守台、石垣、水堀が残っている。城跡には明治期に建てられた迎賓館の「西洋館」と日本庭園があり、地元出身の北原白秋の句碑もある。柳川へは福岡市から西鉄大牟田線で45分、柳川城は駅からバスで10分で着く。

立花宗茂は朝鮮出兵でも活躍し、関ヶ原の戦いの際には西軍に入って大津城（滋賀県）を攻めたが、本戦に参加していれば西軍勝利の可能性もあったと言われている。関ヶ原で西軍が敗れた後に本拠の柳川城に戻ったが、ここも黒田官兵衛や加藤清正により包囲され、やがて降伏した。こうして立花氏はいったん改易され、加藤清正の下に寄寓した。その後縁あって徳川秀忠と親しくなり、非常にまれなことに旧領の柳川城主として復帰することになった。

## 佐賀県（肥前国東部）

博多から長崎行の特急かもめで40分の所に佐賀市がある。佐賀と福岡の県境には脊振山地があり、県の北部一帯を覆っている。福岡市から佐賀市に行こうとすれば、平地が続く筑後方面から南回りということが多い。福岡から佐賀県東部の鳥栖まで南下してから、西へ向けて長崎本線に乗り換えて佐賀市に向かうことになる。国道では34号線が両都市を結ぶが、2006年に東脊振トンネルが開通するまでは山地を越えるという地形的な制約があった。こうしたことからか、佐賀弁は博多弁や筑後弁とやや違いが出てくる。

佐賀弁は大きな分類では西九州（肥筑）方言の一種で、形容詞のカ語尾「良か、暑か等」、準体助詞の「〜と」、逆接の接続詞「〜ばってん」、理由の接続詞「〜けん」、言切り文末詞「〜ばい、たい」（「たい」は唐津な

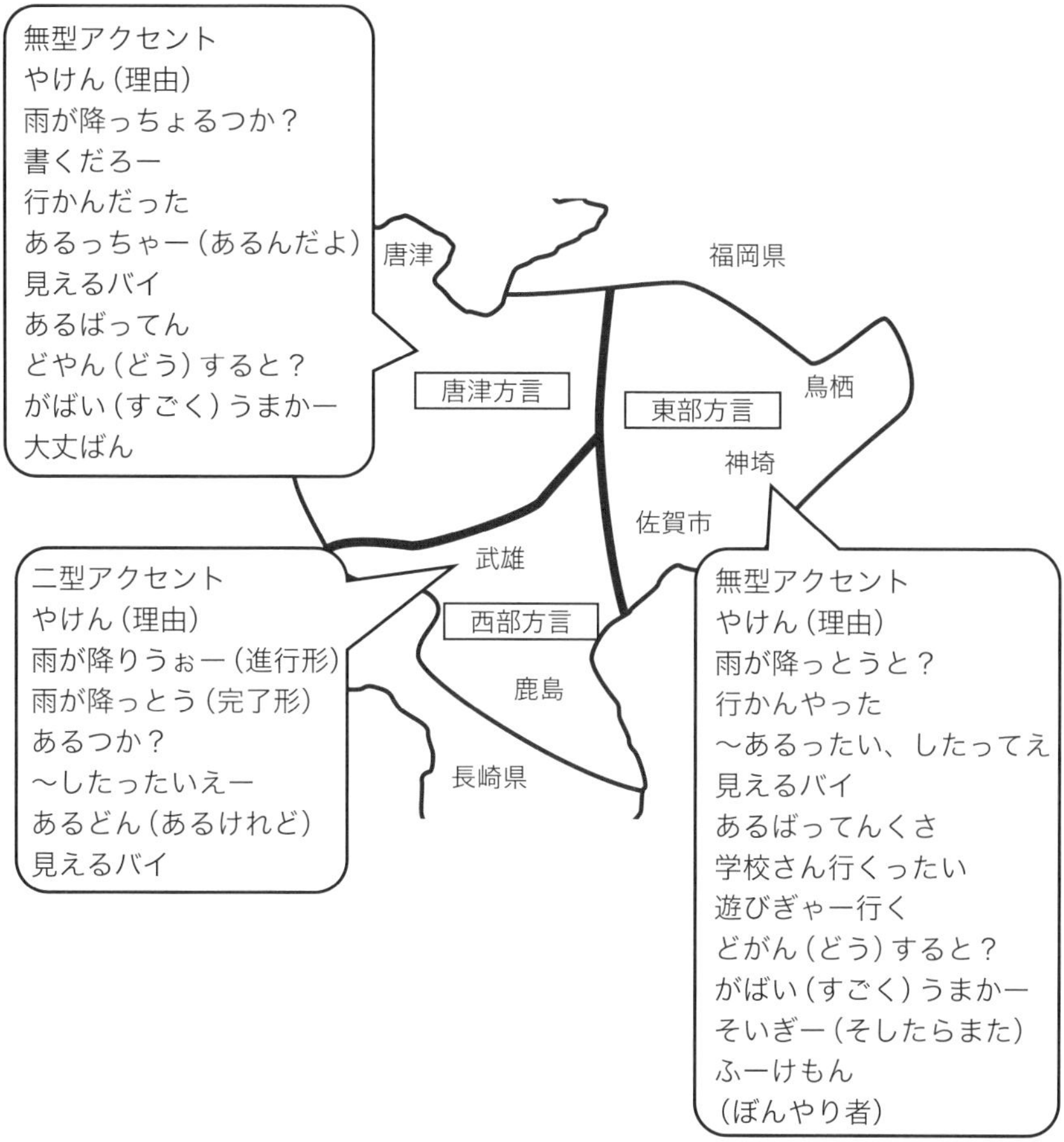
無型アクセント
やけん（理由）
雨が降っちょるつか？
書くだろー
行かんだった
あるっちゃー（あるんだよ）
見えるバイ
あるばってん
どやん（どう）すると？
がばい（すごく）うまかー
大丈ばん
唐津
福岡県
唐津方言
東部方言
鳥栖
神埼
佐賀市
武雄
西部方言
鹿島
長崎県
二型アクセント
やけん（理由）
雨が降りうぉー（進行形）
雨が降っとう（完了形）
あるつか？
〜したったいえー
あるどん（あるけれど）
見えるバイ
無型アクセント
やけん（理由）
雨が降っとうと？
行かんやった
〜あるったい、したってえ
見えるバイ
あるばってんくさ
学校さん行くったい
遊びぎゃー行く
どがん（どう）すると？
がばい（すごく）うまかー
そいぎー（そしたらまた）
ふーけもん
（ぼんやり者）

ど北部で「〜ちゃー」となる）など全てある。独特なのは発音で、あい→ゃあ（買い物→きゃあもん）、鯉→けー等となる連母音融合が盛ん。アクセントも大部分で無形アクセントとなって、聞こえ上も独特である。「どがん＝どんな」も特徴的だが、熊本弁と通じる面がある。単語では「がばい（とても）」が島田洋一の自伝小説で有名になった。これらの特徴は若者でも受け継がれており、私が２０年前に旅行で行った際に高校生の会話「がばいやばかー」「どうでも良かたい」など個性が強い話しぶりを聞いている。アホバカ方言でも「バカ」が多い一方で「フーケ」（古語の「惚（ほう）け」が語源）という独自の表現もある。

ただし県内の方言区分は佐賀市など東部、唐津など北部、武雄など西部に分かれる。この区分は、戦国史でも少なからずポイントになるので留意してほしい。陶磁器で有名な伊万里や有田は「唐津方言」の領域に属す。「西部方言」は二型アクセントが特徴だが、これは長崎県方言と共通し、長崎県との交通路が通じているのが地理的特徴だ。この領域にある武雄は温泉地として有名である。佐賀市付近は県面積の3分の1を占める南東部の佐賀平野にあり、県人口の半数が暮らすが、北部の玄界灘沿岸や西部の杵島丘陵の盆地にも人口集積がある。方言の三区分も、これら人口集積地を核とした生活圏に基づく。なお、佐賀市から唐津へはＪＲ唐津線で１時間１０分、武雄へは佐世保行の特急で２５分である。

佐賀県の戦国史と言えば、「肥前の熊」**龍造寺隆信**、そして龍造寺氏から**鍋島氏**への藩主交代劇が有名だが、それらは戦国でも末期に入ってからのことで、それ以前の長い前史をここでポイントを押さえて説明する。

ところで私が名古屋であった知り合いに、「神代」と書いて「くましろ」と読む珍しい苗字の人がいた。九州出身とのことだったが、後で知ったところ佐賀県の国人領主にこの**神代**《くましろ》**氏**がいた。知り合いがこの神代氏の子孫なのか聞きそびれたが、文脈に応じて神代氏も説明に加えながら佐賀県の戦国史を物語ろう。長崎県の本土側も肥前国なので、場合によっては長崎にも筆が及んでいる。

肥前は**少弐氏**が守護で、東部の与賀城（佐賀市）を本拠としていた。福岡市から佐賀市は高速の長崎自動車道で1時間ほどの距離だが、電車では博多から鳥栖まで特急で行き、そこで長崎本線に乗り換えて佐賀までは合計で３０〜４０分となる。私も旅行でこのルートを通ったが、博多から追放されて、佐賀に土着した少弐氏の気分を味わえるというものだ。肥前東部は佐賀県の3分の1の面積を占める佐賀平野があり、弥生時代の吉野ケ里遺跡（佐賀市）があるように、古代から穀倉地帯だったことから肥前の中心的地域だった。この少弐氏の配下に龍造寺氏、そして神代氏がいた。室町期から盛んに筑前での勢力回復を目指して出兵していたが、九州探題・**渋川氏**とこれを後見する周防の大内氏に阻まれていた。後に渋川氏も筑前で勢力を失って肥前東部の綾部城(みやき町、鳥栖市付近)で小勢力として存続することになった。鳥栖は佐賀県の東端にあって福岡との県境付近にあり、背後に脊振山地を抱えることから亡命地として最適な地勢だったということだろう。

肥前には多くの国人領主があり、少弐氏はそれらの多くを配下としたが、独立的な勢力に小城市(佐賀市より北西方向)を本拠とする千葉氏がいた。関東の千葉氏の一族だが、蒙古襲来時に地頭として入り、肥前北部に勢力を持っていた。小城は現在の電車路線では長崎本線から北西に分岐する唐津線のルートにある(佐賀から小城までJR唐津線・西唐津行で20分弱)。また玄界灘に面した唐津付近(佐賀県北部)から平戸(長崎県北部)にかけて水軍領主の連合として勢力をもっていたのが**松浦党**で、唐津付近では波多氏など上松浦党の一族が割拠していた。佐賀から唐津までは普通電車の唐津線しかなく、70分かかる。同じ県内でも有明海に面した佐賀市と、玄界灘に面した唐津方面とはかなり距離があることから一体になりにくかった。この佐賀県内の勢力分布は、前述の方言区分ともある程度オーバーラップして考えられる。

戦国初期の1490年代に少弐は渋川氏を筑前に追い、千葉氏に養子を送り込んで系列下する。さらに上松浦党など国人領主を従属させ、ほぼ肥前一帯を勢力圏とした。しかし少弐氏に追われた渋川氏などが大内氏を頼り、肥前内にも大内方となる国人が現れることで大内の介入の手が伸び始める。逆に少弐氏は旧領の筑前へさかんに出兵したことで、筑前から肥前にかけて大内と少弐の戦いが繰り広げられる。少弐氏の進出路は当然、現在の長崎本線を東に向けて福岡県域へ向かうルートと考えられる。

その後大内氏が将軍義稙を擁して上洛し、帰国後も中国地方で尼子と争っていたことで九州北部は平穏だったが、大内が尼子と和議を結ぶと１５３０年代に九州の戦乱が再燃する。結局大内が少弐を撃退し、少弐資元を自害に追い込んだ。さらに本領である肥前でも、１５４０年頃に大内氏が肥前守護となったことで国人の離反が相次ぐ。この時期に少弐家中の対立で追放された龍造寺氏だが、やがて勢力を回復し、大内氏の支援で肥前守護代となって少弐氏を破り知行地を拡大した。ちなみに**龍造寺隆信**の名は、大内家の実質最後の当主・義隆の一字をもらったものである。この時期に神代氏は少弐家中として、龍造寺の追放にも関わっている。

中期以降の佐賀県戦国史を見ると、少弐氏の衰退後は大内そして大友という外部の大勢力が介入し、その中で地生えの戦国大名・龍造寺が台頭する、ということになる。

大内氏の滅亡後に幕府の承認で大友宗麟が肥前守護となり、少弐氏はこれに同盟することで肥前の支配権回復を狙った。これに対して龍造寺は新興著しい毛利氏と手を組むことで少弐氏との全面対決に踏み切り、１５５９年に少弐氏を滅ぼした。ここまでの龍造寺氏の展開は「東部方言」の領域で行われていた。

やがて龍造寺は「西部方言」の領域でも有馬氏に脅かされていた武雄の後藤氏を支援して従属させたり、小城の西隣にあった多久氏に養子を送り込んで系列下にして勢力を伸ばした。佐賀県西部には山地が展開し、前述のように佐賀平野とは生活圏が異なっている。武雄は国道３５号線やＪＲ佐世保線（ほかに高速の西九州道が整備中）、多久は唐津線と、主要路線である長崎本線から分岐した交通路上にあり、大軍の展開が難しい地形から力押しではなく政治的工作で従属させたと考えられよう。そうした中で大友は島原半島の有馬氏などと組んで包囲網を形成しようとした。そして１５７０年に龍造寺隆信は、大友と配下の国人連合軍に本拠地・**佐賀城**を攻められた（今山の戦い）。現在では大分から佐賀へは、鳥栖ジャンクションで高速の大分自動車道と長崎自動車道が直結している。佐賀城周辺は現在は宅地化で埋め立てられているが、当時は筑後川が蛇行して水路の多いクリーク地帯であり、この地形によって攻めあぐねた大友軍を撃退した。ただしこれはあくまで局地戦の勝利であり、大友家の肥前での勢力は依然健在だったが、龍造寺が大友から実質的に独立して戦国大名として歩み始めるきっかけであるのは間違いない。なお、佐賀城のアクセスは、佐賀駅南口から県庁方面へ徒歩なら25分、バスなら10分である。明治の「佐賀の乱」で城門しか残っていなかったが、21世紀に入ってから本丸御殿が再建され、内部が佐賀城本丸歴史館として充実した展示が行われている。

隆信はこの後、肥前各地に兵を送り、北部の「唐津方言」の領域を支配する松浦党なども従属させた。この隆信が恐れた難敵であったのが神代勝利である。神代氏の本拠である神埼市は佐賀市の東方にあり（佐賀駅から神埼駅までJR長崎本線の鳥栖行で10分）、北方に脊振山地があることから防衛上は堅固な位置にあった。居城の三瀬《みつせ》城は、神埼市の背振山地中央部にある標高670mの山城で、佐賀平野を望み、山麓は博多や唐津、佐賀に通ずる要衝地だった（アクセスは、長崎自動車道・佐賀大和ICから車で25分）。同じ「東部方言」の領域だが、龍造寺氏と近隣ゆえの根深いライバル関係にあった。少弐氏が滅亡する頃には「山内」と呼ばれる佐賀市内の山間地から神埼市を勢力圏として独立的な小領主となっていたが、龍造寺に本拠を追われたものの後に奪還したり、謀殺の魔手から逃れたりした後に和睦する形で龍造寺家中に入った。なお、神代勝利が機転で謀殺を逃れた際に隆信の馬に乗って即興で『ノーヤ節』という歌を歌って立ち去ったといい、その歌が現在まで伝えられている。「おどま山からじゃっけんノーヤ、お言葉も知らぬヨウ、あとで御評判な頼みます」という歌詞は、当時の肥前方言を伝えているようで興味深い。

さて1578年に大友が耳川の戦いで島津に敗れて衰退すると、龍造寺はただちに大友領だった筑後と肥後へと出兵して勢力下に置いた。佐賀から筑後や熊本方面への交通路は現在の国道208号線である。こうして一躍九州北西部を支配する戦国大名となった隆信は「五州二島の太守」を自称した。ただし隆信の手法はあまりにも酷薄で、かつて亡命中に保護してもらった蒲池氏を謀殺するなどで、配下となった国人達の不満が大きくなった。龍造寺隆信は肖像を見ると肥満体で個性の強い風貌だが、実際にもその通りだったのは行動が示している。なお漫画などではこの隆信が佐賀県方言で話しているものも見られるが、龍造寺氏が肥前地生えの国人なので自然だろう。

しかし同じ肥前でも長崎県方面は経ヶ岳など山地があって、海沿いをまわる細い道しかないので連絡に不安があった(現在の国道207号線のルート)。こうした地勢も関係してか、1584年に島原の有馬氏が離反して島津に付き、龍造寺が島原を攻めたことで起こったのが**沖田畷の戦い**である。結果的に龍造寺と島津の決戦となった。この時、兵力的には龍造寺優位だったが、泥田の地形で進軍が思い通りにならず、島津の伏兵戦術にかかり、隆信本人も討ち死にするなど大敗北を喫した。これが龍造寺衰退のきっかけとなり、配下とした国人達は一斉に離反。跡を継いだ龍造寺政家も肥後に進出した島津に直接圧力をかけられて屈服した。

隆信死後に龍造寺家が衰運に傾く中で、一族宿老として支えていたのが**鍋島直正**である。鍋島家の出自は不詳だが、早い段階から龍造寺家の宿老として名が出ており、隆信の母・慶誾尼が直正の父に再嫁したことで隆信の義兄弟ともなった。こうしたことで秀吉の九州平定後に鍋島直正が見込まれて、知行でも龍造寺の当主を上回るなど実質的な最高権力者になった。朝鮮出兵でも龍造寺軍の指揮官は直正だった。やがて徳川の天下になると鍋島家が正式に肥前東部35万石の領主となった。これが幕末維新に薩長土肥の一角を占め、大隈重信も輩出した**佐賀藩**である。しかし追い落とされた龍造寺家の祟りへの恐れから「化け猫騒動」などの怪異譚がもたらされた。こうした中で鍋島家は、龍造寺庶流の多久氏も丁重に遇するなど慎重な領国経営を行って、幕末まで堅実な藩政を展開した。なお神代氏は鍋島氏の重臣としても続き、明治維新に至った。なお、唐津方言の領域にある伊万里や有田は江戸期には鍋島氏（佐賀藩）の領地となり、朝鮮出兵の際に捕虜として連行された朝鮮の陶工によって現在の伊万里・有田焼が造られた。

佐賀県北部沿岸の「唐津方言」の領域は前述のように上松浦党の波多氏の勢力圏だった。秀吉が「唐入り」を決めると波多氏から唐津市の沿岸部などを献上させ、肥前の大名を動員して**肥前名護屋城**を建造した。場所は、唐津市の中心街から西方の呼子に近い沿岸部である。朝鮮出兵時の大本営であり、五層七階の天守を持つなどかなり大がかりな建築だったことは石垣などの遺構でしのばれる。近年「佐賀県立名護屋城博物館」が開館し、朝鮮半島との交流史や名護屋城の様子を展示しており、秀吉が正室北政所に宛てた自筆書状もある（西唐津駅から名護屋城博物館入口への直通バスがあり、所要４０分）。唐津は博多から海沿いをＪＲ筑肥線で行けば、１時間半ほど到着する（博多駅から福岡市地下鉄空港線・西唐津行という形で乗り入れ）。「唐津街道」とも呼ばれる国道２０２号線も海沿いを行くことで人気のドライブコースだ。昭和初期まで貿易港もあり、博多との近さと大陸に向けて開けた港湾という条件を、秀吉が見込んだということだろう。唐津港はすでに貿易港ではないが、壱岐島へのフェリーがあり、かつての名残りを感じさせる。

秀吉本人は朝鮮へ渡海せず、ここで指揮を取りながら、徳川家康や前田利家など諸大名と華やかな社交を行っていた。当然ながら徳川幕府によって全面的に解体され、部材の多くは近隣の**唐津城**に使われたという。余談ながら、唐津城には本能寺で織田信長を刺したという伝承がある「安田作兵衛の槍」が展示されている（唐津城は唐津駅より徒歩２５分、バスなら駅北口で乗車して１０分）。

# 長崎県

## 肥前国西部・壱岐国

福岡から長崎までは、高速の長崎自動車道と特急かもめでともに2時間足らずと、時間がかかる。私は学会でこの路線を行ったが、海岸近くをひたすら走ったことが印象的だ。このため博多からの長崎新幹線が長年切望されているが、山と海岸線が近い地形から建設が難しく、計画が進捗していない。

長崎県は東に佐賀県と隣接する他は、周囲を海に囲まれている。対馬、壱岐、五島列島などの島嶼が1000近くあり、その数は日本一である。また、海岸線も長大で、島が非常に多いことに加え、リアス式海岸で海岸線が複雑に入り組んでいる。この地形的特徴により、長崎県全域に83箇所の港湾が点在している。さらに山地が海岸線に迫っていることで、県内各地が陸での連絡がしにくい。それは長崎駅の間近で山が迫っていることでも感じられるし、市内の路面電車もアメーバーのように分岐している。

このような地勢のために、かつては国際便も含めて船の交通が多く、現在でも近隣向けでは多くの船便が各地を行きかっている。また県庁所在地も含めて4か所も空港がある(長崎、対馬、壱岐、五島列島の福江)。

長崎県の方言もよく知られており、最近では「出ん、出らりゅうば出てくるばってん、出ん出られんけん、出てこんけん」という日露戦争時の長崎弁のわらべ歌が、川口春奈のCMからNHK教育の『にほんごであそぼ』で有名になった。

長崎弁は福岡や佐賀と共通の特徴を多く持っているが、前記の地形的な障壁から違いも多い。県内では地域差もあり、長崎市など南部で言切りの文末詞「~たい」に対して、佐世保など北部では「~っちゃん」といったところが主な違いだ。長崎市から佐世保までは快速シーサイドライナーという列車で2時間近くかかる。

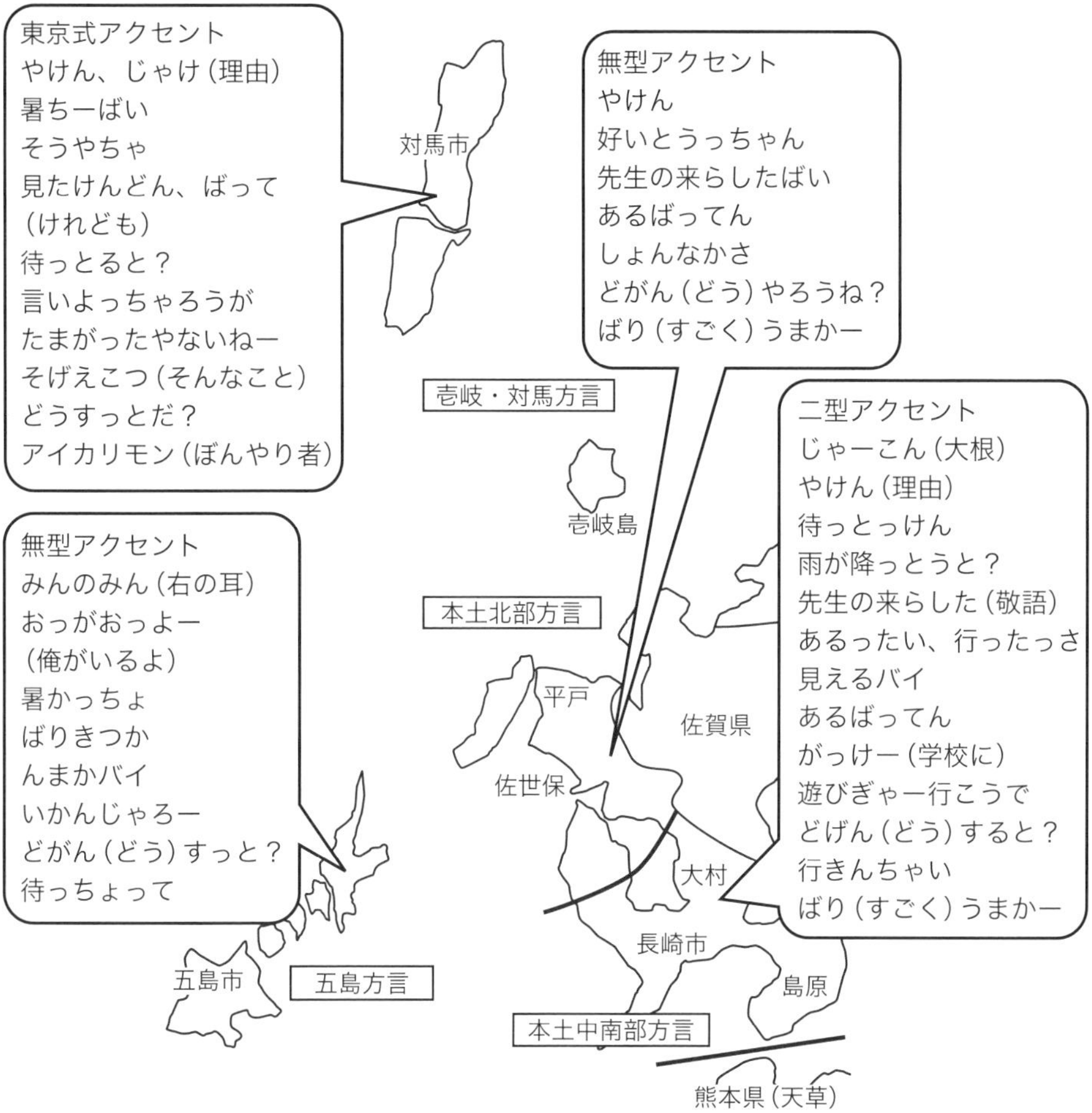


またＪＲでは長崎市へ向かう長崎本線と、北部に向かう佐世保線で分かれており、山地が海岸に迫る地形から相互の連絡が良くないことが方言の違いに影響を与えたと考えられる。ちなみに長崎空港（大村市）から佐世保のハウステンボスに向けて船便があり、船で行き来が盛んだったかつての地域交流を感じさせる。また長崎県方言の特徴で、方向を表す助詞で「～さま方」に由来する「さい」や「さん」がある（東北や関東の「どこどこさ行く」の「さ」と同根）。発音で、「右の耳→みんのみん」のように語尾が撥音便になるところが独特であり、特に五島列島で顕著である。五島に対しては、現在でも長崎や佐世保から合わせて5路線の航路

があり、さらに福岡からも航路がある。

長崎は江戸期に「出島」が設けられたように海外への唯一の玄関口だったが、近代に入っても全国で5つの海外貿易港に入っていた(他は横浜、神戸、函館、新潟)。古くから船で東アジアとの行き来が盛んで、その延長線上で南蛮人が到来した。東アジアに向けた西の方面に開け、地形的に港湾として最適の条件を持っていたことが大きい。現在でも長崎港はその雰囲気を感じさせる。現在、海外への船便は廃止されており、飛行機も博多からの経由が多いが、上海、ソウルとの定期便があり、国際的なつながりがあるというのは地方都市としては独特の位置にあると言えよう。

最近世界遺産に指定されたのが長崎県域の「かくれキリシタンの地」だが、1582年本能寺の変の直前にヨーロッパへ出発して、ローマ教皇やスペイン王に謁見し、秀吉の天下統一直後の1590年に帰国したのが**天正少年使節**である。出発時に13，4歳だったが、このうちの3人、千々石ミゲル、原マルチノ、中浦ジュリアンは長崎県域の地侍出身である(正使の伊東マンショだけは日向伊東氏の出身で、大友宗麟の縁戚にも当たる)。帰途に際してすでに秀吉がキリスト教禁止令を出しており帰国も危ぶまれたが、ポルトガルのインド副王使節の一員として帰国できた。しかし大坂城で秀吉に謁見した際の対話で、ミゲルが有馬晴信の従弟であることが露見し、九州のキリシタン大名とポルトガルとの密接な関係を印象付けたことで、秀吉にさらなる警戒心を抱かせた。少年達の多くは成人後に布教で苦難の道を歩み、そのうちの中浦ジュリアンは江戸幕府の手で処刑されている。

現在、大村市に少年使節の銅像が建っている(アクセスはJR大村駅から車で10分、長崎駅からバスで40分の長崎空港に近い)。ちなみにNHK『その時歴史は動いた』で少年使節がテーマだった時、長崎出身のゲストがローマに行った際に三人に長崎弁で語りかけたと言っていた。
また遠藤周作の『**沈黙**』は江戸初期の禁教令で弾圧されるキリシタンの苦闘が題材だが、長崎市付近が舞台とされ、地元の村人のセリフも長崎弁だという（２０１７年公開の映画版でも長崎弁が使われた）。

県域の大名の中で「キリシタン大名」として有名なのが、大村市を本拠に長崎市付近まで南西部を領した**大村氏**、そして南東部の島原半島の**有馬氏**である。この両氏はいずれも平安時代に瀬戸内海で乱を起こした藤原純友の子孫を名乗り、領域的には方言区画で言う「本土中南部方言」の地域を支配していた。

肥前の中心が現在は佐賀県である東部にあったことで、西部の長崎県域では国人の自立性が高かった。この中でまず戦国大名化に成功したのが有馬氏である。島原市には島原城があるが、有馬氏の居城は南島原市の日野江城である。アクセスは、長崎駅から博多行の特急かもめで諫早まで、そこから島原鉄道に乗り換えて島原駅まで所要1時間４０分、そこから島鉄バスで1時間の日野江城入口で下車し、徒歩１５分である。日野江城は有馬川河口付近の小高い丘にあり、現在は石垣が一部残るのみである。

有馬氏は島原半島から長崎市付近、さらに県北部の佐世保方面に進出、大村氏や波多氏に養子を送って事実上従属させた。有馬氏の進出ルートを現在のアクセスで見ると、島原半島からは島原鉄道で諫早まで行き、そこで長崎本線に乗り換えて長崎市へ、大村線に乗りかえて北へ佐世保まで行くというルートが考えられる。

また領地を追われた少弐氏の復帰に尽力したり、龍造寺氏の居城を攻め落とす（１５４６年）などで肥前東部、現在の佐賀県域にも勢力を伸ばした。「本土中南部方言」は佐賀県の「西部方言」と地理的に接して共通点もあるが、有馬氏も佐賀県西部を通るルートで進出したと考えられる。現在なら島原鉄道でやはり諫早まで行って、長崎本線で佐賀へ向かうということになるが、経ヶ岳という山岳が途中で控えており、狭い海岸沿いの道を行くことから、当時は船での行き来も多かったと思われる。少し前まで島原鉄道も近隣へのフェリーを運航していた。

さて1550年ころからポルトガルとの南蛮貿易の利益で有馬氏はさらに発展したが、同時にキリスト教も広まるようになり、**有馬晴信**や**大村純忠**は洗礼を受けて「キリシタン大名」となった。後に有馬晴信は日野江城内にセミナリヨ（修道士養成学校）を設けた。大村純忠に至っては領内で良港である長崎を1580年にイエズス会に寄進し、これが「教会領・長崎」の成立となった。イエズス会はローマ教皇庁（バチカン）直系の修道会なので、日本の中にキリスト教会の所領ができる初めての事態となった。

1560年頃から大友宗麟や龍造寺隆信による有馬領への侵攻が激化し、服従していた諫早の西郷氏が離反するなどで、有馬氏は本拠の島原半島のみ支配する小勢力にまで転落した。龍造寺氏は長崎本線で本県に向かうルートで進軍する一方、従属させた西郷氏や俵石城（長崎市俵石町）の深堀氏ら水軍領主に有馬氏と大村氏を攻めさせた。深堀氏は長崎に来港する南蛮の貿易船に通行税を強要したり、「教会領」長崎をたびたび攻めたので、宣教師の記録では悪しざまに描かれている。

1580年頃には龍造寺隆信の攻勢が激化し、有馬や大村も臣従せざるを得なくなった。しかし島津氏が勢力を伸ばすとこれに通じて、龍造寺隆信が島原を攻めたことで1584年に**沖田畷の戦い**（島原市）が起こった。この際には島津氏は船で肥後から島原へ向かったというが、現代でも少し前まで島原―天草（熊本県）間のフェリーも運航していた。前述のようにここで龍造寺隆信が討ち死にし、有馬や大村は滅亡を免れた。龍造寺隆信がキリシタンを弾圧していたこともあって、この合戦はキリシタン存続をかけた戦いという側面があり、有馬氏に付いていた宣教師が詳細な記録を残している。沖田畷の古戦場は島原駅から北へバスで8分の場所にあり、戦死者の供養塔が残っている。大村、有馬の両氏とも豊臣秀吉による九州平定においては豊臣勢に加わり、戦後に本領を安堵された。なお、この時期に長崎を領するイエズス会も龍造寺に武力で対抗する一方、島津とも結び、後に秀吉にも誼を通じて地域権力として行動している。

しかし秀吉が大村、有馬の領内を巡検した際に、数万を超えるキリシタンがいて寺社を破壊していたこと、「教会領」長崎がイエズス会の下で治外法権のような状態となっていたこと、さらにイエズス会の背後にあるポルトガルが軍事的にも九州諸大名と関係を深めていたことが警戒心を高め、直後のキリスト教禁止令につながった。天正少年使節が帰国したのはこの少し後である。「教会領」長崎もイエズス会から回収し、秀吉の直轄地とした。秀吉の行動は、少し後に欧州諸国で世俗権力が教会勢力を抑圧することで国内を統合した「主権国家体制」を先取りしたと考えられる。

長崎にとってはわずか10年ほどでも欧州の勢力の統治下にあったことは、地域性に大きな影響があった。こうした経緯を踏まえて、後に徳川幕府もこの地を直轄地とし、「出島」という制限された海外への窓口としたことはよく知られている。出島のアクセスは、長崎駅から路面電車(崇福寺行乗車)で5分の「出島」電停で下車してすぐ。最近は建物も復元され、展示が充実してきた。長崎奉行所も復元されて「長崎歴史文化博物館」となり、眼鏡橋から車で5分ほどの場所にある。

関ヶ原の時は大村と有馬はいずれも東軍に属したことから、江戸期も存続した(有馬氏は越前丸岡に移封)。もちろん幕府の禁教令の厳格化でいずれも棄教している。

なお、島原城(島原市)は有馬氏が去った後に松倉氏によって建てられ、1637年の「島原の乱」の舞台となった。現在は五層の天守閣が再建されている。近年ここで有馬晴信も含めて「島原七万石武将隊」が結成された。アクセスは、長崎空港から島鉄バスで1時間45分の島原駅前で下車して徒歩5分である。

県北部は「本土北部方言」の領域だが、その中で平戸に本拠を置いたのが**松浦氏**である。現在、佐世保から西九州自動車道と国道２０４号線で５０分ほどの所に平戸があり、佐世保からは船の便もある。佐賀県でも述べた松浦党のうち、下松浦党の当主が後に松浦氏を名乗ったものである。「本土北部方言」と佐賀県の「唐津方言」は無形アクセントや文末詞「～ちゃん、ちゃ」など共通点があるが、この二つの領域はともに松浦党の支配域でもあった。松浦氏は水軍を持つことから、戦国初期に大内氏の上洛戦に従軍しているが、その後は一族の争いが続いた。このうち平戸松浦氏は本来かなり庶流だったが、戦国後期に本家の波多氏も含めた同族との争いに打ち勝って当主となった。１５５０年にはザビエルが来航し、以後南蛮貿易が盛んになって大きな利益を上げた。ただし松浦氏はキリシタン大名とはなっていない。

貿易で戦力を強化した松浦氏は上松浦党も臣従させ、有馬や龍造寺などと争いながら勢力を伸ばした。本土の北方にある**壱岐島**は対馬とセットのように扱われがちだが、室町・戦国期には上松浦党の一派・波多氏が治め、１５７０年頃には平戸松浦氏が進出して支配下に置いた。江戸期も平戸藩領である。壱岐は長崎県内では最大の「平野」を抱え、米の生産量が高いということが大きな戦略要素だった。壱岐島は現在では長崎空港から飛行機で３０分で県内本土と連絡しており、九州本土との船便は博多や佐賀県唐津との間に就航している。

秀吉が九州平定すると、平戸松浦氏は6万石の大名となり、徳川の下でも存続した。平戸松浦氏は当初は弱小勢力だったが、戦国期に成長して江戸幕末まで続いたのは、やはり偉業であろう。居城の平戸城のアクセスは、佐世保駅より1時間２０分の松浦鉄道西九州線たびら平戸口駅で下車し、徒歩３０分である。

なお、江戸初期の一時期に平戸でポルトガル人の居留地が置かれたが、１６３９年に「鎖国令」の発動で全て追放された。居留地も徹底して破壊されたことで、観光で訪れても遺構をしのぶことが難しいが、南蛮貿易の雰囲気のようなものは感じられるだろうか。
江戸初期にここで**鄭成功**が生まれた。中国人商人と平戸の女性とのハーフで、清王朝に対抗して明復興を掲げて戦い、台湾を本拠地とした。近松門左衛門『国姓爺合戦』の主人公のモデルである。平戸の生家跡に「鄭成功記念館」が建てられ、毎年生誕祭も行われている。アクセスはたびら平戸口駅から平戸桟橋までバスで30分、そこから鄭成功記念館前バス停までさらに17分で、千里ヶ浜海水浴場が近い。

本土から西側の海上に五島列島がある。発音などで独自性が強い「五島方言」の領域である。現在では福岡と長崎の両空港から五島西部にある中心都市の福江との飛行機が所要30〜40分で飛んでいる。前述のように、県内各地とは高速船やフェリーなど船便とも結ばれており、1時間ほどの距離である。ここの領主**五島氏**はもとは宇久氏といい、平家の落人の子孫を名乗っていた。五島北端の宇久島が出身地で、島内に元の居城だった城ヶ岳城跡が今も残っている。宇久島へのアクセスは、福江港からフェリーで2時間45分、佐世保港からが少し早く船で2時間35分の所要時間である。ここも多くの一族に分かれていたが、戦国後期に宇久氏が統一し、居城も五島西部の福江に移した。東アジア海域により接近したということである。

やがてここにも南蛮船が来航し、キリスト教が広まった。こうした中で宇久純尭はキリシタン大名になったが、キリシタンに反発する家臣との対立が次第に強まっていく。その子の宇久純玄も当初はキリシタンだったが、秀吉に臣従すると、一転してキリシタンに対する弾圧者に転じた。こうしたことで五島各地にも「隠れキリシタンの里」があり、近年世界遺産に指定されている。

秀吉の九州征伐時に宇久氏は真っ先に臣従して五島列島一帯の大名となり、「五島氏」に改姓した。徳川の世になっても大名として存続している。戦国期の居城・江川城は現在の五島第一ホテルの場所で、福江空港から車で10分（福江港から徒歩10分）。江戸期になってから居城とした福江城（石田城）も福江港から徒歩10分である。

なお、戦国中期に平戸から五島列島にかけて、中国人倭寇の頭目・**王直**が活躍した。彼の号が「五峰」であり、ポルトガル人と共に種子島へ鉄砲を伝えたのは彼だという。「五峰」というのは、五島列島にちなんだらしい。王直は五島の領主・宇久盛定と1540年に通商の密約を結び、居城（江川城）の対岸の高台に居住地を与えられた。こうして五島を根拠地として日本と明の中継貿易によって大きな利益を得たが、倭寇活動が明の朝廷の警戒を高め、胡宗憲将軍により討伐されて処刑された。王直ゆかりの地は福江の市街地にあり、石碑が建っている。

鄭成功といい、王直といい、当地方の国際性が感じられる。

## 対馬国（北部島嶼部）

九州本土から北方の海上に対馬があるが、対馬へのアクセスはかつてはもちろん船で行われていた。今でも博多港から高速船で2時間超、フェリーで4時間半の海上アクセスがあり、1日5往復している。船の発着は対馬南部の厳原（いずはら）港で、この付近が対馬の中心部である。対馬は長崎県だが、県内各地との船の便は壱岐との間だけで、飛行機で長崎空港から所要30分の便がもっぱら使われている（1日5往復、福岡空港ともほぼ同様）。

対馬内部を見ると、南北82㎞と距離があり、北部の比田勝港と南部の厳原港の間は、車で2時間かかる。このため島内の移動はレンタカーが便利だという。

対馬の方言を知っている人は少ないが、調べてみると文末詞「〜たい」、理由の接続詞「〜けん」など西九州（肥筑）方言の一種ということで、地理的関係から九州本土の北部と交流が深かったことがうかがえる。ただし形容詞はカ語尾ではなく、中国地方や東九州（豊日）方言と同じイ語尾（良い→いい、暑い→あちい等）である。アホバカ方言では「バカ」が多いが、「アイカリ」というのもある（戦国期の古語「肖り者＝あやかりたいほどの愚か者」が語源）。対馬と南隣の壱岐島は昔からライバル関係だったが、壱岐の方言はより福岡県など九州北部の方言と近くなる。

一方、韓国のプサンは対馬との海上アクセスが高速船で1時間半（フェリーは3時間）と、福岡市より近いことから対馬と韓国の交流が深いことはよく知られている。そこで対馬の言葉と韓国語との関係が気になるが、研究によれば、外来語として一部の単語が韓国語起源であるということにとどまるようだ。

対馬の室町・戦国史を見る時、九州北部と朝鮮半島との関係を軸にして見るのがポイントになる。

対馬は古代から朝鮮半島と向かい合う最前線の位置にあった。対馬中部には古代に築かれた金田城（かなたのき）があるが、7世紀に白村江の戦いで日本軍が敗れた後に唐・新羅連合軍に備えるために造られた山城である。建築様式には朝鮮半島からの影響があるという。アクセスは厳原港から北へ向かって1時間ほどの「箕形」バス停で下車、徒歩15分という所である。

対馬は鎌倉期から**宗氏**《そう》が一貫して治めていた。平安後期に九州本土の名族・惟宗氏に従う対馬の在庁官人として台頭し始め、「宗」というのは主家の姓から一字を賜わったものらしい。室町期には少弐氏の守護代として対馬国の支配を任され、紆余曲折はあるが後に対馬守護に昇格した。

一方で対馬は山地が多く耕地が少ないため、宗氏は古くから朝鮮との交易による利益に依存していた。鎌倉期から倭寇の主要根拠地の一つだったことで、倭寇討伐を目的として李氏朝鮮が１４１９年に大規模な侵攻を行い、宗氏との一ヶ月にわたる戦闘の後撤退した（**応永の外寇**）。この事件は九州探題・渋川氏から室町幕府に通報され、幕府からも抗議の使節が派遣されている。前述の宋希璟（ソン・ヒギョン）は、外寇の翌年に幕府への答礼使として派遣されたものである。宗氏と朝鮮との交渉の当初、対馬が朝鮮の封土となることも話題になったようだが、宗氏は少弐氏との従属関係からこれを拒否した。その後、宗氏は１４４３年に朝鮮と嘉吉条約を結んで、以後日朝間の窓口となった。この条約では宗氏が朝鮮王朝の外臣的立場であることを規定していた。中世は国家意識がファジーだったことが背景にあるが、近世に入って日本でも国家意識が高まると問題となったのは間違いない。九州本土と比べて、朝鮮半島南岸との近さが現在でも交通の便の多さと、韓国人観光客の多さをもたらしている。

室町初期は対馬だけでなく、西国の大名や商人、それに宗氏以外の対馬の勢力が独自に貿易を行っていたが、宗氏本家が朝鮮王朝との外交窓口になることで貿易でも独占的地位を固めていった。経済力の強化により、対馬島内も宗氏により統一される。

戦国期でも朝鮮との貿易は続いたが、朝鮮王朝の貿易制限に不満を持つ在留対馬島民が「三浦《サムポ》の乱」を起こした（１５１１年）。これは鎮圧されて日本人は追放され、対馬と朝鮮の関係もいったん途絶する。その後、宗氏が朝鮮の倭寇討伐に協力したことで、１５５７年に丁巳約条を結んで貿易を拡大し、宗氏に利益をもたらした。

一方で対馬と九州本土との関係を見ると、宗氏の主家である少弐氏との関係が軸になる。少弐氏が大内氏によって筑前を追われると、少弐氏はしばしば対馬に亡命して戦力回復を図っている。宗氏も九州本土に出兵して大内氏と戦ったが、結局少弐氏が滅亡したので対馬に戻った。これ以後も宗氏は幾度も九州本土進出を図ったが、毛利や大友、龍造寺氏などに阻まれた。この福岡県域との関係の密接さは、距離的な近さが関係しているようで、現在でも海上アクセス、飛行機合わせて本土との便数が最も多いことに表れている。

なお宗氏の居城は金石城であり、厳原港から車で7分の場所にある。江戸期に朝鮮の外交使節を迎えるために大幅に改修されたが、宗氏の政庁として戦国期以来400年続いた。近くにある菩提寺と共に対馬の歴史をしのばせる。

1587年豊臣秀吉の九州征伐が始まると、宗義智は秀吉の下に参陣し、対馬の本領を安堵された。少し後に**宗義智**は小西行長の娘を正室に迎えている。

その後、秀吉の命により李氏朝鮮と交渉を行なったが、朝鮮の事情に通じているだけに強硬に臣従を求める秀吉との間で板挟みになる。やがて朝鮮出兵では、宗義智が小西行長と共に日本軍の先鋒となって進軍したが、経済的には苦境に陥る。

関ヶ原の戦いでは岳父である行長とともに西軍に属したが、朝鮮との関係を考慮して本領を安堵され、九州本土でも所領を給付されて10万石となった。徳川の下でも対朝鮮外交の窓口、朝鮮貿易の独占主体として認められている。

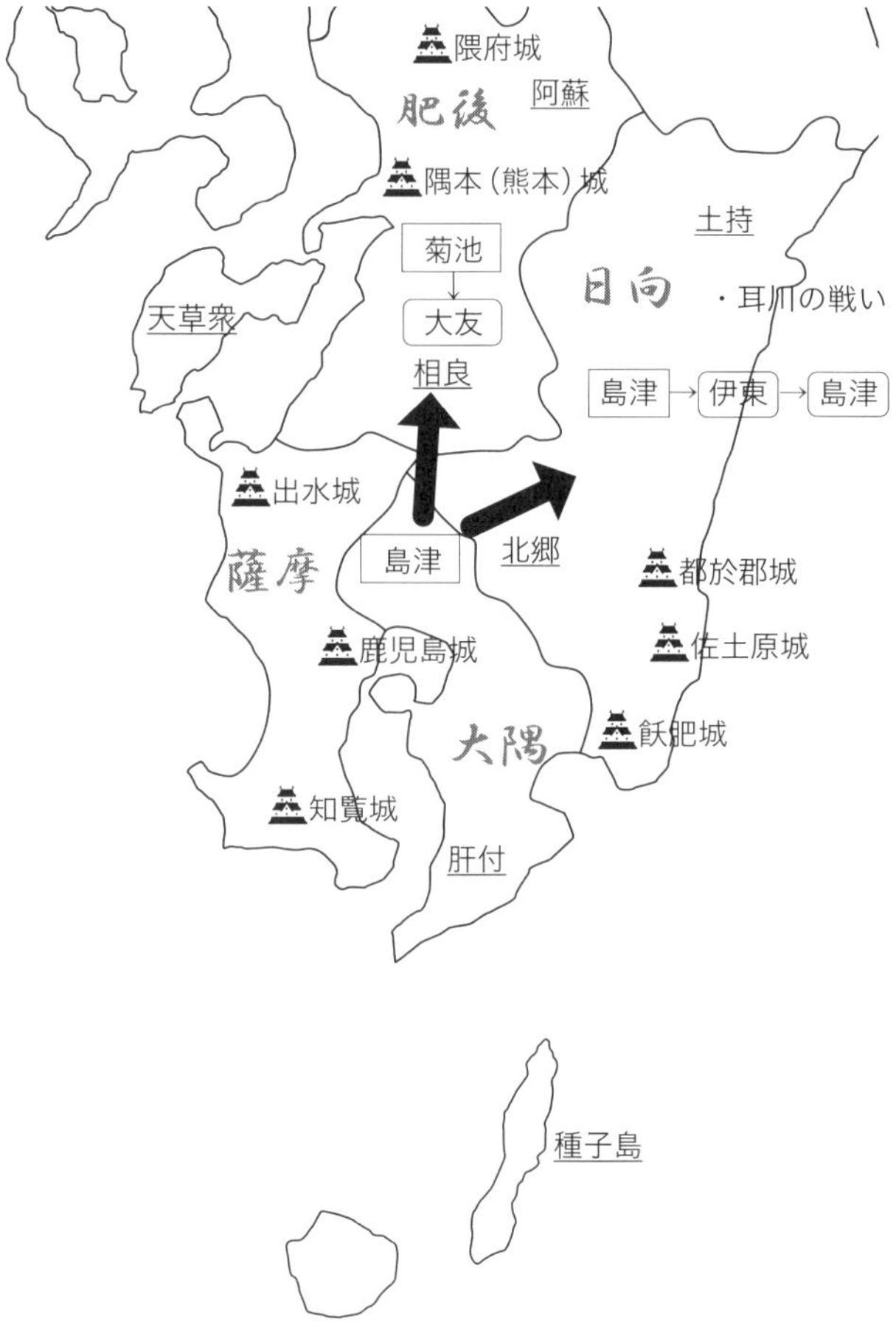
隈府城
阿蘇
肥後
隅本（熊本）城
土持
菊池
大友
日向
・耳川の戦い
天草衆
相良
島津
伊東
島津
出水城
北郷
島津
薩摩
都於郡城
鹿児島城
佐土原城
大隅
飫肥城
知覧城
肝付
種子島

# 熊本県（肥後国）

九州新幹線の開通で、博多—熊本間が50分で結ばれ、大幅に利便性が高まった。私は学会で熊本に訪れた際に急用で帰らなければなかったが、新幹線のおかげで三重県まで4時間ほどで到着できた。しかしかつては九州自動車道を1時間半で行くのが最速だった（JR鹿児島本線なら1時間50分）。熊本と福岡はかつて九州の中心都市の座を分け合ったこともあり、両都市間の交通は主要路線だったが、地形的に福岡県との間に筑肥山地があって壁となっていることから、方言でも違いがかなり出てくる。

熊本弁はよく知られているよう

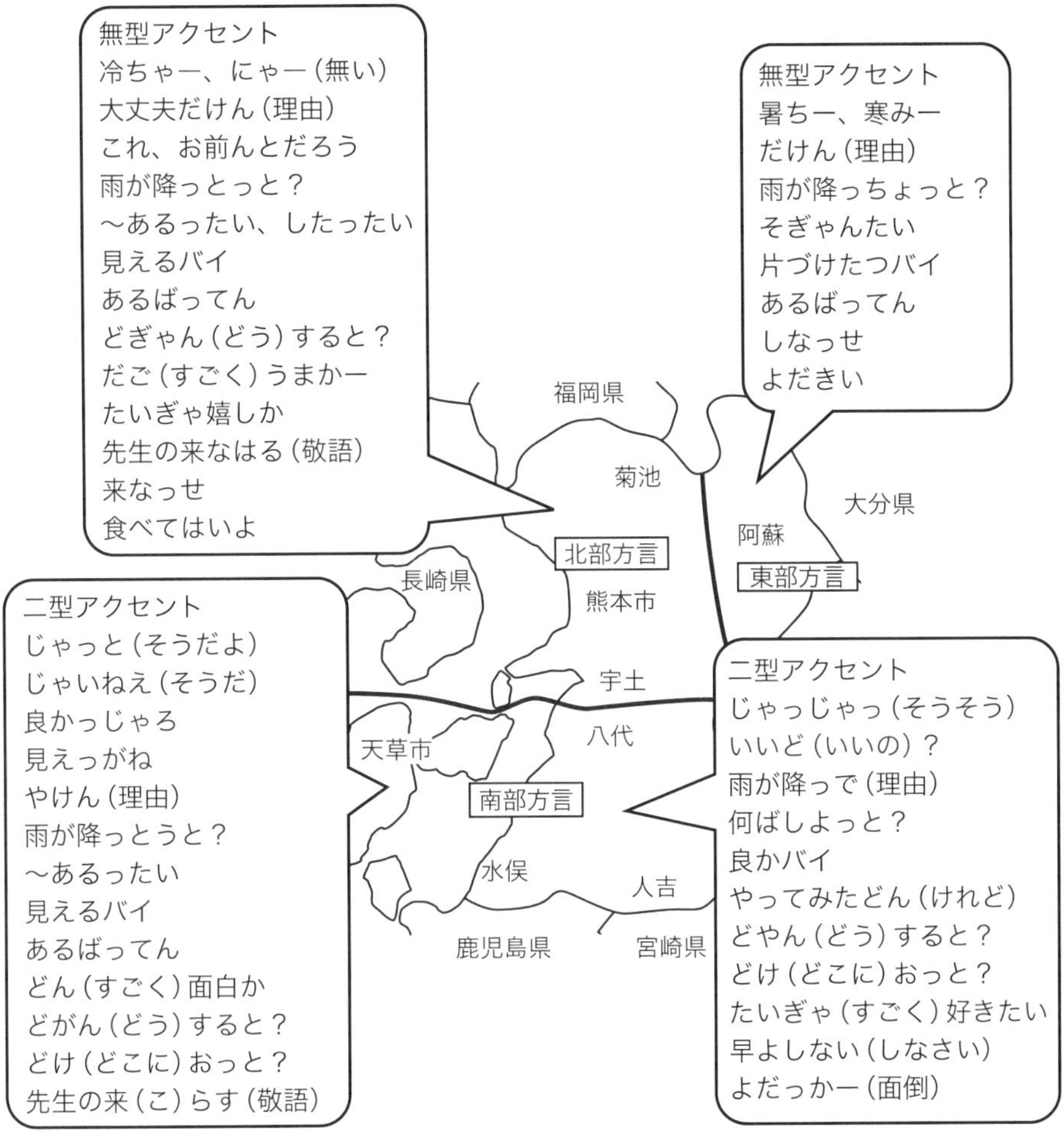
無型アクセント
冷ちゃー、にゃー（無い）
大丈夫だけん（理由）
これ、お前んとだろう
雨が降っとっと？
〜あるったい、したったい
見えるバイ
あるばってん
どぎゃん（どう）すると？
だご（すごく）うまかー
たいぎゃ嬉しか
先生の来なはる（敬語）
来なっせ
食べてはいよ
無型アクセント
暑ちー、寒みー
だけん（理由）
雨が降っちょっと？
そぎゃんたい
片づけたつバイ
あるばってん
しなっせ
よだきい
福岡県
菊池
大分県
阿蘇
北部方言
東部方言
長崎県
熊本市
宇土
八代
天草市
南部方言
水俣
人吉
鹿児島県
宮崎県
二型アクセント
じゃっと（そうだよ）
じゃいねえ（そうだ）
良かっじゃろ
見えっがね
やけん（理由）
雨が降っとうと？
〜あるったい
見えるバイ
あるばってん
どん（すごく）面白か
どがん（どう）すると？
どけ（どこに）おっと？
先生の来（こ）らす（敬語）
二型アクセント
じゃっじゃっ（そうそう）
いいど（いいの）？
雨が降っで（理由）
何ばしよっと？
良かバイ
やってみたどん（けれど）
どやん（どう）すると？
どけ（どこに）おっと？
たいぎゃ（すごく）好きたい
早よしない（しなさい）
よだっかー（面倒）

に、形容詞のカ語尾、終助詞「ばい」「たい」、逆接の接続助詞「ばってん」など九州方言の典型のような特徴を持っている。あまり知られていないのが、断定の助詞が「〜だ」であることだ（九州の大部分では、かつて「〜じゃ」、現在は「〜や」を使用）。言いきりでは「〜たい、ばい」だが、それ以外では「〜だけん＝だから」推量「〜だろー」、過去形「〜だった」のようになるのが熊本弁の特徴である。ほかに連母音アイ→ヤーという連母音融合も特徴だ（「大概」→「たいぎゃー」、「冷たい」→「つめちゃー」等）。

　江戸期の熊本の殿様である細川家の子孫で、首相も務めた細川護熙（熊本県知事でもあった）の父が司馬遼太郎のインタビューに答えて「家での会話は熊本弁でした。それも街中で話されているより、もっと古い熊本弁だったかもしれません」と語っていた。細川家は元々畿内出身だが、言葉も含めて熊本に溶け込もうとしたことが分かる。

ただし以上は熊本市など北西部方言の話であり、他は大部分で熊本弁と共通しながら、細かい部分で違っている。

熊本市から高速バスで2時間かけて北東部の阿蘇地方に着く。ここには大野川に沿って大分県と通じた街道があり、現在でも大分市―阿蘇間は、電車ではJR豊肥本線（別名は阿蘇高原線）、自動車なら大分自動車道と国道57号線を経由してともに3時間弱で結ばれている。大分と接することもあってか、阿蘇の方言は形容詞「イ語尾」（暑い→あちー等）を使い、連母音アイ→エー、理由の接続詞「～きー」など、隣接する大分の方言と共通点がある。

南部について見ると、南西部の水俣は九州新幹線と鹿児島本線で、南東部の人吉は九州自動車道で、ともに鹿児島県と結ばれている。両地方の方言には、どこに→どけ等の融合発音や理由の接続助詞「で」、逆接の接続助詞「どん」など、鹿児島弁の要素がみられる。なお、熊本―水俣は新幹線さくらで25分（鹿児島本線の特急を使うと1時間半）、に対し、水俣―鹿児島中央は30分である。また熊本―人吉は肥薩線の特急で1時間半である。島嶼の天草は、今では本土と橋で結ばれ、国道266号線で熊本市と直結して快速バスで2時間～2時間半で結ばれているが（中心部である天草市の本渡バスターミナルまでの所要時間）、かつては船で行き来するしかなかった（熊本港とのフェリーは2009年に休止）。今でも鹿児島県や長崎県島原との間にフェリーが運航している。こうしたアクセスの関係からか、天草の方言は地区によって理由の接続詞が「～けん」「～きー」「～で」と分かれており複雑である。天草でも言い切りで「～たい、ばい」を使うが、同意確認でも「～じゃがね」など鹿児島弁に通じる所もあったりする。**熊本県の地理を見る際には、隣接地域との関係**

**を見ることが必要だ。**

さて熊本の戦国武将と言えば、**熊本城**を築いた**加藤清正**である。私は学会の視察で熊本現地の人に案内してもらったが、清正は「せいしょうこ（清正公）さん」と呼ばれ、旧家では彼の木像が安置されて拝む対象となっていた。清正の地元は尾張名古屋だが、そこに長年いた私でもこの熊本での清正崇拝は想像を超えていた。

加藤清正と熊本城はよく知られているが、あまり認知されていない清正以前の熊本県戦国史を語るのがここでのテーマである。

肥後の守護は**菊池氏**である。古代からの土着豪族と推定され、平安末期から源平の戦いでも活躍した。南北朝期には南朝方に付き、当初は薩摩に上陸した懐良親王を１３４３年から迎えて庇護した。やがて１３５８年に懐良親王は菊池氏の働きによって大宰府を攻略し、征西府を置いた。この懐良親王と菊池氏の進軍路は、ほぼ現在の九州自動車道を北上するルートかと思われる。これは肥後の勢力による博多攻略のほぼ史上唯一の例であろう。しかし１３７１年に幕府から九州探題とされた今川了俊によって征西府は滅ぼされ、菊池氏も本拠を追われるなど屈従の時期を迎えた。

この後、阿蘇氏が肥後守護になったが弱体であり、菊池氏が守護に復帰する。一時、大友氏と共に筑後の半国守護となったが、これは大友氏に敗れた。

肥後でも北東部（「東部方言」の領域）の阿蘇郡は**阿蘇大宮司**である**阿蘇氏**が支配、「南部方言」の領域で、南東部の人吉と水俣周辺は鎌倉初期から地頭である**相良氏**、中部よりやや南部沿岸寄りの八代は菊池氏と長年の同盟者であるが、名和氏が自律的な領主として支配していた。

阿蘇氏が支配した阿蘇神宮は熊本駅から豊肥本線に乗って2時間の宮地駅からバスで5分、あるいは九州道熊本ICから車で1時間の所である。相良氏の人吉城は球磨川沿いにあり、鎌倉以来800年にわたって相良氏の居城であった。建物は明治の西南戦争で焼失したが、石垣や城門が残り、近くの人吉城歴史館で相良氏や人吉の歴史を学べる。アクセスは、人吉駅から徒歩で20分。八代を支配した名和氏の城は古麓城で、八代駅より徒歩30分の所にあった山城である(現在の八代城は江戸期に加藤氏によって平地に築かれた)。古麓城は一帯の複数の山頂に築かれた城で構成され、城下町を惣構えで囲んでいたと考えられている。なお城の西側に球磨川が流れている。ちなみに熊本—新八代は特急で30分弱。

結局、菊池氏が守護として支配できた地域は、天草諸島と「国中」と称された北中部(「北部方言」の領域)のみであった。熊本県域は熊本市など北西部の熊本平野以外は、大部分が山地であることから、山間部の自立性は強かったと考えられる。なお菊池氏の守護所は、築後に近い北部内陸の隈府城(菊池市)にあった。菊池市へは、阿蘇くまもと空港からレンタカーに乗って、県道36号と国道325号線を通って所要30分、福岡からは大宰府ICから九州自動車道に入り、国道3号線を経由して、所要1時間40分である。隈府城は菊池市民広場から徒歩で5分、菊池市の北東山麓に位置し、周囲に空堀跡や土塁跡が残る。明治維新後に本丸跡に菊池神社が建てられ、菊池歴史館もある。

戦国初期になると菊池氏は家督争いが激化して衰え、さらに大友氏がまず従属的同盟者とした阿蘇氏から養子を取らせ、さらに大友自身から養子を送り込むことで、血統として菊池氏は滅亡した。「東部方言」は大分県方言と共通点が多いが、阿蘇と大分県域との地域間のつながりから豊後大友氏の進攻拠点となった様相が理解できる。

こうして戦国期に入ると、肥後は大友の支配下となった。大友氏が肥後に関心を持ったのは東シナ海に面した肥後の海上交易地としての地勢に注目したことが挙げられる。

ただし１５３０年代に大友氏から養子に入った菊池義宗（大友宗麟の叔父）は自立を策して、大内氏と結びながら大友領国を攻めるようになる。これを抑えるために大友義鑑（宗麟の父）は幕府に工作して肥後守護職を獲得。さらに大友宗麟が１５５０年に家督を継ぐと肥後に攻め入って菊池氏を破り、義宗は天草などに亡命した後に大友に引き渡されて自害に追い込まれた。

これ以後、大友一族の志賀氏が守護代となり、その下で菊池三家老だった赤星・城《じょう》・隈部氏が菊池氏の遺領を管理した。三家老の主導権争いで紛争はあったが、大友支配下の肥後は約２０年にわたって一応安定する。この少し前から菊池氏の居城として隈本城（後の熊本城）が整備され、大友支配下では城氏が管理していた。大友氏の進攻路としては、現在の豊肥本線や国道５７号線が考えられるが、大友氏の本拠である豊後府内（大分市）との距離が離れており、途中で阿蘇山があって山間の険しい道を行くことから、阿蘇氏や旧菊池重臣を介した間接統治が採られたのであろう。

以上は「北部方言」の国中地方に限った話だが、南東部の相良氏は室町後期から菊池氏を援助したことで八代付近まで進出して名和氏を宇土に追い、その後も菊池氏の家督争いに介入しながら肥後南部の実質領有に成功、分国法も定めて戦国大名化する。人吉から八代に至るまで球磨川が流れており、これに沿って進むことで相良氏は有明海まで進出した。現在のＪＲ肥薩線のルートに当たっている。一方、薩摩島津氏が国人と争い混乱する中で、これにしばしば介入して勢力を伸ばしている。「南部方言」と鹿児島県方言との一部の共通点からつながりが想起される。

「南部方言」の領域である天草諸島でも国人領主の争いから淘汰が起き、戦国期には志岐氏（菊池氏の庶流）など「天草五人衆」の支配となる。一方で菊池氏が亡命したり、相良氏や肥前島原の有馬氏に介入されたりと、外部の影響も受けた。現在では廃止された熊本県本土側とのフェリーや、島原との航路のルートが天草戦国史とオーバーラップする。1560年代にはキリスト教が広まり、短期間で1万人以上の島民が信徒となっている。これも島の西側が外洋である東シナ海と面していることによる。なお、国人領主の城として代表的なのが西部にあった志岐城で、熊本市から車で2時間半、天草空港から車で30分の所にあった。

1578年に耳川の戦いで島津に敗れた大友は一気に衰退に向かい、肥後は南北で外部勢力の侵攻にさらされる。まず肥前の龍造寺隆信が大友領である筑後を制圧した後に、宿老の鍋島氏に命じて肥後北部に攻め入らせた。龍造寺の進軍路は、ほぼ現在の国道208号線や鹿児島本線のルートと考えられる。「北部方言」と佐賀県方言の共通点から交通のつながりが想起されるが、龍造寺の進攻はこの地域間ネットワークを利用したと考えられる。こうして肥後国中の多くが龍造寺に制圧されたが、隅本城の城氏は島津に付いて抵抗した。

一方で南部の相良氏は耳川の戦いでは大友に呼応して薩摩方面を攻めたが、大友敗戦後は島津の侵攻をまともに受けることになり、やがて水俣などを割譲して島津の軍門に下った。こちらでは「南部方言」と鹿児島県方言のつながりから、薩摩島津の圧力が大きくのしかかったことが理解できる。こうして相良氏を従属させた島津氏は、肥後北部へと進攻する。島津氏の進軍路は、九州自動車道と鹿児島本線の両ルートから行われたと考えられる。こうした中で北東部（「東部方言」の領域）の阿蘇氏は大友についていたが、宿老の甲**斐宗運**が龍造寺に与したので、1581年に島津は相良義陽にこれを攻めさせた。しかし宗運の軍略で相良は敗れて戦死した。甲斐宗運は大友や龍造寺、島津といった大名から名将として重きを置かれていたが、1583年に病死。以後、阿蘇氏は島津に制圧された。少し前に天草五人衆も、領地の一部を島津に割譲して服属した。こうして肥後は全体的に島津氏配下に置かれ、八代や隈本に**島津義弘**（当主の弟）が番衆として派遣された。しかし秀吉が九州出兵すると、肥後もまたたくまに制圧され、やがて島津は降伏した。秀吉軍の肥後進軍は当然ながら鹿児島本線を南下するルートであり、この道に沿って秀吉自らが島津氏の本国薩摩まで進んだ。

秀吉の下では、相良氏が人吉など2万石で存続したほかは、佐々成政が肥後の大部分の大名となったが、厳しい検地と年貢取り立てに反発した隈部氏などによる肥後国人一揆が勃発。これに対し、黒田官兵衛や加藤清正が派遣されて鎮圧した。その後成政は尼崎で切腹、一揆に参加した国人たちは秀吉の命でことごとく京で処刑された。なお原哲夫の漫画『花の慶次』では、一揆に参加した13歳の少年領主が京で処刑までのわずかな期間に前田慶次と心を通わすという場面があり、「良かですよ」など熊本弁を話していた。

その後に加藤清正が熊本城など北部、**小西行長**が宇土城を本拠に南部を支配することになり、生き残った国人たちはそれぞれ配下に入った。小西の本拠・宇土は「北部方言」の南端に当たるが、領内の大部分は「南部方言」の領域に属している。

小西行長の宇土城は石垣がいくつか残り、小西行長の銅像もある。アクセスは宇土駅から車で8分。天草も小西氏の領地となり、国人達も与力とされた。行長自身がキリシタンだったため、秀吉の禁教令後もキリシタンは保護された。この中で宣教師養成の天草コレジオ（学院）が建てられ、ここで日本語ローマ字本の『伊曽保物語』（イソップ物語）や『日葡辞書』が活版印刷された。これらの印刷物は学術的に貴重な戦国期の日本語資料となっている。現在跡地に天草コレジョ館が建てられ、出版された天草本や南蛮文化の遺品を多数展示して見ごたえがある。アクセスは、熊本市から車で国道266号を経由して2時間40分か、天草空港から車で45分の「運動公園前（河浦）」バス停から徒歩2分の所である。小西の本拠に近い宇土半島から天草への橋が架かっており、現在の交通路からも両地域のつながりが感じられる。しかし関ヶ原の戦いで西軍となった小西行長は斬首され、天草は唐津藩寺沢家の飛び地となる。しかしキリシタンの多さは変わらず、小西遺臣から**天草四郎**が出ることになる。

加藤清正は関ヶ原時には東軍に付いたが、国元にいて黒田官兵衛と連絡を取りながら小西行長領など西軍の領地を攻めていた。官兵衛は豊前中津にいたので、熊本の清正との連絡路は国道212号線に当たると考えられる。耶馬渓や阿蘇山を眺められる雄大なルートだ。

清正は戦後に肥後一国を得たが、キリシタンが多かった天草は除かれた。現在の熊本城を築城したのはこの時期で、石垣の「武者返し」など優れた土木技術を駆使している。さらに城内に「昭君の間」(古代中国の美女・王昭君の故事を描く、「将軍の間」の隠語)を設け、秀頼をここに迎えて徳川家康と一戦を交えることも想定したともいう。しかし現実には徳川優位は変わらず、その中で清正は家康と豊臣秀頼の二条城会見をセットするなど豊臣家の存続に奔走したが、大坂の陣前の1612年に病死、息子・忠広の代に取り潰されて、小倉城主だった細川氏が受け継いだ。そして細川氏に仕官した**宮本武蔵**が熊本で晩年を過ごし、『五輪の書』を当地で執筆した。

加藤清正が尾張出身ながら肥後熊本の英雄とされるほど崇敬されているのは、熊本城を築いたばかりではない。農村の治水工事を優れた土木技術で行い、さらに清正の雄偉な体格と武将としての器量が肥後人の武神信仰に当てはまったためと司馬遼太郎は推測している。それまで肥後国内は内憂外患で荒廃していただけに、清正が傑出した存在となったのは無理らからぬところがある。

なお、熊本城へのアクセスは、熊本駅から市電で熊本城・市役所前に下車、所要約10分である。

# 宮崎県（日向国）

私の大学時代の後輩で宮崎出身の子がいたが、宮崎弁で代表的なものを聞くと「じゃあじゃあ、そうやじ」（そうそう、そうだよね）と教えてくれた。

東京や大阪から宮崎市に行くとなると、飛行機ということになる。東京からはＪＡＬが最速で1時間半、大阪からはＪＡＬやＡＮＡで1時間超である（宮崎空港から宮崎市街まで電車で１０分）。関西からは船の便もあり、神戸港と宮崎港まで早くて１２時間というところである。また九州の中心都市である福岡市から宮崎市へは鉄道の在来線なら大分を経由して5時間以上かかるが、九州新幹線の全通で、福岡から鹿児島まで行き、そこから宮崎市へ向かうと4時間半である（鹿児島から宮崎まで2時間超）。博多駅から高速バスに乗るのが最速のアクセスだが、それでも4時間１５分かかる。

宮崎の鉄道路線というと、大分から延びていく日豊本線、そして東九州自動車道であり、このルートで大分と宮崎のつながりが感じられる。宮崎弁は、大分弁と共に九州東部（豊日）方言ということで、形容詞がカ語尾ではなく「イ語尾」（暑い→あちー、うまい→うめー等）となる。動詞の完了形「～（し）ちょる」、文末詞の「～（や）っちゃが（～だよ、だってば）」は、大分弁にも同様のものがある。よく言われるのは単語の「よだきい（疲れた、面倒）」が両県に共通し、県民性にも通じると言われる。他に「てげてげでいいっちゃがー」（ほどほどでいいんじゃないの、てげ＝大概が元）も県民性を表す言葉として知られる。しかし理由の接続詞は「～けん」などではなく、共通語と同じ「から」あるいは「～かい」というのもある。他に準体助詞は、大分は「～ん」だが、宮崎は九州の大部分と同じ「～と（どこに行くと?、○○君やねえと?等）」である。さらに無型アクセントで平板なイントネーションが特徴である。日豊本線も含めた大分―宮崎間の平地の道は海岸沿いを行く

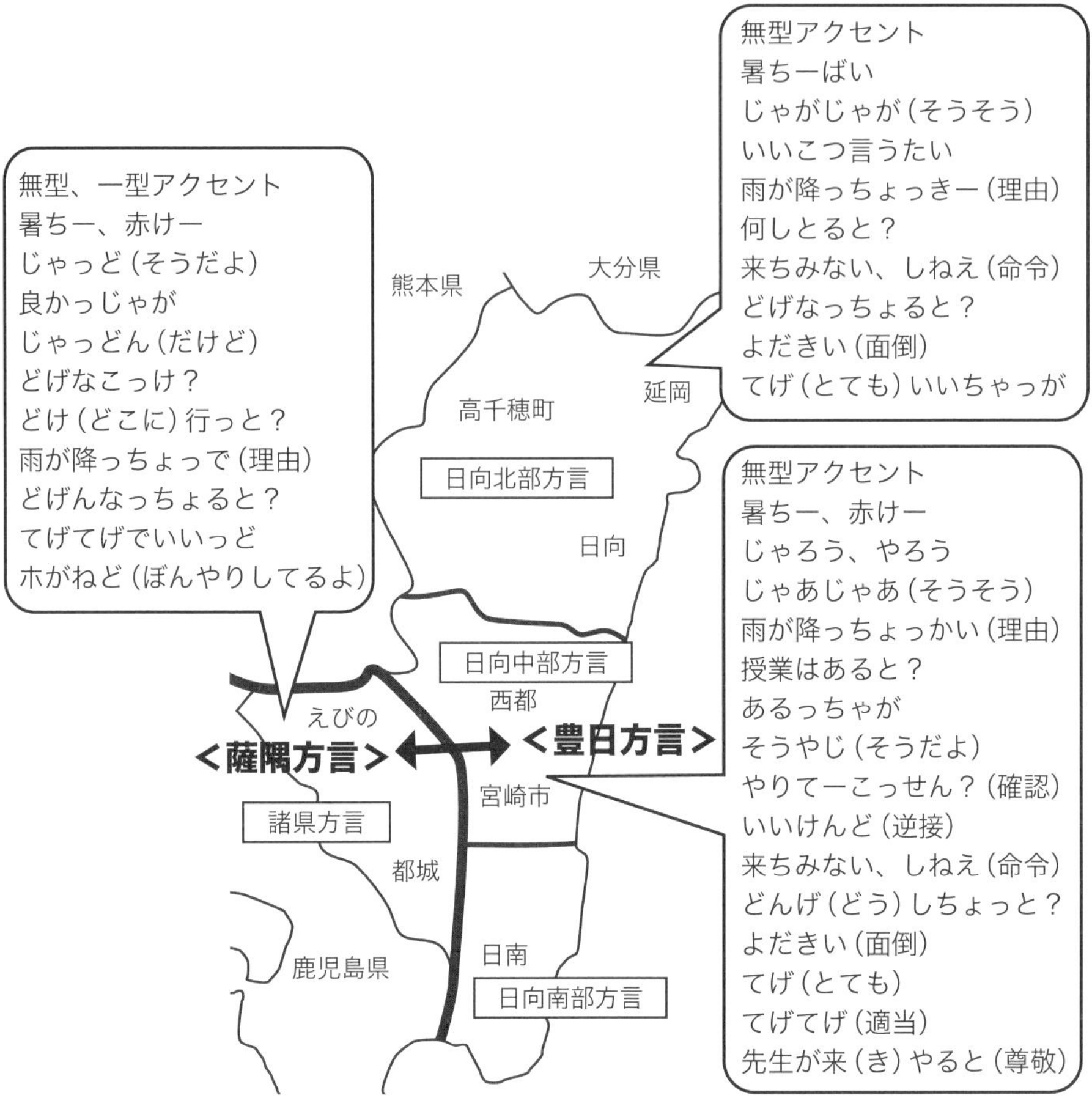
無型、一型アクセント
暑ちー、赤けー
じゃっど（そうだよ）
良かっじゃが
じゃっどん（だけど）
どげなこっけ？
どけ（どこに）行っと？
雨が降っちょっで（理由）
どげんなっちょると？
てげてげでいいっど
ホがねど（ぼんやりしてるよ）
無型アクセント
暑ちーばい
じゃがじゃが（そうそう）
いいこつ言うたい
雨が降っちょっきー（理由）
何しとると？
来ちみない、しねえ（命令）
どげなっちょると？
よだきい（面倒）
てげ（とても）いいちゃっが
無型アクセント
暑ちー、赤けー
じゃろう、やろう
じゃあじゃあ（そうそう）
雨が降っちょっかい（理由）
授業はあると？
あるっちゃが
そうやじ（そうだよ）
やりてーこっせん？（確認）
いいけんど（逆接）
来ちみない、しねえ（命令）
どんげ（どう）しちょっと？
よだきい（面倒）
てげ（とても）
てげてげ（適当）
先生が来（き）やると（尊敬）
熊本県
大分県
高千穂町
延岡
日向北部方言
日向
日向中部方言
西都
えびの
<薩隅方言>
<豊日方言>
宮崎市
諸県方言
都城
鹿児島県
日南
日向南部方言

南北の細長いルートであり、大分から宮崎にかけて内陸は険しい山地で海岸近くまであることから、相互の行き来も簡単ではなかったことがうかがえる。ちなみに大分市から宮崎市までJRで3時間弱かかる。

また宮崎県内の地域差もある。北から順に五十鈴川（その上流が高千穂）、耳川（美々津川）、一ツ瀬川、大淀川と西から東の海岸に川が流域をなしており、こうした地勢でそれぞれの流域が小規模な生活圏をなすことになった。これは戦国史でも影響する。なお、宮崎市から北部の延岡まで大分行の特急で1時間10分、南部の飫肥《おび》（日南市）へはJR日南線の特急で1時間超である。

しかし都城など南西部（諸県《もろかた》地方）は江戸期まで島津家・薩摩藩の

領域だったため、方言も鹿児島弁と近い。東国原英夫（そのまんま東）知事はこの諸県地方出身なので、「どげんかせんとならん」も当該地の方言だ（宮崎市などでは、どうにか→「どんげ」）。ＪＲの日豊本線は宮崎市から都城を経由して鹿児島に向かう。都城―鹿児島は特急きりしまなら1時間２０分の距離で、私もこの路線で鹿児島に行ったことがある。一方、宮崎―都城は1時間２０分弱で若干鹿児島より近いが、今でも諸県地方の住民は鹿児島に行くことが多いようだ。諸県西部のえびの市、小林市はＪＲ吉都線で鹿児島で直結し、高速でも宮崎自動車道はこの辺りを通った後に九州自動車道と連絡して鹿児島に行けるので、より鹿児島と近い。

また高千穂など西部山間部では「～ばい、たい」など熊本弁に共通する特徴も持つ。この辺りは熊本市から延岡に向かう国道２１８号線の中間で、近隣地域は交流もある。九州山地があって山間の難路を通るが、近年は九州中央自動車道が開通した。熊本駅から高千穂まで特急バスで3時間だが、熊本ＩＣから国道を使うと1時間４０分である（ちなみに宮崎市からは鉄道なら2時間半、高速バスなら1時間４５分）。

方言で見たように、大分や鹿児島に通じるという地勢条件は、戦国史にも当てはまる。

室町期の日向守護は、**島津氏**である。鎌倉期から日向南西部の諸県地方（都城市からえびの市付近）にある近衛家の荘園管理を任されたのが発端となり、その後薩摩など鹿児島県域にも勢力を伸ばした。日向南西部は都城、小林、加久藤の三つの盆地があり、前述のように鹿児島県方面にも街道が通じているという地の利があった。南北朝期には一貫して北朝方として足利家の九州制圧に貢献し、九州南部の「奥三国」とよばれる日向、薩摩、大隅の守護職は島津家当主が世襲していた。

しかし日向の大部分を実質的に領地としたのは、**伊東氏**である。「曾我兄弟の仇討ち」で知られる工藤氏の庶流が鎌倉幕府から日向の地頭職を与えられたことがきっかけで、南北朝期には北朝方で貢献したこともあり、「山東」（九州山地の東ということ）と呼ばれる宮崎平野を領土化した。宮崎平野は日向国内では最大の平野であり、四方へ街道が通じているので、ここを抑えた意味は大きかった。伊東氏は佐土原（宮崎市北部の佐土原町）に本拠を置き、後に都於郡《とのこおり》（西都市）にも拠点を置きながら、四十八の支城（伊東四十八城）を国内に擁して日向の主要部を実行支配した。方言区画で言う「日向中部方言」が伊東氏の領域である。都於郡城は標高105m台地上にある山城で、現在は国指定史跡の公園として整備されている。都於郡小学校と大安寺の間にある大安寺池はかつての堀跡で、付近には伊東氏歴代の墓所がある。アクセスは、日豊本線・佐土原駅からバスで約30分の西都バスセンターで下車し、バスを乗り換えて都於郡で下車してから徒歩10分である。

伊東氏は守護にはならなかったが、幕府から奉公衆（足利将軍の直属家臣）とされ、1461年には伊東祐堯が将軍義政から内紛激しい島津氏に代わり守護の職務を代行せよという御教書が下されたと主張し（偽文書説もある）、これ以後日向の主要部は伊東氏が抑える状態が続いた。

他の地域に目を転じると、北部は県《あがた》（延岡市）を本拠とする土持氏が支配していた。方言区画における「北部方言」の領域である。本拠地は県城（松尾城）で、延岡市松山町の五ヶ瀬川を望む台地上にある標高55mの山城である。土持氏はもともとこの地に多くあった宇佐八幡宮（大分県）の荘園の管理を任されたことで勢力を伸ばし、室町・戦国期には地理的関係で豊後の大友氏に従属することが多かった。現在では大分―延岡間は日豊本線の特急にちりんで2時間弱の距離である（臼杵―延岡は1時間半）。これに対し、伊東氏が婚姻などで従属化を図るもなんとか独立を保った。ちなみに現在では宮崎―延岡は特急にちりんで1時間超のアクセスである。

また西部の九州山地付近には、肥後守護の菊池氏の庶流である米良氏が勢力を持っていた。現在の九州中央道や国道218号線のルートに沿った肥後方面からの街道があったということである。

一方の島津氏は、南部沿岸部（「南部方言」の領域）に島津豊州家、内陸の南西部（諸県地方、薩隅方言系の「諸県方言」の領域）に北郷《ほんごう》氏（室町期に分家）と、日向南部に一族を配することで伊東氏に対抗していた。鹿児島から都城方面は日豊本線、日向南部（日南市など）へは国道220号線のルートがある。北郷氏の本拠だった都之城は標高160mの山城で、江戸期も改修されて使われたので城門などが残っている。敷地内には都城歴史資料館もある。アクセスは、西都城駅で下車し、南へ徒歩15分である。

室町・戦国の宮崎県域（日向国）は、守護であるが南部のみを実質的に領する島津氏と、宮崎平野など中心部を領する伊東氏との抗争で彩られる。伊東氏と島津家は、室町期から150年にわたって争い続けた。

伊東・島津両氏の争いで焦点となっていたのが、南部沿岸部の**飫肥**（日南市）および櫛間（串間市）で、方言区画における「南部方言」の領域である。ここは古くから瀬戸内海や畿内方面につながる良港として知られていた。室町期になると琉球王国の発展で、明との貿易船が薩摩の南方海上から日向南部の沿岸を通るルートを堺商人などが開発し、飫肥と串間がこのルートの重要拠点として注目されるようになる。この貿易に関する流通を把握することが島津と伊東の抗争の大きな要因でもあった。昭和30年頃まで日南市の油津港と関西方面との間に航路があったが、現在は宮崎港から神戸への宮崎カーフェリーが毎日運航している。これが日向から畿内へ向かう海上ルートの名残として考えることができる。

飫肥をめぐっては伊東氏と島津豊州家が抗争したが、薩摩の島津本家は後継者争いや国人たちの反抗に忙殺されていた。伊東家は薩摩や大隅の国人衆にも調略の手を伸ばすことで島津を牽制し、日向での領土争いも優位に展開した。伊東氏は何度も飫肥に侵攻したが、1568年に当主・伊東義祐自ら2万の軍で島津軍を撃破したことで、伊東氏による飫肥の完全領有でひとまず決着する。宮崎市から日南を結ぶのは国道220号線で、これは西へ伸びて鹿児島県域にも通じている。伊東氏にとって、薩摩、大隅の諸勢力と通じて島津を牽制する絶好の位置であった。なお、飫肥城は標高約50mと海からも近い群郭式平山城で、日本100名城にもなっている。江戸期にも改修されて飫肥藩(伊東氏)の本拠だったので、城内には多くの建築物と資料館もある。城下町は「日向の小京都」として、落ち着いた雰囲気を残している。アクセスは、宮崎空港から車で1時間、JR飫肥駅からは徒歩15分、タクシーで5分となっている。

伊東義祐は貿易による財力強化で京風文化を導入し、本拠である佐土原は「九州の小京都」とまで呼ばれるほど発展していく。佐土原は宮崎市の北部にあり、佐土原城はもともと有力分家の田島伊東氏の居城だったが、戦国期に入ると伊東氏本家の本拠となる。「続日本100名城」の一つで、山城の構造をよく残しており、城下町は多くの人でにぎわっていたという。付近に宮崎市佐土原歴史資料館がある。アクセスは、日豊本線の佐土原駅からバスに乗り佐土原小学校バス停で下車して徒歩5分である(車なら所要15分)。

南西部の「諸県方言」の領域でも伊東氏が攻勢をかけたが、都城の北郷氏は苦戦しながらもあくまで島津本家に付いていた。そこで真幸院(えびの市)に**島津義弘**(当主の義久の長弟)が配されて伊東氏に対抗することになる。両氏の戦いは一進一退が続いたが、1570年になって島津氏が本国の薩摩・大隅を統一すると流れが変わった。1572年に日向南西部で**木崎原の戦い**が行われる。伊東氏は宮崎自動車道を西へ向かうルートで進軍して加久藤城(えびの市)を攻めたが、ここで島津氏は真幸院の義弘に救援させた。伊東氏は兵数で優位だったが、伏兵戦術にかかって多くの武将が戦死するなど大敗。これが島津と伊東氏の戦力バランスを一転させ、島津氏は宮崎自動車道を東に向かうルートで伊東領に進攻するようになる。島津義弘はこの時期は若年だったが、木崎原以後多くの戦いで武功を立て、名将と言われるようになる。なお、木崎原古戦場はえびの市にあり、宮崎市から日豊本線と吉都線を乗り継いで2時間半弱のえびの駅で下車、そこからタクシーで5分の所である。

1577年には飫肥と串間も国道220号線のルートで進攻した島津氏により奪回され、もともと伊東氏には緩い服属関係だった西部山地方面の国人が島津に付き、伊東氏の本領でも家臣の寝返りが相次ぐようになる。こうして周辺を固めた島津氏は東九州自動車道を北上するルートで進軍し、やがて北部の土持氏も島津に呼応して伊東領に侵攻、南北挟み撃ちの中で本拠・佐土原城も島津軍に包囲された。こうした中で伊東義佑は城を捨てて逃走、豊後の大友宗麟を頼った。この中には後に天正少年使節の一人となる**伊東マンショ**の幼い姿もあった。

翌1578年に**大友宗麟**は、伊東氏の支援とキリスト教王国の建設を目的に日向に出兵した。これには本国豊後の交易ルートの安全のために、日向沿岸の維持を必要と判断したためとも言われる。大友軍は領国から大軍を動員して日豊本線や東九州自動車道のルートで日向に入り、まず島津方の土持氏を滅ぼした後に日向市付近で島津軍と対峙した。こうした中で宗麟は、日向北部の延岡市付近に「**務志賀**」(ポルトガル語の音楽(ムジカ)から取った)というキリスト教徒の理想郷を建設している。この付近の地名は今でも「無鹿」であり、大友宗麟の陣跡は「務志賀軍営」と呼ばれ、現在は妻耶神社となっている。背後に北川が流れ、周辺は穏やかな住宅地になって当時の雰囲気を感じられるかもしれない。アクセスは、延岡駅からバスで13分の川島で下車した所にある。

それ以前の島津は大友との衝突は避けて友好関係を維持しようとしたが、この段階で当主の島津義久自らが出陣して直接対決に至る。こうして**耳川の戦い**(高城の戦い、児湯郡木城町)が勃発した。耳川(美々津川)は日向の中部と北部の境目近くにあり、「北部方言」と「中部方言」の境界線にも近い。一時的にこの河川が大友と島津との軍事境界線になっていた。六国守護である大友は兵数から言えば有利だったが、戦術でまとまりを欠き、これが「釣り野伏せ」という島津の伏兵戦術に大敗する要因となった。大友軍は高城北方の耳川まで逃れようとしたところ島津軍の追撃で多くが溺死している。この時重臣などに多くの死者を出したことで、大友領国全体が崩壊するに至ったのは前述した。宗麟も逃避行で飢えに苦しむなど悲惨な退却を強いられ、キリスト教王国も画餅に終わった。なお、古戦場へのアクセスは、宮崎駅から大分行特急で23分の高鍋駅から車で25分弱である。また島津軍が軍営を置いた高城も同様のアクセスである。

こうして日向は島津が名実ともに制したが、織田信長の仲介で大友と講和した（豊薩講和）。日向は島津家久（島津義久の三弟）が佐土原を居城として守護代となり、宿老の**上井覚兼**が宮崎城に入って統治に当たった。ここで島津氏は「地頭・衆中制」という軍事的統治体制を敷いた。「衆中」という下級家臣が農村を監督し、「地頭」という上級家臣がこれらを広域的に取りまとめるということである。この体制で従来の国人が一部を除いて統治から排除され、大部分の城には島津譜代の臣を配置された。島津氏が九州制覇に乗り出すと、日向の武士もこれに動員されるようになる。なお上井覚兼の日記は、当時の島津家の様子はもちろん、武士の家庭の記録としても史料価値が高い。ちなみに宮崎城は宮崎市池内町の山城で標高90m、飫肥を攻略する際に伊東氏も居城としたことがある。アクセスは、宮崎駅からバスで25分。

1587年に秀吉が九州に出兵すると、日向には豊臣秀長など15万の東部方面軍が進軍。進軍路は当然、日豊本線や東九州自動車道のルートである。豊臣軍が南下する中でかつて大友氏を破った耳川近くの根白坂において島津軍は敗れ、やがて薩摩に退いて降伏した。島津は本国の薩摩・大隅を安堵されたほか、日向については南西部の諸県地方の領有を認められ、この領域は江戸期まで続いた。

なお、都城付近は島津一族の北郷氏から筆頭家老の伊集院氏へと管轄が変わり、伊集院氏は豊臣政権から都城8万石を領する事実上は独立した大名の扱いを受けた。伊集院忠棟は豊臣政権の意を呈した集権政策を行ったが、検地や朝鮮出兵の軍役で国元の武士たちに大きな負担を強いたので不満が増大した。そこで秀吉死後の1599年に島津家久（義弘の息子、前述とは別人）が京都で伊集院忠棟を謀殺。これに対して忠棟の遺児・伊集院忠真が都城周辺で起こしたのが「庄内の乱」である。伊集院忠真は都之城に籠城し、都城周辺の12城が反乱に加担したので容易に決着がつかず、1年以上も続いた。そこで徳川家康が調停して、伊集院氏の「降伏、帰参」という形で決着した（北郷氏も都城に復帰して幕末に至る）。これは徳川家康が秀吉死後に事実上の「主権者」であることを示した最初の例となり、島津氏にとっては家中の争いを家康に介入されたということで、関ヶ原で西軍に加わることにつながった。

一方、かつて島津に敗れた伊藤義祐は瀬戸内などを流浪した末に堺にて死去したが、その三男・伊東祐兵は畿内に逃れて秀吉の家臣となり、九州平定で先導役を務めた功績により飫肥など南部で大名として復帰を遂げた。ほかに秋月と高橋という筑前の領主が北中部に移封された。

## 鹿児島県（薩摩国（西部）・大隅国（東部、種子島と屋久島など島嶼部も含む））

東京から鹿児島まで飛行機で1時間50分、大阪からは1時間10分である（空港から鹿児島中央駅までバスで40分前後）。福岡市からは九州新幹線が全通して、所要1時間20分と大幅に近くなった。

鹿児島県と近隣の交通については、熊本方面からJR鹿児島本線と九州新幹線、さらに肥薩線（熊本県南西部の人吉からの路線）がある。一方で宮崎方面からは日豊本線と東九州自動車道、さらに宮崎自動車道がつ

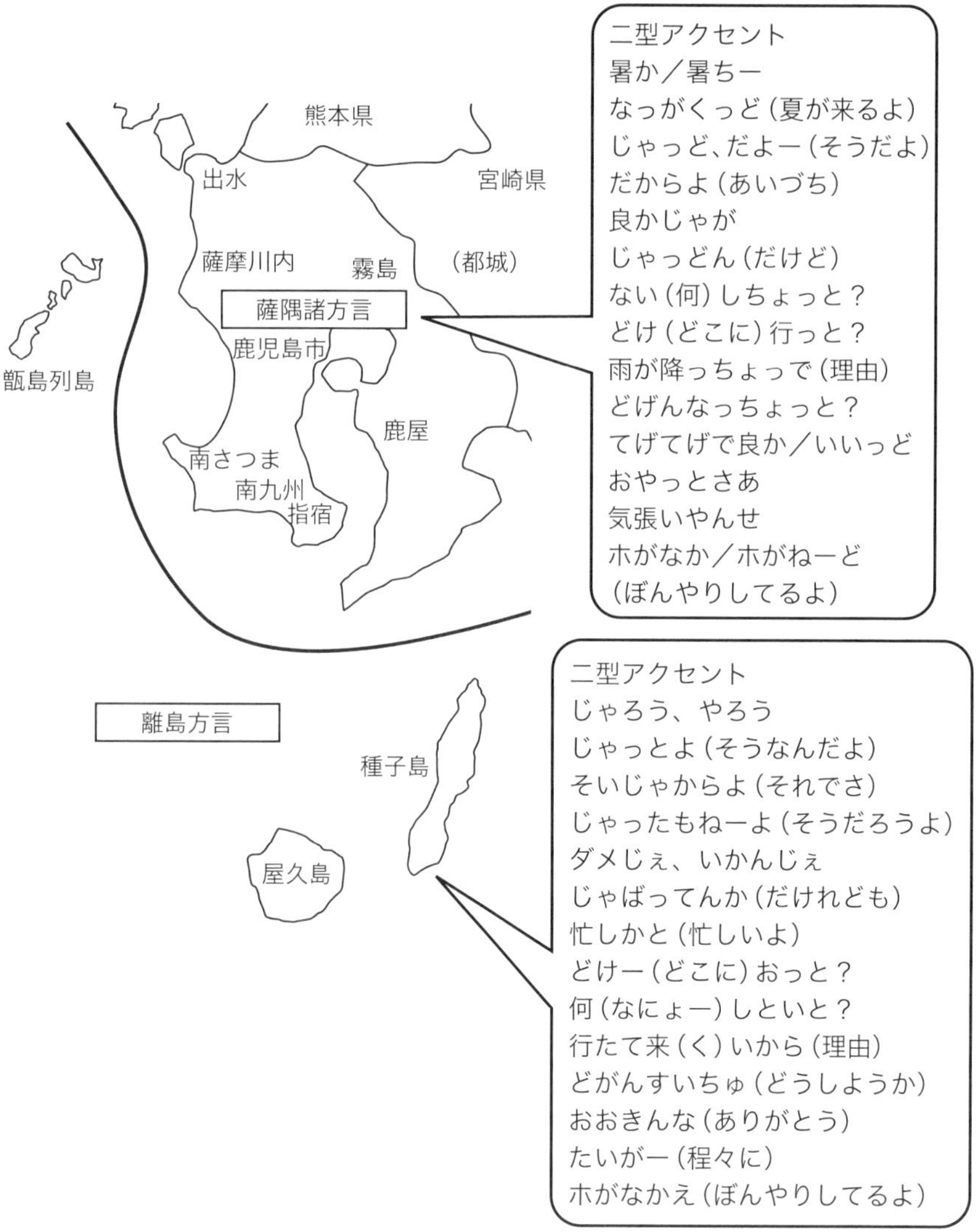
熊本県
出水
宮崎県
薩摩川内
霧島
(都城)
薩隅諸方言
鹿児島市
甑島列島
鹿屋
南さつま
南九州
指宿
二型アクセント
暑か／暑ちー
なっがくっど(夏が来るよ)
じゃっど、だよー(そうだよ)
だからよ(あいづち)
良かじゃが
じゃっどん(だけど)
ない(何)しちょっと？
どけ(どこに)行っと？
雨が降っちょっで(理由)
どげんなっちょっと？
てげてげで良か／いいっど
おやっとさあ
気張いやんせ
ホがなか／ホがねーど
(ぼんやりしてるよ)
離島方言
種子島
屋久島
二型アクセント
じゃろう、やろう
じゃっとよ(そうなんだよ)
そいじゃからよ(それでさ)
じゃったもねーよ(そうだろうよ)
ダメじぇ、いかんじぇ
じゃばってんか(だけれども)
忙しかと(忙しいよ)
どけー(どこに)おっと？
何(なにょー)しといと？
行たて来(く)いから(理由)
どがんすいちゅ(どうしようか)
おおきんな(ありがとう)
たいがー(程々に)
ホがなかえ(ぼんやりしてるよ)

ながっている。当然古くから街道は通じていたが、宮崎方面の方が連絡しやすかったようだ。宮崎との間には霧島山と高千穂峰という１５００ｍ級の山岳があるが、都城盆地など東西に細長い盆地を経由すれば鹿児島県に入れる。宮崎県の項で述べたが、宮崎南西部と鹿児島が同一の方言圏なのは、歴史的理由もあるが、地形条件も大きな要因と考えてよい。室町・戦国史の展開でも島津氏は、宮崎県方面への進出を先んじて行った。

一方、熊本県方面からは「肥薩火山群」の一角を占める国見山地が県境をなしている。さらに鹿児島県北西部にも出水山地が広がり、地形的な険しさのために、鹿児島と熊本の共通性はあまりない。こうした地勢によって鹿児島方言の独自性が造られたと言えよう。

西郷隆盛など幕末維新の小説やドラマで鹿児島弁が使われている。学術的には薩隅(南九州)方言とされるが、特徴として語中・語尾が促音化する。たとえば、「靴」「首」「口」「来る」などの単語はすべて「クッ」と発音される(夏が来るよ→なっ(夏)がくっ(来)ど)。アホバカ方言の一種で「バカ」よりも柔らかい「ホがなか、ホがねー」というのがあるが、「ホ」の語源は仏教語「本地(しっかりした意識)」であり、鹿児島弁の語尾を省略する発音癖からこうなったという(東北の「ホンズナス」などと同根)。また大河ドラマ『西郷(せご)どん』で有名になったが、連母音アイ→エ、と短縮して融合させる。鹿児島弁のイントネーションは独特だが、これは「二型アクセント」に原因がある。これは単語のアクセントの型が、文末に一度上がってから下がるか、あるいは文末に上がるかという二種類に限られるというものである。

文法では、形容詞について西部の薩摩地域では肥筑方言とつながる「カ語尾」、東部の大隅で豊日方言につながる「イ語尾」となる。この辺りのつながりは、宮崎から日豊本線、熊本からJR鹿児島本線が伸びていくことを想起させる。鹿児島市は薩摩にあるが大隅との境界近くにあることから両方が併用され、「痛い→痛か、痛(い)て」となる。

準体助詞には、九州の他地域で使う「と」にも通じる「ど」を用いる(何しちょっどか?等)。理由を表す接続助詞には、本土で「で」(雨が降っちょって等)、種子島・屋久島で「から」を用いる。逆接の接続助詞には、本土で「どん」(じゃっどん=だけど)、本土南部や甑島列島、種子島、屋久島、トカラ列島などで「ばってん」

などを用いる。

　なお、鹿児島本土の方言区画は明示していないが、細かく見れば単語で違いが大きいという。薩摩（東部）と大隅（西部）、さらに薩摩内でも北部の出水や薩摩川内辺りと、薩摩半島南端の指宿や枕崎（南さつま市）付近では通じないこともあるという。この鹿児島本土での多様性は、後述する戦国期の諸勢力割拠を想起させる。

　ちなみに鹿児島市から県内各地へのアクセスを記すと、以下の通り。北部の出水は在来線なら2時間だが、新幹線なら２０分。そこから少し南の薩摩川内へは鹿児島本線で５０分、新幹線で１０分超（ここまでが九州新幹線の路線）。薩摩半島南東部の指宿へはＪＲ指宿枕崎線で1時間5分。同じく南西部の枕崎へは指宿枕崎線で2時間半（ただし本数が少なく、バスを使うことが多い）。大隅半島の鹿屋へは鹿児島市から直行バスで2時間。桜島フェリーを使うのが最速で、鹿児島港から桜島港まで１５分で、そこから鹿屋までバスで1時間半である。

　大隅については、北東部の志布志駅からＪＲ日南線が宮崎市方面へ、また、北西部の曽於市を日豊本線が通過するが、大隅半島全体においてはそのほとんどが鉄道空白域となっている。また国道は志布志から大隅半島を横断し鹿児島湾沿いを北上する２２０号、南大隅町から鹿屋市を経由し都城市へ北上する２６９号、錦江町を横断し志布志湾沿岸を周回する４４８号がある。ただし薩摩の鹿児島市方面は陸路では大回りになるのでフェリーが運航しており、南大隅町の根占港と指宿市（薩摩半島南部）を結ぶフェリーもある。なお、大隅東部の志布志は古くから畿内への海路が通じており、中国貿易の中間経路としても利用されていた。現在でも大阪方面へのさんふらわあフェリーが運航している。

　ところで「鹿児島弁が（他地方の人に）分かりにくいのは、薩摩藩（島津家）がスパイ防止のためにわざと言葉を分かりにくく変えたから」という伝説が地元で流布し、他地方の人にも事実のように思われている。しかし研究によれば、他県ともつながる特徴があり、県内で地域差もあるし、特殊に思われる発音の特徴は長崎県域などでも見られることから、自然な変化の結果であると言われている。もっとも、幕末維新の薩摩藩の行動を見るとかなり戦略性が感じられ、それが方言についての伝説に投影されたのかもしれない。

しかし現在は共通語教育の結果、日常語でもかなり共通語化してしまっている。私は大学時代に鹿児島出身の同級生に現在の鹿児島弁について聞いたが「ほとんど標準語だよ」と言われて驚いたことがある。後から彼女と地元出身の子との会話を聞いて「アクセントは鹿児島式だが、言い回しがかなり標準語的」ということが分かった。単語・言い回しの共通語化は同じ九州の大都市である福岡以上に進んでおり、鹿児島弁の単語・言い回しをまるごと共通語のものに入れ替えるという形で行われている。独自の特徴はアクセント以外に、一部の文末詞などに限られる(木部暢子等の研究を参照)。東京など他地方で就職するために共通語普及の必要はあったが、戦略性を突き詰めた必然の結果であろうか。

さて戦国期の島津家は九州統一直前まで行ったが、他県民が思うほど地元鹿児島では戦国島津家は知られていない(関ヶ原の撤退戦が起源である**妙円寺参り**は伝統行事だが)。甚だしいのは、地元でも当主の**島津義久**と、その弟で武将として活躍した**島津義弘**を同一人として混同するほどだという。義弘は関ヶ原で指揮を執ったことから有名だが、当主はあくまで兄の義久だった。この義久にスポットを当てたのが桐野作人の小説『島津義久』(PHP文庫)で、作者が地元出身のためか島津家の人々は全編鹿児島弁で会話している。

ここでは戦国期の島津家を見る際、戦略性はあったのか、方言で見たように地域差があったかという点をポイントとして記述する。後の薩摩藩が団結を誇ったほどには、戦国期の薩摩・大隅が統一されておらず、中期まで抗争が続いていた点を強調する必要がある。また島津家は鎌倉から幕末まで続いたと言われるが、戦国期に庶家が取って代わる形で「下克上」が行われたのである。

島津氏は日向南部から薩摩・大隅へと勢力を伸ばし、鎌倉期から薩摩の守護職を得た。この進出経路については、前述のように日豊本線や東九州自動車道のルートであったと考えられる。南北朝期にはほぼ一貫して北朝方であり、今川了俊による幕府方の九州平定に尽力した功績により、薩摩、大隅、日向の守護となった。島津家は多くの家に分かれていたが、そのうち奥州家が三国の守護を継承した。しかし前述のように、日向は伊東氏が主要部を実効支配していた。

応仁の乱では、島津氏は東軍に属したが派兵していない。しかし分家の豊州家が西軍に入り、領国内の一族・国人が立て続けに挙兵したため、それらによる闘争が加速化して島津本家は衰退する。国人で有力だったのは、大隅の蒲生氏や肝付氏(幕末期の家老・小松帯刀の先祖)、薩摩北部の川内市付近で入来院氏や東郷氏(日露戦争で活躍した東郷平八郎の先祖)といったところである。薩摩北西部の出水市を本拠とする島津分家の薩州家も分離傾向を強めた。鹿児島県本土側は「薩隅諸方言」の領域で均質性が強いが、単語や言い回しでは細かな地域差がある。戦国期の諸勢力分立もそのような生活圏の多極性を表出したと言えよう。これらの島津分家や国人に対して、日向の伊東氏や肥後南部の相良氏が同盟を結び、鹿児島県域の戦乱が複雑化した。

薩摩北部では出水山地や冠岳など500~1000m級の山岳が続き、それらに隔てられるような形で出水と薩摩川内の両平野がある。こうした地形条件が薩摩北部の諸勢力自立につながったと言えよう。大隅も陸路では大回りになるという連絡の悪さがあった。

なお薩州家の本拠・出水城(亀ケ城)は、出水駅より徒歩30分の場所にある。シラス台地の特性を活かした形で造られており、防御に優れた中世山城である。肝付氏の高山城《こうやまじょう》(肝付町新富本城)もシラス台地の断崖を活かした立地である。いずれも戦国の終わる頃に廃城となった。
やがて島津一族から、薩摩半島南西部を本拠とする伊作家の**島津忠良**（**日新斎**）が台頭する。現在では鹿島中央駅から南に延びる指宿・枕崎線のルートに伊作家の本拠がある。伊作城は日置市にある山城で、最盛期には南北750m、東西約1kmと広大な規模を誇っており、城に面した伊作川と多宝寺川が天然の堀となっていた。北から東側はシラス台地につながっているため攻め込まれないよう箱堀が掘られるなど、薩摩の山城の特色を見せている。付近には日新斎の墓や、義久、義弘兄弟らの誕生石がある。アクセスは、鹿児島中央駅から車で40分、指宿スカイライン谷山ICからだと20分の場所である。
伊作忠良は子の**島津貴久**を本家の当主の養子に送りこみ、薩摩北部の薩州家との激しい闘争に打ち勝って、1550年に島津本家の本拠・鹿児島に移って当主の座を確保した。しかし薩摩・大隅ではまだ反抗的な国人が健在で、特にそれまで本家の実権を握っていた薩州家の圧力は激しかったので、これらの制圧にしばらく時間がかかることになる。なお、島津本家の本拠は鹿児島市の中部、稲荷川下流域にあった清水城だったが（現在の清水中学校）、貴久によって海岸に近い内城に移された（現在の大龍小学校）。いずれも現在の鹿児島城（鶴丸城）より北東方向にあり、鹿児島本線の鹿児島駅から北にある。付近には島津家歴代の墓がある。
なお貴久時の1542年に**種子島**に鉄砲が伝来し、49年に**ザビエル**によりキリスト教が伝わった。ザビエルについては当初は宣教の許可を出したが、後に寺社勢力の反対運動があり、領内の情勢不穏を理由に退去させた。ザビエルゆかりの地には「ザビエル公園」があるくらいだったが、1999年にザビエル上陸450年を記念して、鹿児島市照国町に鹿児島カテドラル・ザビエル記念聖堂が新築された。アクセスは、市電の「高見馬場電停」で下車して徒歩5分か、周遊バスのカゴシマシティビューで「ザビエル公園前」に下車して徒歩すぐである（西郷隆盛や大久保利通の出生地・加治屋町の近く）。

この貴久を継いだのが息子の島津義久であり、義弘、歳久、家久と合わせて「島津四兄弟」が薩摩・大隅の統一にまい進する。義久は蒲生氏などの薩摩・大隅国衆の間で起きた岩剣城攻め（大隅西部の姶良市）で初陣を果たしたが、相手を見れば島津本家の勢力がまだ薩摩・大隅の中でも十分浸透していなかったことが分かる。姶良市は大隅だが、薩摩との国境に位置し、現在では鹿児島市に隣接してベッドタウンを形成している。鹿児島中央駅からJR日豊本線で20分の距離である。蒲生氏の本拠である蒲生城も姶良市にあり、城跡は竜ヶ城城山公園として整備され眺望が良い。アクセスは日豊本線の帖佐駅からバスで向かう。

国衆との戦いはしばらく続いたが、1569年に薩摩北部の大口から肥後の相良氏を駆逐、1570年には東郷氏・入来院氏が降伏して薩摩統一がなった。並行して大隅国の制圧も展開しており、鹿児島湾から水軍で攻め寄せた結果、1574年には肝付氏を帰順させた。肝付氏を水軍で攻めたルートは、現在の鹿児島港から運行する桜島フェリーのそれに当たると考えられる。こうして薩摩・大隅を島津本家が統一したことにより、方言も含めて鹿児島県域の一体性が強まったのである。

なお、この少し前に義久の三弟・家久が上洛して織田信長に謁見している。この時の見聞記である『家久君上京日記』は当時の薩摩から京都・伊勢までの旅程を記し、九州および畿内の情勢や織田家中の記録として価値が高い。

さて島津家は本国統一後に急成長するが、他県の項で詳しく述べたので流れのみ箇条書き的に叙述する。1572年に日向南西部の**木崎原の戦い**で伊東氏を撃破。1577年に伊東氏の本拠を攻略。1578年に大友宗麟を日向北部の**耳川の戦い**で破り壊滅させる。その後1580年に織田信長の仲介で大友と講和（豊薩講和）。この一連の日向での戦闘はJR吉都線や東九州自動車道のルートで進軍したと考えられる。

続いて九州自動車道のルートで肥後の攻略に向かい、さらに各地の国衆から支援要請が相次いだことで、九州全域の攻略に向かう。1584年肥前の龍造寺隆信を討ち取り(**沖田畷の戦い**)、龍造寺氏も従属。1586年筑前に出兵するが、立花宗茂に撃退される。続いて豊後に侵攻し、大友を救援する豊臣軍を戸次川の戦いで破り、豊後各地を攻めるも撤退。

島津による九州統一は間近と思える攻勢ぶりだが、1587年に秀吉による九州出兵で豊臣軍は秀長隊15万が日向方面に、秀吉自ら率いる10万が肥後方面から進軍。これらの進路は、既述のようにそれぞれJR日豊本線と鹿児島本線のルートに相当する。ついに島津義久は薩摩の川内で秀吉に降伏した。しかし義弘・歳久らは抗戦を続けており、歳久に至っては秀吉の駕籠に矢を射かけるという事件を起こして後に切腹させられた。なお末弟の家久は、秀吉への降伏直前に日向佐土原城で急死している。秀吉と義久が会見した泰平寺は秀吉軍が本営を置いた所で、現在も境内に両者会見の銅像がある。アクセスは、鹿児島本線の川内駅から車で5分(鹿児島中央駅から50分)。

島津家の行動を振り返ると、日向制圧と肥後相良討伐までは当初の「三州統一」と長年の敵対勢力制圧という目的に沿って戦略性はあった。しかしその後は、他国勢力に支援要請されたのに乗じたという状況対応型である。島津家の予想以上に勢力が拡大してしまったということがあったのだろう。また島津家の当主権力は決して強くなく、重臣の「談合」で意思決定に時間がかかった。このために進軍先を豊後か筑前かで決着できず、くじ引きで決めたということもあった。くじ引きは「神慮」で決着をつけるという中世的な知恵とも言えるが。

さて秀吉が義弘に独自の所領を与えるなど優遇したため、豊臣政権との折衝には義弘が主に当たった。当主は義久だったが、豊臣家への貢献で地位向上を図る義弘に対し、重い軍役に対する国元の不満を受けて旧来の体制維持を図る義久との間に確執が生じた。義弘は朝鮮出兵で活躍して明軍にも「石曼子(中国語音で

〝シーマンヅー〟」と呼ばれて恐れられたり、関ヶ原では西軍に属して徳川軍を正面突破する勇猛な撤退戦（**関ヶ原退き口**）で名をはせた。しかしいずれも国元の義久の非協力で兵数は不十分であり、戦力として機能できなかった。なお、秀吉在世時から義弘は京・大坂をたびたび訪れ、さらに関ヶ原での敗戦後は大坂から海路で薩摩に戻ったが、このルートは大阪方面へのさんふらわあフェリーのそれに相当する。

戦後、義久主導で講和交渉した結果、1602年に島津家は本領安堵を勝ち取った。徳川家康は関ヶ原以前に義久と対面し、その当主としての器量を評価したというから、それが大きかったかもしれない。

その後義弘の子の家久（忠恒が改名、前述とは別人）が継いで琉球出兵を行ったが、これに義久は反対していたという。義久は隠居した後に大隅の国分城（舞鶴城とも、霧島市）に移り、帰化した明人の江夏友賢に城の縄張りを担当させた。城下町に京都風の碁盤の目をしき、明から商人を招いて「唐人町」を作るなど町を整備したという。アクセスは、鹿児島中央駅からJR日豊本線で50分弱の国分駅から徒歩約15分。

島津四兄弟は一般的イメージほど団結していなかったが、意見対立はあっても内乱まで至らなかったのは組織運営の堅実さとして評価してよいかもしれない。

1602年に家久によって本拠とされた鹿児島市の**鶴丸城（鹿児島城）**は、幕末維新まで島津氏の本拠となった。アクセスは鹿児島中央駅から市電の鹿児島駅前行きに乗り、「市役所前」または「水族館口」で下車して徒歩5分である。

島津氏の薩摩藩は江戸期になると、領内各地に「麓《ふもと》」と呼ばれる外城を建設し、城の敷地内に武士達を集住させ、地域支配を行わせた。前述の戦国期の山城も取り壊され、付近に「麓」が建設されたところが多い。その代表として知覧城（南九州市）があり、島津氏庶流の佐多氏がシラス台地を利用して山城を築いたが、江戸期に取り壊されて城跡の北東に造られたのが「麓」としての知覧武家屋敷群である。知覧城跡は南九州型城郭の典型として残存状態も良好なことから国の史跡に指定されている。アクセスは、鹿児島中央駅からバスで1時間15分の中郡で下車して徒歩15分。佐多氏は江戸期に「島津氏」に改姓したが、幕末まで知覧を治めた。知覧の武家屋敷群は「小京都」として観光の代表になっているが、町割りに防衛拠点としての名残りが残っている。知覧城や武家屋敷群の資料は徒歩25分のミュージアム知覧にあり、特攻隊の記念館が隣にある。

鹿児島県の本土から南方の海上にはまず種子島と屋久島があり、大隅国に属した。種子島へは現在、鹿児島空港から飛行機で行くのが最短で30分ほどで到着する。フェリーは2社運航しているが、3時間半以上かかる。現在、種子島と海外との航路は皆無だが、大阪方面への飛行機は夏と冬の季節運航で伊丹空港に向かっている。

ここの領主である**種子島氏**は、鎌倉期から北条氏の被官である肥後氏の庶流として島を支配していた。よく知られるように、戦国中期の1542年**種子島時尭**の時代に鉄砲が伝来した。南方の海上ルートに当たり明との貿易船がしばしば漂着してその修理で鉄加工技術が発達していたこと、島で豊富な砂鉄があったことが国産化成功の要因だったという。このために、鉄砲のことを俗称で「たねがしま」と呼ぶようになった。江戸期に編纂された『鉄炮記』では、鉄砲伝来での種子島氏の功績を強調している。なお、ポルトガル人が漂着したのは島の南端にある南種子町で、現在ここに鉄砲伝来の紀功碑があり、公園が整備されている（種子島宇宙センターはここから東の方向）。種子島氏の本拠は島の北西部にあった赤尾木城で（西之表市）、現在は小学校となって、石垣などが残されている。この付近にある種子島開発総合センター鉄砲館は南蛮船をイメージした外観が目に付くが、鉄砲伝来も含めて種子島の全てがわかる総合博物館として開かれている。アクセスは、西之表港から徒歩で10分。

種子島氏はこの頃、大隅国の禰寝氏（根占氏、大隅南西部が本拠）と、豊富な木材を持つ**屋久島**の領有をめぐって激しく抗争した。禰寝氏は肝付氏と結んだが、種子島氏は島津氏と結んで最後はこれに勝利した。なお、現在の種子島と屋久島は高速船で1時間超で結ばれている。鹿児島本土とは飛行機で35分、船では3時間かかる。

種子島時堯は島津義久の叔母（日新斎の娘）を正室に迎えるなど婚姻によって島津氏に臣従し、本土での戦にも従軍した。種子島氏が独自に行っていた琉球との貿易権や屋久杉の伐採販売権はやがて島津氏の手に渡った。ついでながら屋久杉は、秀吉の建立した方広寺の木材として献上されている。種子島方言は本土側の薩摩方言といくつか異なる点があるが、基本的に同様の方言の領域である。それは種子島氏が島津氏など本土側からの影響を強く受けたことと関係していると思われる。なお、種子島と沖縄との航路は現在無いが、鹿児島市から種子島、奄美、そして沖縄本島の国道が「58号線」とされており、かつての海上ルートを感じさせる。種子島氏は1595年太閤検地に伴う給地替えで薩摩半島の知覧に移封されたが、翌年には旧領の種子島に復帰。ただし屋久島は島津氏の直轄地のままで、種子島氏は江戸期を通じて鹿児島への在府を義務づけられて薩摩藩の家老となった。

なお奄美の方言は琉球方言に属し、歴史的な関係から沖縄県の項で説明する。

# 沖縄県（琉球王国）

沖縄は東京や大阪から飛行機で2時間半の距離にある南の島である。鹿児島からも飛行機で1時間半、フェリーなら25時間！かかるという。この本土から離れていることで、沖縄の在来方言が独特なのはよく知られている。

『全国アホバカ分布考』で、沖縄のアホバカ方言「フリムン、プリムン（那覇ではフラー）」について著者たちが語源探索に苦心した末、古い和語の「惚（ほ）れ者」であることを突き止め、「差別語の〝（気が）触れた者〟でないことを証明できた」ということでなかなか感動的な展開になっている。「女に惚れるようにぼーっとしている者」ということだが、沖縄の言葉が奈良時代に日本本土から分かれて独自の発達を遂げたことがここから分かる。

沖縄のことば（ウチナーグチ）は、本土人には聞いただけでは理解できないほど独特である。しかし特徴を色々見ると、雨が「アミ」、舟は「フニ」となるように基本単語で発音が違いながら対応しているし、「ごめんください」の意味の「チャービラ」が「来侍（きはべ）ら」から、「いらっしゃい」の「メンソーレ」が「参り召しおはれ」という古典的な挨拶が変化したということで興味深い。もう少し長い例文だと、「ナラーチクィミソーレ（教えて下さい）」、「ハシヌ・ネーランダレー、ウィージ・イチュサ（橋がなければ泳いで行くよ）」と少し理解できる部分が出てくるという感じだ。

沖縄のことば（琉球方言）は、学術的には「日本祖語から分かれた、本土方言とは別グループの方言」ということで、日本語がかなり独特な発達をしたものと位置づけることができる。しかし本土のことばと違いが大

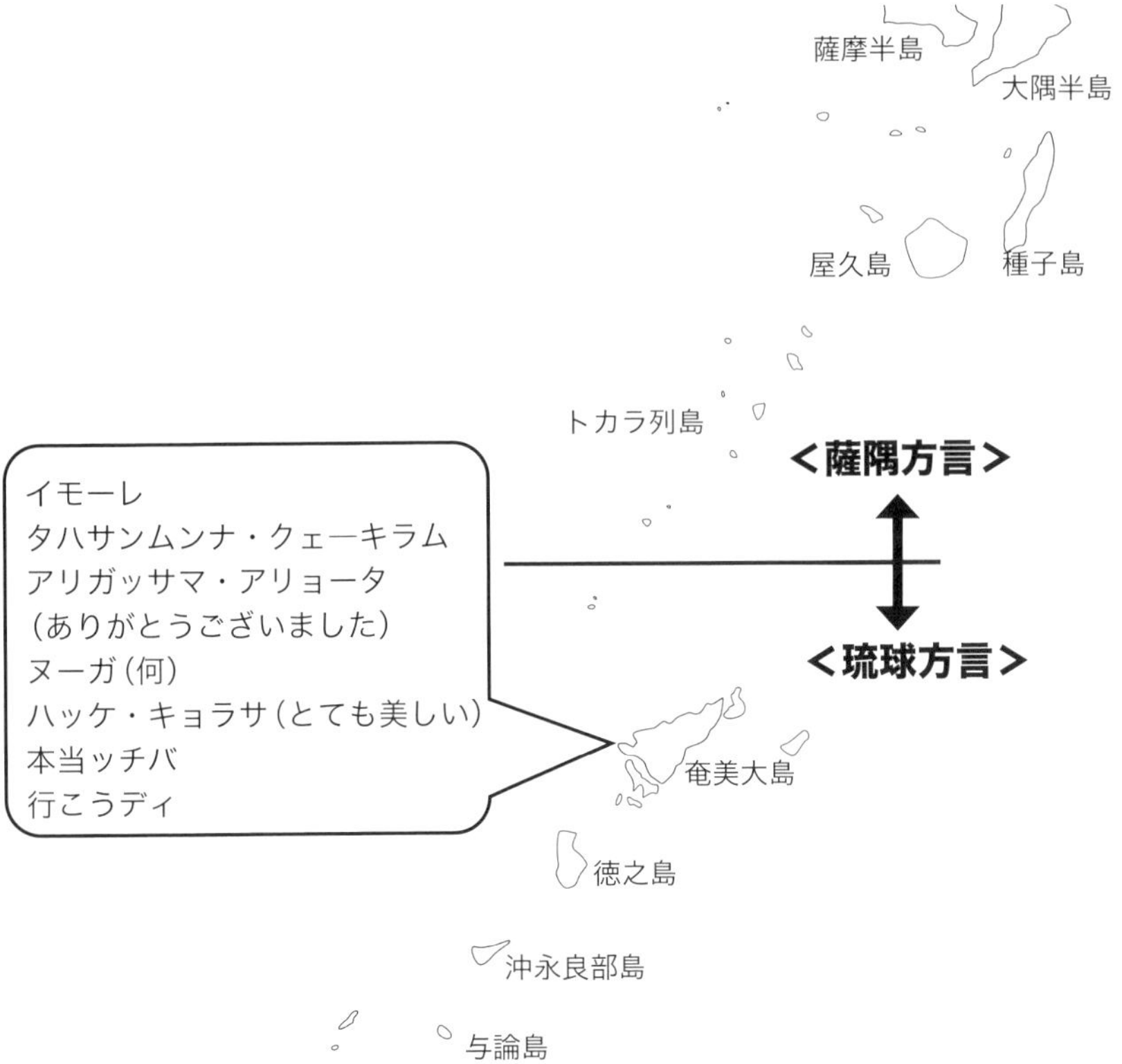
薩摩半島
大隅半島
屋久島
種子島
トカラ列島
＜薩隅方言＞
＜琉球方言＞
イモーレ
タハサンムンナ・クェーキラム
アリガッサマ・アリョータ
（ありがとうございました）
ヌーガ（何）
ハッケ・キョラサ（とても美しい）
本当ッチバ
行こうディ
奄美大島
徳之島
沖永良部島
与論島

きいことから、「琉球語」という別言語とすることも可能だ。

一方、地域ごとの方言差が本土以上に大きい。沖縄本島や奄美諸島（鹿児島県）の北琉球方言と、宮古島や石垣島（八重山諸島）の南琉球方言の二グループに大別でき、互いに通じない。那覇から宮古島へは飛行機で50分、石垣島へは飛行機で1時間と距離があることが要因である（旅客フェリーは廃止されており、貨物船のみ運航）。ちなみに奄美大島は那覇から飛行機で1時間、フェリーなら13時間の距離である（鹿児島—奄美大島は飛行機で1時間、フェリーで11時間）。

諸方言についてはこの小著では詳しく書けないが、挨拶では「ようこそ、いらっしゃい」が、奄美で「イモーレ」、宮古島「ンミャーチ（いらっしゃい）」、石垣島（八重山諸島）「オーリトーリ」と外国語のようでもある。

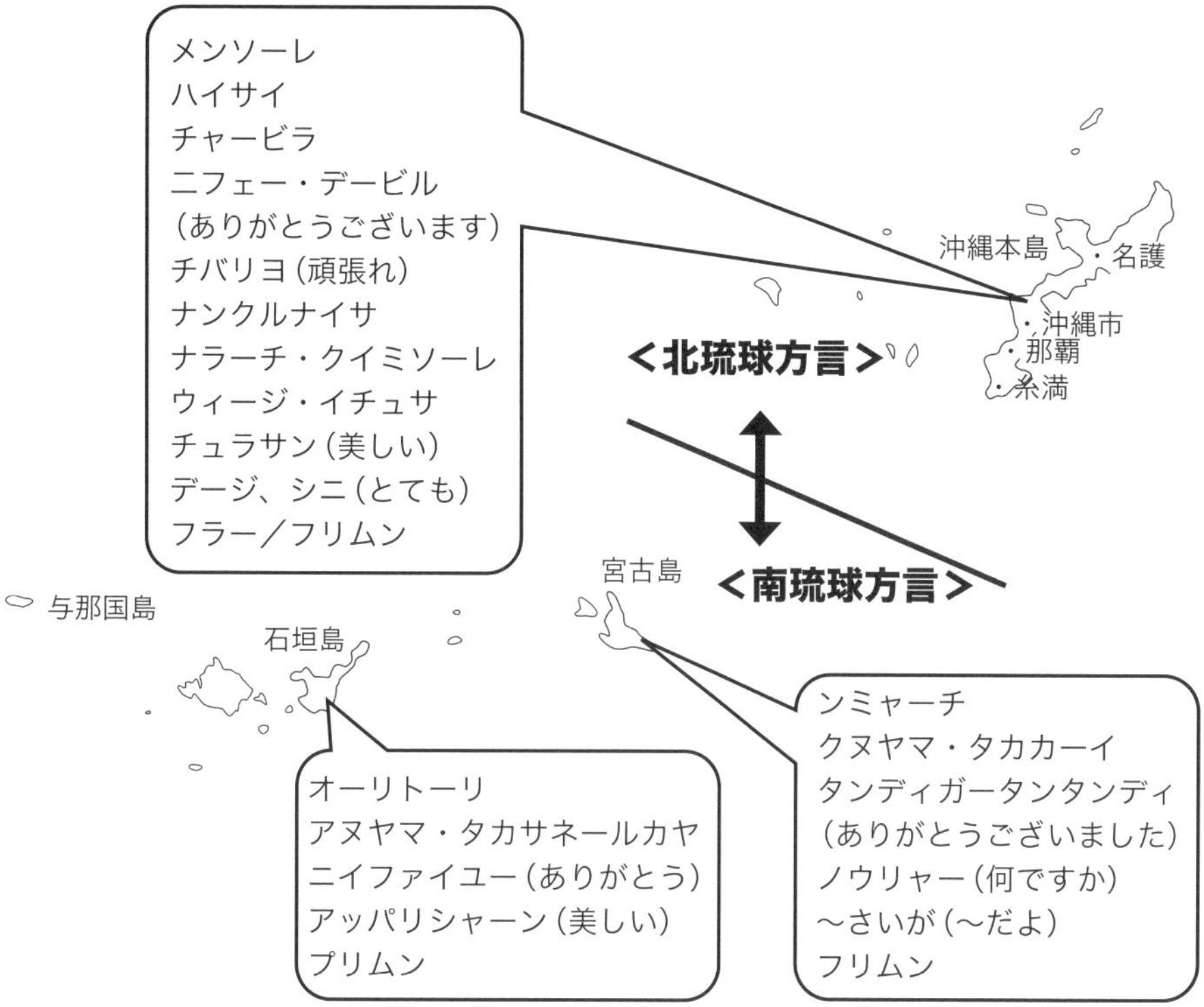
メンソーレ
ハイサイ
チャービラ
ニフェー・デービル
（ありがとうございます）
チバリヨ（頑張れ）
ナンクルナイサ
ナラーチ・クイミソーレ
ウィージ・イチュサ
チュラサン（美しい）
デージ、シニ（とても）
フラー／フリムン
沖縄本島
名護
沖縄市
那覇
糸満
＜北琉球方言＞
＜南琉球方言＞
宮古島
与那国島
石垣島
ンミャーチ
クヌヤマ・タカカーイ
タンディガータンタンディ
（ありがとうございました）
ノウリャー（何ですか）
〜さいが（〜だよ）
フリムン
オーリトーリ
アヌヤマ・タカサネールカヤ
ニイファイユー（ありがとう）
アッパリシャーン（美しい）
プリムン

しかし少し長い文例を見ると、独自性の強さも感じられる一方で、本土方言と通じそうな面が見える。例えば奄美では、「タハサン・ムン・ナ・クェーキラム」（高いものは買えない）、宮古島「クヌヤマ・タカカイ―（この山は高い）」、八重山（石垣島）では「アヌヤマ・タカサ・ネールカヤ（あの山は高くないだろうか）」といったところだ。

明治以降は徹底した共通語教育で方言が抑圧されたこともあり、日常語でも共通語の影響を強く受けた形の新方言（ウチナーヤマトグチ）が話されるようになっている。なおユネスコは、２００９年に琉球諸方言を危機言語に指定した。

ところで本項のテーマである琉球王国ではどんな書き言葉が使われたか気になるが、公文書は漢文が多い一方で、日本本土から導入した「漢字ひらがな交じり文」も書かれたという。また歌謡集『**おもろさうし**』もひらがな主体の表記をとっている。漢文は中国語でそのまま読む方式と、日本式の訓読とが併用されたらしい。

今帰仁城
第一尚氏→第二尚氏
座喜味城
勝連城
中城城
首里城

本土の人々に琉球王国の存在を知らしめたのが、１９９３年の大河ドラマ『**琉球の風**』（陳舜臣原作、東山紀之主演）である。このドラマでの沖縄の人々のセリフは標準語だったが、全編を琉球方言で吹き替えたバージョンもあるという。

ドラマは本能寺の変直後に秀吉（仲村トオル）が中国大返しをするところから始まり、その途上で亀井慈矩が戦功として琉球を所望した。亀井は「琉球は宝の島でございます」と言い、秀吉が琉球に興味を持つという流れになっている。ドラマで主要人物だったのが、薩摩に敗れた**尚寧王**（沢田研二）、そして処刑された大臣の**謝名親方**《じゃなうぇーかた》（江守徹）で、本土の視聴者にもその名が刻まれた。

琉球王国の王宮だった**首里城**は戦争で破壊されたままになっていたが、ドラマの放送開始に合わせて美しく再現され、本土とは異なる沖縄の建築様式に目を見張った覚えがある。首里城へのアクセスは、那覇空港からゆいレールで１５分ほどの距離である。日本全国の城一覧のような書籍では首里城は異彩を放っているが、沖縄の歴史は首里城だけではなく、県内各地の**グスク**（城）と呼ばれる城砦からも読み取れる。

ここでは、首里城とグスク、そして交易をキーワードに室町・

戦国期の沖縄県域の歴史を述べる。さらに方言の共通性から奄美も叙述に含めている。

琉球王国の正史『中山世鑑』では、源為朝（頼朝、義経の叔父）が沖縄県の地に逃れ、その子が琉球王家の始祖**舜天**になったとされる。近年の考古学などの研究により、南西諸島の住民の先祖は九州南部から１０世紀前後に南下して定住したものが主体という。奄美諸島に平家の落人伝説があるが、日本本土からの住民の南下が反映されているようだ。１２世紀には考古学の成果から、日本本土や中国との交易も確認されている。

一方、１１世紀頃には奄美から沖縄各地で「按司《あじ》」と呼ばれる豪族の成長と紛争の発生で、「グスク」の構築が始まった。本島北部の**今帰仁城**《なきじんぐすく》は、グスクの代表的なものだが、伝承では前述の舜天によって造られたという。この付近には、源為朝の上陸地という伝承のある運天港があるので、何かしらの関連が推測できる。今帰仁城は国頭郡今帰仁村（名護市の北）にあり、アクセスは那覇空港から車で2時間４５分、公共交通ならやんばる急行バス（那覇空港から那覇市街まで乗り換えなしの急行バス）で行くことができる。

「グスク」の起源については、集落説、聖域説、城館説と複数あるが、本土の室町頃に「城」の字を当てられたからには地域勢力の城塞として使われたのは間違いない。沖縄本島のグスクは石灰岩が材料となってゆるやかなカーブを描く城壁となっており、本土の城との大きな違いが目に付く。これらのうち首里城や今帰仁城など5つのグスクが「**琉球王国のグスク及び関連遺産群**」として「世界遺産」となっている。グスクの数はもちろん沖縄本島が最多で２００ほどが知られているが、奄美諸島もそれに次ぐ。

奄美大島は古代より「境目の島」として日本本土や沖縄本島などの文化が入り交じっていた。グスクについても、集落を環濠で囲む形式で沖縄本島の影響を感じられるものや、本土の山城の構造に近いものがあったりと、境目としての特徴を見ることができる。ただし奄美地方のグスクを考える上で難しいのは、沖縄本島と違って奄美は遺構がないことが多く、地名でしか判断材料がない場合が多い。

奄美のグスクで代表的な赤木名城（奄美市笠利町）は奄美大島北部の赤木名港の奥にある標高100mの丘陵にある山城で、南北350m、東西800mと奄美最大の規模を持っている。沖縄本島のグスクと違って石材があまり加工されておらず、一方で山の地形を利用して曲輪や堅堀を設置するなど九州本土の山城と似た構造を持っているのが特徴で、奄美の歴史地理を考える際に重要な材料とされてきた。赤木名城へのアクセスは奄美空港から北へ車で行くか、本島中心部の名瀬港から国道58号線を東へ向かうことになる（その途上で西郷隆盛が流罪されてきた竜郷や大島代官所の跡がある）。

奄美の歴史で分かっていることを記すと、鎌倉時代に執権北条氏の配下で関東から大隅に下った千竈氏の下で現地の按司が封建制の関係に有ったようだが、鎌倉幕府滅亡後に千竈氏と配下の在地勢力は島津氏に下った。しかし室町期の島津氏は内紛に明け暮れて奄美への影響力を失い、奄美では交易が盛んになる一方で、九州の商人や倭寇の拠点になり交易の利害をめぐる紛争も多発したと推定される。赤木名城の由来は不詳だが、海上交易が盛んとなる中で奄美の地域勢力の主体的な行動として建設されたことは間違いない。現在の交通アクセスで見ると、奄美は鹿児島と沖縄との飛行機、船での所要時間はほぼ同じで、中間くらいの位置にあることが分かるが、当時から両地域の勢力がせめぎ合う場であったことがうかがえる。なお、名瀬港の少し東にある浦上城跡は平家の落人が建設したという伝承がある（国道58号線上で、大島工業高校の近く）。大島の東隣の喜界島（『平家物語』で俊寛が流罪された島）にも平家の落人伝承の城跡があり、本土との関係を考えるうえで興味深い。

このように13世紀までは奄美や琉球では按司勢力と日本本土の勢力、倭寇などが合従連衡と武力衝突を繰り返していた。この時代のことについて琉球王国の正史『中山世鑑』では、14世紀に入って沖縄本島で察度王が統一王国を築いたが、後に分裂したとしている。しかし研究では、この時期はまだ本島でも各地で按司が割拠しており、統一王国の存在は認めがたいようだ。なお、中国の記録ではこの察度王が沖縄の勢力で初めて明王朝に朝貢したという。これまで「伝説時代」だった沖縄諸島の歩みが、察度王からは「歴史時代」に移行するのである。

14世紀になると、沖縄本島各地の按司の統合が進み、北から順に**北山**、**中山**、**南山**の三国にまとめられる。前述の今帰仁城は、この時期に北山王国の王城として大幅に改築された。城内の出土品も、中国や東南アジア舶来の陶磁器などこの時期以降の交易品が多い。北山王国は舜天王の末裔を称し、本島北部から奄美南部の沖永良部島まで勢力圏とした。奄美南部の方言は現在でも沖縄本島北部と似ており、この北山王国の征服が影響をもたらしたようである。北山は沖縄諸島の勢力としては最も早く中国(明王朝)に朝貢し、『明太祖実録』にも今帰仁城のことが記されている。南山王国は南部の糸満市を中心とし、グスクの一つ島添大里城(南城市)を居城とした。那覇から北部の中心都市である名護まで1時間超、さらに北端の国頭村までなら約100分かかるが、南北の距離が本島内の三勢力鼎立の大きな要因だろう。しかしこれらは中部を支配する中山王国に滅ぼされることになる。ちなみにこの三山の領域はかなり現在の沖縄本島の方言区画と似ており、方言を基にした生活圏の違いから「クニ」が形成されたようで興味深い。

15世紀に入り、沖縄本島の統一を進めていた中山の王は尚氏(**第一尚氏**)を名乗り、**尚巴志**は1416年に北山王国を滅ぼして三山を統一、明王朝の冊封も受けて琉球王国が成立した(王号は後々まで「中山王」だった)。那覇市は沖縄本島の中部より南寄りにあり、琉球王国の本拠・首里も那覇市内にある。琉球王国は北山の領土だった奄美の与論島と沖永良部島を1429年に、1447年に奄美大島、そして1466年に尚徳王の親征で喜界島を制圧して奄美全域を支配下に置いた。沖縄本島から奄美大島まで現在のフェリーなら

10時間以上かかるが、当時なら数日かかったと推定される。九州方面までの海上交易が盛んだったため、海軍を駆使した遠征も商船の交易ネットワークを利用したのだろうか。いずれにせよ奄美も含めて沖縄における「グスクの時代」は終わりを告げ、奄美でグスクを作り上げた按司も首里王府に従属する官僚となった。こうした沖縄本島との関係深化によって、奄美方言が沖縄方言と同系になったことは大いに可能性がある。

しかし首里王府の統一後も依然として地方の按司や豪族の勢力が強く、中央集権化政策を実施することはできなかった。この時期に王府は初代尚巴志王の息子たちの王位争いで混乱し、その間隙で本島でも地方では按司が自立した勢力を築いて争っていた。その代表が「忠臣」護佐丸、「反乱者」阿麻和利である。護佐丸は北山王国の王族ながら、中山王国に仕えて統一戦争で貢献。琉球王国の成立後は尚氏の王の命を受け、北部をにらむ**座喜味城**（読谷村、石川市の西）を築城し、さらに中南部でも**中城城**（北中城村、宜野湾市の東）を大幅に修築した。これらはいずれも世界遺産となったグスクに含まれている。座喜味城へは那覇バスターミナルから29番バスで1時間15分、中城城へは那覇バスターミナルから30番バスで約1時間の久場駅で下車、徒歩15分である。しかし護佐丸は謀反を讒言され、中部を支配する按司の阿麻和利に滅ぼされた。阿麻和利は本島中部を支配する事実上独立した勢力となり、独自に東アジアとも貿易して富強となった。世界遺産となったグスクの一つ、**勝連城**（勝連町、沖縄市の東）は阿麻和利の居城だった。阿麻和利は王府に讒言してライバルの護佐丸を滅ぼした後、首里王府を制圧しようとしたが、1458年に護佐丸の娘婿でもある尚泰久王（第一尚氏第六代の王、初代尚巴志王の五男）に滅ぼされた。この時期のグスクが首里王府の地方支配の拠点、あるいは反乱者の自立拠点となっていたことが分かる。なお勝連城のアクセスは、那覇バスターミナルから27，180番バスで1時間半の西原バス停に下車、徒歩10分である。

こうして首里王府は地方勢力の自立を阻止したが、15世紀半ばの尚徳王は外征続きで、国力を無視した膨張政策による不満から、1462年重臣の金丸がクーデターで王位を継承し（尚円王）、第一尚氏王朝は63年間で滅亡、金丸王統による**第二尚氏王朝**が成立した。

第二尚氏の下でも奄美では重税に不満な在地豪族により王朝への反乱と服属が繰り返されたが、琉球王朝から幾度か外征を受けて鎮圧され、王朝側は親方を派遣しての直接統治に乗り出す。さらに16世紀の尚真王の時代に、地方の諸按司を首里に集住させて中央集権化に成功した。


さて沖縄本島より飛行機で1時間の南方海上にある宮古島や石垣島は、「先島諸島」と総称される。一応グスクはあるが、数は少なく、宮古では「スク」、石垣島など八重山諸島では「シュク」と若干名称が違う。しかも沖縄本島と異なり、集落を囲む石垣の遺構しかないものが多い。研究によれば、宮古島で「グスク」の代表とされる久場嘉城は宮古島南岸にあり、現地の按司が14世紀に築城、宮古のグスクで唯一石垣が残っているものである（アクセスは宮古島空港から南へタクシーで12分）。他に島の東部に高腰城（たかうすじょう）がある。

それらの築城者を制圧したと考えられるのが、与那覇勢頭・豊見親（よなはせど・とぅゆみゃ、「与那覇の偉大な船頭（支配者）」の意）で、1390年に宮古島の首長として初めて中山国（後の琉球王国）の察度王に朝貢した。記録によれば、宮古島の使節がその数年前に中山国に至るも、同国の言葉を解さなかったため、3年間言葉を学んだ後に朝貢したという。現在でも本島と宮古島では別の方言区画となっているが、当時は通じないほど方言差が大きかったことを示している。さらに与那覇は宮古の首長に任じられた後に帰島し、八重山諸島にも朝貢を促して、後に八重山の首長とともに朝貢した。

先島諸島でも各島で地域勢力が成長し、さらなる富強を求めて成立間もない琉球王国と従属関係を結んだのである。その際に宮古島の方が八重山諸島より先んじて行動した。これ以後、100年にわたって先島各島の首長は首里王府から朝貢の見返りに、「官僚」として各島の支配を認められることになる。

15世紀後半に琉球本土で第二尚氏王朝が成立した頃、宮古の首領には与那覇の勢力を破った仲宗根豊見親が就いていた。この頃には八重山地方(石垣島、竹富島、与那国島)でも豪族の成長が見られ、グスクに当たるものが構築される。そうした中で首里王府への不満が高まってきたところ、1500年に石垣島でオヤケアカハチの乱が起こった。

オヤケアカハチの生誕地は波照間島(石垣島の南方、日本最南端)と言われているが、史書では石垣島南東部の大浜の一豪族として登場している。オヤケアカハチは八重山の首領として島民の広範な支持を背景に、首里王府への朝貢を3年断ち、1500年に王府に従順な宮古島を攻めることで反乱を起こした。これに対し王府は宮古の仲宗根豊見親を先導に宮古から石垣に出兵、オヤケアカハチは討ち取られ、反乱は1か月ほどで鎮圧された。敗れはしたが、現地の民俗を守ろうとしたアカハチは地元の英雄として現在に伝わっている。オヤケアカハチの居城という伝承があるグスクが「フルストバル遺跡」で、既存の集落を石垣で囲んで要塞化した造りになっている。アクセスは、石垣港から車で15分。

これ以後、八重山は王府に恭順する仲宗根豊見親とアカハチと対立していた石垣の豪族、長田大主(ナータフシュ、現在の石垣港周辺など石垣南西部を支配)の勢力圏に治められることとなった。明治の琉球処分まで仲宗根豊見親の子孫が宮古島の官職を占めることとなったが、八重山諸島については琉球王府の直接支配が強まっていく。宮古島と石垣島は今では飛行機で40分ほどで着けるが、近隣にもかかわらず本土の琉球王朝への対応が分かれたのは興味深い。現在でも両者は同じ「南琉球方言」の地域だが、方言差は小さくないことでも違いが感じられる。

1522年には王府は、**与那国島**を制圧して先島諸島の統治権を確立した。那覇―石垣島の距離は410kmで、現在の交通アクセスなら飛行機で1時間、船なら恐らく13時間かかる。だが、台湾とは270kmしか離れておらず、現在でもクルーズ船が10時間ほどで結ばれている。当時は台湾には中国王朝の支配は及んでいなかったが、東南アジア方面の海路の拠点として先島諸島（石垣島や与那国島など）は重要性があったということである。

1571年にも奄美大島で大規模な反乱があったが鎮圧し、翌年には王府の官僚を大島奉行に任じて統治を強化した。

既に述べたように、琉球王国は明王朝の朝貢国（形式的な服属国）となって冊封体制に入った。明は海禁政策を取って中国人の海外渡航を制限したので、琉球は明と東アジアとの中継貿易によって繁栄したのである。今でも上海―那覇間の飛行機の所要時間は2時間半と、東京、大阪と同じである。この距離の近さと海上交易の隆盛で、中国の影響が強まった。

この中国との交流による影響を感じさせるのが王府「首里城」（那覇市内）である。私が旅行で訪れた際に首里城正殿の鮮やかさに驚く一方、**守礼の門**からの景色でこの城の立地条件が分かった。すなわち、首里城は那覇市内の北東方向の小高い丘にあるが、遠望して那覇港に中国からの使節が来るとすぐに判別できる場所にあるということである。ちなみに那覇は首里の外港として開発された。

しかし16世紀初頭にはポルトガルや九州の諸大名・商人が個々に東南アジアに進出し、海禁の緩和で中国商人も加わると、琉球による東アジア貿易の独占は崩れ、経済的に衰退することになった。

同時期に台頭してきたのが薩摩の大名・島津氏である。戦国初期には島津本家は弱体化し、九州の諸勢力が独自に琉球との貿易チャンネルを持っていたが、島津氏は本国統一後に対琉球貿易の独占権を主張しはじめる。琉球と薩摩の対等な貿易関係は、徐々に島津氏が強大な軍事力を背景に圧力を加え、琉球王朝が対応に苦心するという関係に代わる。中継貿易の衰退で琉球は対日貿易への依存を強くし、明の冊封体制という安全保障体制が崩れる中で、海上の安全保障に島津氏の軍事力に依存したこともあった。

1587年の豊臣秀吉の九州平定後に、琉球外交は島津氏が窓口となり、武力行使をちらつかせて入貢を迫った。傍流出身から王位を継いだばかりの尚寧王は政権基盤が脆弱で、王国が経済的に弱体化していたこともあり、1589年に京都で海外使節としては初めて秀吉に謁見した。秀吉は琉球が服属したと解釈し、琉球は島津氏の「与力」（格下の同盟者）として位置付けた。朝鮮出兵時には琉球王国に派兵を求めたがこれは拒否され、代わりに食料を提供して兵站の一部を担った。ただし不足分は島津が負担し、後日その補償が問題となる。

この琉球交渉の際に秀吉は、かつて「琉球守」を名乗り領土的野心をもっていた亀井慈矩への琉球出兵命令をちらつかせて、島津に刺激を与えた。亀井の関与は島津が必死になって阻止したが、亀井の琉球への野心が戯言ではなかったというのは興味深い。

徳川家康の天下となってから、家康の依頼で島津は琉球に明との国交回復を仲介させたが、明の日本への警戒心は強くはかばかしい成果はなかった。そうした中で対馬の宗氏が朝鮮との国交回復に成功し、これが島津にとってプレッシャーとなった。さらに島津の朝鮮出兵時の肩代わり費用の補償がなされず、日本本土での琉球人漂着者送還後の対応が薄礼だったことなどが外交問題となった。この背景には秀吉への使節派遣が服属と見なされてその後の負担強要につながったとの認識から、琉球王府内で対島津強硬派が主導権を握ったということがあった。その代表格が謝名親方であるが、対抗力の無い強硬姿勢は外交的に効果があったのか疑問だ。一方の島津氏内部でも、対琉球強硬派で武力行使を主張した家久（義弘の子、次期島津当主）と、穏健派の義久との間で対立があった。家久は父・義弘の路線を継いで中央政権への貢献で地位向上を図るのに対し、義久は島津の自立性を指向した。義久は朝鮮出兵の際にも琉球に日本情報を流すなど中央への非協力姿勢を取っており、この時にも琉球出兵には反対だった。しかし家久が主導権を取り、ついに家康の許可を得て島津氏は**琉球出兵**に踏み切った。

1609年3月、島津氏は3000名の兵を率いてまず琉球領だった奄美大島に進軍し、琉球が派遣した現地の按司はすぐに降伏した。薩摩から奄美上陸までわずか3日である。ついで沖縄本島北部の今帰仁に上陸して首里城にまで進軍した。ここまでわずか1か月足らずである。現在のフェリーなら25時間かかるが、当時の船で軍勢を連れながらこれほどの時間で到着したのはかなりの早さと言えよう。ここで島津軍に対して琉球軍は4000名の兵士で対抗したが敗れ、尚寧王の申し入れで首里城は開城した。

尚寧王は日本本土に連行され、後に天皇と同じ待遇を受けながら駿府城（静岡市）で家康に拝謁して服属儀礼を行った。この後も琉球は、徳川将軍や琉球王の代替わりの際に使節を派遣して江戸で将軍に謁見することになる（琉球使節の江戸登り）。家康は秀吉に比べて平和主義者というイメージがあるが、島津を通じて琉球の服属を武力で勝ち取ったことから「琉球出兵は秀吉の朝鮮出兵のコピー」だという指摘も首肯できる。ちなみに江戸登りの旅程は、琉球から薩摩に6月頃上陸、しばらく薩摩で準備した後に9月に出発して海路で大坂、その後は東海道で江戸までということで、薩摩から江戸まで二か月かかったことになる。現在なら飛行機で2時間半だが、当時の公的旅行の所要時間を見ると隔世の感がある。

徳川幕府は「中山王（琉球国王）」は薩摩の与力」という位置づけを認め、この後琉球は中国王朝（明から清に交代）に朝貢しながら、実質は島津家（薩摩藩）の統制を受けることになった。この措置の理由は、琉球を通じて中国との交易を行うということがあり、徳川幕府が中国王朝と正式な外交関係を結べなかった代替措置の意味合いがあった。琉球にとっては薩摩を通じた日本本土の政権への服属が、明治後の沖縄県設置につながっていく。薩摩にとっては琉球経由で海外情報を収集するのに意味があり、幕末期に海外情勢に迅速に対応する基盤となった。なお、近年刊行された黒嶋敏『琉球王国と戦国大名』では戦国期の島津と琉球の関係の変遷を追っており、当初は対等な二者間の関係だったのが、本土での統一政権である秀吉と家康が両者の上に覆いかぶさっていた状況が描かれている。

さらに琉球本土にも「幕藩体制」の影響が及び、島津氏の手で検地が行われた。それによると、琉球の石高は「12万石」とされている。この場合の「石高」は必ずしも「コメの収穫高」ではなく、畑作物をコメの何割かという形で割り引き換算した上で「年貢高」として算出したものである。島津氏（薩摩藩）の石高は公称「77万石」とされたが、太閤検地の結果では本土の薩摩、大隅、日向南西部を合わせて60万石で、これに加えて「与力」である琉球の12万石を含めて72万石で幕府の命じる軍役が賦課された（「77万石」は水増し申告と思われる）。琉球制圧後に島津氏に割譲された奄美は4万石であり、それを除いた琉球全体は8万石ということになる。

全くの余談だが、私の大学の後輩で那覇出身の人がやたら島津を「親の敵」のように言っていた（どこまで本気か分からないが）。

さて奄美は薩摩藩領となり、そのまま明治後に鹿児島県に入って今に至る。「西郷どん」であったように、西郷隆盛が奄美に流され、奄美の女性との間に長男菊次郎をもうけたこともよく知られる。2018年の大河ドラマ『西郷どん』では西郷の奄美での生活が詳細に描かれ、奄美方言も劇中で使われた。

**渡辺潤爾**（わたなべ　じゅんじ）

1977年、三重県生まれ。
2001年、名古屋大学経済学部卒業。
2009年、同大学院経済学研究科博士後期課程修了。経済学博士（名古屋大学）。
2013年、鈴鹿工業高等専門学校教養教育科に着任。
2015年、同講師。
2018年、同准教授。
2020年より東海学園大学経営学部講師（現職）。

著書に『読んで旅するヨーロッパ　イタリア・フランス紀行』（三学出版）。

**戦国大名と方言ツーリズム　上**

2020年9月20日初版印刷
2020年9月30日初版発行

著　者　渡邉潤爾
発行者　中桐十糸子
発行所　三学出版有限会社

〒520-0835　滋賀県大津市別保3丁目3-57 別保ビル3階
TEL 077-536-5403 / FAX 077-536-5404
http://sangaku.or.tv



亜細亜印刷（株）印刷・製本